程序法视野下的审执关系研究

Research on the Relationship between Trial and Execution
from the Perspective of Procedural Law

黄忠顺 著

中国社会科学出版社

图书在版编目(CIP)数据

程序法视野下的审执关系研究/黄忠顺著.—北京：中国社会科学出版社，2024.6

（中国社会科学博士后文库）

ISBN 978-7-5227-3623-5

Ⅰ.①程… Ⅱ.①黄… Ⅲ.①民事诉讼—审判—强制执行—研究—中国 Ⅳ.①D925.118.4

中国国家版本馆 CIP 数据核字(2024)第 110687 号

出 版 人	赵剑英
责任编辑	许 琳
责任校对	苏 颖
责任印制	李寡寡

出　　版	中国社会科学出版社
社　　址	北京鼓楼西大街甲 158 号
邮　　编	100720
网　　址	http://www.csspw.cn
发 行 部	010-84083685
门 市 部	010-84029450
经　　销	新华书店及其他书店

印　　刷	北京君升印刷有限公司
装　　订	廊坊市广阳区广增装订厂
版　　次	2024 年 6 月第 1 版
印　　次	2024 年 6 月第 1 次印刷

开　　本	710×1000 1/16
印　　张	19.5
插　　页	2
字　　数	326 千字
定　　价	108.00 元

凡购买中国社会科学出版社图书，如有质量问题请与本社营销中心联系调换

电话：010-84083683

版权所有　侵权必究

第十一批《中国社会科学博士后文库》编委会及编辑部成员名单

（一）编委会

主　任：赵　芮

副主任：柯文俊　胡　滨　沈水生

秘书长：王　霄

成　员（按姓氏笔划排序）：

卜宪群　丁国旗　王立胜　王利民　王　茵
史　丹　冯仲平　邢广程　刘　健　刘玉宏
孙壮志　李正华　李向阳　李雪松　李新烽
杨世伟　杨伯江　杨艳秋　何德旭　辛向阳
张　翼　张永生　张宇燕　张伯江　张政文
张冠梓　张晓晶　陈光金　陈星灿　金民卿
郑筱筠　赵天晓　赵剑英　胡正荣　都　阳
莫纪宏　柴　瑜　倪　峰　程　巍　樊建新
魏后凯

（二）编辑部

主　任：李洪雷

副主任：赫　更　葛吉艳　王若阳

成　员（按姓氏笔划排序）：

杨　振　宋　娜　陈　莎　胡　奇　侯聪睿
贾　佳　柴　颖　焦永明　黎　元

《中国社会科学博士后文库》
出版说明

　　为繁荣发展中国哲学社会科学博士后事业，2012年，中国社会科学院和全国博士后管理委员会共同设立《中国社会科学博士后文库》（以下简称《文库》），旨在集中推出选题立意高、成果质量好、真正反映当前我国哲学社会科学领域博士后研究最高水准的创新成果。

　　《文库》坚持创新导向，每年面向全国征集和评选代表哲学社会科学领域博士后最高学术水平的学术著作。凡入选《文库》成果，由中国社会科学院和全国博士后管理委员会全额资助出版；入选者同时获得全国博士后管理委员会颁发的"优秀博士后学术成果"证书。

　　作为高端学术平台，《文库》将坚持发挥优秀博士后科研成果和优秀博士后人才的引领示范作用，鼓励和支持广大博士后推出更多精品力作。

《中国社会科学博士后文库》编委会

本书系国家社科基金重大项目"国家治理体系中民事执行现代化研究"（20&ZD195）的研究成果

摘　要

　　人民群众权益能否获得有效的民事司法保护通常取决于该权益是否被民法确认为合法权益，被民法确认的合法权益是否被人民法院通过生效裁判予以确定，生效裁判所确定民事权益的实现能否及时获得国家强有力的保障。其中，抽象确认民事权益属于民事立法任务，而在特定案件中具体确定与强制实现民事权益则属于民事司法任务。民事司法权包括在特定案件中具体确定民事权益的民事审判权与强制实现生效法律文书所确定民事权益的民事执行权。因为审执不分是制约民事强制执行单独立法进程的重要因素之一，所以民事司法程序中的审执关系是健全民事强制执行长效机制时必须面对的重大理论疑难问题。《审判权与执行权的分离与协作研究》已对组织法视野下的审执关系以及审判程序中的审执关系进行过专项研究，本书从程序法视角出发，重点研究民事强制执行程序中的审执关系。

　　在民事强制执行程序中，执行机构根据形式性判断标准对实体法律关系进行形式审查的必要性客观存在，当事人与案外人在民事强制执行程序中发生的实体争议（以下简称"涉执行争议"）应当由审判机构通过非讼程序，抑或争讼程序予以解决。执行机构对实体法律关系进行形式审查旨在保障民事强制执行程序的合法性，而审判机构对涉执行争议进行实体审查旨在保障民事强制执行程序的正当性。民事强制执行程序中的审执关系研究重点在于涉执行争议的争讼解决程序与非讼解决程序之间的关系，反思民事强制执行规范与实践中存在的"异议前置""以执代审""以审乱执"等三种现象，并在此基础上重点厘清涉执行争议非讼解决与争讼解决之间的关系。

　　基于此，本书按照"概论—总论—分论"的进路设计各章节内容。第一章属于"概论"，对程序法视野下的审执关系进行概述，揭示本书的研究重点及其理由。第二、三、四章属于"总论"，分别对"异议前置"

"以执代审""以审乱执"等三种现象进行深入研究,以从各个角度厘清民事强制执行程序中的审执关系。第五、六、七章属于"分论",前两章分别对金钱债权执行与物之交付执行中的案外人排除执行请求的争讼审查与非讼审查关系进行反思性研究,最后一章对案外人排除执行请求与案外人另案诉讼之间的衔接关系进行体系研究。

关键词:审执关系;以执代审;异议前置;以审乱执;案外人救济

Abstract

Whether the people's rights and interests can obtain effective civil judicial protection usually depends on whether the rights and interests are recognized as legitimate rights and interests by the civil law, whether the legitimate rights and interests recognized by the civil law are determined by the people's court through judicial procedures, and whether the realization of the civil rights and interests determined by the people's court can be guaranteed by the national coercive force in time. Abstract confirmation of civil rights and interests belongs to the task of civil legislation, while the specific determination and compulsory realization of civil rights and interests in specific cases belongs to the task of civil justice. Civil judicial power includes the civil judicial power to specifically determine the civil rights and interests in specific cases and the civil executive power to forcibly realize the civil rights and interests determined by the judicial agency. Since the non discrimination of trial and execution is one of the important factors restricting the separate legislation of civil enforcement, the relationship between trial and execution in civil judicial procedure is a major theoretical and difficult problem that must be faced when perfecting the long-term mechanism of civil enforcement. The research on the separation and cooperation between judicial power and executive power has conducted a special research on the relationship between trial and execution from the perspective of organizational law and the relationship between trial and execution in trial procedures. This book focuses on the relationship between trial and execution in civil enforcement procedure from the perspective of procedural law.

In the civil enforcement procedure, it is necessary for the enforcement agency to conduct formal review of the substantive legal relationship according to the formal judgment standard. The substantive disputes between the parties and outsiders in the civil enforcement procedure should be resolved by the judicial agency through non litigation procedures or litigation procedures. The formal review of the substantive legal relationship by the executive organ aims to ensure the legitimacy of the civil enforcement procedure, while the substantive review of the disputes involving execution by the judicial organ aims to ensure the legitimacy of the civil enforcement procedure. The research on the relationship between trial and execution in the civil enforcement procedure focuses on whether the disputes involving execution should be solved through non litigation procedure or litigation procedure. It reflects on the three phenomena existing in the norms and practice of civil enforcement, such as "objection precedes litigation", "execution replaces trial" and "trial hinders execution". On this basis, this book focuses on clarifying the relationship between non litigation settlement and litigation settlement of disputes involving execution.

Based on this, this book designs the contents of each chapter according to the approach of "introduction-pandect-sub-pandect". The first chapter is "introduction", which summarizes the relationship between trial and execution from the perspective of procedural law, and reveals the research focus and reasons of this book. The second, third and fourth chapters belong to the "pandect", which makes an in-depth study on the three phenomena of pre objection, substitution of execution for trial and disorderly execution of trial, so as to clarify the relationship between trial and execution in civil enforcement procedure from all angles. Chapter five, six and seven belong to "sub-pandect". The first two chapters respectively make a reflective study on the relationship between the contentious review and non contentious review of the exclusion of execution request of the outsider in the execution of monetary claims and the delivery of goods. The last chapter makes a systematic study on the connection between the exclusion of execution request of the outsider and another lawsuit of the outsider.

Key Words: relationship between trial and execution; execution replaces trial; objection precedes litigation; trial hinders execution; relief of rights and interests of outsiders

目 录

导 论 …………………………………………………………（1）
    第一节 研究对象 ……………………………………………（1）
    第二节 价值取向 ……………………………………………（5）
    第三节 研究进路 ……………………………………………（9）

第一章 程序法视野下的审执关系概述 …………………………（13）
    第一节 执行法院解决涉执行争议程序中的审执关系 ………（13）
    第二节 执行机构审查实体法律关系中的审执关系 …………（17）

第二章 "以执代审"现象的类型化分析 ………………………（28）
    第一节 不明确给付请求权执行中的"以执代审" …………（29）
    第二节 复合性给付请求权执行中的"以执代审" …………（55）
    第三节 受限性给付请求权执行中的"以执代审" …………（64）
    第四节 替代性给付请求权执行中的"以执代审" …………（75）
    第五节 扩张性给付请求权执行中的"以执代审" …………（121）

第三章 "异议前置"构造的正当性拷问 ………………………（173）
    第一节 执行基本理念之贯彻 ………………………………（174）
    第二节 裁判请求权之保障 …………………………………（176）
    第三节 程序标的之界分 ……………………………………（180）
    第四节 实体判断之二元化 …………………………………（181）
    第五节 执行裁判庭之设立 …………………………………（182）
    第六节 小结 …………………………………………………（183）

· 1 ·

第四章 "以审乱执"现象的成因及其治理 …………… （185）
第一节 "以审乱执"现象的治理规则及其存在的问题 …… （186）
第二节 "另案确权"对强制执行程序的影响及其原理 …… （196）

第五章 金钱债权执行中的案外人救济程序 …………… （204）
第一节 案外人排除强制执行请求的审查模式考察及其评析 ………………………………………… （206）
第二节 案外人排除强制执行请求审查模式的应然选择 …………………………………………………… （214）
第三节 任意选择模式下的非讼审查程序基本构造 …… （221）
第四节 代结语 …………………………………………… （228）

第六章 物之交付执行中的案外人救济程序 …………… （232）
第一节 案外人在执行程序外预先排除执行的救济途径 ……………………………………………………… （233）
第二节 案外人对执行机构错误确定执行标的物的救济 …………………………………………………… （237）
第三节 对执行标的物主张权利者请求排除执行的途径 …………………………………………………… （238）
第四节 案外人异议的制度功能及其与诉讼程序的衔接 ………………………………………………… （253）
第五节 余论 ……………………………………………… （257）

第七章 案外人排除执行利益的形成与消灭 …………… （259）
第一节 案外人排除执行利益的形成与消灭时间 ……… （260）
第二节 缺乏或丧失案外人排除执行利益的应对 ……… （266）
第三节 案外人预防性排除执行利益之特别检讨 ……… （270）
第四节 余论 ……………………………………………… （276）

参考文献 ………………………………………………………… （277）

索　引 …………………………………………………………… （283）

致　谢 …………………………………………………………… （287）

Contents

Introduction ·· (1)
   Ⅰ. Subject Investigated ··· (1)
   Ⅱ. Value Orientation ·· (5)
   Ⅲ. Research Approach ·· (9)

Chapter 1   An Overview of the Relationship between Trial and Execution from the Perspective of Procedural Law ·· (13)
   Section 1   The Relationship between Trial and Execution in the Procedure of Settlement of Disputes Involving Execution by the Execution Court ····················· (13)
   Section 2   The Relationship between Trial and Execution in the Procedure of Reviewing the Legal Relationship of Entities by the Execution Agency ····················· (17)

Chapter 2   Analysis of the Phenomenon of "Execution Instead of Trial" ·· (28)
   Section 1   "Execution Instead of Trial" in the Execution of Unclear Payment Claims ······································· (29)
   Section 2   "Execution Instead of Trial" in the Execution of Compound Payment Claims ···································· (55)
   Section 3   "Execution Instead of Trial" in the Execution of Restricted Payment Claims ···································· (64)
   Section 4   "Execution Instead of Trial" in the Execution of Replaceable Payment Claims ·································· (75)

Section 5 "Execution Instead of Trial" in the Execution of Expansionary Payment Claims ·················· (121)

Chapter 3 Analysis of Legitimacy Basis of "Objection Precedes Litigation" ·················· (173)
　Section 1 Implementation of the Enforcement Basic Concept ·················· (174)
　Section 2 Protection of the Right to Access Justice ············· (176)
　Section 3 The Distinction between the Object of Non-litigation Procedure and the Object of Action ·················· (180)
　Section 4 Dualization of Entity Equity Judgment ··············· (181)
　Section 5 Establishment of Enforcement Tribunal ··············· (182)
　Section 6 Summary ·················· (183)

Chapter 4 The Causes and Governance of the Phenomenon of "Trial Hinders Execution" ·················· (185)
　Section 1 Governance Rules and Their Current Problems in the Phenomenon of "Trial Hinders Execution" ······ (186)
　Section 2 The Influence of "Confirming Entity Rights and Interests in Another Case" on the Enforcement Procedure and Its Reasons ·················· (196)

Chapter 5 The Relief Procedure for the Rights and Interests of Outsiders in the Execution of Monetary Claims ·················· (204)
　Section 1 Investigation and Analysis on the Examination Mode of the Request for Exclusion of Enforcement by Outsiders ·················· (206)
　Section 2 Choice of the Examination Mode of the Request for Exclusion of Enforcement by Outsiders ··············· (214)
　Section 3 Basic Structure of Non-litigation Review Procedure under Arbitrary Selection Mode ·················· (221)
　Section 4 Epilogue ·················· (228)

Contents

Chapter 6　The Relief Procedure for the Rights and Interests of
Outsidersin the Execution of Delivery Claims ························ (232)
　　Section 1　The Relief Way for the Outsider to Exclude Execution
　　　　　　　in Advance Outside the Execution Procedure ········· (233)
　　Section 2　Relief for the Wrong Determination of the Subject
　　　　　　　Matter of Execution by the Executing Agency ········ (237)
　　Section 3　Remedies for Those Who Claims Rights to the
　　　　　　　Subject Matter of Execution ································ (238)
　　Section 4　System Function of Outsider's objection and its
　　　　　　　Connection with Litigation Procedure ··················· (253)
　　Section 5　Epilogue ·· (257)

Chapter 7　The Formation and Disappearance of Outsiders'
Benefit of Excluding Execution ·· (259)
　　Section 1　The Formation and Disappearance Time of
　　　　　　　Outsiders'Benefit of Excluding Execution ··············· (260)
　　Section 2　Response to Lack from the Beginning or Loss
　　　　　　　afterwards of Outsiders'Benefit of Excluding
　　　　　　　Execution ··· (266)
　　Section 3　A Special Study on Outsiders' Preventive Benefit
　　　　　　　of Excluding Execution ····································· (270)
　　Section 4　Epilogue ·· (276)

Reference ·· (277)

Index ·· (283)

Postscript ··· (287)

· 3 ·

导　论

第一节　研究对象

"审执关系"既可以从组织法的角度进行研究，也可以从程序法的角度展开分析。组织法视野下的审执关系的研究主要涉及的是执行机构设置问题，程序法视野下的审执关系的研究主要涉及的是民事司法程序中审判权与执行权之间的分离与协作问题。鉴于组织法视野下的审执关系以及审判程序中的审执关系已有专项研究，[①] 本书仅以民事强制执行程序中的审执关系为研究对象。

民事强制执行程序中的审执关系，是指执行权与审判权在民事强制执行程序中的分离与协作关系。由于执行债权属于债务人已经严重延误履行且已经生效法律文书确定或推定的债权，民事强制执行程序以迅速实现执行债权为首要任务。人民法院在民事强制执行程序中行使的司法权主要是执行权，审判权仅在确有必要的有限范围内发挥补充功能。只有与民事强制执行程序密切相关的实体争议（以下简称"涉执行争议"），执行法院才有必要通过审判程序予以解决。与民事强制执行程序不存在密切联系的其他实体争议，则应当由争议当事人另案通过常规的民事诉讼程序解决。此外，执行机构在采取执行措施之前通常需要对某些实体法律关系作出判断。执行机构基于对实体法律关系的判断采取的执行行为可能损害当事人或案外人的民事权益，当事人或案外人通常被认为只能向执行法院的审判

[①] 参见黄忠顺《审判权与执行权的分离与协作研究》，中国社会科学出版社2019年版。

部门寻求救济。这不仅意味着当事人或案外人原本应当获得的前置性正当程序保障被强行降格为后置性正当程序保障，而且后置性正当程序保障只能由执行法院独家提供。

因而，除了涉执行争议的解决程序构造问题以外，执行机构在争议解决程序之外对实体法律关系进行的判断也可能违背审执基本原理。尽管执行机构在争议解决程序之外对实体法律关系进行判断可能违背审执分离原则，但禁止执行机构对实体法律关系进行判断必将导致执行程序举步维艰。为了贯彻及时执行原则，执行机构在争议解决程序之外对实体法律关系进行判断无可厚非。在争议解决程序之外，执行机构只能通过形式审查的方式从表面上对实体法律关系进行形式性判断，而不能在实质审查的基础上进行实质性判断。与争议解决程序之外的实体法律关系形式性判断问题较简单不同，作为本书主要研究对象的涉执行争议的解决程序构造问题则要复杂得多。

在涉执行争议通过审判程序获得终局解决之前，中止执行程序必将降低执行效率，继续执行程序则可能导致涉执行请求丧失诉的利益。即使例外允许继续审理已经丧失诉的利益之涉执行请求，原告也难以指望通过争讼程序获得及时的救济。考虑到审判程序存在争讼程序与非讼程序之别，基于及时执行与及时救济之需，涉执行争议通过非讼程序解决也就具有一定的合理性。以非讼程序解决涉执行争议的审判权被作为民事执行权项下的"执行裁决权"理解，以区别于以争讼程序解决涉执行争议的"涉执行审判权"。[①] 由于普通民商事争议也存在通过争讼程序抑或非讼程序解决之分，在执行裁决权与涉执行审判权统一由执行裁判庭行使的前提下，即使涉执行争议通过非讼程序解决也不至于违背审执分离原理。但是，在执行裁决权、涉执行审判权分别由执行局内设机构、审判庭行使的情形下，执行机构根据当事人或案外人提出的申请或异议而处理涉执行争议则涉嫌违反审执分离原理。根据涉执行争议的非讼解决与争讼解决之间的关系，执行法院处理涉执行争议的制度安排存在"直接起诉""任意选择""异议前置""以执代审"等四种越来越彰显非讼解决重要性的立法模式。直接起诉模式通常被认为完美地贯彻了审执分离原理，但普通民商事争议仍可

---

① 参见黄忠顺《民事执行机构改革实践之反思》，《现代法学》2017年第2期。

因当事人的选择而通过非讼程序解决,①兼具及时执行与及时救济双重功能的任意选择模式未必违反审执分离原理。异议前置模式没有剥夺当事人与案外人将涉执行争议诉诸法院的权利,但强制当事人与案外人先行通过非讼程序解决涉执行争议,并允许不服非讼程序解决结果的当事人或案外人通过债权人许可执行之诉、债务人异议之诉、案外人异议之诉、分配方案异议之诉等争讼程序寻求终局性救济。以执代审模式完全杜绝特定类型的涉执行争议通过争讼程序解决的制度空间,当事人与案外人只能通过申请、异议、复议等非讼方式寻求救济。显而易见,与直接起诉模式与任意选择模式保障执行当事人或案外人向执行法院直接起诉的自由不同,异议前置模式与以执代审模式分别涉嫌限制与剥夺执行当事人或案外人的裁判请求权。基于此,本书的首要研究对象是执行救济制度内的非讼程序与争讼程序之间的关系,并将异议前置、以执代审两种涉嫌导致审执混淆的立法模式作为研究重点。

按照传统观点,涉执行争议应当专属执行法院管辖。但是,涉执行争议可能于强制执行程序启动之前已经存在,当事人或案外人可能于民事强制执行程序启动之前已经另案提起民事诉讼,并于后续启动的执行程序中以另案判决为依据寻求执行救济或申请参与分配。当事人或案外人于民事强制执行程序中另案提起的诉讼不具有排除强制执行的效果,②另案诉讼不能将排除执行等程序法效果作为其诉讼请求。因未能同时谋求程序法效果的另案诉讼未能向原告提供周延的救济,当事人另案提出的诉讼请求因缺乏纠纷解决的实效性而不值得进行本案审理。但是,当事人或案外人隐瞒强制执行事件向其他法院另案提起诉讼,除非法律要求法院依职权调查或者被告向法院提出程序抗辩,受理另案诉讼的法院作出本案判决且当事人或案外人以该判决向执行法院提出相关诉求的"以审乱执"情形时有发

---

① 根据《民事诉讼法》第二百二十五条至第二百二十八条的规定,债权人请求债务人给付金钱、有价证券的,只要债权人与债务人没有其他债务纠纷且支付令能够送达债务人,债权人就可以选择向法院申请支付令或者提起民事诉讼。收到支付令的债务人可以向法院提出书面异议以促使支付令失效,法院经审查认为异议成立的,裁定终结督促程序,转入诉讼程序。根据《民事诉讼法》第一百三十六条第一项的规定,人民法院对受理的案件,当事人没有争议,符合督促程序规定条件的,可以转入督促程序。由此可见,债务人既可以通过提出实质性异议的方式将督促程序转入诉讼程序,也可以通过积极抗辩的方式阻止受诉法院将诉讼程序转入督促程序。

② 参见庄诗岳《论被执行人实体权利救济的路径选择》,《河北法学》2018年第10期。

生。此外，为了保障不特定第三人生活安宁及财产安全，对执行标的属于债务人所有或者债务人对其享有处分权的权利外观形成不具有可归责性且其正当程序保障利益未被债务人代表的实质物权人或真实权利人不应当被强行卷入广义的民事强制执行程序，故某些涉执行争议案件不应当由执行法院专属管辖，而应当按照普通民事诉讼程序另案解决。基于此，本书的另外一项研究对象是执行救济与另案诉讼之间的关系，即涉执行争议是否可以甚或应当通过另案诉讼的方式予以解决以及另案裁判文书对本案执行程序产生的影响。

综上所述，本书的研究对象是民事强制执行程序中的审执关系，具体包括执行机构在争议解决程序之外对实体法律关系进行形式性判断以及涉执行争议案件的司法审查程序两方面问题，研究重点是涉执行争议解决程序构造问题。涉执行争议解决程序构造问题主要包括以下两方面内容：通过执行救济制度解决的涉执行争议案件适用争讼程序抑或非讼程序，以及涉执行争议是通过执行救济制度还是另案提起民事诉讼的方式解决。在我国现行制度及执行实务中，可能导致审执混淆的制度安排或法律现象主要包括以下三种。（1）异议前置。执行机构可以对实体事项进行形式审查并根据形式审查结果采取执行措施，不服该形式审查结论的当事人或案外人可以向执行法院起诉。执行机构对实体事项进行形式审查存在依职权审查与依申请审查两种模式，前者如执行机构在查封责任财产之前必须依职权对查封物的实体权属关系进行形式审查，后者如执行机构在案外人对查封物提出的排除执行异议适用非讼程序进行司法审查。（2）以执代审。执行机构不仅可以对实体争议进行形式审查，而且不服该形式审查结论的当事人或案外人不能向执行法院提起诉讼以谋求进一步的救济。为了弥补当事人或案外人不能向执行法院提起诉讼的不足，不服执行法院作出的非讼裁定的当事人或案外人通常被允许向上一级法院申请复议。涉执行争议裁定不具有终局确定民事法律关系的效力，以执代审模式仅禁止当事人或案外人在执行救济制度的框架内寻求争讼救济，而不禁止当事人或案外人就实体权利义务争议在执行救济制度的框架之外另案向有管辖权的法院寻求争讼救济。（3）以审乱执。债务人与他人通谋骗取另案判决并以该判决为依据请求排除执行特定财产、申请参与执行分配、行使优先受偿权、申请债务人破产等方式扰乱强制执行秩序的，债权人的受偿利益及其对被执行财产的保存利益应当获得充分的保护。基于此，笔者将另案判决对强制执行的影响及其防治纳入本书的研究范围。在深度透析异议前置、以执代审、以审乱执等三种制度或现象之后，本书以金钱债权执行与特定物之交付执行中的案外人权益为例，对涉执行争议的非讼解决、争讼解决、另案解决之间的关系展开体系研究。

第二节　价值取向

程序法视野下的审执关系属于民事强制执行法的价值判断问题，涉执行争议究竟应当通过何种救济方式解决以及另案判决可否对执行程序产生影响，在根本上取决于立法机关对民事强制执行法遵循的价值取向。传统观点认为，民事强制执行法应当以及时、迅速、有效实现确定债权为主要价值取向，但仍应顾及债务人之基本人权保障问题，人道主义成为现代民事强制执行法必须坚持的另一个价值取向。① 概言之，民事强制执行法应当遵循"执行效率"与"人道主义"两个价值取向，前者主要表现为尽可能迅速地完全实现债权人的确定债权，后者主要表现为保障债务人及其家属作为人的最低限度生活。② 在通常情况下，只有履行期间届满，债权人提出的给付请求才具备诉的利益，经过漫长审判程序后作出的给付判决通常还会指定债务人自行履行债务的期间，只有该宽限期间届满，债权人才可以申请人民法院强制执行。即使进入强制执行程序，除了现金及《最高人民法院关于适用〈中华人民共和国民事诉讼法〉的解释》（以下简称《民诉法解释》）第四百八十四条规定的"银行存款等各类可以直接扣划的财产"以外，执行法院在处分被执行财产之前应当先行采取控制性执行措施并再次给债务人预留自行履行债务的期间。③ 因而，执行债务通常处于严重延误履行且不容当事人再争议的状态，为了保障民事权益司法保护的及时性，民事强制执行立法以效率为首要价值取向正是债权人视角下以

---

① 参见吴光陆《强制执行法》（修订二版二刷），（台北）三民书局股份有限公司2013年版，第17页。
② 参见［日］竹下守夫《日本民事执行制度概况》，白绿铉译，《人民司法》2001年第6期。
③ 根据《民事诉讼法》第二百五十八条的规定，财产被查封、扣押后，执行员应当责令被执行人在指定期间履行法律文书确定的义务，只有被执行人仍不履行义务，人民法院才可以拍卖、变卖查封、扣押的财产。

人民为中心思想的贯彻结果。与此同时，民事强制执行是国家公权力介入私人生活的场域，基于人文关怀理念及比例原则的要求，民事强制执行立法坚持人道主义的价值取向正是债务人视角下以人民为中心思想的贯彻结果。但是，笔者认为，传统民事强制执行法学将效率、人道两种价值取向分别绑定债权人、债务人的做法是错误的，而且以人民为中心的民事强制执行立法的价值取向也不限于此。

一 效率价值取向不应当与债权人利益绑定

在通常情形下，债权人希望提高执行效率，而债务人倾向于拖延执行程序。但是，在金钱债权的实现已经获得足够充分担保的情形下，受到期债权利息及逾期履行利息的激励，不排除债权人基于追求利息或其他方面的利益而希望降低执行效率，债务人基于及时止损的考虑而具有加速执行程序的利益诉求。[①] 在案多人少的情况下，人民法院及执行法官有提高效率的天然冲动，并有可能为实现该目的而不惜牺牲债权人、债务人、案外人的民事权益或程序利益。因而，民事强制执行立法的效率价值取向应当在整体上进行理解，而不应当简单地将其视为债权人的利益。程序运营者立场下的效率价值取向主要体现为有限司法资源的利用效益，债权人立场下的效率价值取向主要体现为迅速实现已经被严重延误履行的执行债权，债务人立场下的效率价值取向主要体现为尽快履行债务或终结执行程序以及时止损。民事强制执行法应当妥善协调前述三种不同主体立场视阈下的效率价值取向，除非程序利用者涉嫌恶意严重拖延执行，程序运营者不能为了提高司法资源利用效益而弱化对程序利用者实体权益及程序利益的保护。

---

① 比如，某房地产开发公司以其名下的大部分不动产为其银行贷款设定抵押，执行法院根据银行的申请查封了该房地产开发公司名下的其他不动产，该房地产公司实质上丧失了通过自行处分不动产以清偿到期债权的机会，但又承受了不能履行生效法律文书所确定义务的一系列不利后果（如双倍罚息），并造成其无法适时处分被超标的额控制的不动产的后果。在本案中，作为债权人的银行想方设法拖延执行，而作为债务人的房地产开发公司则基于避免产生过多逾期利息及规避资金链断裂风险的考虑而迫切希望执行法院通过拍卖抵押财产或被查封财产以清偿债务。参见黄忠顺《论有财产担保的债权之强制执行——以有抵押物担保的债权之强制执行为中心》，《法律适用》2018 年第 15 期。

二 人道价值取向不应当与债务人利益绑定

人道主义的执行程序观主要表现为民事强制执行法坚持对社会弱势群体的私人利益及与法律基本价值密切联系在一起的私人利益予以确有必要的特殊观照。在民事强制执行法律关系中，执行机构属于行使国家强制力的程序运营者，债权人属于利用执行程序实现其合法权益的程序启动者，债务人属于负有容忍义务的强制执行针对对象。① 作为国家强制力承受主体的债务人最有可能因强制执行而陷入窘况，人道价值取向要求民事强制执行法兼顾保障债务人的基本人权。因而，人道主义的执行程序观通常被理解为仅适用于债务人，即在保障债务人基本人权的必要范围内，执行机构应当豁免对部分责任财产采取强制执行措施。人道主义的执行程序观的法理基础是植根于人文关怀理念的"弱有所扶"精神，以人民为中心的民事强制执行法理应向弱势当事人提供必要的倾向性保护。但是，弱势当事人既可以是弱势债务人，也可以是弱势债权人及其他利害关系人，故人道主义的执行程序观的主观范围理应涵盖所有民事强制执行程序的利用者。② 诚然，人道主义的执行程序观仅强调保障自然人的基本人权，既无法适用于非自然人的民事强制执行法律关系主体，③ 也无法解决不涉及基本人权的非善意执行问题，④ 人道主义的执行程序观今后宜进一步发展为善意文明执行程序观。

---

① 参见 [德] 弗里茨·鲍尔、霍尔夫·施蒂尔纳、亚历山大·布伦斯《德国强制执行法》（上册），王洪亮、郝丽燕、李云琦译，法律出版社2019年版，第76页。
② 参见黄忠顺《论直接执行与间接执行的关系——以金钱债权的间接执行为中心》，《东岳论丛》2020年第6期。
③ 在民事强制执行实践中，人民法院探索形成所谓的"生道执行"模式，通过法院、律师、债权方（原告）和有再生产能力的被执行企业等多方协作，采用放缓、分批、逐步执行方式管控被执行企业财产，让企业有机会通过自身再生产等方式重获新生，实现被执行企业逐步完成债务偿还，为企业经营发展营造宽松、有序的司法环境。参见柏巍《吉林高院"生道执行"让企业重获新生》，《人民法院报》2020年6月7日第1版。
④ 最高人民法院刘贵祥专委指出，善意文明执行理念要求人民法院"在执行工作中，在确保债权实现的情况下，执行措施要适度、合理、必要，尽量降低对债务人的不利影响。"参见刘贵祥《深化综合治理 加强信用监管 努力向"切实解决执行难"迈进》，《中国信用》2019年第9期。

三　民事强制执行还应当坚持安定价值取向

除了效率与人道两个基本价值取向以外，民事强制执行立法还应当贯彻安定价值取向。民事强制执行是债权人借助国家强制力实现民事权益的手段。为了防止国家强制力不适当地介入私人生活，民事强制执行法应当恪守安定价值取向，以确保不具有主观可归责性且其正当程序保障利益未被债务人代表的案外人可以及时摆脱执行困扰。除非具备足够充分且正当的理由，民事强制执行法应当禁止执行机构强行将案外人卷入包括执行救济程序在内的广义强制执行程序，以免破坏人民群众的生活安宁与财产安全。传统观点认为，不负有容忍强制执行义务的案外人的财产被错误执行的，案外人应当通过异议之诉的方式寻求救济。[①] 这无异于将案外人的前置性正当程序保障强行降格为后置性正当程序保障，使不特定第三人的财产暴露于随时可能被强制执行的风险之中。考虑到案外人通过异议之诉进行救济具有滞后性且实际上承担了执行标的在诉讼过程中被强制处分而无法追回的风险，民事强制执行法"应当防止为了执行加速而毫无顾虑地干预第三人的地位"。[②] 除非案外人对不利己权利外观之形成具有主观可归责性或者其正当程序保障利益已为债务人所代表，民事强制执行法不应当为了追求效率价值取向而限制乃至剥夺案外人的实体权益与诉讼权利。否则，民事强制执行法不仅在抽象层面破坏人民群众生活安宁与财产安全，而且在具体层面降低国家对人民群众合法权益的保护水平，从而违反新时代中国特色社会主义民事司法程序的人民主体性原则。

四　涉执行争议解决制度安排中的价值权衡

以人民为中心的民事强制执行立法应当坚持效率、人道、安定三个价值取向。其中，效率与人道是受到普遍认可的两大价值取向，通常也被称为债权人中心主义的执行程序观、人道主义的执行程序观，但前述两个执行程序观并非总是分别适用于债权人与债务人。基于安定价值取向的相对

[①] 参见陈荣宗《强制执行法》（第五版），（台北）三民书局股份有限公司1995年版，第61页。
[②] [德] 弗里茨·鲍尔、霍尔夫·施蒂尔纳、亚历山大·布伦斯：《德国强制执行法》（上册），王洪亮、郝丽燕、李云琦译，法律出版社2019年版，第69页。

主义执行程序观要求民事强制执行法保障不特定第三人的生活安宁与财产安全，而这向来被民事强制执行法忽视。债权人中心主义执行程序观的主观范围仅局限于债权人与债务人，相对主义执行程序观内在地要求民事强制执行法向债权人与案外人提供平等武器。基于此，涉执行争议发生在债权人与债务人之间的，有关争议解决程序的制度安排应当遵循债权人中心主义，必要时，可以将债务人的前置性正当程序保障降格为后置性正当程序保障，甚至将非讼解决机制前置于争讼解决机制。与此不同，涉执行争议发生在债权人与案外人之间的，有关争议解决程序的制度安排应当遵循相对主义执行程序观，除非案外人对不利己权利外观之形成具有主观可归责性或者其正当程序保障利益已为债务人所代表，民事强制执行法不能降低案外人根据民事诉讼法的规定享有的正当程序保障水平。发生在债务人与案外人之间的实体权益争议不构成涉执行争议，充其量只能构成债权人与案外人所发生涉执行争议的原因事实。但是，基于纠纷一次性解决原则，案外人或债务人可以在案外人与债权人之间正在进行的诉讼程序中针对案外人与债务人之间的实体权益争议提起诉讼，执行法院于不显著降低涉执行争议审判效率的情形下予以合并审理。

第三节 研究进路

根据债权人中心主义执行程序观与相对主义执行程序观，发生于债权人与债务人之间的涉执行争议的解决程序可以适当降低对债务人的正当程序保障水平，发生于债权人与案外人之间的涉执行争议的解决程序应当平等保护债权人与案外人的裁判请求权。因而，有关涉执行争议解决程序的制度安排，应当区别对待无涉案外人的涉执行争议与牵涉案外人的涉执行争议。

一 无涉案外人的涉执行争议解决原理

债权人与债务人之间的涉执行争议类型主要包括：执行债权或其法律状态是否在实体法上产生变动（以下简称"执行债权实体变动"）、执行标的与执行名义所载明的特定物是否具有同一性、金钱债权执行标的是否属于法定的豁免执行财产范围。与错误执行特定物或豁免执行财产构成违法执行行为而通过执行异议与执行复议制度谋求救济不同，债权人与债务人之间因执行债权实体变动发生的涉执行争议则应当保留当事人诉诸争讼程序的权利。债权人与债务人之间因执行债权实体变动发生的争议类型主要包括：因有既判力之执行名义（如给付判决）所确定债权在既判力基准时点后发生债权变动事由而引发的争议、因无既判力之执行名义（如公证债权文书）所推定债权确有错误而发生的争议、因没有引入案外人的执行和解或执行担保而导致的争议、因替代执行或赔偿执行而导致的争议。前述执行债权实体变动事实未经审判程序确定，当事人因执行债权实体变动发生的争议本应直接通过争讼程序解决。但是，为了贯彻债权人中心主义执行程序观或者维护公证债权文书的制度功能，现行法律及司法解释于特殊情形下例外允许当事人通过非讼程序尝试性或终局性解决执行债权实体变动争议。

二　牵涉案外人的涉执行争议解决原理

除非案外人对不利己权利外观之形成具有主观可归责性或者其正当程序保障利益已为债务人所代表，立法机关与执行机构缺乏强迫案外人通过执行救济制度解决实体争议的正当性基础。牵涉案外人的涉执行争议解决的制度安排应当遵循案外人与当事人平等保护原则，而不能为了追求执行效率而降低对案外人权益的司法保护水平。牵涉案外人的涉执行争议类型包括：案外人对执行标的主张足以排除强制执行的民事权益而与债权人发生的争议，债权人质疑案外人据以申请参与分配的债权的真实性而与案外人发生的争议，案外人自愿加入执行和解、执行担保或者在执行程序书面承诺自愿代被执行人偿还债务而与当事人发生的争议，案外人以竞买人、管理人、有偿协助执行人等身份自愿参加民事强制执行活动而与当事人之间发生的争议，案外人就其被变更或追加为被执行人而与当事人发生的争议，等等。其中，案外人基于执行和解、执行担保、承诺代偿、参与竞买、有偿协助执行等原因而与当事人发生实体争议的，案外人因其系自愿选择参加执行程序而应受债权人中心主义执行程序观之拘束，此类涉执行争议的解决程序应当彰显执行效率价值取向。案外人对不利己权利外观之形成不具有主观可归责性且其正当程序保障利益未被债务人充分代表的，除非据以变更或追加案外人为被执行人的基础法律关系已经生效法律文书确认，执行法院未经审判程序即将案外人变更或追加为被执行人的做法普遍受到学者批判。案外人与债权人（及债务人）就"执行标的是否属于债务人的责任财产"发生争议的，应当充分考虑"权利外观是否有利于案外人""案外人对不利己权利外观之形成是否具有主观可归责性""不利己权利外观是否已经另案生效法律文书确认""案外人的正当程序保障利益是否被债务人充分代表"等因素，以合理确定债权人中心主义执行程序观与相对主义执行程序观的各自作用范围。

三　涉执行争议解决程序的研究重点

无涉案外人的涉执行争议解决程序应当贯彻债权人中心主义的执行程序观，债务人认为有既判力之执行债权发生变动或者无既判力之执行债权确有错误的，只能通过向执行法院提起债务人异议之诉的方式谋求救济，不能不顾及正在进行的执行程序而另案提起民事诉讼。尽管我国目前尚未正式确立债务人异议之诉，但学界对建立债务人异议之诉的必要性已有充分的论述。关于无涉案外人的涉执行争议解决程序的价值取向与制度设计，理论界与实务界已经基本达成共识，故本书不将其作为研究重点。案外人的涉执行争议解决程序原则上应当坚持相对主义的执行程序观，但理论界与实务界仍有不少人基于执行效率价值取向而主张限制案外人的救济权利。由于涉及案外人的涉执行争议解决程序的价值取向与具体制度均存在较大的争议，最高人民法院起草的不同版本强制执行法草案对案外人权益救济问题作出的制度安排不断出现变动。基于此，本书以牵涉案外人的涉执行争议解决程序为研究重点，致力于防范执行机关与执行机构为了提高执行效率而降低案外人权益的司法保护水平。

四　小结

尽管无涉案外人的涉执行争议解决程序的制度设计尚存在不完善之处，但理论界与实务界就引入债务人异议之诉制度已经基本达成共识。与此不同，牵涉案外人的涉执行争议解决程序的价值取向与制度设计均存在较大的争议。为了保障不特定第三人的生活安宁与财产安全，除部分特定类型的案外人仍应受债权人中心主义的执行程序观拘束以外，案外人与当事人之间的涉执行争议解决程序应当贯彻平等保护原则。基于此，本书在对"异议前置""以执代审""以审乱审"等三种制度与现象进行全面分析的基础上，重点研究金钱债权执行与物之交付执行中的案外人权益救济程序。

第一章 程序法视野下的审执关系概述

在民事强制执行程序中，债务人对给付义务原则上已经不能再事争议，而且债务人通常对该债务已经构成严重延误履行。为了确保民事司法对人民群众合法权益保护的有效性，民事强制执行程序毫无疑问应当以执行效率为首要价值取向。人民法院在民事强制执行程序中行使的司法权主要是高效的执行权，而低效的审判权仅于确有必要情形下发挥辅助功能。由于执行权与审判权分别具有主动性与被动性，执行权侵蚀审判权是导致审执混淆的主要原因，滥用审判程序干扰执行程序是导致审执混淆的次要原因。执行权侵蚀审判权主要表现为：执行权代替审判权对涉执行争议进行临时性或终局性处理，对当事人或案外人将实体争议诉诸审判法院的裁判请求权进行限制乃至剥夺。滥用审判程序干扰执行程序主要表现为：债务人或案外人滥用另案诉讼程序或执行救济程序扰乱正常的执行秩序，不正当地导致债权人无法或难以全面实现其执行债权。由于审判权遵循不告不理原则，执行机构在涉执行争议解决程序之外对实体事项进行判断并不直接违反审执分离原则。但是，执行机构判断实体事项后采取的执行行为可能对当事人或案外人的民事权益造成损害，导致原本应当通过普通民事诉讼程序解决的实体争议只能通过执行救济制度解决。基于此，尽管本书以涉执行争议解决程序构造为主要研究对象，但执行机构在涉执行争议解决程序之外为决定执行程序事项而对实体事项进行判断的，同样可能涉嫌混淆审执关系。

第一节 执行法院解决涉执行争议程序中的审执关系

根据审执分离原则，涉执行争议应当通过审判程序解决，为提高执行效率及降低不当执行风险，民事强制执行法应当鼓励当事人通过协商和解或非讼程序迅速解决涉执行争议。根据审执协作原理，无法通过协商和解或非讼程序迅速解决的涉执行争议案件由执行法院专属管辖，而且原告必须将其谋求发生的程序法效果列入诉讼请求。但是，审判机构对涉执行争议进行实体审理与执行机构对涉执行争议进行形式审查之间并不构成冲突，前者旨在向争议当事人提供正当程序保障并彻底解决涉执行争议，后者旨在为执行机构推进或暂缓执行程序运行提供依据以向争议当事人提供临时性救济。但是，传统观点却认为，涉执行争议只能通过争讼程序解决且执行程序在争讼案件审结前应当继续进行。[①] 在理论上，为确保当事人获得足够充分且正当的程序保障，但凡涉及实体权益争议的事项均应当通过争讼程序予以解决；为保障履行期限早已届满的确定或推定债权获得及时实现，债务人或案外人提起异议之诉不影响强制执行程序的进行，但法院作出中止执行裁定或暂缓执行决定的除外。因债务人或案外人提起异议之诉作出中止执行裁决或暂缓执行决定，实际上是法院结合异议之诉案件中的事实陈述与证据资料，对全部或部分执行行为的合法性和/或正当性进行形式审查，并得出相应的结论，其性质类似于执行异议复议审查，故不属于争讼案件系属对执行程序造成的影响。执行异议之诉的确定裁判通常会对是否排除或许可全部或部分强制执行作出实体认定，执行机构应当遵循审判机构作出的确定裁判文书，并据此采取相应的强制执行措施。但是，在我国现行强制执行制度与实践中，执行权与审判权之间的关系存在着以下三种有违前述原理的扭曲现象。

一 "以执代审"现象

《中华人民共和国民事诉讼法》（2023 年修正，以下简称《民事诉讼法》）第二百三十六、二百三十八条分别为违法执行行为和不当执行行为设置了不同的救济途径：当事人、利害关系人认为执行行为违反法律规定的，可以通过执行异议与执行复议谋求救济；案外人请求排除强制执行（以及债权人请求许可强制执行）的，应当通过执行异议与执行异议之诉谋求救济。但是，违法执行行为与不当执行行为之间的界限较为模糊，为

---

① 参见张登科《强制执行法》，（台北）三民书局股份有限公司 2012 年版，第 208 页。

了推进强制执行程序的进行以及规避不必要的麻烦，执行机构以及执行人员主观上更倾向于将当事人或案外人提出的异议界定为针对违法执行行为的异议，呈现出以执行复议替代执行异议之诉的趋势。在"案多人少"的现实压力下，最高人民法院以及层级较高的地方人民法院出台的司法解释以及其他规范性文件将某些"以执代审"做法予以肯定，加剧了执行程序中审执关系的对立。相对于执行复议而言，执行异议之诉因遵循争讼原理及采取"两审终审制"而可以向当事人及案外人提供更加充分的程序保障。因而，"以执代审"已经严重妨碍我国执行救济以及其他相关执行制度的完善，本书通过类型化分析的方式对其各种形态展开深入的研究。

二 "异议前置"现象

在我国强制执行理论与实践中，审判机构在执行异议之诉中行使的审判权被称为"涉执行审判权"。为迎合强制执行对效率价值的追求，涉执行审判权的行使规则逐渐与普通审判权发生分离，主要表现在以下三方面。（1）在立案前置程序方面，案外人、当事人提起执行异议之诉之前必须先行经过执行异议程序，通过执行裁决权（审查权）附条件地尝试性替代涉执行审判权所能发挥的功能（以下简称"异议前置"）。（2）在案件管辖权方面，案外人、当事人对执行异议裁定不服提起执行异议之诉的，由执行法官专属管辖，以确保审判权与执行权能够更好地协作（以下简称"专属管辖"）。（3）在审判机构设置方面，已有部分地方法院在执行（事务）局以外设立执行裁判庭，同时行使涉执行审判权与执行裁决权（以下简称"专门管辖"）。其中，"专属管辖"与"专门管辖"仅改变涉执行审判权的具体行使主体，但没有对涉执行审判权的行使规则作出调整，而"异议前置"事实上对案外人或当事人的裁判请求权进行了限制，只有经过执行异议程序仍不能获得救济的主体，才可以通过争讼程序谋求救济。显而易见，相对于"专属管辖"与"专门管辖"而言，将通过执行异议仍无法获得救济作为特殊起诉要件的"异议前置"，[1] 成为执行程序中审执关系研究的重点。

---

[1] 根据《民诉法解释》第三百零三条的规定，案外人提起执行异议之诉必须以"案外人的执行异议申请已经被人民法院裁定驳回"为必备条件之一。根据《民诉法解释》第三百零四条的规定，申请执行人提起执行异议之诉，必须以"依案外人执行异议申请，人民法院裁定中止执行"为必备条件。

三 "以审乱执"现象

在案外人本应当根据《民事诉讼法》第二百三十八条的规定通过执行异议与执行异议之诉谋求救济的语境下，案外人既可能因不知悉执行事件而直接向执行法院或其他法院提起民事诉讼，也可能因为与对方当事人约定有仲裁条款或仲裁协议而将相关争议提交仲裁机构裁决，还有可能因为不信任执行法院（尤其是在怀疑执行法院存在地方保护或者受到执行当事人操纵的情形下）或配合债务人转移财产而向执行法院以外的其他法院提起（虚假的）普通民事诉讼。在前述诸种情形下，案外人或当事人均有可能以其他人民法院或者仲裁机构作出的生效法律文书为依据，向执行机构提出排除强制执行的异议及异议之诉，从而有意或无意地导致"以审乱执"情形的发生。

四 小结

综上所述，执行程序中的审执关系的研究重点分别是"异议前置""以执代审""以审乱执"三种情形。"异议前置"保留了当事人或案外人通向争讼程序的救济机会，除了需要评估该机制是否妨碍当事人及时获得实质性司法救济的裁判请求权以外，主要探讨的是执行异议与执行异议之诉在实体权益判断方面的区别。"以执代审"是由强制执行规则及其政策的制定者（全国人大及其常委会、最高人民法院及其相关庭室乃至其他层级较高的地方人民法院）以及执行机构造成的，而"以审乱执"则是由当事人与案外人造成的。相对于程序利用者而言，程序设计者与程序运行者可以对执行权与审判权的关系施加更为显著的影响。因而，尽管"以审乱执"的情形需要反思和整治，但执行程序中亟须纠正的是各种各样的"以执代审"的乱象。在某种意义上，"以执代审"是执行程序中审判权与执行权关系没有处理好的主要矛盾，而"异议前置"与"以审乱执"则仅属于次要矛盾。

第二节 执行机构审查实体法律关系中的审执关系

　　执行机构对实体法律关系进行形式性判断的必要性客观存在，但执行机构对实体法律关系的审查程序与判断标准均有别于审判机构对实体法律关系的审理。这是因为，执行机构判断实体法律关系不是为了解决实体争议，而是为了决定民事强制执行程序事项，而民事强制执行程序事项之决定又追求效率价值取向。如果要求执行机构将作出执行程序事项决定所依据的实体法律关系提交审判机构并按照审判程序审理，不仅违背不告不理原则，而且极容易造成执行僵局。如果要求执行机构按照审判程序对据以作出执行程序事项的实体法律关系进行审理，则明显违背审执分离原则。基于此，执行机构审查实体法律关系的方法应当仅限于形式审查，判断实体法律关系的标准应当仅限于形式性判断标准。但是，执行机构基于其对实体法律关系的判断结果实施的执行行为损害当事人或案外人的民事权益的，当事人或案外人通常被认为只能通过执行救济制度寻求消除不利己执行状态。这意味着强行将当事人或案外人原本应当获得的前置性正当程序保障降格为后置性正当程序保障，明显涉嫌混淆审执关系并因此降低国家对裁判请求权的保护水平。因而，"执行机构审查实体法律关系中的审执关系"主要研究的问题是：对于据以作出执行程序事项决定的实体法律关系，是由执行机构对该实体法律关系进行初步判断后决定执行程序事项并允许有关主体寻求事后救济，抑或要求有关当事人通过另案诉讼或另案仲裁先行确定实体法律关系后再决定执行程序事项？[①] 限于篇幅，本节仅以

[①] 需要说明的是，即使在当事人或案外人已经将涉执行争议提交执行法院解决，执行机构也可以为了决定执行程序事项而审查相关实体法律关系，以尽量避免不当执行行为的发生或者扩大。只要执行机构对相关实体法律关系的形式审查不妨碍当事人或案外人将涉执行争议诉诸审判程序，就没有必要从制度上禁止执行机构对相关实体法律关系进行判断。即使从制度上禁止执行机构对当事人、案外人发生争议的实体法律关系进行形式审查，也不可能从根本上消除执行机构对相关实体法律关系进行形式审查并依职权变动执行事项的现象。因而，涉执行争议解决程序的启动不影响执行机构基于决定执行程序事项的需要对实体法律关系进行初步判断，但这与执行机构"在涉执行争议形成之前抑或涉执行争议被提交执行法院解决之前"对实体法律关系进行初步判断无异，本书不再赘述。

金钱债权执行标的实体权属判断程序为例，对执行机构审查实体法律关系中的审执关系进行研究。

一 执行机构审查实体法律关系的基本原则：可归责性与动态审查

基于强制执行形式化原则，执行机构只能针对在外观上属于债务人责任财产的特定财产采取执行措施，但权属外观调查方法不局限于物权公示原则与权利外观主义，甚至私文书也可以成为执行机构认定责任财产的依据。[①] 案外人对特定财产的不真实权属外观形成不具有可归责性的，不具备强行将其卷入执行程序的正当性基础，民事强制执行立法应当保留案外人通过非讼审查程序迅速摆脱执行困扰的途径。根据可归责性原则，只有对不真实权属外观形成具有可归责性的案外人，才具备将其强行卷入执行程序并限制其权益救济途径的正当性基础。与此同时，基于债权人与案外人平等保护理念，既然债权人与执行机构可以根据私文书等不具有法定公示效力的方法认定责任财产，那么也应当允许案外人通过显而易见的证据推翻执行机构对责任财产的认定结果。因而，执行机构对执行标的实体权属应当遵循动态审查原则，而不能仅在采取控制性执行措施时一次性审查。

（一）可归责性原则

为了保障不特定第三人的生活安定与财产安全，只有特定财产在外观上属于债务人的责任财产，执行机构才可以对其采取或维持执行措施，对该财产主张实体权益的案外人也才有必要请求排除强制执行。除非执行机构错误适用形式性判断标准，不当执行行为的执行标的必然存在形式物权与实质物权相分离的情形。形式物权与实质物权的分离符合案外人意愿的，案外人不仅对其财产被误认为债务人所有具有可预见性，而且通常能够据此获得租金等收益，具备将其卷入执行程序的正当性基础，如案外人与债务人达成租赁合同并将普通动产交付债务人占有、使用的情形。形式物权与实质物权的分离违反案外人的意愿，但案外人可以及时消除这种分离状态而没有及时消除的，也具备将其卷入强制执行程序的正当性基础，

---

① 参见肖建国《强制执行形式化原则的制度效应》，《华东政法大学学报》2021年第2期。

如案外人获得确权判决但没有及时办理权属变更登记手续的情形。

因而，形式物权与实质物权的分离违背案外人意愿，而且无法合理期待其在强制执行之前消除此种分离状态的，不具备将案外人卷入执行程序的正当性基础。比如，实质物权与形式物权分离的原因是诸如盗取等违法行为，执行法院依职权或依申请审查后足以从形式上认定该财产属于债务人盗窃所得的，应当及时解除对该财产采取的执行措施，而且该裁定不能被申请复议，也不能被提起异议之诉。债权人不服该裁定的，只能按照民事实体法的规定另行提起民事诉讼。再如，实质物权人与形式物权人分离的原因是《民法典》第一百四十四、一百四十六、一百五十三、一百五十四条等规定的无效法律行为的，该财产仍属于实质物权人的责任财产，如果实质物权人为债务人，执行法院可以直接予以执行，案外人可以利用异议及异议之诉等程序加以救济；如果实质物权人为案外人，执行法院不得直接予以执行，债权人也不能据此提起许可执行之诉，而只能按照民事实体法的规定另行提起民事诉讼。

概言之，执行标的实体权属审查程序设计应当遵循可归责性原则，只有案外人具有主观可归责性，债权人或执行法院才可以将其卷入广义的执行程序。所谓"广义的执行程序"，是指《民事强制执行法》规定的所有程序，除了狭义的执行程序以外，还包括执行异议、执行异议之诉、许可执行之诉等程序。由于执行异议之诉案件适用专属管辖制度，直接以启动、续行或排除强制执行为诉讼目的，对案外人的管辖利益造成了不利影响，须以其具有主观可归责性作为基础。因而，案外人对实质物权与形式物权分离具有可归责性的，执行标的实体权属应当通过申请、异议、许可执行之诉、案外人异议之诉等《民事强制执行法》规定的程序进行审查。案外人对实质物权与形式物权分离不具有可归责性的，不应当剥夺案外人的管辖利益，债权人如欲申请对该财产予以执行，不能直接提起许可执行之诉，而应当另行向有管辖权的人民法院提起民事诉讼。

（二）动态审查原则

在理论上，只有要求执行法院完全按照法定物权公示方法及权利外观主义判断执行标的实体权属，而不例外地规定若干特殊情形及赋予执行法院一定范围内的裁量权，而且可以保证执行机构在实践中不会故意或过失地违反执行标的实体权属的形式性判断标准，执行标的实体权属审查结果才具有确定性。但是，实际上，在我国当前的强制执行制度及实践中，前述三项条件均不具备，对执行标的实体权属进行动态审查的必要性客观存在。

（1）执行标的实体权属的形式判断标准不具有唯一性

审执分立并没有禁止执行机构在执行程序中对执行标的实体权属进行审查，只是强调执行机构应当根据形式物权或权利表象推定执行标的实体权属，而审判机构根据实质物权认定执行标的实体权属。[①] 限于篇幅，这里仅以物权为例展开分析。鉴于物权公示方法不具有唯一性，实质物权呈现出来的形式物权也不具有唯一性。为了尽可能减少形式物权与实质物权发生分离，执行法院应当根据法定公示方法呈现出来的形式物权来推定执行标的实体权属。但是，法定公示方法呈现出来的形式物权与实质物权之间发生分离的情形也时有发生。为此，最高人民法院通过司法解释增设一些不适用权利推定规则或者例外允许执行法院根据法定公示方法以外的非典型公示方法呈现的形式物权推定执行标的实体权属等特殊规则。[②] 这些例外情形大致包括以下几种。

① 有些财产尚未按照法律规定进行公示，司法解释授权执行机构根据其他证据认定财产权属，并据此决定是否采取、保留或者解除执行措施。比如，根据《最高人民法院关于人民法院民事执行中查封、扣押、冻结财产的规定》（法释〔2020〕21号修正，以下简称《查封规定》）第二条第二款的规定，对于未登记的建筑物和土地使用权，依据土地使用权的审批文件和其他相关证据确定权属，据此推定属于债务人所有或债务人对其享有处分权的，执行法院可以采取执行措施。

② 有些财产的法定公示方法不具有唯一性，而且不同法定公示方法呈现出来的形式物权相互冲突，司法解释实际上承认执行法院可以先后认定两种相互矛盾的形式物权。比如，执行法院可以根据《查封规定》第二条第一款的规定扣押债务人占有的机动车，也可以根据《查封规定》第九条的规定查封登记在债务人名下但不为债务人所占有的机动车，前者根据占有公示方法呈现的形式物权推定执行标的实体权属，而后者根据登记公示方法呈现的形式物权推定执行标的实体权属。根据前述规定，执行法院扣

[①] 参见肖建国《执行标的实体权属的判断标准——以案外人异议的审查为中心的研究》，《政法论坛》2010年第3期。

[②] 参见肖建国《执行标的实体权属的判断标准——以案外人异议的审查为中心的研究》，《政法论坛》2010年第3期。

押债务人占有的机动车，案外人提供证据证明或者执行法院调查发现该车辆在执行债权发生之前已经登记在案外人名下的，基于登记的公示效力较占有强，执行法院应当排除对该车辆采取的执行措施。

③ 法定公示方法以外的其他公示方法呈现的形式物权更接近实质物权。比如，根据《民法典》第二百二十九条以及《最高人民法院关于适用〈中华人民共和国民法典〉物权编的解释（一）》（法释〔2020〕24 号，以下简称《物权司法解释（一）》）第七条的规定，人民法院、仲裁机构在分割共有不动产或动产案件中作出并依法生效的改变原有物权关系的判决书、裁决书、调解书以及人民法院在执行程序中作出的拍卖成交裁定书、以物抵债裁定书可以直接引起物权变动，执行机构据此认定涉案财产属于债务人所有的，可以对其采取执行措施。

由此可见，执行标的实体权属的形式性判断标准不具有唯一性，根据形式性判断标准对执行标的实体权属作出的判断结论也不具有唯一性。相应地，在责任财产调查环节与案外人异议审查环节，执行机构完全可以合法地对执行标的实体权属作出不同的形式性判断结论。以不动产强制执行为例，通过债权人提供线索、债务人报告财产、网络执行查控系统查询等方式，执行机构发现有不动产登记在债务人名下的，执行机构应当根据物权登记公示方法呈现的形式物权推定该不动产归债务人所有，并据此裁定查封该不动产。在该不动产被查封后，案外人持《民法典》第二百二十九条及《物权司法解释（一）》第七条规定的判决书、裁定书、裁决书、调解书提出排除执行异议的，执行机构应当根据前述文书呈现的形式物权推定涉案不动产归案外人所有，并据此解除对该不动产采取的执行措施。相反，如果执行机构只能根据登记簿的记载情况认定执行标的实体权属，那么执行机构无论在什么时候都只能得出唯一的形式性判断结果，保留案外人异议制度的必要性就会受到削弱。

（2）执行法院不可能无视实质物权或真实权利的存在

在明知形式物权与实质物权发生分离的情形下，立法机关不应当要求执行机构（继续）执行明显属于案外人所有的财产。否则，无异于强迫执行机构明知故犯地实施严重损害案外人合法权益的不当执行行为。即使明确禁止执行机构对执行标的实体权属采取实质性判断标准，执行机构所在的法院及其上一级法院也可能通过执行监督的方式主动撤销违反实质性判断标准的执行措施。与其通过执行监督程序进行纠正，倒不如授权执行法院对执行标的实体权属进行形式审查时初步适用实质性判断标准，并根据实质性判断标准的形式审查结论指示债权人提起许可执行之诉或案外人提起案外人异议之诉。①

由于我国没有建立执行机构启动或指示案外人（债权人）提起异议之诉（许可执行之诉）的制度，为了避免执行机构被迫采取明知不当的强制执行行为，除了原则上禁止执行机构在案外人异议审查及执行异议之诉审理期间处分执行标的以外，司法解释还例外地规定执行机构可以对案外人排除执行请求进行实质审查的若干特殊情形。② 这意味着执行机构不再简单地根据物权公示原则及权利外观主义判断执行标的实体权属。如果说根据法定公示方法以外的其他公示方式呈现的形式物权或权利表象认定执行标的实体权属仍属于形式性判断标准的范畴，执行机构根据不具有对外公示效力的合同等证据材料对执行标的实体权属进行判断，则明显采取了实质性判断标准。

除了执行标的排除环节例外地采取了实质性判断标准，在责任财产调查环节，我国现行司法解释也允许执行机构例外地采取实质性判断标准。根据物权公示原则及权利外观主义认定涉案财产不属于债务人所有的，执行机构仍可以根据司法解释的规定例外地予以查封、扣押、冻结。为了在债权人与案外人之间贯彻武器平等原则，司法解释确立了"以形式审查为原则、实质审查为例外"的案外人异议审查规则，授权执行机构在案外人异议审查程序中相应地进行实质审查。

（3）执行机构违反形式性判断标准的可能性无法排除

即使立法机关明确要求执行机构在认定执行标的时采取具有排他性的形式性判断标准，也无法保证执行机构不违反该形式性判断标准。即使执行法院在责任财产调查环节与执行标的排除环节采取相同的形式性判断标准，而且根据该形式性判断标准必然可以对执行标的实体权属得出唯一结论，也无法杜绝执行法院违反形式性判断标准执行案外人财产情形的发生。在执行法院有意或无意地错误适用形式性判断标准的情形下，即使执

---

① 在我国台湾地区，"执行人员如认定确非债务人所有之动产，纵债权人指认，仍可不予查封，否则，仍可斟酌予以查封，并于查封后，依据'强制执行法'第十六条规定，指示第三人依本法第十五条提出异议之诉。"吴光陆：《强制执行法》（修订二版二刷），（台北）三民书局股份有限公司2013年版，第287页。
② 参见江必新、刘贵祥主编《最高人民法院关于人民法院办理执行异议和复议案件若干问题规定理解与适用》，人民法院出版社2015年版，第351页。

行标的实体权属的形式判断标准具有排他性，案外人仍有必要通过异议程序谋求即时救济，不能据此得出应当废止案外人异议制度的结论。

（三）小结

尽管立法机关可以禁止执行机构对执行标的实体权属适用实质性判断标准，但执行法院对执行标的实体权属进行审查时不可能完全摆脱实质性判断标准的影响，在立法论上也不应当强迫执行法院明知故犯地实施不当执行行为。为此，我国现行司法解释允许执行机构在责任财产调查环节例外地进行实质审查，在相应的适用范围内，执行机构在审查排除执行请求时采取实质性判断标准具备正当性。即使取消执行机构进行实质审查的例外规定，伴随着证据材料的增多，执行机构也可能对执行标的实体权属作出有别于责任财产调查环节的认定结果。因而，执行标的实体权属应当实行动态审查，即使没有案外人提出排除强制执行请求，执行机构也应当随时注意执行标的是否属于案外人所有。

二 执行机构审查实体法律关系的程序构造：财产调查与后续救济

除了通过保全财产、担保财产或者债权人享有优先受偿权的财产满足执行债权以外，金钱债权执行的第一步是调查可供执行财产的信息，然后对潜在的责任财产的实体权属进行判断，再对属于债务人所有或债务人对其享有处分权的财产采取执行措施，被采取执行措施的责任财产就是学者所谓的"执行标的"。基于债权人中心主义，加大执行机构调查财产信息的力度是各国共同的发展趋势。基于债权人与案外人原则上应当予以平等保护的原理，执行法院原则上只能对在外观上属于债务人所有或者债务人享有处分权的财产采取执行措施，并适当强化执行法院对涉案财产实体权属的审查及注意义务。

（一）可供执行财产的信息来源

尽管德国、日本、韩国均要求债权人在申请执行时具体指明执行对象，但分别通过财产报告（代宣誓保证）、财产开示、财产明示、命债务人报告制度减轻债权人收集可供执行财产信息的负担。[①] 在执行实践中，

---

① 分别参见《德国民事诉讼法》第八百零二条之三、《日本强制执行法》第一百九十七条、《韩国民事执行法》第六十一条。

债权人收集可供执行财产信息手段有限，而且债务人拒绝报告或虚假报告财产情况的情形频发。由于惩戒拒绝报告或虚假报告财产情况的债务人具有间接执行乃至对人执行的显著特征，大陆法系国家和地区均倾向于强化债权人收集可供执行财产信息的手段。德国 2009 年 6 月 19 日通过的《强制执行中的情况说明改革法》已经被 2013 年 1 月 1 日起生效的《德国民事诉讼法》吸收，修正后的《德国民事诉讼法》第八百零二条之十一以及第八百零二条之十二赋予执行员以广泛的可供执行财产信息调查权限。[①] 日本在 2003 年才确立债务人财产开示制度，2019 年 5 月 17 日公布的《对〈民事执行法〉及实施〈国际诱拐儿童民事方面的公约〉的相关法律进行部分修正的法律案》将《民事执行法》第四章的编名由"财产公示程序"修改为"债务人财产状况的调查"，在修改原有"财产开示程序"的基础上增设第二节"从第三者获得信息的程序"。申请执行的债权人及提供文书证明其对债务人财产享有一般优先权的债权人，不仅可以根据第一节的规定向债务人普通裁判籍所在地的地方法院申请债务人开示财产，而且可以申请前述法院签发要求税务机关、养老机构、金融机构、社会团体等提供债务人不动产、工资债权、存款债权等财产信息的命令，收到命令的主体应当以书面形式向法院提供相关信息，法院将查询结果通知债权人，据此发现可供执行财产的债权人可以申请强制执行。[②] 韩国 2005 年修订后的《民事执行法》第七十四条规定了财产照会制度，授权财产明示程序的管辖法院根据债权人的申请向公共机关、金融机关、团体等收集可供执行财产信息。[③] 与前述立法例不同，尽管我国《民事诉讼法》第二百五十二条和二百五十三条以及《最高人民法院关于民事执行中财产调查若干问题的规定》（法释〔2020〕21 号修订，以下简称《财产调查规定》）第二条确认了债权人提供财产线索、债务人报告财产情况、执行法院调查等三种财产信息收集机制，但更加注重执行法院依职权调查可供执行财产信息。一方面，执行法院向有关单位查询债务人财产状况仅以债务人未按执行通知履行执行债务为条件，与债务人是否履行财产报告义务以及债权人是否申

---

① 参见丁启明译《德国民事诉讼法》（简装版），厦门大学出版社 2015 年版，第 201—206 页。
② 参见『民事執行法及び国際的な子の奪取の民事上の側面に関する条約の実施に関する法律の一部を改正する法律案』（http://www.sangiin.go.jp/japanese/joho1/kousei/gian/198/meisai/m198080198028.htm）。
③ 参见［韩］姜大成《韩国民事执行法》，朴宗根译，法律出版社 2010 年版，第 225—226 页。

请执行法院调查无关。① 另一方面，在执行实践中，发现可供执行财产的主要途径还是法院依职权调查，② 伴随着被执行人财产网络查控系统的建立，最高人民法院通过司法解释性质的规范性文件要求执行法院强化依职权调查可供执行财产的力度。③

基于债权人中心主义及以下若干理由，笔者认为我国采取以法院职权调查为主的可供执行财产信息收集机制具有合理性。（1）债权人自行收集可供执行财产手段有限，加上我国没有采取律师强制代理制度，债权人面临着因无法收集到有效财产信息而无法实现其执行债权的风险，而且债权人自行收集可供执行财产信息容易涉嫌侵犯个人隐私或商业秘密。（2）债务人对强制执行普遍持抵触心理，只有债务人违反报告义务的行为，必将受到严厉的惩戒，才能合理期待债务人会如实申报财产，而拘留、罚款、纳入失信被执行人名单等惩戒措施具有间接执行的效果，过分依赖债务人财产报告制度，容易导致间接执行措施的泛化，有违当代民事强制执行法的发展趋势。（3）如果仅采取依申请调查模式，执行法院无法主动出击，及时查控可供执行财产。债权人申请强制执行但没有指定被执行财产的，执行法院通过债务人的任何责任财产实现其金钱债权，都不违反债权人的意愿。因而，执行法院依职权调查不仅有利于贯彻执行及时原则，而且不违反执行处分原则。

（二）可供执行财产的权属调查

根据《财产调查规定》第二条和第八条以及《查封规定》第二条的规定，在调查核实债权人提供的财产线索、债务人报告的财产状况以及依职权调查可供执行财产时，执行法院应当根据形式性判断标准对相关财产的实体权属进行认定。在执行标的的认定环节，由于执行法院尚未采取执行措施，对涉案财产享有实体权益的案外人通常没有参与可供执行财产的实体权属调查程序，执行法院对强制执行侵害案外人合法权益的可能性应当尽到适当的注意义务。（1）除非形式物权人或表象权利人书面确认涉案财产

---

① 参见《民事诉讼法》第二百五十三条。
② 参见江必新主编《新民事诉讼法执行程序讲座》，法律出版社2012年版，第138页。
③ 参见《最高人民法院关于依法制裁规避执行行为的若干意见》（法〔2011〕195号，以下简称《制裁规避意见》）第三条。同时，《最高人民法院关于严格规范终结本次执行程序的规定（试行）》（法〔2016〕373号，以下简称《终本规定》）第一条将执行法院"已穷尽财产调查措施，未发现被执行人有可供执行的财产或者发现的财产不能处置"作为裁定终结本次执行程序的必备条件，第三条详细规定了执行法院应当穷尽的财产调查手段。

属于债务人所有或者债务人对其享有处分权，执行法院原则上只能执行在外观上属于债务人所有的财产。(2) 尽管形式物权人或表象权利人拒绝书面确认，但涉案财产在实质上显而易见属于债务人所有或债务人对其享有处分权的，执行法院可以根据债权人申请采取控制性执行措施，并指示债权人提起许可执行之诉。(3) 形式物权人或表象权利人拒绝书面确认，而且涉案财产在实质上并非显而易见属于债务人所有或债务人对其享有处分权的，执行法院不能直接将其作为执行标的，而应当释明债权人通过许可执行之诉或另行提起代位确权诉讼解决。(4) 即使涉案财产在外观上属于债务人所有，但在实质上明显不属于债务人所有或者执行法院明知该财产不属于债务人所有的，执行法院也不得采取执行措施。①

需要说明的是，伴随着财产登记及监管制度的完善以及执行智能化的发展，为了保护债务人的个人隐私或商业秘密及防范虚假诉讼或虚假仲裁，基于平等保护及动态审查的原理，网络信息时代的《民事强制执行法》宜适当强化执行法院对涉案财产实体权属的主动调查职责。比如，执行法院在审查不动产实体权属时，不仅需要通过网络查控系统查询相关的财产登记或监管信息，而且执行案件流程信息管理系统应当与审判流程管理系统或案件信息查询系统对接，并实现自动识别该不动产的诉讼及执行信息的功能，同时在技术上实现前述两方面信息的自动跟进及提醒。

（三）法院拒绝执行的后续救济

无论通过何种方式收集的可供执行财产信息，债权人都具有通过该财产实现执行债权的期待利益。因而，执行法院不仅应当将依职权调查或债务人申报的可供执行财产信息主动告知债权人，而且应当将可供执行财产信息的调查结果或者决定不予调查的具体理由告知债权人。② 债权人不服执行法院决定不予调查的具体理由或者调查结果的，现行《民事诉讼法》及其相关司法解释没有向债权人提供特殊的救济途径。尽管债权人可以通过代位权诉讼或撤销权诉讼谋求通常救济，但《民法典》第五百三十五条至五百四十二条对代位权诉讼与撤销权诉讼的适用范围进行了严格的限

---

① 比如，从事货物运输或仓储业务的债务人，其虽占有运输或保管的货物，却不能将其认定为执行标的。再如，涉案不动产虽登记在债务人名下，但执行法院基于职权的原因知悉该不动产已经被确定判决确认为案外人所有的，执行法院也不能将其作为执行标的。

② 参见《最高人民法院关于人民法院执行公开的若干规定》第七条以及《最高人民法院关于加强人民法院审判公开工作的若干意见》第十七条。

制。在不具备代位权及撤销权行使条件的语境下,债权人提起确认特定财产归债务人所有或者债务人对其享有处分权的确认之诉,通常被认为缺乏诉的利益。即使在程序法上认可债权人代位确权请求具有确认利益,或者在实体法上增加债权人代位行使的权利种类,虽可以解决债权人提起代位确权诉讼的合法性问题,但代位确权诉讼案件的受理法院未必是执行法院,不利于贯彻审执协作原则。再者,与许可执行之诉直接判决涉案财产是否属于责任财产不同,债权人代位确权诉讼只能针对涉案财产的实体权属作出判决,取得胜诉确权判决的债权人须持生效法律文书再次申请执行法院对该财产启动执行程序。因而,基于平等保护与可归责性原理,执行法院拒绝执行在外观上属于债务人所有的财产,而且案外人对形式物权与实质物权、权利表象与真实权利的分离具有可归责性的,相对于允许债权人另行提起诉讼而言,授权债权人直接向执行法院提起许可执行之诉更为妥当。案外人对形式物权与实质物权、权利表象与真实权利的分离不具有可归责性或者涉案财产在外观上属于案外人所有的,债权人不能通过许可执行之诉强行将案外人卷入广义的强制执行程序。债权人认为执行法院对涉案财产的实体权属认定结果违反形式性判断标准的,大陆法系国家和地区均允许债权人按照违法执行行为谋求救济,在我国也可以通过《民事诉讼法》第二百三十六条规定的异议及复议程序加以救济,对此不再赘述。

第二章 "以执代审"现象的类型化分析

"以执代审"存在广义和狭义之分，狭义的"以执代审"是指彻底地利用执行（裁决）权代替审判权解决实体争议问题，而广义的"以执代审"除此之外则还包括对审判权进行后置的"异议前置"设置。鉴于"异议前置"仍保留着通向争讼程序的最后程序，本节仅探讨狭义的"以执代审"问题。诚然，即使是狭义的"以执代审"，也并没有从根本上消除当事人或案外人利用执行程序以外的其他程序谋求救济的机会，而只是将其作为与强制执行事件不直接相关的诉讼程序设计。因而，本节所研讨的"以执代审"现象主要表现为当事人或案外人只能通过执行异议与执行复议制度谋求解决相关实体争议，其程序设计原理系将部分实体争议视为程序性争议并参照适用《民事诉讼法》第二百三十六条的规定，[1] 甚至例外情形下还允许执行法院未经作出裁定书即进行实体性认定并据此采取相应的执行措施。[2]

"以执代审"过分强调执行效率优先原则，以程序争议解决原理处理实

---

[1] 例如，根据新疆巴音郭楞蒙古自治州中级人民法院在（2012）巴执监字第14号执行裁定书，按照《民事诉讼法》第二百三十八条审查了异议，但依据《民事诉讼法》第二百三十六条作出了裁定。新疆维吾尔自治区高级人民法院（2012）新执二监字第160号执行裁定书确认系属法律适用错误。再如，根据湖北省襄阳市中级人民法院（2016）鄂06执异86号执行裁定书以及湖北省高级人民法院（2017）鄂执复53号执行裁定书，景明国提出异议的依据是其与襄阳市金海鑫房地产开发有限公司楚天华府项目部于2011年4月21日签订的《房地产换房合同》，景明国的异议是对执行标的权属的主张，本应根据《民事诉讼法》第二百三十八条的规定进行审查，但襄阳中院却依据《民事诉讼法》第二百三十六条进行审查并赋予当事人复议的权利。

[2] 最高人民法院在发布第八批指导性案例时就明确指出生效法律文书确定的合法债权的受让人可以直接申请执行，不需要变更申请执行人。

体争议，以实现纠纷的迅速解决。① 尽管"以执代审"不排斥当事人或案外人针对原有实体争议以及基于不当执行行为引发的新实体争议提起民事诉讼的权利，但完全外置于执行程序的救济通常具有显著的滞后性，否认当事人或案外人在强制执行程序中请求许可或排除强制执行的机会。显而易见，"以执代审"违反审判权与执行权相分离与协作原理，不仅没有向债权人或案外人提供及时的救济，而且不当执行行为可能给实体权益人造成或扩大损失，还将债务人资不抵债（执行不能）的风险不适当地转移给债权人或案外人，故缺乏正当性基础。鉴于此，本节将结合我国现有《民事诉讼法》及其相关司法解释、规范性文件以及我国当前执行实务，对各类"以执代审"现象展开类型化分析，并探析其形成原因及其可能的对策，以为未来制定的《民事执行法》奠定基础。

第一节 不明确给付请求权执行中的"以执代审"

根据审判权与执行权相分离与协作原理，作为审判程序结果的执行名义应当明确载明给付内容的种类及其数量（或者其计算方法），以确保执行机构无须作出实质性解释即可采取强制执行措施。但是，在审判人员不负责其所作裁判之强制执行的情形下，因疏忽大意、贪图省事、回避矛盾等因素导致执行名义内容不明确的情形时有发生。② 在执行名义所载明给

---

① 实际上，在2007年全国人大常委会修改《民事诉讼法》之前，连立法机关都支持"以执代审"。1991年《民事诉讼法》第二百零八条的规定，"执行过程中，案外人对执行标的提出异议的，执行员应当按照法定程序进行审查。理由不成立的，予以驳回；理由成立的，由院长批准中止执行。如果发现判决、裁定确有错误，按审判监督程序处理。"据此，案外人对执行标的的主张足以排除强制执行的实体权益，只能通过执行异议的方式进行救济，即使不服执行异议，也不能提起执行异议之诉。

② 有的学者认为，判决执行依据应当明确、具体、完整，不足够明确、具体、完整的判决执行依据属于瑕疵执行依据，主要包括判决执行依据不完整（漏判、漏写），判决不明确和不具体，以及判决书存在笔误三种情形。参见杨春华《论判决执行依据瑕疵的处理》，《法学杂志》2008年第2期。执行名义存在漏判、漏写、笔误等情形的，完全可以通过执行权与审判权的协作机制，将前述存在的问题交由审判机构处理，现行法律及其司法解释也授权审判机构通过补充判决或补正裁定等方式纠正。鉴于此，本研究仅探讨执行名义中所载明给付义务不明确问题。

付内容不明确的情形下，执行机构是直接驳回债权人的执行申请，还是依职权探知给付内容，《民事诉讼法》没有作出相应的规定。《最高人民法院关于人民法院执行工作若干问题的规定（试行）》（法释〔2020〕21号修正，以下简称《执行规定》）第十六条第一款第三项以及第二款规定，执行案件只有满足"申请执行的法律文书有给付内容，且执行标的和被执行人明确"的条件，人民法院才可以予以受理，否则，则应当在7日内裁定不予受理。《民诉法解释》第四百六十一条规定，"当事人申请人民法院执行的生效法律文书应当具备以下条件：（一）权利义务主体明确；（二）给付内容明确。法律文书确定继续履行合同的，应当明确继续履行的具体内容。"据此，生效法律文书没有载明给付内容或者其所载明给付内容不明确的，人民法院不得受理以该生效法律文书为执行名义的执行案件，已经受理的，应当裁定驳回执行申请。鉴于强制执行程序没有向当事人以及案外人提供足够充分且正当的程序保障，执行机构通过内置程序确定给付内容的做法显然属于"以执代审"的现象，最高人民法院通过司法解释确立的前述规则具有正当性。但是，人民法院以生效法律文书没有载明（明确的）给付义务为由拒绝进入强制执行程序的，申请执行人通常有必要对生效法律文书进行非常规救济或者在生效法律文书的基础上另行获得载有明确给付义务的生效法律文书，其权益实现成本及其风险均有大幅度增长。此外，某些生效法律文书在主文部分虽没有载明（明确的）给付义务，但该给付义务可以通过体系解释予以明确或者双方当事人对该给付义务不存在实质性争议的，执行机构可以通过形式审查的方式对给付义务进行界定，即使无法通过体系解释或当事人合意界定给付义务，也可以通过作出该生效法律文书的主体进行澄清和界定。① 更为重要的是，生效法律文书所描述的给付义务是否足够明确本身具有相对性，生效法律文书采取概括性给付义务的表述本身也具有合理性，要求审判机构对给付义务进行翔实的界定有时候并不现实，而且生效法律文书的作出、确定、执行之间存在着时间差，而给付义务可能随着时间的变化而有所变化。鉴于此，在我国执行实践中，包括最高人民法院在内的各级人民法院均允许执行机构

---

① "从实践看，一些法院在执行依据不明确的情况下，并不是简单地驳回执行申请，而是先通过召集双方当事人协商或者征求执行依据作出机构的意见等方式确定执行内容，如果确实无法执行的，才裁定驳回执行申请或裁定终结执行程序。"参见赵晋山、葛洪涛《〈民事诉讼法〉司法解释执行程序若干问题解读》，《法律适用》2015年第4期。

对给付义务的界定发挥一定的功能，包括但不限于：都允许执行机构对不甚明确的给付义务进行适度解释，允许当事人通过明示或默示的方式界定不甚明确的给付义务，默许执行机构通过内部机制请求原审判机构对给付义务予以明确，先行执行不存在争议的给付义务并中止执行以等待审判监督程序之结果。最高人民法院也通过王某与金某借款合同纠纷执行案［最高人民法院（2015）执申字第52号］确立"执行依据内容不明确的，执行机构在执行程序中可结合执行依据文义，审查并确定其具体给付内容。执行程序中无法确定给付内容的，则应提请生效法律文书作出机构结合案件审理期间查明情况，对不明确执行内容予以补正或进行解释说明"的执行规则。①

一 将确认判决与形成判决解释为给付判决

根据传统民事诉讼法学理论，无论是确认判决，还是形成判决，均不存在诉诸强制执行之必要。这是因为，根据诉的利益理论，给付之诉是原则，而确认之诉与形成之诉是例外，亦即只要确认之诉与形成之诉的诉讼请求全部获得法院支持仍无法满足诉讼目的，原告就应当提起给付之诉，以期一次性解决纠纷，减少对方不必要讼累，提高司法资源利用效率。鉴于我国《民事诉讼法》及其相关司法解释没有明确采取诉的利益理论，司法实践中广泛存在着本应当提起给付之诉但原告却仅提起确认之诉或形成之诉的情形。此外，基于约定俗成的原因，人民法院在案件受理费分担方面，通常采取"确认式"表达方式，如"案件受理费5504元，由原告谢某某负担3302元，被告谷某负担2202元"，②而没有进一步载明被告向原

---

① 在本案中，法院调解书确认解除王某与金某股权转让合同、选矿合作合同等协议，并明确"选矿厂及矿石归王某"。执行法院据此查封了金某与案外人韩某合伙经营的选矿厂及采挖出的矿石，金某以执行标的应系其与王某筹建中的选矿厂及采挖出的矿石为由提出执行异议。最高人民法院认为，生效调解书未明确该选矿厂及矿石特定信息，双方当事人对执行依据指向的特定物亦存在严重分歧，显属执行依据给付内容不明确。已经受理的执行案件，发现执行依据内容不明确的，执行机构在执行程序中可结合执行依据文义，审查并确定其具体给付内容。执行程序中无法确定给付内容的，则应提请生效法律文书作出机构结合案件审理期间查明情况，对不明确执行内容予以补正或进行解释说明，故裁定发回原执行法院重新审查处理。参见潘勇锋《执行程序中如何处理执行依据不明确问题》，《执行工作指导》2016年第1辑。
② 湖南省耒阳市人民法院（2016）湘0481民初1068号民事判决书。

告或受诉法院负有2202元的金钱给付义务。[①]

【案例1】

　　在李景欣与海安长城实业有限公司（以下简称"海安公司"）的股权确认纠纷案中，广东高院作出（2012）粤高法审监民提字第112号民事判决书，确认李景欣继承何进在海安公司享有的83%的股权，驳回何某甲、何某乙、何某丙的诉讼请求。李景欣向徐闻法院申请执行，请求将被执行人海安公司工商注册登记中股东何进占有公司股权比例83%变更登记为李景欣占有公司股权比例83%。徐闻法院向徐闻县工商行政管理局发出协助执行通知书，要求该局协助股权变更事项。海安公司以"生效的（2012）粤高法审监民提字第112号民事判决不具有执行内容"为由请求撤销执行案件。徐闻法院经审查认为，该生效判决判项只是确认，没有给付内容，也没有确定履行期限，故裁定驳回申请执行人李景欣的执行申请。李景欣向徐闻法院提出执行异议，徐闻法院认为，"（2012）粤高法审监民提字第112号民事判决确认了李景欣继承何进在海安公司享有的83%股权，即海安公司记载于股东名册的股东登记事项已发生变化，海安公司应当将股东姓名或者名称及其出资额向登记机关办理变更登记。股权登记属于股权交付，故该案执行依据虽是确认判决，但并非纯粹的确认判决，而是具有给付内容的确认判决。"海安公司不服徐闻法院据此作出的裁定，向湛江中院申请复议。湛江中院认为，对一份生效民事判决，当事人据以申请执行的前提是：一方当事人对另一方当事人负有直接给付的义务；或者说，一方当事人对另一方当事人享有请求直接给付的权利。……该案的执行依据（2012）粤高法审监民提字第112号民事判决没有"变更登记"的判项，即海安公司对李景欣不负有"变更登记"的义务，李景欣对海安公司并无请求"变更登记"的权利。李景欣向广东高院申诉。广东高院认为，生效判决确认申诉人李景欣享有海安公司83%的股权后，其产生的法律效果就是海安公司必须向工商行政管理部门办理相关股权的变更登记。本案中，（2012）粤高法审监民提字第112号民事判决所确定的可执行内容就是海

[①] 例如，在广东省高级人民法院（2012）粤高法审监民提字第112号民事判决书的执行过程中，申请执行人同时要求被执行人支付一、二审诉讼费93540元，被执行人以"被执行人不明确"为由向负责执行本案的徐闻法院提出执行异议，徐闻法院作出（2013）湛徐法执字第234-3号执行裁定书予以支持。

安公司必须按照生效判决的确认和法律规定,办理公司股权的变更登记。也就是说,本院生效的(2012)粤高法审监民提字第112号民事判决确认了李景欣继承何进在海安公司享有的83%的股权,其法律效力已包含了被告海安公司应当办理相关变更登记手续的法律义务,将新股东李景欣的姓名和所持有的股权份额向公司登记机关登记。①

【案例2】

在广东汇力电气有限公司(以下简称"汇力公司")与广东化州双龙水电设备有限公司工会委员会(以下简称"双龙公司工会")股东股份确认纠纷案中,广东省茂名市化州市人民法院(以下简称"化州法院")作出第477号民事判决,确认汇力公司持有化州水电设备有限公司(以下简称"水电公司")82.35%的股权。该判决生效后,汇力公司向化州法院申请执行,要求执行法院依法向化州市工商行政管理局(以下简称"工商局")发出协助执行通知书,协助办理申请执行人汇力公司在水电公司占有82.35%股权的手续。化州法院在受理案件后超过6个月未执结,经汇力公司申请茂名中院执行监督,因化州法院未在指定期限内执结本案,茂名中院裁定提级执行。茂名中院向工商局发出协助执行通知书,要求其协助办理将申请执行人汇力公司持有被执行人水电公司25.762%的股权变更登记为82.35%,工商局据此将双龙公司工会所持股权的56.588%强制划转给汇力公司。

梁艺洪等人向茂名中院提出执行异议,认为第477号民事判决第一项"确认原告广东汇力电气有限公司持有被告化州水电设备有限公司82.35%的股权"是确权之判决,无给付内容,无履行义务期限,执行标的和被执行人不明确,汇力公司的强制执行请求不符合《执行规定》第十八条(现行《执行规定》第十六条)第一款第(4)项的规定,应对汇力公司的执行申请裁定不予执行。

茂名中院基于以下理由驳回前述执行异议。1. 根据本案生效判决确认,汇力公司在水电公司占有的股权由25.762%增至82.35%,这一股权比例的增加变更,必须以一方给付并登记为前提和基础。故,本案执行依据虽是确认判决,但并非纯粹的确认判决,而是具有给付内容的确认判决,汇力公司申请执行的法律文书符合《执行规定》第十八条(现行《执

---

① 参见广东省高级人民法院(2014)粤高法执监字第91号执行裁定书。

行规定》第十六条）第一款第（4）项人民法院受理执行案件的条件。2. 如以本案执行依据为确认判决为由不予执行，而要求汇力公司另行提起股权变更登记诉讼，则不仅徒增双方诉讼负担，并且浪费司法资源。此外，在确认公司股权比例的诉讼中，原告诉讼的目的不仅仅明确股权比例，还必然包括这一股权比例在股权登记主管机关得到登记，否则无法从常理上解释原告诉讼的目的。3. 公司股权变更登记包括当事人合意变更登记、司法强制变更登记两种形式。在司法强制变更登记中，依照《中华人民共和国民事诉讼法》第二百五十一条（现行《民事诉讼法》第二百六十二条）的规定，执行法院应当向有协助执行义务的有关单位发出协助执行通知书。

梁艺洪等人向广东高院申请复议，广东高院查明，汇力公司的诉讼请求包括：1. 依法确认汇力公司持有水电公司的股权比例为82.35%；2. 判令水电公司将双龙公司工会代为持有的比例为56.59%的股权变更至原告名下；3. 本案的诉讼费用由被告承担。第477号民事判决的主文是："一、确认汇力公司持有水电公司82.35%的股权；二、驳回汇力公司的其他诉讼请求。本案案件受理费43430元，由水电公司承担。"据此，广东高院认为，虽然该判决第一项支持了汇力公司持有水电公司82.35%股权的确认请求，但判决第二项明确驳回了汇力公司要求变更股权登记的给付请求。因此，该判决显系确认判决，不具有给付内容，汇力公司的该项执行申请与判决结果相悖，不符合《执行规定》第十八条（现行《执行规定》第十六条）关于人民法院受理执行案件"申请执行的法律文书有给付内容"的规定……应当驳回汇力公司"要求执行法院向化州市工商行政管理局发出协助执行通知书，协助办理汇力公司在水电公司占有82.35%股权的手续"的执行申请，并撤销茂名中院要求工商行政管理机关协助办理涉案股权变更登记的执行行为。[①]

在【案例1】中，李景欣在诉讼程序中没有要求海安公司协助办理股权变更登记手续，作为执行依据的确定判决也仅确认其继承何进在海安公司享有的83%的股权，而没有进一步载明海安公司负有办理相关变更登记手续的法律义务。徐闻法院对该判决书是否具有给付义务先后作出三次不同的认定，最后将该判决界定为"具有给付内容的确认判决"，但随后湛江中院在复议

---

① 参见广东省高级人民法院（2016）粤执复214号执行裁定书。

裁定中以该判决没有变更登记判项为由予以推翻。广东高院在申诉裁定中再次肯定该判决的法律效力包含海安公司负有办理相关变更登记手续义务的观点。在纯粹的理论分析层面，原告提出的确认请求不足以全面保护其合法权益的，受诉法院应当行使释明权，通过变更或追加诉讼请求的方式将案件的性质调整为足以救济其合法权益的给付之诉。在本案中，尽管李景欣因法定继承原始取得海安公司83%的股权，但该股权仍登记在被继承人名下，理应同时请求海安公司协助办理相关变更登记手续。但是，基于诉的利益理论在我国司法实践中没有得到贯彻，广东高院作出的（2012）粤高法审监民提字第112号民事判决仅对继承事实进行确认。湛江中院遵循文义解释，而广东高院则进行了体系解释，分别得出截然不同的结论。对此，笔者认为，在确定判决已经明确李景欣继承海安公司83%的股权情形下，要求李景欣另行通过争讼程序取得给付判决确无必要，但因原判决确实没有给付内容，执行机构直接根据原判决采取强制执行措施确有不妥。根据本报告第三章所阐述执行力赋予原理，李景欣享有海安公司83%的股权已经不容争议，而海安公司根据《中华人民共和国公司法》（以下简称《公司法》）第三十二条的规定负有办理股东姓名变更登记的法定义务，李景欣可以通过类似担保物权非讼实现程序的略式程序快速获得执行名义，亦即可以申请作出原判决书的审判机构依据非讼原理作出不可上诉之执行名义。实际上，在本案的申诉过程中，李景欣向广东高院审监庭请求判后答疑，作出（2012）粤高法审监民提字第112号民事判决的承办法官接访并做判后答疑，明确指出该判决是有给付内容的，该案的执行就是需要海安公司向工商局出具盖有公章的证明申请变更登记，如海安公司不配合，由执行法院向工商局出具协助执行通知书强制执行变更登记。① 在笔者看来，所谓的"判后答疑"程序完全可以改造为执行名义的快速获取机制，广东高院将"做出该判决的审判部门也明确该判决具有可执行内容"作为认定原判决具有执行力的主要理由也将更加妥当。

在【案例2】中，除了请求受诉法院"依法确认汇力公司持有水电公司的股权比例为82.35%"，汇力公司还将"判令水电公司将双龙公司工会代为持有的比例为56.59%的股权变更至原告名下"作为其诉讼请求，但化州法院作出的第477号民事判决虽支持了第一个诉讼请求，但驳回了第二个诉讼请求。汇力公司对水电公司已持有25.762%的股份，化州法院确认其应持股权比例为

---

① 参见广东省高级人民法院（2014）粤高法执监字第91号执行裁定书。

82.35%，实则将其持股比例从25.762%变更为82.35%，亦即双龙公司工会所持56.59%的股权应归汇力公司所有，故可以理解为形成判决。但是，汇力公司显然已经意识到形成判决不足以保护其股东权益，故同时请求判令水电公司履行股权变更登记义务。基于此，原告所提起的民事诉讼案件属于给付之诉，但化州法院没有支持第二项诉讼请求，第477号民事判决仅"确认汇力公司持有水电公司82.35%的股权"，在表面上构成确认判决，实则属于形成判决。茂名中院没有注意到该判决第二项主文"驳回汇力公司的其他诉讼请求"（即驳回汇力公司的第二个诉讼请求）的事实，单独对第一项判决主文"确认汇力公司持有水电公司82.35%的股权"进行目的解释，以原告真实诉讼目的、避免增加诉讼负担、避免司法资源浪费为由，认为该判项具有给付内容，在水电公司拒不办理变更登记的情形下，汇力公司可以向执行法院申请予以强制变更登记。鉴于第477号民事判决已明确驳回汇力公司要求变更股权登记的给付请求为由，广东高院认为该判决显系确认判决，不具有给付内容，汇力公司的该项执行申请与判决结果相悖，应当予以驳回。

  通过前述两个案例可以看出，关于确认判决、形成判决、给付判决之间的界限，实务界尚未达成基本共识。在诉的利益理论没有获得较好贯彻的当前司法语境下，不少本应当谋求给付判决的原告因没有聘请律师或其他原因而没有提起给付之诉，而仅提起确认之诉或形成之诉，原告胜诉所获得的确认判决或形成判决很可能也就不能向其提供足够充分的救济。基于审执分立原理，原告本应当以该确认判决或形成判决为依据提起给付之诉，但该给付之诉需要经过漫长的诉讼过程（被告可以通过各种法定防御手段拖延诉讼），需要当事人花费更多的诉讼成本（如预交案件受理费、支付律师费等），并导致司法资源浪费、司法救济不及时等问题。[①] 因而，

[①] 在金河因与王翔民间借贷纠纷执行复议案中，关于民事调解书中的"金鹿矿业公司的探矿权证及财产全部归原告王翔"内容是否具有给付内容，最高人民法院认为，生效法律文书必须要有给付内容才具有执行力，在债务人不履行生效法律文书确定义务的情况下，债权人可以依法申请人民法院强制执行。本案中，生效调解书第五项内容为"选矿厂及采挖出的矿石归属于原告王翔"，并无直接的给付内容。然而，金河与王翔在协议中约定"选矿厂及采挖出的矿石归属于原告王翔"，选矿厂与矿石的所有权并不因该约定而直接移转，王翔此时享有的只是债权而不是物权。因此，当事人的真实意思可以明确为是将采挖出的矿石交付王翔，将选矿厂交付王翔实际占有控制并办理相应的权属变更登记。这种情况下，如果要求王翔必须另行提起交付选矿厂及矿石的给付之诉，取得生效法律文书后才能申请强制执行则徒增当事人讼累。鄂尔多斯市中院在执行程序中将生效调解书第五项内容确认为金河向王翔移交选矿厂及采挖出的矿石，从而使其具有执行力，既不违反当事人真实意思表示，也有利于减轻当事人讼累，并无不妥。参见中华人民共和国最高人民法院（2015）执申字第52号执行裁定书。

笔者认为，只要确认判决与形成判决足以表明原告的给付请求权得以成立，就可以运用非讼原理简化原告取得执行名义的程序。但是，确认判决与形成判决不足以表明原告的给付请求权毫无争议地成立，或者确认判决与形成判决同时永久或暂时地否定原告的给付请求权的，原告则应当通过另行起诉或者启动再审程序谋求获得执行名义。

二 根据既定计算方法确定执行债权的金额

鉴于民事法律关系的复杂性，为贯彻一次性解决纠纷理念，某些生效法律文书没有或无法具体确定给付义务的内容，而是较为概括地描述其所确定或推定的给付义务。较为典型的是，金钱债权的数额随着某些因素的变化而有所变化的，法律文书更倾向于采取较为概括的界定方式，以期将后续变动因素考虑在内，实现预备性赋予某些金钱债权以执行力之宗旨。[①] 考虑到债务人何时履行金钱给付义务难以确定，为避免债权人因追索后发利息而再次陷入诉讼困境，作为执行名义的生效法律文书通常会采取概括性表述，将利息计算到债务人履行或执行到位之日，如"刘芝嘉、刘凯仁共同偿还凯悦公司借款本金 400000 元人民币并支付利息（以借款本金 400000 元人民币为基数，按中国人民银行同期同类贷款利率，自 2010 年 8 月 25 日开始计算至判决执行之日止）"。[②] 考虑到债务人通常不会根据生效法律文书指定的期限履行给付义务，《民事诉讼法》第二百六十四条规定，"被执行人未按判决、裁定和其他法律文书指定的期间履行给付金钱义务的，应当加倍支付迟延履行期间的债务利息。被执行人未按判决、裁定和其他法律文书指定的期间履行其他义务的，应当支付迟延履行金。"2014 年 8 月 1 日起施行的《最高人民法院关于执行程序中计算迟延履行期间的债务利息适用法律若干问题的解释》（法释〔2014〕8 号）对"迟延履行期间的债务利息"的计算方法作了详细的规定。因债务人具体履行金钱债务的时间尚不知悉，人民法院只能采取指向未来的概括性表述方式来

---

① 比如，外币与人民币之间的汇率存在变动，执行实践中已经出现以"生效法律文书确定给付外币"为由提出异议的案例，对此已有执行裁定书予以明确的否定。例如，山东省高级人民法院（2017）鲁执复 39 号执行裁定书明确指出，生效法律文书确定给付外币的并不属于给付内容不明确的情形，可以依法予以执行。
② 浙江省高级人民法院（2013）浙商外终字第 77 号民事判决书。

描述"迟延履行期间的债务利息",以期预备性赋予未来可能发生的债权以执行力,亦即"如果未按本判决指定的期间履行给付金钱义务,应当依照《中华人民共和国民事诉讼法》第二百二十九条(现行《民事诉讼法》第二百六十八条)之规定,加倍支付迟延履行期间的债务利息。"① 即使执行名义没有对"迟延履行期间的债务利息"作出判决,也允许执行法院在强制执行中核定该利息,并将其纳入执行债权的范畴。②

在理论上,基于审执分立原理以及执行名义法定主义,通常认为,执行名义应当载明债务人应当向债权人给付的具体金额,否则,执行案件将因"给付内容不明确"而被裁定不予受理、驳回执行申请,甚至裁定不予执行。③ 但是,为了尽可能避免债权人另行获取执行名义,在我国执行实

---

① 浙江省金华市中级人民法院(2008)金中民二初字第140号民事判决书。
② 例如,在沧州市第二建筑工程公司施工四处(以下简称"二建四处")诉沧县公安局、沧县人民政府拖欠工程款纠纷案中,作为执行名义的河北省沧州市中级人民法院(2012)沧民再初字第3号民事判决要求:"沧县公安局给付沧州市第二建筑工程公司(以下简称二建公司)工程款146.68万元及违约金(自1996年2月21日起至2000年4月3日按日万分之三计算)。"在本案的执行过程中,沧县公安局先后向沧州中院和河北高院提出异议和复议,河北高院在(2015)冀执复字第52号执行裁定书中指出,沧县公安局应在收到(2012)冀民再终字第102号民事判决之日履行判决书所确定的义务,即债务本金146.68万元及违约金。但是,如按沧县公安局所称是于2013年12月26日才给付违约金661380元(此数是否准确本院不予确认),滞后判决生效日1年有余。所以沧县公安局应履行义务的范围包括:1. 判决确定的本金部分;2. 判决确定的违约金部分;3. 迟延履行期间的债务利息(以违约金基数为计算标准,期间为判决生效日至违约金给付之日)。具体计算方法按照《最高人民法院关于执行程序中计算迟延履行期间的债务利息适用法律若干问题的解释》第七条的规定执行。参见河北省高级人民法院(2015)冀执复字第52号执行裁定书。
③ 在我国执行实务中,有些法院以公证债权文书所载明的给付金额不明确为由裁定不予执行公证债权文书。但是,根据《民事诉讼法》第二百四十九条第二款的规定,人民法院裁定不予执行的公证债权文书仅限于"确有错误"的公证债权文书,而将"实现债权、质权所支付的合理费用"作为执行标的的执行证书不属于《民诉法解释》第四百七十八条第一、二款所规定的"确有错误"情形,故对其裁定不予执行涉嫌违法。但是,根据《民诉法解释》第四百七十八条第三款关于"公证债权文书被裁定不予执行后,当事人、公证事项的利害关系人可以就债权争议提起诉讼"的规定,最高人民法院已经表明以下司法态度:即使执行法院以《民诉法解释》第四百七十八条第一、二款以外的其他理由(错误)裁定不予执行公证债权文书的,当事人、公证事项的利害关系人也不能通过异议、复议、异议之诉等途径谋求救济,而只能针对原纠纷另行诉讼或仲裁。例如,在四川信托有限公司(以下简称四川信托)因其申请江西山上投资有限公司(以下简称山上公司)、上海正烨国际贸易集团有限公司(以下简称正烨公司)、赫章县山上矿业有限公司(以下简称山上矿业公司)、钟金红公证债权文书纠纷案中,蜀都公证处先后作出(2014)川成蜀证执字第342号执行证书以及(2014)川成蜀证执字第342号(补)《执行证书》(补正),并将"实现债权、质权所支付的合理费用"列为第三项执行标的。江西省高级人民法院(2014)赣执审字第1号执行裁定书以"给付的内容、债权债务的标的、数额不明确"为由,裁定不予执行公证债权文书。四川信托以数额不明确不属于公证债权文书确有错误为由,向最高人民法院进行申诉。最高人民法院(转下页)

践中，只要生效法律文书或者我国现有法律法规司法解释存在相应的计算方法，通常就允许执行法院根据既定计算方法对给付债权进行计算。即使当事人对"迟延履行期间的债务利息"的计算方法存在争议，也可以通过异议、复议、申诉等途径谋求解决，①在客观上具有通过执行程序解决实质性争议的特点。换言之，即使相关计算方法不甚明确，我国执行实践也允许执行法院对相关金钱给付数额进行计算或者依法进行核减，②债权人也可以舍弃部分（违法）利益以换取执行程序的推进，③而执行法

（接上页）经审查认为，"由于执行法院对具有强制执行效力的公证债权文书的审查系对其执行力进行具有裁判性质的判断，是对执行依据的司法监督，并非具体执行行为"，故当事人对执行法院审查后裁定不予执行公证债权文书的，不能依据《民事诉讼法》第二百三十六条的规定提出异议或申请复议，并据此裁定驳回复议申请。参见最高人民法院作出的（2015）执申字第98号执行裁定书。由此可见，即使执行法院以司法解释明确列举以外的其他理由裁定不予执行公证债权文书，当事人以及利害关系人都不能通过异议与复议谋求救济，实际上等于不再对裁定不予执行公证债权文书的理由作出限定。

① 例如，在蒙正荣与永大公司、工行鹿寨支行借款担保合同纠纷案中，关于逾期利息计算方法的争议，柳州中院、广西高院、最高法院先后进行审查，并征求过作出上述判决的审判组织（合议庭）、中国人民银行的意见。参见最高人民法院（2014）执申字第18号执行裁定书。

② 例如，在北京安鼎信用担保有限公司与无锡亿仁肿瘤医院有限公司等公证债权文书执行异议申诉案中，作为执行名义的公证债权文书及其执行证书将"执行标的"确定为：（一）借款本金人民币6000万元，截至2010年8月6日利息382.5万元（按《委托贷款合同》约定的月利率5‰计算），共计欠付人民币6382.5万元。（二）自逾期之日起至清偿之日止相应的逾期违约金（按《委托贷款合同》约定的逾期金额的5‰每日计算）。（三）实现债权所支付的其他费用（按实际发生额计算）。"北京市第一中级人民法院（2011）一中执字第622号执行裁定书裁定不予执行。安鼎公司向北京高院申请复议，北京市高级人民法院（2011）高执复字第107号执行裁定书裁定维持前述裁定。安鼎公司向最高人民法院申诉，最高人民法院经审查撤销前述两份执行裁定书，驳回被执行人的不予执行申请，指令北京一中院继续执行，其给出的第三个理由就是"执行证书是否多计算债权数额，不能构成人民法院不予执行的理由。如果确实存在多计算债权数额的问题，人民法院查实后在执行程序中可以进行核减。另外，关于被执行人在北京一中院审查时所提出的违约金数额过高的问题，由于违约金数额是否过高不能构成不予执行公证债权文书的理由。参见最高人民法院（2011）执监字第180号执行裁定书。

③ 例如，在金炳兴与江苏银盛建设有限公司企业借贷纠纷执行案中，公证债权文书及其执行证书确定的"执行标的"为："借款本金人民币1亿元、利息、滞纳金及债权人为实现债权支出的相关费用。"金炳兴向法院申请执行并提交《关于申请强制执行内容和金额的说明》，明确执行标的为：借款本金1亿元及该自2013年1月25日起至清偿之日止，按银行同期同类贷款基准利率的4倍计算利息或滞纳金以及执行过程中的相关费用。在审查利害关系人无锡市政建设集团有限公司提出的执行复议中，江苏高院指出，"虽然借款合同约定的利率超过银行同期同类贷款利率的四倍，执行过程中，金炳兴向执行法院明确按银行同期同类贷款基准利率的4倍计算利息或滞纳金，故本案执行的标的数额不违反《最高人民法院关于人民法院审理借贷案件的若干意见》第六条的规定"，并据此认定给付金额确定且合法。参见江苏省高级人民法院（2013）苏执复字第0092号执行裁定书。

院则可以通过审计鉴定等方式确定相关金额。① 但是，执行机构无法通过形式审查认定给付具体金额，生效法律文书作出主体又不能作出足以让人信服之解释的，则应当由当事人通过诉讼程序等其他足以保障程序正义的途径予以确认。② 根据笔者的观察，在生效法律文书是人民法院作出的情形下，执行法院更倾向于根据既定计算方法乃至征求原审判机构的意见以确定给付金额，但生效法律文书在系属公证债权文书③、仲裁裁决

---

① 例如，河北省高级人民法院（2015）冀执复字第52号执行裁定书明确指出，在当事人双方对执行标的额确定意见不统一的前提下，为了确保公平公正，委托专业的中介机构进行审计，并无不当，且法律并无禁止性规定。
② 例如，在执行王现元与中国铁建电气化局集团第二工程有限公司（以下简称中铁建第二公司）、中铁建电气化局集团第三工程有限公司（以下简称中铁建第三公司）、江苏嘉泰建设工程有限公司、张自彬建设工程施工合同纠纷案中，山东高院指出，本案生效判决没有明确义务人中铁建第二公司、中铁建第三公司的具体给付数额，执行机构无法执行。而中铁建第二公司、中铁建第三公司所欠张自彬工程款数额问题，涉及两公司与转承包人张自彬之间的工程结算总价款以及已付工程款等重要事实，关系中铁建第二公司、中铁建第三公司、张自彬以及王现元的重要实体权利，对该实体问题，执行程序中不宜做出认定，当事人应通过诉讼程序予以确认。参见山东省高级人民法院（2015）鲁执复字第53号执行裁定书。
③ 例如，在中融国际信托有限公司申请执行执行证书纠纷案中，中融国际信托有限公司（贷款人）与鹰潭永盛商业有限公司先后签订《中融国际信托有限公司与鹰潭永盛商业有限公司之信托贷款合同》《中融国际信托有限公司与鹰潭永盛商业有限公司之信托贷款合同之补充协议》《中融国际信托有限公司与鹰潭永盛商业有限公司之信托贷款合同之补充协议二》三份合同并办理赋予强制执行力的公证书，应中融国际信托有限公司的申请，北京市信德公证处出具了（2015）京信德执字第00002号执行证书，执行标的为：1.贷款本金人民币291400000元；2.自2015年1月21日起算，暂计算至2015年6月19日的应付未付利息人民币18785320.55元（依据补充协议一第三条、第五条、第七条计算）、罚息人民币33530958.90元（依据补充协议一第十二条计算）以及至实际清偿之日为止的、按日计算的利息与罚息，计算方法依据上述条款约定；3.中融国际信托有限公司为实现债权发生的一切费用（包括但不限于诉讼费、仲裁费、财产保全费、差旅费、执行费、评估费、拍卖费、公证费、送达费、公告费、律师费等）。江西高院认为，在本案中，北京市信德公证处（2015）京信德执字第00002号执行证书所确定执行标的第三项"中融国际信托有限公司为实现债权发生的一切费用"的具体给付金额不明确，而且被执行人鹰潭永盛商业有限公司于2015年7月向北京市信德公证处提交了《回复函》，对中融国际信托有限公司主张的罚息提出了异议。因此，本案公证债权文书的强制执行不符合上述法律规定的要求。依照《民事诉讼法》第二百四十九条第二款的规定，裁定如下：对北京市信德公证处（2015）京信德执字第00002号执行证书，不予执行。参见江西省高级人民法院（2015）赣执审字第1号执行裁定书。类似案例还可以参见陕西省高级人民法院（2015）陕执复字第00028号。

书①等情形下，执行法院更倾向于要求生效法律文书明确载明债务人应当向债权人支付的具体金额。对于不存在既定计算方法的，有些执行法院倾向于整体驳回债权人的执行申请，②有些执行法院则倾向于对不存在争议的其他判项以及不容争议的最低限度金额的该项给付内容进行执行，仅驳回内容不甚明晰的部分金额的执行申请。③为避免债权人多次申请强制执

---

① 例如，在甘肃鑫源祥置业有限公司诉甘肃红旗建设工程集团有限公司执行案中，兰州仲裁委员会作出兰仲裁字（2011）第74号裁决书的主要内容为：（一）依法解除鑫源祥公司与红旗公司签订的《西和县羲皇广场1号楼建设工程施工合同》；（二）工程承建方红旗公司承担违约责任1210700.59元。（三）红旗公司自裁决生效之日起40天内完成工程质量问题的修理或者返工、修建，按照验收程序进行验收后，及时交付建设方鑫源祥公司继续建设，立即清退现场。如拒绝修理或者返工、改建，或者不能如期完成修理义务的，承建方即应向建设方移交未完工程并清退现场，提供施工图与资料，并在"质量检测报告"基础上由建设方自行或者委托第三方进行修理或者返工改建，因此发生的合理费用由承建方负担。（四）承建方完成工程质量修理等义务并通过验收、清场移交之日，建设方鑫源祥公司即应将结算价款2774086.91元，扣除违约金1210700.59元、质保金987196.55元之后中的剩余决算欠款576189.77元，一次性付给承建方红旗公司。红旗公司提出执行异议，兰州中院作出（2014）兰中执字第130-1号执行裁定书，以仲裁裁决第三项内容裁决不明确，内容属实体问题，执行程序无法解决为由，裁定仲裁裁决第（三）项、第（四）项暂不予执行，并据此裁定本案终结执行。参见甘肃省兰州市中级人民法院（2014）兰中执字第130-1号执行裁定书。

② 例如，在甘肃鑫源祥置业有限公司（以下简称鑫源祥公司）与甘肃红旗建设工程集团有限公司（以下简称红旗公司）建设工程施工合同纠纷仲裁裁决执行案中，作为执行名义的兰州市仲裁委员会兰仲裁字（2011）第74号裁决书作出以下裁决主文："（一）依法解除鑫源祥公司与红旗公司签订的《西和县羲皇广场1号楼建设工程施工合同》；（二）工程承建方红旗公司承担违约责任1210700.59元。（三）红旗公司自裁决生效之日起40天内完成工程质量问题的修理或者返工、修建，按照验收程序进行验收后，及时交付建设方鑫源祥公司继续建设，立即清退现场。如拒绝修理或者返工、改建，或者不能如期完成修理义务的，承建方即应向建设方移交未完工程并清退现场，提供施工图与资料，并在《质量检测报告》的基础上由建设方自行或者委托第三方进行修理或者返工改建，因此发生的合理费用由承建方负担。（四）承建方完成工程质量修理等义务并通过验收、清场移交之日，建设方鑫源祥公司即应将结算价款2774086.91元，扣除违约金1210700.59元、质保金987196.55元之后的剩余决算欠款576189.77元，一次性付给承建方红旗公司。"兰州中院以"仲裁裁决第三项内容裁决不明确，内容属实体问题，执行程序无法解决为由"，裁定：一、仲裁裁决第（三）项、第（四）项暂不予执行；二、将查封的财产由鑫源祥公司给红旗公司自行移交；三、本案终结执行。参见甘肃省兰州市中级人民法院（2014）兰中执字第130-1号执行裁定书。

③ 例如，在南充市顺庆鸿鑫小额贷款有限责任公司（以下简称"鸿鑫公司"）与四川省南部县金城房地产开发有限责任公司（以下简称"金城公司"）、文君、李中会、四川省君合联鑫置业有限公司的公证债权文书执行纠纷案中，作为执行名义的（2013）南市证经字第461号公证书以及（2014）南市执字第052号执行证书将"执行标的"界定为"借款本金2000万元及利息、罚息等其他费用"。在执行过程中，被执行人对借款本金2000万元不存在争议，但对"利息、罚息等其他费用"双方产生严重分歧。经金城公司异议，四川省南充市中级人民法院认为"本案应当执行明确的2000万元本金部分，对利息、罚息等其他费用没有明确具体金额的部分不予执行"，故，裁定对四川省南充市果城公证处作出的（2014）南市执字第052号执行证书中执行标的借款本金2000万元予以执行，而对四川省南充市果城公证处作出的（2014）南市执字第052号执行证书中执行标的利息、罚息等其他费用内容部分不予执行。当事人、公证事项的利害关系人可以就此部分债权争议提起诉讼。参见四川省南充市中级人民法院（2016）川13执异2号执行裁定书。

・41・

行以及最大限度地提高民事权益实现效率，有些执行法院对金额不甚明确的给付内容裁定中止执行，待债权人通过法定救济途径予以明确具体金额后再恢复执行，① 甚至继续维系已经采取的控制性执行措施的效力。②

综上所述，在执行名义所确定的具体给付金额不明确的情形下，执行法院在理论上至少存在着以下几种处理模式：（1）全案退出执行程序，就全案裁定不予受理执行、驳回执行申请、不予执行；（2）部分退出执行程

---

① 例如，在甘肃鑫源祥置业有限公司（以下简称"鑫源祥公司"）与甘肃红旗建设工程集团有限公司（以下简称"红旗公司"）建设工程施工合同纠纷仲裁裁决执行案中，鑫源祥公司不服甘肃省兰州市中级人民法院（2014）兰中执字第130-1号执行裁定书，向甘肃省高级人民法院申诉。甘肃高院经审查认为，"兰州市仲裁委员会兰仲裁字（2011）第74号裁决书，认定了当事双方争议的工程欠款数额，明确了工程质量问题维修责任的承担主体、承担方式和维修费用的范围，确定了工程欠款的给付期限，具有可执行内容，应予以执行。按照仲裁裁决内容，本案正确的执行方式应该分为三步：第一步，向被执行人红旗公司发出执行通知，责令其在规定的期限内自行履行维修义务。红旗公司完成维修义务后，经质量鉴定合格，由鑫源祥公司向红旗公司支付剩余工程决算欠款576189.77元，全案执行完毕。第二步，如红旗公司不自行履行维修义务，执行法院应书面通知由鑫源祥公司委托第三方对《质量检测报告》中提出的问题进行维修。维修完毕后，所发生的合理费用决算后在鑫源祥公司应支付的工程欠款中扣除，不足部分由红旗公司继续承担。第三步，第三方按照《质量检测报告》对存在的问题维修完毕后，双方当事人对合理维修费用决算无法达成一致的，可以委托审计鉴定，也可以另行诉讼判定，诉讼期间本案中止执行。在本案执行过程中，执行法院既未通知被执行人自行履行维修义务，又在维修费用尚未发生的情况下，委托评估机构对维修费用进行评估鉴定，违背仲裁裁决内容，属于执行程序错误，该评估鉴定意见不能作为本案执行根据。"参见甘肃省高级人民法院（2014）甘执复字第22号执行裁定书。

② 例如，在淙源公司与浙江元力建设有限公司（以下简称"元力公司"）、广厦公司买卖合同纠纷案中，郑州仲裁委员会（以下简称"郑州仲裁委"）裁决解除淙源公司与元力公司签订的《钢筋供需合同》，元力公司支付淙源公司钢材款本金13963559元及相关利息，广厦公司在其欠付元力公司工程款范围内，对元力公司的上述付款义务承担连带保证责任。淙源公司向郑州中院申请执行，郑州中院对广厦公司的财产采取了保全性措施。广厦公司以申请执行人要求广厦公司给付内容不明确等理由向郑州中院提出执行异议。郑州中院认为，权利义务主体明确，即权利主体为申请执行人淙源公司，义务主体为被执行人元力公司和广厦公司；至于广厦公司欠付元力公司工程款的具体数额可在执行程序中以诚实信用原则为基础，通过协商、清算等手段来最终确认，也可以通过其他法律手段来确认，但均不影响广厦公司在本案中被执行人的法律地位，本院对此采取保全性执行措施并无不当，符合法律规定。郑州中院于2016年5月18日作出（2016）豫01执异109号执行裁定，驳回了广厦公司的异议请求。广厦公司向河南高院申请复议称，执行依据确定广厦公司给付内容不明确，现在执行广厦公司的条件不具备。河南高院认为，从本案的执行依据仲裁裁决书来看，广厦公司承担义务的内容为"在其欠付元力公司工程款范围内，对元力公司的上述付款义务承担连带保证责任"，其作为本案被执行人是明确的。尽管仲裁裁决书未明确其承担连带保证责任的具体数额，但该具体数额可由执行机构在执行程序中结合执行依据文义审查确定。执行程序中无法确定的，则应当请郑州仲裁委结合案件仲裁期间查明的情况，对具体数额予以补正或者进行解释说明，也可以通过其他法律途径来确认。郑州中院在现阶段对广厦公司相应财产采取查封等控制性执行措施并无不当。参见河南省高级人民法院（2016）豫执复128号执行裁定书。

序，就给付金额不明确部分判项裁定不予受理执行、驳回执行申请、不予执行；（3）给付金额不明确且当事人存在争议的，执行法院通过体系解释或者征询作出原生效法律文书者的意见等方式依职权予以探知，当事人对执行法院认定的具体金额不服的，通过执行异议和执行复议程序谋求救济；（4）执行机构不对给付金额进行界定，但中止双方当事人存在争议部分的给付请求权之（终局性）强制执行，待债权人通过法定途径确定其具体给付金额之后才恢复执行。对此，笔者认为，除非继续执行其他给付请求权导致显失公平，部分给付金额不明确不应当妨碍其他给付请求权之强制执行。即使某些金钱给付义务的具体数额存在争议，在双方当事人不存在争议或者依法可以确定最低限度金额范围内，仍应当推进强制执行程序。① 对于双方当事人实质争议的数额，如果存在法定计算方法，可以依职权进行计算。在不存在法定计算方法或法定计算方法已经被排除适用但没有载明其他计算方法的情形下，执行法院结合生效法律文书及其所调阅的卷宗材料可以确定计算方法的，执行法院可以自行予以计算，并向当事人及利害关系人提供异议和复议的救济。否则，执行法院则需要结合该给付义务确定时间与法律文书的生效时间之间的先后关系区别处理：给付义务的具体金额或者其计算方法在执行名义作出之前可以确定的，执行法院可以通过征求作出上述判决的审判组织（合议庭）意见的方式予以确定，②

---

① 例如，江门市中级人民法院（2014）江中法执异字第 7 号执行裁定书指出，在江某甲公司、金华公司就债务部分利息有争议的情况下，作为债务人的金华公司至少应先行履行无争议的欠款本金、利息部分及应负担的诉讼费。对有争议的利息部分，金华公司完全可以按照其在执行中向江门中院提交书面意见提出的应履行债务数额或按照最低标准的利率计算后先行履行，其余争议部分再行解决。

② 例如，在旺龙石油公司诉中铁工程北方公司、中铁九局通霍铁路项目部买卖合同纠纷案中，作为执行名义的民事判决判令两被告共同向原告偿还贷款 4186434.51 元，并自 2012 年 8 月 3 日始按照月利率 10‰ 计息至欠款付清之日止。执行过程中，申请执行主张按 10‰ 计息到本金全部执行到位日止（即 2015 年 1 月 30 日），同时迟延后也应将迟延期间债务利息加倍支付，被执行人认为，"1 分利息不应计算至欠款付清之日，而应计算至该判决书发生法律效力届满之日止（即执行立案前），届满后只给付迟延履行期间债务利息，1 分利息应停止计算。"因双方对利息的计算产生争议，执行机关征询了原承办部门意见，原审主审法官出具了判后答疑，并明确了具体计算方法为：执行款＝清偿的法律文书确定的金钱债务＋清偿的法律文书确定的金钱债务×1%×法律规定的时间至欠款付清之日＋清偿的法律文书确定的金钱债务×同期贷款基准利率×2×迟延履行期间。执行法院以及内蒙古高院均认为，此计算方式是根据原判决内容作出，并未对原判内容进行更改。参见内蒙古自治区高级人民法院（2016）内执复 50 号执行裁定书。

同时可以继续维持控制性执行措施的效力;① 给付义务的具体金额及其计算方法在执行名义作出之前均无法确定的,执行法院应当告知当事人通过另诉的方式予以确定,但应当解除相应的控制性执行措施,除非当事人同时申请将该控制性执行措施转为诉前财产保全措施。

三 对"继续履行合同"具体内容的界定

《民法典》第五百七十七条规定:"当事人一方不履行合同义务或者履行合同义务不符合约定的,应当承担继续履行、采取补救措施或者赔偿损失等违约责任。"据此,在追究对方当事人违约责任的大量合同纠纷案件中,判令当事人继续履行合同的情形广泛存在。在民事实体法层面,生效法律文书要求当事人继续履行合同的,双方当事人应当按照合同约定履行各自的义务,故生效法律文书判令违约方承担继续履行合同的违约责任并无不妥。但是,继续履行合同的判项属于没有明确具体给付内容的概括性给付判决,有违审判权与执行权的协作原理。为尽可能避免"以执代审"情形的发生,《民诉法解释》第四百六十一条第二款规定,法律文书确定继续履行合同的,应当明确继续履行的具体内容。也就是说,今后生效法律文书不能仅认定合同有效继续履行,而且必须对继续履行的内容予以明确化,比如合同的履行主体、履行客体、履行期限、履行步骤、违约责任等方面都应当作出具体判决。② 但是,在《民诉法解释》施行之后,仍有大量生效法律文书没有在判决主文中对继续履行合同的具体给付内容进行界定。对此,立法机关与最高人民法院迄今没有规定对违反所谓"执行依据确定性原则"的法律后果,而是允许司法实践对此继续进行探索。

---

① 例如,在执行河北省平泉县哈源采沙场与光大国际建设工程总公司(以下简称"光大总公司")、光大国际建设工程总公司平泉项目经理部及卢素霞拖欠货款合同纠纷案中,承德中院对光大总公司负有工程款项给付义务的北京政华恒信投资有限公司(以下简称"政华公司")送达协助执行通知书及执行裁定书,要求其停止给付光大总公司工程款项215万元,如需给付须经该院同意。政华公司提出书面执行异议,以"施工还在进行中,……是否拖欠十二项目部工程款并不明确"为由,请求中止对其合法财产的错误调查与协助执行。承德中院认为,既然异议人与光大总公司签订了《建设工程施工合同》,就应当协助本院调查尚有多少工程款未支付给光大总公司并履行停止给付的义务。河北高院在处理复议案件中也指出,政华公司有义务协助法院调查其尚欠光大总公司多少工程款并在215万元范围内停止给付。参见河北省高级人民法院(2014)冀执复字第52号执行裁定书。
② 参见江必新主编《新民诉法解释法义精要与实务指引》,法律出版社2015年版,第1078页。

【案例 3】

高圣公司与红林公司仲裁一案，中国国际经济贸易仲裁委员会于 2015 年 8 月 12 日作出〔2015〕中国贸仲京裁字第 0824 号仲裁裁决，该裁决第（二）项载明："被申请人继续履行本案合同，向申请人指定的新的全国总经销商安徽国立医药集团有限公司（以下简称'安徽国立公司'）按订单供货。"高圣公司依据上述裁决向北京三中院申请执行，该院于 2016 年 1 月 5 日以（2016）京 03 执 17 号立案执行。执行过程中，该院于 2016 年 6 月 15 日作出（2016）京 03 执 17 号执行裁定，裁定驳回高圣公司对〔2015〕中国贸仲京裁字第 0824 号裁决第（二）项的强制执行申请，高圣公司不服该驳回执行申请裁定，提出执行异议。北京三中院经审查认为："申请执行的生效法律文书给付内容应当明确，确定继续履行合同的，应当明确继续履行的具体内容。本案仲裁裁决第（二）项确定继续履行合同、按订单供货，但未对继续履行的标的、数量、金额、时间及哪份订单等具体内容予以明确，故该院以该项裁决没有明确继续履行的供货标的、数量及时间为由裁定驳回高圣公司对该项裁决的强制执行申请并无不当，高圣公司的异议理由不能成立，该院不予支持。"高圣公司向北京高院申请复议称："本案仲裁裁决继续履行合同，这个内容包括今后订单都要履行，裁决了现行安徽国立公司订单指的是仲裁时证据十五的订单。裁决被执行人'继续履行合同，向安徽国立公司按订单供货'，有明确的执行主体和对象，有明确的执行标的（订单）。安徽国立公司只给被执行人下达过一个订单，订单中载明供货标的、数量和时间，具备执行的条件，也不存在理解的歧异。"红林公司陈述意见称："仲裁裁决第二项内容缺乏执行的可操作性，被执行人完全不知道该如何去履行。本案合同是一个十年履行跨度的双务合同，对方获得独家经销权地位、双方交易应当以支付 900 万元为条件，如果单独执行该裁决项，将使合同规定的连续交易和双方互负的复杂义务变为仅仅履行这一笔订单，改变了双务合同性质，剥夺了被执行人的先履行抗辩权，法院执行部门是否有权处理执行过程中申请执行人、第三人可能的违约行为也不无疑问。"北京三中院经审查认为，本案中，仲裁裁决的第二项确定，红林公司继续履行本案合同即《独家经销协议》，向高圣公司指定的新的全国总经销商安徽国立公司按订单供货，问题在于：首先，该裁决项未明确红林公司按哪笔订单供货，即便参考仲裁裁决的其他部分，也很难准确无疑地确定订单的具体内容。其次，该裁决项未明确红林公司继续履行本案合同即《独家经销协议》与向高圣公司指定的新的全国总经销商安徽国立公司按订单供货的关系，无法确定红林公司是仅按订单供货即可，还是需结合《独家经销协议》的相关约定履行订单。如需结合《独家经销协议》履行订单，由于该协议是一个履行跨度长达十年的连续交易类合同，系通过数量众多的订单来达成合同目的，红林公司与高圣公司之间的合同权利义务关系复杂，双方互负给付义务且互相交织、互为条件。因此，即便能够确定本裁决项所指具体订单，也无法脱离合同整体框架而孤立地考虑该笔订单的可执行性及其法律后果。综上所述，仲裁裁决第二项关于合同继续履行的内容不明确、具体，不具备可执行的条件，北京三中院的裁定应予以维持。①

【案例4】

申峻山、曹志杰诉林锡聪等11人股权转让纠纷一案，青海高院于2011年8月3日作出（2011）青民二初字第6号民事判决，判令《股权及资产转让协议书》（以下简称"协议书"）合法有效，双方应继续履行。经上诉审理，最高人民法院于2011年12月5日作出（2011）民二终字第106号民事判决，驳回上诉，维持原判。判决生效后，申峻山、曹志杰申请执行，青海高院2011年12月23日向林锡聪等11人发出（2011）青执字第7号《责令履行指定行为通知书》，责令其继续履行协议书，将金鹰公司的股权过户给申请人申峻山、曹志杰。同日向申峻山、曹志杰发出（2011）青执字第7号《通知》，责令其向林锡聪等11人支付股权转让价款2255万元，转入青海高院指定账户。林锡聪等11人向青海高院提出异议，被青海高院以"异议人提出的生效法律文书确定双方当事人继续履行合同的判决结果因无给付内容，执行标的不明确，不能强制执行的理由，不属于执行异议审查范围。该案因股权转让合同产生纠纷，一、二审判决均确认合同合法有效，要求双方当事人继续履行合同。因林锡聪等人未履行生效判决，执行中，该院在充分尊重案件事实和判决的基础上，要求双方履行法定义务，依法作出的法律文书合理合法"为由裁定驳回。林锡聪向最高人民法院申请复议，并认为"判决书对双方应如何履行及具体履行

---

① 参见北京市高级人民法院（2016）京执复111号执行裁定书。

内容并未明确。执行部门无权结合判决的说理部分与合同的具体条款确定继续履行的执行内容。由执行人员来判断双方合同的义务及次序，违背'审执分立'的原则"。对此，最高人民法院认为，1. 本案申请执行人提出继续履行合同的诉讼请求，生效判决不仅确认合同有效，而且依据《合同法》第一百零七条（现《民法典》第五百七十七条）判决双方继续履行合同。该项内容属于违约责任，当事人不自动履行时，应当通过强制执行程序予以落实。只要根据判决认定的事实和理由以及其所确认的合同，能够明确应当继续履行的具体内容，即应认定该继续履行合同的判决给付内容明确，有强制执行效力。本案双方当事人应当继续履行的内容虽然在生效判决主文中未具体表述，但根据判决认定的事实和理由，以及由生效判决确认应继续履行的《股权及资产转让协议书》，可以查明尚未履行的合同内容为：申峻山、曹志杰付清股权转让的剩余价款，林锡聪等十一人配合完成股权转让的有关手续。该履行的步骤清楚、明确，青海高院据此向双方当事人发出通知，责令双方履行各自的义务，并未扩大林锡聪等十一人应履行义务的范围，或超出判决内容，亦未涉及对当事人责任的重新审查判断，只是将概括表现的内容具体化，并不违反"审执分立"的原则。青海高院在异议裁定中关于"异议人提出的生效法律文书确定双方当事人继续履行合同的判决结果因无给付内容，执行标的不明确，不能强制执行的理由，不属于执行异议审查范围"的表述不当。但因裁定中实质上已经认定本案判决有执行内容，该不当表述不影响本案实质结论。2. 青海高院《责令履行具体行为通知书》是对林锡聪等十一人发出的，尚未要求工商部门协助办理股权过户手续。在申请执行人将股权转让价款支付到法院后，如果被执行人林锡聪等十一人不能自行完成股权过户手续，青海高院有权采取相应的强制执行措施。金鹰公司股权过户是否需要按照《青海省矿业权转让管理办法》的相关规定办理审批手续及如何具体办理，应当在下一步执行中由青海高院协调处理，申请复议人以此否定青海高院发出的《责令履行具体行为通知书》的理由不能成立。[①]

在【案例3】中，仲裁裁决载明："被申请人继续履行本案合同，向申请人指定的新的全国总经销商安徽国立公司按订单供货。"北京三中院

---

① 参见最高人民法院（2012）执复字第13号执行裁定书。

以"该项裁决没有明确继续履行的供货标的、数量及时间"为由，裁定驳回高圣公司对该项裁决的强制执行申请。高圣公司在异议中指出，被执行人迄今仅收到一份在仲裁裁决作出之前已经下达且以证据形式提交给仲裁庭的订单，并且该订单载明供货标的、数量和时间，具备执行的条件。红林公司以"本案合同是一个十年履行跨度的双务合同，对方获得独家经销权地位、双方交易应当以支付900万元为条件"为由，反对执行法院单独执行该订单所确定的给付内容。北京三中院以"未对继续履行的标的、数量、金额、时间及哪份订单等具体内容予以明确"为由裁定驳回异议。高圣公司向北京高院申请复议，除了认可北京三中院的理由以外，北京高院进一步指出，即便能够确定本裁决项所指具体订单，也无法脱离合同整体框架而孤立地考虑该笔订单的可执行性及其法律后果。在本案中，根据仲裁裁决，红林公司负有按照现有以及未来的订单供货的义务，但红林公司履行供货义务的前提是高圣公司履行《独家经销协议》规定的义务，即支付900万元以获得独家经销权。在高圣公司履行前述义务之前，红林公司不应负有供货义务，否则将造成双方地位显著失衡。鉴于此，北京三中院以及北京高院均认为应当驳回高圣公司的该项强制执行申请。

在【案例4】中，作为执行名义的民事判决书确认《股权及资产转让协议书》合法有效，并判令双方继续履行，但同样没有在判决主文中说明双方各自应当承担的给付义务。判决生效后，申峻山、曹志杰申请执行，执行法院根据《股权及资产转让协议书》，责令林锡聪等11人将金鹰公司的股权过户给申请人申峻山、曹志杰，同时责令申峻山、曹志杰向林锡聪等11人支付股权转让价款2255万元，转入青海高院指定账户。在处理林锡聪关于青海高院违反审执分立原则的执行复议时，最高人民法院明确指出，"根据判决认定的事实和理由，以及由生效判决确认应继续履行的《股权及资产转让协议书》，可以查明尚未履行的合同内容"，青海高院的前述执行行为未涉及对当事人责任的重新审查判断，只是将概括表现的内容具体化，并不违反审执分立原则。

通过前述两个案例的对照分析，我们可以得出以下结论：尽管《民诉法解释》第四百六十一条第二款明确要求确定继续履行合同的法律文书明确继续履行的具体内容，但并不意味着没有在主文中明确继续履行具体内容的法律文书不得予以强制执行。一方面，"继续履行的具体内容"并非必须出现在主文部分，也可以在执行名义的其他部分中予以明确。另一方面,即使执行名义没有直接明确"继续履行的具体内容",但"只要根据判决认定的事实和理由以及其所确认的合同,能够明确应当继续履行的具体内容,即应认定该继续履行合同的判决给付内容明确,有强制执行效力。"①尽管【案例3】与【案例4】中的两份执行名义均没有对"继续履行的具体内容"作出明确的阐释,但两案之间存在着显著的区别。在【案例3】中,继续履行合同的结果是,高圣公司向红林公司支付900万元以取得独家经销权,而红林公司向高圣公司指定的安徽国立公司按订单供货,亦即红林公司负担的"继续履行的具体内容"具有不确定性,取决于高圣公司是否支付获得独家经销权的相关费用以及其所收到的订单。除非高圣公司已经向红林公司支付前述费用或者执行法院同时责令高圣公司履行该金钱给付义务,即使本案中的订单内容足够明确具体或者红林公司对订单内容也不存在争议,执行法院也不得强制执行订单的相关给付义务。即使高圣公司已经支付前述费用或者前述费用已经成功提存,高圣公司申请按照给付内容足够明确具体且红林公司不存在争议的订单进行强制执行,执行法院也应当同时责令高圣公司或者其指定的安徽国立公司履行订单中确定的价款,否则即涉嫌侵犯红林公司的同时履行抗辩权或先履行抗辩权。此外,对于仲裁裁决作出之后新发生的订单而言,该订单的具体内容未经仲裁庭审查,倘若允许概括性授予未来可能发生的债权以强制执行力,无异于允许双方当事人合意确定执行力的作用范围,有违执行法定主义。综合前述原因,北京高院以"仲裁裁决第二项关于合同继续履行的内容不明确、具体,不具备可执行的条件"为由驳回高圣公司的强制执行申请是妥当的。但是,在【案例4】中,《股权及资产转让协议书》确定双方当事人各自负担的义务均确定于执行名义生效之前,并且不随着某些不确定性因素而发生不可预计的变动,执行法院根据判决理由以及该协议书确定双方当事人各自应当承担的给付义务,只是对概括性给付内容作了形式的判断并予以具体化,故不违反审执分立原理。鉴于双方当事人负有同时履行义务,申峻山、曹志杰请求强制林锡聪等11人将涉案股权过户给申请执行人,系以其已经或同时支付2255万元股权转让价款为必要条件,执行法院责令申请执行人提存该股权转让价款具有正当性,而且只有在申峻山、曹志杰将股权转让价款转入指定账户之后,执行法院才要求工商部

---

① 最高人民法院(2012)执复字第13号执行裁定书。

门协助办理股权过户手续。

综上所述，尽管《民诉法解释》第四百六十一条第二款要求确定继续履行的法律文书明确继续履行的具体内容，但并没有同时将未在主文中载明具体给付内容的生效法律文书或其相应的给付请求权排除在强制执行之外。因而，只要生效法律文书的其他部分内容予以明确或者执行机构无须实质判断即可根据生效法律文书及卷宗内容予以明确，并且据此明确的具体给付义务具有确定性（不因当事人后续的法律行为而发生变动），执行机构就可以据此推进强制执行程序。如果执行机构无法根据生效法律文书及其相关卷宗无争议或不容争议地确定继续履行的具体给付内容，但该具体给付义务确定于执行名义作出之前的，执行机构可以向作出该生效法律文书的主体征询意见，后者可以通过补充判决、判后释疑、补充公证、复函等方式予以明确。[①]

四　交付特定物执行中执行标的物的特定化解释

【案例 5】

在青岛广源顺饮食服务有限公司（以下简称"广源顺公司"）与青岛广大物业发展有限公司（以下简称"广大公司"）房屋拆迁安置补偿合同纠纷案的执行过程中，广大公司以"本案一审判决仅判令广大公司返还广源顺公司建筑面积 3000 平方米房屋，但未确定返还房屋的具体位置，导致本案执行标的不明确"为由请求青岛中院驳回广源顺公司的强制执行申请。前述异议被青岛中院裁定驳回，其主要理由是"至于执行标的物是否明确，如何强制交付，应在执行程序中由执行实施部门对此作出相应的具体执行行为，当事人如对具体执行行为不服，可再行寻求司法救济"。广大公司向山东高院申请复议，山东高院认为，返还的 3000 平方米的商业用房是哪些具体的房屋应按《拆迁安置补偿协议书》第二条的约定确定，

[①] 例如，"在执行过程中，因生效法律文书确认的执行标的不明确而产生争议的，应当由作出生效法律文书的裁判机构作出解释，而不应由执行机构来确认。"山东省高级人民法院（2013）鲁执复议字第 66 号执行裁定书。"本案执行中争议的焦点是利率的标准和计算利息的起始时间。对此判决主文确定的不明确，随州中院在该案复议审查中，对该问题书面向审判庭征询意见，该院民事审判第一庭作出了书面复函。"湖北省高级人民法院（2016）鄂执监 32 号执行裁定书。

但该协议没有明确安置房屋具体是哪栋楼、哪个单元、哪些具体的房屋。该案在一审阶段，青岛中院向广源顺公司释明，其第二项诉讼请求的标的物不是特定物，可能造成案件无法执行，并询问其是否变更诉讼请求，广源顺公司表示坚持原诉讼请求。异议裁定既没有对判决返还房屋案件的执行标的物是否是特定物作出认定，也没有审查认定执行法院查封的房产能否认定是生效法律文书指向的3000平方米商业用房，故撤销异议裁定并将案件发回青岛中院重新审查。①

【案例6】

在金河与王翔民间借贷纠纷执行复议案中，作为执行名义的民事调解书，其内容是，"一、由被告金河退还原告王翔股金400万元，于调解书生效之日给付200万元，同时，原告王翔申请解除诉前财产保全；剩余200万元于2011年10月10日付清，如不能按时付清，则金鹿矿业公司的探矿权证及财产全部归原告王翔。二、双方于2010年3月30日签订的股权转让合同、同日又签订的选矿合作合同、2010年4月14日签订的股权转让合同补充协议、2010年5月16日签订的协议均宣布作废，双方的合作事宜解除。三、双方探矿合作中所欠工人工资由原告王翔负责清偿。四、高某某的问题由原告王翔负责处理。五、选矿厂及采挖出的矿石归属于原告王翔。"因双方履行了部分款项，王翔申请执行调解书约定的第五项内容。执行法院查封金河与案外人韩某合伙经营的选矿厂及采挖出的矿石。金某以执行标的错误为由申请执行法院解除查封。异议裁定认定"该调解书中第五项内容所约定的选矿厂并不是金河选矿厂"，复议裁定以"鄂尔多斯市中院认定事实不清，程序违法，王翔的复议理由成立"为由撤销异议裁定。金河向最高人民法院申诉，最高人民法院肯定鄂尔多斯市中院在执行程序中将生效调解书第五项内容确认为"金河向王翔移交选矿厂及采挖出的矿石"的做法，并将本案界定为交付特定物请求权的强制执行。最高人民法院认为，对于交付特定物的案件，就要求法律文书中应当载明特定物的名称、数量、规格等信息，以使该特定物区别于其他物。本案中，生效调解书第五项载明的是"选矿厂及采挖出的矿石"，没有指明该选矿厂及矿石的特定信息，双方当事人对执行依据指向的特定物也存在

---

① 参见山东省高级人民法院（2016）鲁执复152号执行裁定书。

严重分歧，显然属于执行依据给付内容不明确。①

在【案例5】中，作为执行名义的（2012）青民一初字第25号民事判决书判令广大公司按照《拆迁安置补偿协议书》第二条的约定返还安置广源顺公司建筑面积3000平方米商业用房，但《拆迁安置补偿协议书》第二条仅说明该商业用房位于沧口广场A区，具体位置以规划局批准的施工图双方以补充协议确认。鉴于双方没有以补充协议对该3000平方米商业用房予以特定化，本案不属于交付特定物之强制执行。即使将其勉强解释为交付种类物的行为给付请求权的强制执行，也因判决书以及《拆迁安置补偿协议书》第二条没有对该种类物作出最低限度的描述而无法强制执行。但是，广源顺公司同意广大公司交付位于沧口广场A区且按一层至五层上下垂直分割的任意3000平方米商业用房或者广大公司销售剩余符合前述条件的商业用房具有唯一性且广源顺公司申请执行该商业用房的，笔者认为则应当认可该项给付请求权具有可执行性。换言之，生效法律文书要求债务人交付的标的物不具有特定性，只要生效法律文书对该标的物的种类有最低限度的可识别性描述，那就应当承认其具有可执行性。② 此外，即使执行名义所载明的给付标的物不具有特定性，但因各种主、客观原因导致债权人对给付标的物"别无选择"的，也应当承认其具有可执行性。

在【案例6】中，尽管民事调解书第五项采取"选矿厂及采挖出的矿石归属于原告王翔"的确权型表述，但鄂尔多斯中院、内蒙古高院、最高人民法院均将其理解为"金河向王翔移交选矿厂及采挖出的矿石"。因调解书没有对"矿厂及采挖出的矿石"进行特定化描述，而且双方当事人对执行名义所指向特定物也存在严重分歧，最高人民法院将其定性为给付内容不明确的执行名义。鉴于"矿厂及采挖出的矿石"不属于种类物，且调解书又没有对"矿厂及采挖出的矿石"作出足以识别的特定化描述，根据审执分离原理，执行机构不应当依职权对给付标的物进行特定化。对此，

---

① 参见中华人民共和国最高人民法院（2015）执申字第52号执行裁定书。
② 人民法院在执行过程中首先应该区分生效法律文书确定被执行人返还的财产是可替代的种类物还是不可替代的特定物。对种类物而言，如果被执行人有该种类物，人民法院可以裁定直接执行；如果被执行人无该种类物，人民法院应责令被执行人依判决购买该种类物偿还债务；被执行人拒不购买交付的，人民法院可以该种类物的现时市场价值，责令被执行人给付；拒不给付的，可裁定强制执行被执行人的其他等值财产。参见孙明放《返还原物执行之我见》，《人民法院报》2013年4月10日第8版。

最高人民法院认为,"已经受理的执行案件,发现执行依据内容不明确的,执行机构在执行程序中可以结合执行依据文义,审查确定其具体给付内容。执行程序中无法确定给付内容的,则应当提请生效法律文书的作出机构结合案件审理期间查明的情况,对不明确的执行内容予以补正或者进行解释说明。"

综上所述,在执行名义没有对债务人交付之标的物作出特定化描述的情形下,如果该标的物可以纳入种类物的范畴,可以按照种类物之强制执行规则处理(亦即必要时可以较无争议地转化为金钱给付执行),如果该标的物无法纳入种类物的范畴,则应当在执行程序内外谋求予以特定化。基于审执分离原理,执行机构通常只能根据执行名义的文义以及相关的诉讼材料从形式审查的角度试图对标的物进行特定化描述,未能成功予以特定化的,则应当提请生效法律文书的作出机构结合案件审理期间查明的情况,对不明确的执行内容予以补正或者进行解释说明。此外,无法纳入种类物范畴但又没有予以特定化的标的物,可因债权人放弃或丧失选择权而转化为特定物,前者主要表现为债权人要求债务人任意交付符合生效法律文书描述的标的物,后者表现为债务人可供交付的标的物具有唯一性。

五 概括性行为给付义务的可执行性及其具体化

【案例7】

在金长润公司、兴嘉公司诉泰邦公司、兴荣公司股权转让合同纠纷案中,生效法律文书判决泰邦公司、兴荣公司向金长润公司和兴嘉公司支付转让款、违约金、教育配套费及办理项目建设各项手续的协助义务等九项内容。案件进入强制执行程序以后,执行法院要求被执行人履行协助配合义务,泰邦公司以履行协助配合义务存在风险、兴荣公司以履行协助配合义务必须经泰邦公司审查同意为由,拒绝立即履行协助配合义务。在被执行法院分别决定罚款90万元、60万元后,泰邦公司、兴荣公司仍拒不完全履行协助配合义务。执行法院根据申请执行人的要求,裁定被执行人支付申请执行人2013年2月1日至2014年3月31日期间的迟延履行金14795741.79元。经异议、复议后,泰邦公司向最高人民法院申请执行监督,其首要理由就是:"本案执行依据仅原则性要求泰邦公司履行协助配合义务，履行内容并不明确，不具有可执行性。"对此，最高人民法院认为，按照最高人民法院（2012）民二终字第23号民事判决以及湖南高院（2011）湘高法民二初字第2号民事判决，泰邦公司、兴荣公司应当协助金长润公司、兴嘉公司办理怡和山庄项目和披塘路项目的相关建设、审批、申报、销售、按揭、贷款、验收、结算、争议事项处理等需要以兴荣公司名义办理的事项。本案生效判决对泰邦公司、兴荣公司所应当履行的非金钱给付义务进行了概括列举，泰邦公司、兴荣公司应当依金长润公司、兴嘉公司的要求，积极配合办理以兴荣公司名义出具的怡和山庄及披塘路项目相关建设手续。因此，本案执行依据具有明确的行为履行给付内容。泰邦公司关于本案执行依据不具有可执行性的申诉事由，本院不予支持。①

在【案例7】中，执行名义将被执行人办理项目建设各项手续的协助义务概括性描述为"泰邦公司和兴荣公司协助金长润公司和兴嘉公司办理怡和山庄项目和披塘路项目的相关建设、审批、申报、销售、按揭、贷款、验收、结算、争议事项处理等需要以兴荣公司名义办理的事项"，而没有罗列被执行人需要具体履行的各项行为义务。实际上，审判机构也无法在判决文书中详细罗列被执行人应当履行的各项行为义务，诚如最高人民法院在执行监督中所查明的，申请执行人已向被执行人提交100余份需要后者盖章的购房发票、购房合同、车位合同等文件，以及25份需要后者盖章的住房公积金贷款保证合同、抵押合同，并且由执行法院强行提取了因披塘路建设工程结算、验收需要的相关资料及财务原始资料。一方面，被执行人需要履行的协助义务众多，执行名义难以分别予以列举；另一方面，被执行人需要履行的协助义务未必都形成于执行名义生效之前，因为有些需要被执行人协助办理的事项尚未发生。尽管被执行人的协助义务的部分具体内容确定于生效法律文书作出之后，但与【案例3】中事后新发生的订单可以实质性影响执行力作用范围不同，【案例7】中的协助义务完全可以为该判决所涵盖，而且主要表现为"盖章"以及提交相关资料及财务原始资料等行为。鉴于此，最高人民法院认为，尽管本案生效判决仅对泰邦公司、兴荣公司所应当履行的非金钱给付义务进行了概括列

---

① 参见最高人民法院（2015）执监字第207号执行裁定书。

举,泰邦公司、兴荣公司也应当依金长润公司、兴嘉公司的要求,积极配合办理以兴荣公司名义出具的怡和山庄及披塘路项目相关建设手续。

综上所述,本案被执行人的协助义务主要具体化为行为给付义务(主要表现为在申请执行人提交的文书上加盖印章),但特殊情况下也可以表现为交付特定物义务(主要表现为被执行人应当提交特定资料)。因而,概括性行为给付义务经具体化后,除了继续表征为具体的作为或不作为义务以外,还可以表征为特定物给付义务。实际上,金钱给付与行为给付之间的边界有时也不是很明确,尤其在生效法律文书因故无法或不愿直接确定金钱给付数额而采取概括性表述的情形下,作出生效法律文书的主体无法或怠于确定具体给付内容,采取要求当事人继续履行法定或意定义务的表述(如继续履行合同确定的价款给付义务),最终使得金钱给付内容掩盖在行为给付的面纱之下。因而,概括性行为给付义务具体化后也可能表征为金钱给付义务,比如,前文所阐述的"继续履行"义务结合双方当事人签订协议具体化后即可能转化为价款给付义务。由此可见,无论是金钱给付、交付特定物或者行为给付之强制执行,最终都体现为强迫或拟制被执行人作出某种行为,这是由给付请求权的债权属性决定的。尽管如此,金钱给付请求权与交付特定物请求权、行为给付请求权的强制执行仍然存在较多的区别:金钱给付请求权的强制执行无须指向特定财产,特定物给付请求权的强制执行指向特定财物,行为给付请求权通常需要通过间接执行、替代执行等非常规措施予以执行。相应地,执行名义所载明具体给付义务不明确主要体现为:债务人需要给付金钱的具体数额或其计算方法不明确、执行名义没有对债务人需要交付债权人的标的物作出最低限度的特定化描述、执行名义没有对债务人应当履行的行为义务作出最低限度的说明。

第二节 复合性给付请求权执行中的"以执代审"

在某些特殊情形下,生效法律文书确定的数项给付请求权指向相同的请求权基础,并且彼此之间相互排斥,债权人最终只能实现其中的某项给付请求权。为研究方便，笔者暂且将此种现象称为"复合性请求权执行"。结合我国的执行实践，根据最终实现债权的确定方式不同，执行名义确定或推定的"复合性请求权"可以分为以下两种基本模式：参照选择之债原理设计的复合性请求权，以及参照预备合并原理确定的复合性请求权。对于前者，究竟实现复数请求权中的何种请求权取决于选择权主体的意志。对于后者，复数请求权之间存在着实现顺位的问题，债权人通常只能请求强制执行主位给付请求权，只有在主位给付请求权无法实现的情形下，才可以请求强制执行备位给付请求权。诚然，在主位给付请求权因债务人的原因导致无法予以强制执行的情形下，债权人只得请求强制执行备位性给付请求权，这在某种意义上也可以理解为债务人享有选择权的选择型复合性请求权模式。因而，狭义的预备型复合性请求权模式仅指主位给付请求权因客观原因无法实现而只能实现备位给付请求权的情形。

一　选择型复合性请求权模式

在选择型复合性请求权模式下，复数给付请求权之间不存在先后履行顺序。执行名义明确将选择权赋予债权人的，债务人应当根据债权人确定的给付义务主动履行生效法律文书，否则，债权人既可以根据其意志请求强制执行其中的某种给付义务，也可以申请执行机构实现其中的任意给付请求权。执行名义明确将选择权赋予案外人的，债务人应当根据案外人指定的给付义务主动履行生效法律文书，否则，债权人可以根据选择权人指定的结果请求强制执行，案外人尚未或拒不执行的，债权人可以同时将选择具体给付请求权的义务纳入执行标的范围。执行名义明确将选择权赋予债务人的，债务人可以任意履行某种给付义务，债务人拒不履行生效法律文书的，债权人可以申请执行机构强制债务人履行某种给付义务。执行名义没有明确选择权主体的，债务人可以选择主动履行某种给付义务，债务人拒不履行的，债权人可以申请执行机构强制执行其中的某种义务，也可以申请执行机构迫使债务人履行其中的任何一种给付义务。前述规则仅适用于复数给付请求权均明确、具体且具有可执行性的情形，倘若其中某种给付请求权不具有可执行性，则债权人只能申请执行其他具有可执行性的给付请求权，但双方当事人对模糊的给付请求权的具体内容能够达成共识或者作出生效法律文书的主体能够对该项模糊的给付请求权进行毫无争议的阐释除外。

【案例8】

在方义胜与鑫润公司合同纠纷案中,作为执行名义的民事判决书判令:"鑫润公司于本判决生效之日起十日内向方义胜交付26000吨含磷量为30%的磷矿石或支付磷矿石补偿款351.49万元并赔偿损失(以351.49万元为基数,从2012年1月1日起至本判决确定的给付之日止按中国人民银行公布的同期同类贷款利率计算)。"方义胜在申请执行时,选择要求鑫润公司履行的是金钱给付义务,即"支付磷矿石补偿款351.49万元并赔偿损失"。襄阳中院以"执行依据所确定的给付义务、履行方式和地点不明确"为由裁定驳回方义胜对该案的执行申请。方义胜以"有关鑫润公司应支付磷矿石补偿款351.49万元并赔偿损失的内容明确、具体"为由向襄阳中院提出书面异议,襄阳中院支持了方义胜的异议理由。鑫润公司向湖北高院申请复议,湖北高院认为,本案执行依据判令鑫润公司向方义胜交付26000吨磷矿石或支付磷矿石补偿款351.49万元并赔偿损失,方义胜在申请执行时亦明确要求鑫润公司支付磷矿石补偿款并赔偿损失。对于磷矿石补偿款及损失计算问题,生效判决作了明确规定,襄阳中院以该案执行依据所确定的给付义务、履行方式和地点不明确为由,裁定驳回方义胜的执行申请没有事实依据,并据此驳回鑫润公司的复议申请。[①]

在【案例8】中,民事判决书确定鑫润公司对方义胜负有给付种类物或金钱的义务,种类物给付义务与金钱给付义务之间处于平行状态,亦即执行法院所谓的"该判项中两个内容具有可选择性,属平行并列内容,并非履行的前后顺序",方义胜享有的种类物给付请求权与金钱给付请求权共同构成所谓的"选择型复合性请求权"。在异议审查期间,双方当事人对生效裁判文书判项理解发生争议,执行法院征询湖北省高级人民法院原审判业务庭意见,其答复为申请执行人的申请只要符合判决主文的内容,按照法律规定是应当准许的。鉴于民事判决书没有确定选择权的归属,本案应属于没有明确选择权主体的"选择型复合性请求权之强制执行"。因

---

① 参见湖北省高级人民法院(2016)鄂执复68号执行裁定书。

而，鑫润公司在主动履行生效法律文书时，有权选择任意履行其中一种给付义务，但鑫润公司拒不履行生效法律文书的，选择权宜由方义胜行使，以此督促债务人尽可能自主履行生效法律文书。方义胜在申请强制执行时明确选择实现金钱给付请求权，而且具体给付金钱的数额可以根据判决主文予以毫无争议地计算，故不得以"'交付磷矿石'的方式和地点虽不明确、具体"为由裁定驳回方义胜的执行申请。实际上，即使方义胜申请强制执行种类物给付请求权，执行法院也不能因为判项没有明确交付磷矿石的方式和地点即以给付内容不明确为由裁定驳回方义胜之执行申请。这是因为，民事实体法对种类物交付义务之履行提供了大量旨在弥补约定空白的补充性规范，《民法典》第五百一十一条对履行地点、履行期限、履行方式不明确的情形作出了明确的补充性规定，执行法院不宜简单裁定驳回执行申请。此外，种类物给付请求权的具体内容确实不明确的，执行法院应当予以释明，征询方义胜是否变更请求予以强制执行的给付请求权。

二　预备型复合性请求权模式

在预备型复合性请求权模式下，复数给付请求权之间存在先后履行顺序之分，只有主位给付请求权无法得以实现，才可以要求强制执行备位给付请求权。[①] 主位请求权与备位请求权通常表现为给付内容的不同，但在

---

① 在我国司法实践中，有些法院以情势变更等为由，不顾执行名义对复数给付请求权实现顺位之确定，即使债务人可以履行主位给付义务，也直接强制执行备位给付义务。例如，在沙秀珍与临桂粮库买卖合同纠纷案中，吉林省高级人民法院于2011年5月23日作出（2011）吉民三终字第5号民事判决，其第一项内容为："维持白城市中级人民法院（2010）白民一初字第4号民事判决第二、第三项，即临桂粮库返还沙秀珍标准麻袋64016条，如不能返还，折价予以赔偿，驳回沙秀珍其他诉讼请求。"考虑到以下三点理由，广西高院在复议审查裁定中直接驳回临桂粮库坚持以返还麻袋的方式履行生效判决的异议，执行法院有权直接决定选择折价赔偿的履行方式执行本案：（1）临桂粮库一直未能提供符合规格、标准和数量的麻袋履行判决义务；（2）临桂粮库也难以提供刚好只使用过一次的64016条同规格新麻袋；（3）判决生效至今将近五年的时间，申请执行人沙秀珍年已年过七旬，路途遥远，向其交付64016条麻袋实际上不利于其合法权益的实现；（4）即便临桂粮库确有同样规格和数量的麻袋，其自行折价变卖或保有该财产，其合法财产利益也不会受到损害。参见广西壮族自治区高级人民法院（2015）桂执复字第23号执行裁定书。对此，笔者认为，执行机构应当尊重执行名义确定的履行顺序，不得在主位给付请求权得以实现的情形下，直接强制执行备位给付请求权，否则，涉嫌严重违反审执分离原理。诚然，根据审执协作原理，认为执行名义所确定复数给付请求权的实现顺位不适当的，执行机构可以通过函告等形式让审判机构通过补正判决或再审程序予以纠正。

特殊情形下也可以体现为给付义务人的不同，前者有如债务人无法继续履行物之交付义务时转而承担金钱给付义务，后者有如补充担保责任人只有在债务人拒不履行金钱给付义务的情形下才在主债权及其承诺的担保范围内承担金钱给付义务。执行名义载明预备型复合性请求权，避免了债权人重复利用审判程序（或仲裁、公证等其他执行名义生成程序，下同），有利于节约公共资源、提高纠纷解决效率、尽快实现逾期债权、减少执行僵局发生，实际上是预备合并功能从审判程序向执行程序的扩张，亦即审判程序中仍无法确定备位给付请求权能否获得执行并据此满足债权人利益诉求的情形下，在判决书中载明备位给付请求权，执行程序中再确定究竟强制执行主位给付请求权还是备位给付请求权。因而，在预备型复合性请求权的强制执行中，备位给付请求权之强制执行要求执行法院先行判断其实现条件是否具备。鉴于此，对于备位给付请求权的强制执行而言，主位给付请求权是否获得实现以及能否予以强制执行成为人民法院判断备位给付请求权可否予以强制执行的条件，故备位给付请求权之强制执行也可以纳入广义的附条件给付请求权之强制执行的范围。

【案例9】

在鑫源祥公司与红旗公司建设工程施工合同纠纷案中，作为执行名义的仲裁裁决书的三项裁决内容为："红旗公司自裁决生效之日起40天内完成工程质量问题的修理或者返工、修建，按照验收程序进行验收后，及时交付建设方鑫源祥公司继续建设，立即清退现场。如拒绝修理或者返工、改建，或者不能如期完成修复义务的，承建方即应向建设方移交未完工程并清退现场，提供施工图与资料，并在《质量检测报告》基础上由建设方自行或者委托第三方进行修理或者返工改建，因此发生的合理费用由承建方负担。"受理鑫源祥公司的执行申请后，兰州中院向红旗公司发出要求其履行该仲裁裁决确定义务的执行通知书，随后对红旗公司的施工设施物品采取控制性执行措施，并根据鑫源祥公司申请对修理及施工现场清理费用等进行评估鉴定。红旗公司对前述执行行为提出异议，但兰州中院未予以审查，也未允许红旗公司自行修理，而是继续推进对涉案工程维修预算费用的鉴定与审核程序。兰州中院随后以"仲裁裁决第三项内容裁决不明确，内容属实体问题，执行程序无法解决"为由，依职权裁定该项裁决暂缓执行，并裁定本案终结执行。鑫源祥公司向兰州中院提出异议，请求继续执行仲裁裁决。兰州中院以"仲裁裁决第（三）项属完成行为方面的内容，并无具体的金钱给付内容；鉴定报告不属于法律文书，不能作为执行根据"为由，裁定驳回鑫源祥公司的异议。甘肃高院在复议审查中认为，仲裁裁决："认定了当事双方争议的工程欠款数额，明确了工程质量问题维修责任的承担主体、承担方式和维修费用的范围，确定了工程欠款的给付期限，具有可执行内容，应予以执行。按照仲裁裁决内容，本案正确的执行方式应该分为三步。第一步，向被执行人红旗公司发出执行通知，责令其在规定的期限内自行履行维修义务。红旗公司完成维修义务后，经质量鉴定合格，由鑫源祥公司向红旗公司支付剩余工程决算欠款 576189.77 元，全案执行完毕。第二步，如红旗公司不自行履行维修义务，执行法院应书面通知由鑫源祥公司委托第三方对《质量检测报告》提出的问题进行维修。维修完毕后，所发生的合理费用决算后在鑫源祥公司应支付的工程欠款中扣除，不足部分由红旗公司继续承担。第三步，第三方按照《质量检测报告》对存在的问题维修完毕后，当事双方对合理维修费用决算无法达成一致的，既可以委托审计鉴定，也可以另行诉讼判定，诉讼期间本案中止执行。在本案执行过程中，执行法院既未通知被执行人自行履行维修义务，又在维修费用尚未发生的情况下，委托评估机构对维修费用进行评估鉴定，违背仲裁裁决内容，属于执行程序错误，该评估鉴定意见不能作为本案执行根据。执行法院无正当理由不允许红旗公司自行履行维修义务有失公允。《民事诉讼法》和《仲裁法》规定，人民法院对错误的仲裁裁决可以裁定不予执行，一时执行不能的可以裁定中止执行，执行法院裁定对仲裁裁决第（三）、（四）内容暂不予执行于法无据。裁定终结执行即为全案终结，执行程序终止，而本案需要执行的事项尚未完结，不具备《民事诉讼法》规定的终结执行的情形，裁定本案终结执行显属不当。"①

在【案例9】中，第三项仲裁裁决确认红旗公司承担两个系列的给付义务，第一系列给付义务优先于第二系列给付义务。红旗公司对第一系列义务与第二系列义务实际上享有选择权，亦即可以通过拒不履行第一系列义务的方式迫使鑫源祥公司只能实现第二系列给付请求权。但是，对于鑫源祥公司而言，第一系列义务对应的给付请求权属于主位给付请求权，第

---

① 参见甘肃省高级人民法院（2014）甘执复字第22号执行裁定书。

二系列义务对应的给付请求权属于备位给付请求权,只有红旗公司拒不履行或无法如期履行返工、改建义务,鑫源祥公司才可以申请强制红旗公司履行第二系列义务。为避免红旗公司拖延履行第一系列义务,仲裁裁决书要求红旗公司自裁决生效之日起 40 日内完成第一系列义务,否则就应当履行第二系列义务。也就是说,债务人没有在 40 日内完成第一系列义务的,债权人可以直接申请强制执行第二系列给付请求权。本案仲裁裁决书作出的日期是 2013 年 3 月 18 日,而鑫源祥公司申请强制执行的时间是 2013 年 5 月 7 日,已经超过红旗公司自主履行第一系列给付义务的期限,兰州中院直接以第二系列给付义务作为强制执行的目标并无不妥。但是,红旗公司在异议中指出,"红旗公司向兰州中院申请撤销仲裁裁决,这一申请被驳回不满 40 日,仲裁裁决红旗公司有权在裁决书生效 40 日内自行修理,要求执行法院允许自行修理。"显而易见,仲裁裁决自送达当事人之日起生效,红旗公司申请撤销仲裁裁决并不能阻止仲裁裁决的生效,但红旗公司申请撤销仲裁裁决在客观上具有挑战仲裁裁决效力的效果,在兰州中院裁决驳回撤销申请之前,红旗公司确实享有该仲裁裁决被撤销的期待利益。尽管《仲裁法》第五十九条规定仲裁裁决撤销申请的期限是当事人自收到裁决书之日 6 个月,但本案红旗公司在仲裁裁决作出之后及时向兰州中院申请撤销仲裁裁决,不存在滥用撤销仲裁裁决拖延履行的嫌疑。鉴于此,甘肃高院准许红旗公司在强制执行程序中先行履行第一系列给付义务,并对两系列给付义务的履行先后顺序作出解读:执行法院应当先行责令红旗公司在指定期限内履行维修义务,红旗公司不自行履行维修义务的,通知鑫源祥公司委托第三方进行维修,并由红旗公司承担维修费用。实际上,如果严格按照仲裁裁决的裁决主文,因红旗公司拒不履行维修义务已经超过 40 日,作为备位给付义务的第二系列义务才是红旗公司在强制执行程序中应当履行的执行债务。甘肃高院对复议案件的处理结果,笔者认为可能主要出于以下两方面的现实考量:其一,红旗公司及时申请撤销仲裁裁决且该申请被驳回尚不足 40 日,禁止其自行履行维修义务有失公允;其二,第二系列义务履行较为复杂,合理维修费用之确定可能需要启动另一轮诉讼程序,而执行程序需要中止相当长的时间,相关控制性执行措施可能长期对红旗公司的正常经营活动造成负面影响。

【案例 10】

在杨春民与王磊、蒲城鑫源融资担保有限公司(以下简称"鑫源公司"）、张国照、上官英佳民间借贷纠纷案中，执行名义要求张国照向杨春民偿还借款本金800万元及其违约金（计算方式明确），王磊承担连带保证责任、鑫源公司承担一般保证责任。案件进入强制执行程序后，铜川市中级人民法院（以下简称"铜川中院"）作出（2017）陕02执20号执行通知书明确责令鑫源公司承担对王磊的财产强制执行仍不能履行部分的债务。在王磊未向铜川中院申报财产的情况下，依职权查询王磊名下没有银行存款，遂冻结了鑫源公司在蒲城县农村信用合作联社的资金。鑫源公司以其承担的系属一般保证责任为由请求解除对其存款的冻结措施，并提供王磊在西安市半引路40号的房产一套作为执行线索。被执行人张国照在答辩中申报其在陕西佳亨实业发展有限公司债权暂定为5500万元，铜川鑫海利达物资公司有270万元债权；连带保证人王磊在答辩中承认拥有鑫源公司提供的该房产，并报告其长安南路金鼎购物中心四层、五层有共计9800平方米商铺20年的使用权。铜川中院驳回鑫源公司异议后，鑫源公司向陕西高院申请复议。陕西高院在复议裁定书中明确指出，"鑫源公司作为本案的被执行人，尽管执行依据中确定了其承担清偿责任的顺序，但并不影响人民法院对其可供执行财产采取控制性执行措施"，并据此驳回了鑫源公司的复议申请。①

在【案例10】中，杨春民是债权人，张国照是债务人，王磊是连带保证人，鑫源公司是一般保证人。根据《民法典》第六百八十八条的规定，王磊在其保证范围内对张国照逾期未履行的债务承担连带责任，债权人可以要求债务人履行债务，也可以要求保证人在其保证范围内承担保证责任。但与王磊不同，根据《民法典》第六百八十七条第二款的规定，鑫源公司"在主合同纠纷未经审判或者仲裁，并就债务人财产依法强制执行仍不能履行债务前，有权拒绝向债权人承担保证责任"。《最高人民法院关于适用〈中华人民共和国民法典〉有关担保制度的解释》（法释〔2020〕28号，以下简称《担保解释》）第四十五条第三款规定："债权人以诉讼方式行使担保物权的，应当以债务人和担保人作为共同被告。"参照已经作废的《最高人民法院关于适用〈中华人民共和国担保法〉若干问题的解释》（法释〔2000〕44号）第一百二十五条的规定，债权人以债务人和担

---

① 参见陕西省高级人民法院（2017）陕执复68号执行裁定书。

保人为共同被告提起诉讼的，人民法院应当"在判决书中明确在对债务人财产依法强制执行后仍不能履行债务时，由保证人承担保证责任"。换言之，债权人应当将主合同诉讼与担保合同诉讼进行预备性合并，人民法院也应当根据债权人的诉讼请求作出载有预备型复合给付请求权的判决书。最高人民法院通过前述司法解释将一般保证人享有的所谓的"先诉抗辩权"从诉讼环节后延至执行环节。相应地，债务人（及其连带保证人）的财产经强制执行是否足以清偿全部债务以及一般保证人应当承担多少补充责任的审查与确认主体也从审判机构调整为执行机构。在某种意义上，这也是"以执代审"的现象。本案执行名义就属于这种类型的判决书，只有在张国照以及王磊的财产依法经强制执行仍不足以清偿执行债权的情形下，鑫源公司才承担保证责任。但是，执行法院根据杨春民的申请同时将张国照、王磊、鑫源公司列为共同被执行人，而且在张国照以及王磊尚未申报财产之前，执行法院通过执行通知书责令鑫源公司"承担对王磊的财产强制执行仍不能履行部分的债务"并裁定冻结鑫源公司在金融机构的存款，这实际上是在鑫源公司是否应当承担给付义务以及应当承担多少给付义务尚且不明确的情形下对其财产采取的控制性执行措施。在给付义务是否成立及其具体给付内容尚且不明确的情形下，执行法院对鑫源公司作为被执行人立案执行缺乏理论基础。对此，笔者认为，较为科学的做法是，执行法院暂不对鑫源公司立案执行，但杨春民可以根据《民诉法解释》第一百六十三条以及《最高人民法院关于人民法院办理财产保全案件若干问题的规定》（法释〔2020〕21号修正，以下简称《财产保全规定》）第九条第二款的规定申请执行法院对鑫源公司在其可能承担的最大保证范围内采取执行前保全措施。[①] 尽管这种做法与执行法院处理方法的实际效果大

[①] 《民诉法解释》第一百六十三条规定，"法律文书生效后，进入执行程序前，债权人因对方当事人转移财产等紧急情况，不申请保全将可能导致生效法律文书不能执行或者难以执行的，可以向执行法院申请采取保全措施。债权人在法律文书指定的履行期间届满后五日内不申请执行的，人民法院应当解除保全。"在本案中，"法律文书指定的履行期间"是指，执行法院确定了鑫源公司应当具体履行的金钱给付义务，并以执行通知书的形式限定其履行该金钱给付义务的期限。也就是说，执行法院应当先行对杨春民和王磊穷尽强制执行措施，在确定前两者的财产依法强制执行仍无法全部满足执行债权的情形下，执行法院才可以对鑫源公司立案执行，并以执行通知书的形式明确告知其应当承担的金钱给付义务以及履行期限。鉴于履行期限的确定晚于债权人之执行申请，债权人不存在逾期不申请执行之问题。与此同时，根据《财产保全规定》第九条第二款的规定，法律文书生效后，进入执行程序前，债权人申请财产保全的，人民法院可以不要求提供担保。

致相同，但更为契合强制执行法原理。

第三节　受限性给付请求权执行中的"以执代审"

在某些特殊情形下，执行名义对其所确定给付请求权的强制执行力作出了必要限制，主要表现为给付请求权附期限与给付请求权附条件两种类型。对于给付请求权所附条件是否成就以及所附期限是否届满的判断，有可能逾越形式判断的范围，而需要进行实质审查，执行机构若对此进行实质审查，则属于"以执代审"的情形。

一　附期限给付请求权执行中的"以执代审"

对于附始期的给付请求权，只有在执行名义确定或者根据执行名义载明方式确定的期限届满之后，债权人才可以请求人民法院强制执行该给付请求权。为了尽可能督促债务人自行履行给付义务，在科以债务人履行给付义务的同时，绝大多数生效裁判文书会确定给予债务人履行宽限期，只有该宽限期限届满，债权人才可以申请人民法院强制执行该附始期的给付请求权。对于附终期的给付请求权，债权人只能在执行名义确定或者根据执行名义载明方式确定的期限届满之前申请强制执行，逾期将因给付请求权丧失强制执行力而不得申请强制执行。鉴于我国《民事诉讼法》第二百三十七条明确规定申请执行时效制度，执行名义确定的所有给付请求权在某种意义上都属于附终期的给付请求权。给付请求权所附之期限除了可作"始期（生效期限）"与"终期（终止期限）"之分以外，还可以区分为"期日"与"期间"两种类型，其中，"期间"还存在着"确定期限"与"不确定期限"之分。显而易见，执行机构通过形式审查即可毫无争议地对期日与确定期间是否届满作出判断，不存在"以执代审"之嫌疑，只有附不确定期间的给付请求权之强制执行可能需要执行机构对该期间是否届至作出实质审查，从而构成"以执代审"。

【案例 11】

在安徽省六安市中级人民法院（以下简称"六安中院"）执行张钰与阜阳市宏业房地产开发有限公司（以下简称"宏业公司"）、利辛县明珠大酒店管理有限公司（以下简称"明珠公司"）民间借贷纠纷案中，根据作为执行名义的民事调解书，宏业公司、明珠公司向张钰偿还借款 200 万元的金钱给付义务附有期限，即"宏业公司、明珠公司在收到人民法院解除对在建的水岸·云顶花都 1 号楼的查封裁定书后，办理该 1 号楼的预抵押登记后 10 日内"。该期间起算于预抵押登记之日，而涉案不动产之预登记之日具有不确定性，故该金钱给付义务附有不确定期间。六安中院 2012 年 12 月 26 日裁定解除涉案不动产预售权的查封，但宏业公司一直未办理涉案不动产的预抵押登记，以此促使其金钱给付义务所附期间无法起算。张钰 2013 年 1 月 28 日申请强制执行，六安中院同日再次裁定查封涉案不动产预售权。被执行人宏业公司以作为本案执行名义的民事调解书约定第一笔还款期限未届至为由提出书面异议。六安中院经审查认为，涉案不动产已经办理预售许可证，符合办理预抵押登记的条件，宏业公司在合理期间内未办理预抵押登记，并已实际售出部分房屋，宏业公司履行期限未届至、不具备执行条件的理由不成立。张钰为了防止宏业公司转移资产申请强制执行，以及本院依张钰申请查封涉案不动产预售权的行为，符合法律规定。据此，六安中院裁定驳回宏业公司的异议。[1]

在【案例 11】中，只要六安中院裁定解除对涉案不动产预售权的查封，涉案不动产就符合办理预抵押的条件，因调解书已经明确要求张钰申请解除涉案不动产的查封且六安中院已经裁定予以解封，调解书对首笔 200 万元金钱给付请求权的限制，属于附期限（而非附条件）情形。双方当事人没有在调解书中约定明确宏业公司应当在六安中院裁定解除查封之后多长时间内办理预抵押登记手续，属于《民法典》第五百一十一条第四项规定的"履行期限不明确的"给付义务，张钰可以在六安中院解除查封后随时要求其办理预抵押手续，但应当给宏业公司必要的准备时间。根据执行法院查明的情况，从六安中院 2012 年 12 月 26 日裁定解除查封到 2013 年 2 月 4 日，宏业

---

[1] 参见安徽省六安市中级人民法院（2013）六执异字第 00004 号执行裁定书。

公司都没有办理涉案不动产的预抵押登记手续，属于当事人为自己的利益不正当地阻止期间起算，参照《民法典》第一百五十九条的规定，应当视为期限已届至。此外，根据执行法院查明的情况，宏业公司不仅没有办理涉案不动产的预抵押登记手续，而且已经实际销售涉案不动产的部分房屋，属于《民法典》第五百七十八条规定的"以自己的行为表明不履行合同义务"情形，张钰可以在履行期限届满之前要求其承担《民法典》第五百七十七条规定的"继续履行"的违约责任，亦即宏业公司的履行期间提前届满。因而，无论是因为宏业公司人为阻止期间起算还是逾期违反义务，都将因此丧失期间未届至的抗辩权。在审查宏业公司的异议时，执行法院实际上需要在形式审查的基础上对宏业公司是否构成"为自己的利益不正当地阻止期间起算"和/或"以自己的行为表明不履行合同义务"作出实质认定，构成"以执代审"现象。

二　附条件给付请求权之强制执行

在附条件给付请求权执行中，执行法院需要判断请求权所附条件是否已经成就或者所附期限是否届至，而对请求权所附条件是否成就之判断可能需要执行法院作出实质判断，所以也存在"以执代审"的可能。给付请求权所附条件的成就与强制执行之间的关系存在着以下几种理论模型。（1）条件之成就是债权人申请强制执行之必备条件，债权人在申请强制执行时，应当证明该给付请求权所附条件已经成就，否则，执行法院应当裁定不予受理，已经受理的，应当裁定驳回执行申请。这种模型将条件之成就作为生效法律文书所载明给付义务获得执行力之特别要件，所附条件未成就的金钱给付义务不具备强制执行力，在条件成就前所作之执行行为系属无效。（2）债权人申请强制执行附条件给付请求权的，执行法院应当在受理执行案件后审查条件是否成就，但在条件成就之前，执行法院不得采取任何强制执行措施。这种模型将条件之成就作为执行法院采取强制执行措施的要件，所附条件未成就的金钱给付请求权具有受限程度较大的强制执行力，执行法院虽可以受理此类强制执行申请，但在条件成就之前，执行法院不得采取任何实质性强制执行措施。（3）债权人申请强制执行附条件给付请求权的，执行法院应当受理执行案件并根据债权人的申请或者依职权采取控制性执行措施，但在该条件成就之前不得采取处分性执行措施。这种模型将条件之成就作为执行法院采取处分性强制执行措施的要件，所附条件未成就的金钱给付请求权具备有效的强制执行力，执行法院不仅可以受理此类强制执行申请，而且可以在条件成就之前采取控制性强制执行措施。(4) 债权人申请强制执行附条件给付请求权的，执行法院应当受理执行案件并采取一切必要的强制执行措施，但因在强制执行中应当依职权保护对方当事人因给付请求权附条件所享有的合法权益，如强制申请执行人履行其向被执行人负有的先履行或同时履行给付义务。这种模式仅适用于互负义务的情形下，其基本原理是拟制被执行人就申请执行人负有的对待给付义务申请强制执行，或者说依职权启动对待给付义务之强制执行程序，这涉嫌侵犯债务人的处分权，故缺乏正当性基础。

　　第一种理论模型对保护被执行人的合法权益最为充分，立案部门对所附条件是否成就进行形式审查，条件显然已经成就的，才准予进入强制执行程序，无法通过形式审查确认条件已经成就的，裁定不予受理或驳回申请。对不予受理或者驳回申请裁定不服的，可以自裁定送达之日起十日内向上一级人民法院申请复议。① 与第一种理论模式不同，第二、三种理论模型仅将条件之成就作为解除执行力受限状态的要件，而不关乎生效法律文书所载明给付请求权的执行力之得失。相应地，在第二、三种理论模型下，给付请求权所附条件是否成就的审查判断权不再由执行机构与立案庭分享，立案庭对给付请求权所附条件是否成就不作任何判断，而是完全交由执行机构进行形式审查，但当事人不服执行法院对给付请求权所附条件是否成立发生争议的，可以提出执行异议以及执行异议之诉。相对于执行复议而言，执行异议之诉更能向当事人提供程序保障，故第一种理论模型不如第二、三种模型妥当。

　　尽管第二种理论模型禁止执行法院在条件成就之前采取控制性执行措施，但债权人可以参照《民诉法解释》第一百六十三条的规定申请执行法院采取保全措施，而控制性执行措施与执行前保全措施具有相同的制度功能。因而，第二、三种理论模型的实质区别仅在于执行法院是否受理所附条件尚未成就或尚不知是否成就的给付请求权之强制执行申请，而不在于是否可以根据条件尚未成就或尚不知是否成就的债权人之申请对债务人的责任财产采取控制性执行措施。《民事诉讼法》第二百三十七条规定，"人

---

① 参见《执行异议和复议规定》第二条。

民法院自收到申请执行书之日起超过六个月未执行的,申请执行人可以向上一级人民法院申请执行。上一级人民法院经审查,可以责令原人民法院在一定期限内执行,也可以决定由本院执行或者指令其他人民法院执行。"显而易见,在充分保障债权人执行前保全申请权的前提下,第二种理论模式更有利于避免与《民事诉讼法》第二百三十七条的规定构成冲突。如果采取第三种理论模型,则必然要求对《民事诉讼法》第二百三十七条作限缩解释,即将该六个月的期限从所附条件成就之日起算。相对第三种理论模型而言,除了极少数以众所周知的事实之发生与否作为条件,第二种理论模型更有利于节约解释成本。

经过前述的分析,笔者倾向于采纳第二种理论模型。但是,在我国执行事务中,适用第一、三、四种理论模型的案件也大有所在。① 笔者拟结合具体案例,对附条件给付请求权强制执行中的"以立代审""以执代审"现象展开分析。需要说明的是,所谓附条件请求权执行存在广义和狭义之分。广义的附条件请求权执行,是指所有以某种存在或然性的事实或行为之发生与否作为债务人是否应当履行相应给付义务的判断标准,包括债权人负有先履行给付义务或同时履行义务、以债务人拒不履行主位给付义务作为债权人要求其履行备位给付义务的条件等复数请求权情形在内。狭义的附条件请求权执行,仅指不以其他给付义务之履行或不履行为条件的单独请求权之强制执行。鉴于前文已经对部分广义的附条件请求权执行有所涉及,这里仅对部分附条件的复数请求权之强制执行以及附条件单独请求权之强制执行进行分析。

(一)狭义的附条件给付请求权之强制执行

【案例12】

在无锡顺达智能自动化工程股份有限公司(以下简称"顺达公司")诉贵州航天成功汽车制造公司(以下简称"航天公司")承揽合同纠纷案中,贵州省遵义市中级人民法院(以下简称"遵义中院")作出(2014

---

① 例如,在新地产公司依据调解书申请执行大鹏公司一案,大鹏公司以调解书生效后新地产公司不按合同约定履行付款义务,应支付违约金,按照合同约定 500 万元保证金的付款条件已经成就,应支付 500 万元保证金为由,向河南高院申请执行,河南高院受理后于 2015 年 5 月 28 日向新地产公司发出执行通知。大鹏公司向河南高院提出执行异议,被河南高院裁定驳回之后向最高人民法院申请复议(而非提起异议之诉)。参见最高人民法院(2015)执复字第 39 号执行裁定书。

遵市法民二初字第 10 号民事调解书，确定航天公司在顺达公司报送验收通知书等十日内组织验收，验收合格后三日内或未如期组织验收均按期支付 200 万元及终验收合格后，除预留 174.8 万元质保金外将剩余款项支付等。调解书生效后，顺达公司申请执行，遵义中院作出（2015）遵市法执字第 1561 号执行裁定，以该案权利义务主体和给付内容不明确为由，裁定驳回顺达公司的执行申请。顺达公司不服，提出执行异议。遵义中院经审查认为，"调解书内容是附条件履行，条件是否成就是该案是否可以启动强制执行程序的关键。该中院在异议审查程序中对条件是否成就不作评价，应在执行程序中审查，但执行中以本案权利义务主体和给付内容不明确为由予以驳回，显然不当。"据此，遵义中院撤销驳回无锡顺达公司申请执行的裁定。裁定送达后，贵州航天公司不服，向贵州高院提出复议。贵州高院经审查认为，调解书生效后，无锡顺达公司请求法院根据调解书确定的给付义务，要求执行贵州航天公司承担支付欠款 7924205 元，符合法律规定。执行法院应对生效法律文书确定的债务履行条件依法进行审查，并采取相应执行措施。据此，贵州高院裁定驳回航天公司的复议申请。[①]

【案例 13】

在徐州市鼓楼区琵琶街道办事处万寨社区居民委员会（以下简称"万寨居委会"）与徐州市恒丰食品有限公司（以下简称"恒丰公司"）联营合同纠纷案中，江苏省徐州市中级人民法院（以下简称"徐州中院"）作出（2007）徐民一初字第 80 号民事调解书，调解内容共 13 项，其中第五项内容为，"恒丰公司应确保徐州市芦荟亮健酒业有限公司在相关土地、房屋转让期间持续生产，并确保万寨居委会至少 60 名人员就业，否则，恒丰公司每年给付万寨居委会违约金 20 万元（未满一年按一年计算）"。万寨居委会申请强制执行恒丰公司违约金 160 万元等给付请求权。恒丰公司异议称，该项"虽确定恒丰公司确保万寨居委会至少 60 名人员就业，否则每年给付违约金 20 万元。但该判项不是具有明确的给付内容的判项。是否违约、是否应支付违约金及应支付多少金额的违约金，均应通过诉讼程序解决。万寨居委会直接依据该判项申请强制执行不应支持"。徐州中院经审查认为，调解内容共 13 项，各项之间存在关联性，对于各项所确

---

① 参见贵州省高级人民法院（2016）黔执复 40 号执行裁定书。

定的义务是否已具备履行条件，双方当事人存在重大分歧。在执行程序中亦难以判断各执行条件是否成就。据此，徐州中院裁定驳回万寨居委会的执行申请。万寨居委会向江苏高院申请复议，江苏高院经审查认为，在执行程序中，作为具有金钱债权给付内容的执行依据，其金钱给付的权利义务主体、给付内容必须明确具体，具有可执行性。恒丰公司支付违约金的条件是没有确保徐州市芦荟亮健酒业有限公司在相关土地、房屋转让期间持续生产，并确保万寨居委会至少60人就业，对此条件是否成就，恒丰公司在异议程序中并没有认可，而是要求通过诉讼程序确认。对该争议的实体问题在执行程序中无法作出正确的判断，万寨居委会可另诉解决。因此，万寨居委会申请执行该民事调解书给付内容不明确，其复议请求不予支持。①

狭义的附条件给付请求权的强制执行中，给付请求权所附条件是否成就的判断权究竟应由立案部门、执行部门、审判部门中的哪个部门行使？根据立审执分离与协作原理，对于给付请求权所附条件是否成就的审查可以分为形式审查和实质审查两种类型，立案部门以及执行部门可以对该实体争议进行形式审查，但实质审查权只能留由审判机构行使。需要进一步检讨的是，对给付请求权所附条件的形式审查权究竟应当由立案部门还是执行部门行使？对此，需要结合前文所阐述的理论模型分别展开分析。

根据前文阐释的第一种理论模型，给付请求权所附条件是否成就属于给付请求权获得执行力的特别要件，立案部门通过形式审查可以判断该条件已经成就的，准予执行立案，否则，裁定不予受理执行申请。立案部门无法通过形式审查判断条件已经成就的，当事人可以通过诉讼的方式予以确认。生效法律文书确认条件已经成就的，债权人再次申请强制执行的，立案部门应当予以受理。也就是说，金钱给付请求权所附条件是否成就的形式审查权应当由立案庭行使。但是，立案庭的形式审查结果也可能发生错误，执行机构在强制执行过程中享有片面的补充性形式审查权，即立案庭经形式审查认为条件成就而允许执行立案后，执行机构在执行程序进行过程中依职权或根据当事人的异议，经形式审查认为该条件尚未成就或者不可能成就的，有权直接裁定驳回强制执行申请。

---

① 参见江苏省高级人民法院（2016）苏执复141号执行裁定书。

根据前文阐释的第二、三种理论模型，给付请求权所附条件是否成就属于能否采取（处分性）执行措施的要件，对于附条件给付请求权之强制执行申请，立案部门不应当进行审查，只要符合其他执行立案条件，就应当予以受理，执行机构对生效法律文书确定的债务履行条件依法进行审查，并作出相应执行措施（参见【案例12】）。虽然允许执行机构通过形式审查的方式替代审判机构对给付请求权所附条件是否成就作出判断，但基于审执分离原则以及正当程序保障原理，执行机构无法通过形式审查对条件是否成就作出判断的，当事人仍然应当通过争讼程序的方式解决对条件是否成就的实体争议（参见【案例13】）。对于当事人需要通过确认之诉解决条件是否成就的实体争议的，根据第二种理论模型，执行机构此时应当裁定驳回执行申请，而根据第三种理论模型，执行机构则应当裁定中止执行并维持已经采取的控制性执行措施的效力，待当事人获得终局确认判决之后，再根据判决结果裁定恢复执行或驳回执行申请（并解除控制性执行措施）。

如前所述，笔者倾向于采取第二种理论模型，但同时倡导配套宽松的执行前保全制度，同时兼顾立案部门进行形式审查的必要性，笔者提出以下建议：债权人申请强制执行附条件给付请求权的，立案部门可以进行形式审查，但只能将条件显著不成就的给付请求权拒绝在强制执行大门之外，经形式审查无法显而易见地确认条件尚未成就的，立案部门均应当予以登记立案。在强制执行过程中，当事人可以对执行名义所附条件是否成就通过执行异议进行争议，执行机构也可以依职权对条件是否成就进行审查，但执行机构只能进行形式审查。执行机构认为无法通过形式审查方式判断条件是否成就或者当事人对执行机构通过形式审查判断结果存在异议的，当事人应当通过执行异议之诉的方式予以解决。相对于另案提起确认之诉而言，执行异议之诉在正当程序保障方面并不显逊色，并且可以与执行程序相协作，故建议确立此种类型的执行异议之诉。

（二）附对待给付义务的给付请求权之强制执行

附对待给付义务的给付请求权，是指执行名义所确定的给付请求权附有债权人向债务人先行或同时履行其他给付义务的情形，主要表现为债务人对债权人享有先履行抗辩权或同时履行抗辩权两种情形。简而言之，债权人在要求债务人履行给付义务的同时，也有义务向债务人履行其他给付义务。在此类执行名义中，双方当事人互为债权人与债务人，任何一方在履行对待给付义务之后均有权申请强制执行。对于申请执行人是否已经完成对待给付义务，申请执行人应当予以举证，执行机关进行形式审查，但当事人之间因对待给付发生争议，应由当事人以异议之诉寻求确定。

【案例4】

　　侯玉东与于振清、孙学雷买卖合同纠纷一案，辽宁省高院于2014年5月13日作出（2013）辽审三民再终字第00005号民事判决，第二项判决"解除侯玉东与于振清签订的《合作经营建平县喀喇沁一路顺铁选厂协议书》"，第三项判决"于振清、孙学雷自本判决生效后三十日内向侯玉东返还转让建平县喀喇沁一路顺铁选厂所有资产的价款510万元"，第四项判决"侯玉东按本判决第三项确定的给付时间并按《合作经营建平县喀喇沁一路顺铁选厂协议书》附件1《铁选厂资产移交清单》所列资产向于振清、孙学雷返还资产，不能返还的资产按移交时的价值赔偿"，第五项判决"侯玉东按本判决第三项确定的给付时间并按《合作经营建平县喀喇沁一路顺铁选厂协议书》附件2《铁选厂经营手续移交清单》向于振清、孙学雷返还已移交的铁选厂经营手续，按附件3《铁选厂主体矿山勘探手续移交清单》向于振清返还主体矿山相关手续"。侯玉东向辽宁省朝阳市中级人民法院（以下简称"朝阳中院"）申请强制执行该判决书第三项内容，朝阳中院予以立案执行。在执行过程中，于振清向朝阳中院申请执行该判决第四、五项内容。朝阳中院委托评估机构对涉案选铁厂的资产进行价格评估，但被评估机构以"评估对象评估范围不明确，权属不清晰，土地用途、使用年限、估价期日难以确定，没有实物"等原因退回。朝阳中院查封于振清、孙学雷所有的820.2平方米房屋，并委托评估机构进行评估。于振清以侯玉东无法履行对待给付义务为由提出异议，朝阳中院认为，"合同转让时资产"已经不能完全返还，不能返还资产移交时的价值又不能评估确认，双方又不能达成折价赔偿协议，故已不具备侯玉东向于振清、孙学雷按判决要求返还资产的条件。而返还转让款与返还当时转让移交的资产具有关联性，于振清又承诺实现权利后用现金方式履行义务，故其提出的中止对其资产评估的意见应予支持。侯玉东以"本案不符合民事诉讼法关于中止执行的法定情形"等为由向辽宁高院申请复议。辽宁高院认为，"第三项是于振清、孙学雷向侯玉东返还转让一路顺铁选厂所有资产的价款510万元及迟延履行债务利息等，第四项、第五项是侯玉东向于振清、孙学雷返还一路顺铁选厂资产、返还铁选厂经营手续、返还主体矿山相关手续，双方返还的标的物不是同一种类，返还一路顺铁选厂资产及相关手续属于返还特定物，如不能返还应按照《民诉法解释》第四百九十四条（现行《民诉法解释》第四百九十二条）规定执行，而不应当影响对本案判决第三项的执行。"于振清向最高人民法院申诉，最高人民法院经审查认为，"本案执行依据判令于振清、孙学雷向侯玉东返还转让铁选厂的价款510万元，侯玉东向于振清、孙学雷返还已移交的铁选厂资产及经营手续、主体矿山相关手续，双方当事人互负给付义务，且没有履行先后顺序，双方应当同时履行。在侯玉东向于振清、孙学雷返还标的物部分灭失的情况下，要求于振清、孙学雷向侯玉东先行履行给付价款的义务，并对于振清的房屋进行评估，不符合公平原则。关于本案的执行，可继续对于振清所有的房屋进行查封，对侯玉东因标的物灭失无法返还于振清的部分财产，双方可以通过另行诉讼确定价值后，从于振清、孙学雷应当返还的510万元中扣减，对于振清、孙学雷继续强制执行剩余价款。"[1]

在【案例14】中，作为执行名义的判决书在解除买卖合同的基础上判决双方相互返还，双方当事人互负给付义务，且没有履行先后顺序，双方应当同时履行。侯玉东未履行资产返还义务即向朝阳中院申请强制执行其对于振清、孙学雷享有的价款返还请求权，朝阳中院予以受理并对于振清、孙学雷的责任财产采取控制性执行措施。显而易见，朝阳法院没有将对待给付义务之履行作为债权人申请强制执行的要件，而只是将其作为限制采取处分性执行措施的条件，即采取第三种理论模型。为了更好地保护自身权益，于振清、孙学雷在强制执行中申请朝阳中院同时执行其对侯玉东享有资产返还请求权。鉴于侯玉东无法完全返还"合同转让时资产"，不能返还资产移交时的价值且又不能评估确认，且双方也不能达成折价赔偿协议，朝阳中院根据于振清、孙学雷的申请裁定中止执行。辽宁省高院忽视价款返还请求权与资产返还请求权之间的内在联系，以资产返还请求权可以另案诉讼解决为由，裁定片面强制执行价款返还请求权，涉嫌剥夺于振清、孙学雷的同时履行抗辩权，也有违公平原则。鉴于此，最高人民法院认为，本案可以继续查封于振清、孙学雷所有的房屋，但只有双方当

---

[1] 参见最高人民法院（2016）最高法执监299号执行裁定书。

事人另诉确定侯玉东因标的物灭失无法返还部分财产的价值之后，侯玉东才申请执行法院采取处分性执行措施以实现其对于振清、孙学雷享有的剩余价款返还请求权。也就是说，最高人民法院采取第三种理论模型，条件未成就仅构成限制处分性执行措施的要件。

（三）附担保义务的给付请求权之强制执行

附担保义务的给付请求权，是指为了保护债务人的合法权益，只有提供足额有效担保，才可以通过强制执行予以实现的给付请求权。通常认为，执行名义之所以要求债权人提供担保，通常是因为该给付请求权尚未确定，而仅具有暂定效力。为了抑制债权人滥用强制执行程序以及避免债务人因此可能遭受的损害最终无法获得赔偿，执行名义在赋予给付请求权以执行力的同时，要求债权人本人或者通过第三人向执行法院提供担保。因而，载明附担保义务的给付请求权的执行名义，主要是财产保全裁定、行为保全裁定、先予执行裁定等保全执行名义。但是，根据《民事诉讼法》第一百零三、一百零四条以及《财产保全规定》第四条的规定，申请人需要提供担保的，只有申请人提供担保，人民法院才裁定采取保全措施。既然申请人是在执行名义作出之前提供担保，财产保全裁定、行为保全裁定、先予执行裁定就不再属于"载明附担保义务的给付请求权的执行名义"，因为执行名义仅确认申请人已经提供担保的事实，而没有要求其在启动强制执行程序之前提供担保。诚然，根据《财产保全规定》第二条关于"人民法院进行财产保全，由立案、审判机构作出裁定，一般应当移送执行机构实施"的规定，保全执行名义属于依职权移送执行的生效法律文书，保全申请书通常也不满足于请求人民法院作出保全裁定书，而是笼统地申请人民法院采取相应的保全措施，可以理解为同时申请作出执行名义以及进行强制执行。如果以申请财产保全、行为保全、先予执行的时间为准，也可以勉强认为保全执行名义确定的给付请求权附有担保义务，但申请财产保全、行为保全、先予执行之时尚未有执行名义，在逻辑上难以将其理解为保全执行名义申请强制执行的时间。诚然，在某些紧急情况下，对于申请人必须提供担保的，人民法院也在申请人提供担保之前即作出相应裁定并采取相应的保全措施，事后再要求申请人补充提供相应的担保。此外，鉴于人民法院对诉讼保全是否需要申请人提供担保享有裁量权，被申请人可能在强制执行中对人民法院没有要求申请人提供担保提出异议。在我国司法实践中，对于前述问题，人民法院倾向于认为，应当要求申请人提供担保而没有要求的，属于财产保全裁定存在错误，异议人只能向审判机关申请复议，而不能通过执行异议进行救济。① 在理论上，对于要求提供担保的执行依据，债权人未提供担保，法院即予以执行的，债务人可提出异议请求撤销该执行行为，但在开始执行后债权人补充提供担保的，已为的执行行为应视为有效。② 但是，根据我国现行《民事诉讼法》及其相关司法解释的规定，保全执行名义只是确认申请人提供了担保，而没有在执行名义中责令申请人先行提供担保。换言之，申请人提供担保是人民法院作出保全执行名义的要件，人民法院在申请人应当提供担保而没有提供担保情形下就作出保全裁定的，系属执行名义本身效力瑕疵，理应通过执行异议之诉予以解决。

第四节　替代性给付请求权执行中的"以执代审"

一　替代性给付请求权执行的界定

替代性给付请求权执行，是指通过其他给付义务替代生效法律文书确定的给付义务以及案外人替代生效法律文书确定的债权人（债务人）成为申请执行人（被执行人）的情形。与复合性给付请求权相似，替代性给付请求权也意味着存在两个以上的给付请求权，两者之间较容易发生混淆。

---

① 例如，在张柏枝与罗朋绿、李惠偕、李惠梅的民间借贷纠纷案的审理过程中，张柏枝申请诉讼财产保全并以房产作为担保，湖南省双峰县人民法院（以下简称"双峰法院"）2014年4月23日作出了（2014）双民二初字第991号民事裁定书冻结了李培根生前在中国人寿保险股份有限公司双峰县分公司投保的保险金30900元。双峰法院2016年7月21日作出本案判决，判决罗朋绿、李惠偕、李惠梅在李培根的遗产继承范围内对李培根所欠申请执行人张柏枝借款本金30000元承担偿还责任，若异议人罗朋绿、李惠偕、李惠梅放弃继承李培根的遗产，则直接以李培根的遗产偿还上述债务。在执行该判决书的过程中，罗朋绿、李惠偕、李惠梅于2016年9月27日提出书面执行异议称"申请执行人张柏枝在诉讼过程中申请财产保全没有提供担保"，对此，双峰法院认为，财产保全裁定书存在错误，异议人只能向该案审判组织申请复议，不能通过执行异议程序予以确认。参见湖南省双峰县人民法院（2016）湘1321执异17号执行裁定书。

② 参见肖建国主编《民事执行法》，中国人民大学出版社2014年版，第133页。

尤其是在预备型复合性请求权执行中，主位给付请求权无法实现的，备位给付请求权替代其成为执行债权。但是，复合性给付请求权均明确载明于充当执行名义的生效法律文书，[①] 而替代性给付请求权则只有一个给付请求权载明于执行名义，替代执行名义载明给付请求权的新给付请求权是由执行法院通过裁定书的形式予以确定的。由此可见，被替代给付请求权载明于执行名义，而替代给付请求权的执行力则由执行法院在强制执行过程中赋予，前者的正当性基础通常是正当程序保障下的自我归责原则（公证债权文书、法院/仲裁调解等确定的给付义务除外），后者被赋予执行力更重要的是考虑当事人的合意、被替代给付请求权存在实质争议的可能性及其及时予以实现的必要性等其他因素。

二 替代性给付请求权执行的分类

在替代性给付请求权的强制执行中，执行名义所载明给付义务并非金钱给付，但执行机构在执行程序中命债务人赔偿债权人损失的，实为以金钱给付代偿原来之非金钱请求权，理论界将其称为"代偿执行""金钱执行""赔偿执行"。代偿执行的实质是，本应当履行非金钱给付义务的债务人无法进行"本旨执行"，执行法院直接在强制执行程序中责令其承担损害赔偿责任，属于给付请求权的客观替代。除了给付请求权的客观替代，还存在着给付请求权的主观替代，即因发生于强制执行过程中的原因，执行机构责令第

[①] 例如，在沙秀珍与临桂粮库买卖合同纠纷案中，吉林省高级人民法院于2011年5月23日作出（2011）吉民三终字第5号民事判决，其第一项内容为："维持白城市中级人民法院（2010）白民一初字第4号民事判决第二、第三项，即临桂粮库返还沙秀珍标准麻袋64016条，如不能返还，折价予以赔偿，驳回沙秀珍其他诉讼请求。"其中，"返还沙秀珍标准麻袋64016条"属于主位给付请求权，"折价予以赔偿"属于备位给付请求权，该执行案件属于复合性给付请求权执行。诚然，本案中的备位性给付请求权不明确，在强制执行过程中，执行法院需要结合该种类物的市场价格确定具体债务数额，面临着与替代性给付请求权执行相同的问题。鉴于双方当事人不能就该标的物的折价达成共识，桂林中院去函本案的一审法院吉林省白城市中级人民法院，并根据白城中院的复函作出（2011）桂市法执字第35-1号执行通知书，责令临桂粮库折价履行麻袋赔偿义务。临桂粮库对该执行通知书提出异议，被桂林中院裁定驳回异议后，向广西高院申请复议。广西高院认为，作出本案生效判决的法院是吉林高院，并非白城中院，故白城中院的复函并非生效判决的补充或组成部分，复函的内容仅具有参考意义。由于麻袋为常见的一般种类物，在各地市场的价格都是公开透明的，在各个时期和不同地域市场的价格会随着供求关系、原材料价格等因素变化，在互联网查询或者厂家电话咨询都可以查到全新麻袋和二手麻袋的价格幅度。复函认定的单价符合市场的价格行情，执行法院参照该麻袋单价执行并未偏离市场价位。参见广西壮族自治区高级人民法院（2015）桂执复字第23号执行裁定书。

三人替代被执行人履行原来的给付义务或者损害赔偿责任的情形。而执行机构责令第三人替代被执行人承担损害赔偿责任的，则属于给付请求权的主、客观替代，但给付请求权主、客观替代系主观替代与客观替代的重叠适用，没有予以特别研究的价值。限于篇幅，笔者仅就代偿执行、执行和解、执行承担等三种典型制度中存在的"以执代审"现象展开分析。

三 代偿执行中的"以执代审"

为提高执行效率和避免浪费司法资源，无论是种类物之交付义务还是特定物之交付义务，最高人民法院曾经一度均允许强制性适用代偿执行制度。对于种类物之交付义务，根据《最高人民法院执行办公室关于判决交付的特定物灭失后如何折价问题的复函》（〔2000〕执他字第31号）的规定，被执行人负有交付可替代的种类物义务的，如被执行人有该种类物，执行法院直接执行即可；如被执行人无该种类物，应发出履行通知书要求被执行人依判决购买该种类物偿还债务；被执行人拒不购买交付的，执行法院可以该种类物的现时市场价格及运费确定其债务数额，命被执行人预行交付；拒不交付的，可裁定强制执行被执行人的其他财产。对于特定物之交付义务，根据《执行规定》第四十一、六十六条以及《最高人民法院关于适用〈中华人民共和国民事诉讼法〉若干问题的意见》（已作废）第二百八十四条的规定，执行法院应当执行原物，但原物确已变质、损坏或灭失的，应当裁定折价赔偿或按标的物的价值强制执行被执行人的其他财产。但是，特定物的"折价赔偿"实践存在着较多的问题。（1）"折价赔偿"一词较为笼统模糊，可操作性不强，各级法院对此理解不一。（2）折价赔偿涉及实体判断问题，由执行机构裁定处理，违背了审执分离原则。（3）该规定参考了我国台湾地区旧"强制执行法"的规定，但台湾地区1996年修订"强制执行法"时已予以删除。① 鉴于此，《民诉法解释》第四百九十二条第二款将该规则调整为，交付特定标的物的折价赔偿，应当

---

① 我国台湾地区"强制执行法"第一百二十八条第一项曾经规定，债务人拒不履行不可替代行为给付义务的，执行法院得命债务人赔偿不履行之损害。但是，因损害赔偿金数额之判断需要适用实体法进行实质审查，通过形式审查难以估算，也容易激化当事人争议。因而，经修订后的现行"强制执行法"第一百二十八条规定，除"命债务人交出子女或被诱人"以外，不可替代行为给付义务只能进行间接执行，即在立法上废止了代偿执行制度。参见杨与龄《强制执行法论（最新修正）》，中国政法大学出版社2002年版，第10页。

限于申请执行人和被执行人能够达成一致的情况,不能达成一致的,应当由双方当事人另行诉讼解决。①

综上所述,在我国现行司法解释框架下,种类物交付义务可以适用代偿执行制度,而特定物交付义务则不能适用代偿执行义务。特定物交付义务无法执行原物的,执行法院可以组织双方当事人进行协商,促成双方当事人达成折价赔偿协议,双方当事人对折价赔偿不能协商一致的,人民法院应当终结执行程序,申请执行人可以另行起诉索赔。种类物交付义务无法执行原物的,执行法院可以根据该种类物的现时市场价格及运费确定其债务数额,被执行人拒不支付的,可以裁定强制执行被执行人的其他财产。尽管种类物存在现时市场价格及其必要的公开运输费用,但任何商品或服务的市场价格总是变动的,执行机构对代偿金额的确定也不可避免地存在主观性实体判断,特别是专业性较强、流通性较弱的专业设备等种类物的代偿金额的确定更为接近实质审查。因而,即使存在公开市场价格的种类物,执行机构依职权确定其代偿金额仍然存在"以执代审"的合理嫌疑。诚然,某些特定物的公开市场价格在特定时点具有唯一性(如上市股票价格),执行机构可以仅在形式审查的基础上确定毫无争议的代偿金额,但这毕竟属于例外情形。在种类物交付义务执行不能的情形下,执行法院根据现时市场价格及运费确定的债务数额,对债务数额存在争议的当事人是否可以提出执行异议,对执行法院处理异议结果不服的,是向上一级人民法院申请复议还是向执行法院提起异议之诉?对此,现行《民事诉讼法》及其相关司法解释均没有作出明确的规定。笔者认为,种类物市场价值及其运输费用的确定属于实体问题,尽管可以考虑设置"异议前置",但也不应当从根本上禁止当事人将该实体争议诉诸争讼程序,故应当允许不服执行法院裁定结果的当事人提起执行异议之诉。

【案例15】

山东省济南市中级人民法院(以下简称"济南中院")(2014)济商终字第204号民事判决书判令山东诺和诺泰生物制药有限公司(以下简称"山东诺和公司")、泰安诺和诺泰生物制药有限公司(以下简称"泰安诺和公司")于本判决生效之日起十日内返还于涛投入山东诺和公司的设备

---

① 参见江必新主编《新民诉法解释法义精要与实务指引》,法律出版社2015年版,第1155—1156页。

物品：CF-EⅡ型生化分析仪一台、AOLI心电图机一台、索诺声手提彩超两台、台车工作站两台。因前述设备物品均已丢失，于涛向济南高新技术产业开发区人民法院（以下简称"高新法院"）申请执行，要求法院转入金钱代偿执行，将上述应返还的设备按评估价662900元扣付，并支付迟延履行利息。高新法院以特定物已灭失且被执行人不同意折价赔偿为由裁定终结本案执行。于涛提出执行异议，高新法院认为，"生效判决所确定的设备物品均系异议人于涛投入山东诺和公司，且异议人对该设备物品的品牌、型号、软件配置、软件开发单位、新旧程度均作出了详细的要求，该设备物品具有明确的指向性、唯一性及排他性，属特定物。异议人申请执行应在生效法律文书确定的判项范围内提出请求。本案中，生效判决要求被执行人返还异议人设备物品，但并未对应返还的设备物品价值予以认定，异议人要求将本案应返还的设备物品折价赔偿，系异议人于涛自行扩张已生效法律文书的既判力，于法无据。"于涛以高新法院认定涉案执行标的物为特定物错误，且高新法院并未组织当事人就折价赔偿进行协商为由，向济南中院申请复议，请求撤销（2015）高执异字第4号执行裁定书。经审查，济南中院以与高新法院相同的理由裁定驳回其复议请求。①

【案例16】

黑龙江省七台河市中级人民法院（以下简称"七台河中院"）在办理赵成志与袁卫国合伙纠纷案过程中，因作出执行名义的生效民事判决书没有对赵成志应当给付袁卫国1068.5吨原煤的质量及价格规定具体的标准，且在进入执行程序前，该原煤已灭失，赵成志无法将原煤交付给袁卫国。七台河中院认为，该原煤的价格应按照判决书生效时的市场平均价格予以认定，遂在（2007）七执字第1-7号执行裁定书中责令赵成志给付袁卫国原煤1068.5吨价款本金267125.00元，迟延履行期间债务利息231803.06元，合计执行498928.06元。袁卫国提出执行异议，要求按判决返还同类物，如折价给付每吨按250元计算偏低，原煤的定价也不应以裁定的方式处理。七台河中院以"袁卫国提出要求返还原煤同类物，因返还物已灭失不能返还，可以依法折价给付。原煤按每吨250元计价是根据当事人提供的当时市场价格确定的中间价，按此价计算合理"为由裁定驳

---

① 参见山东省济南市中级人民法院（2015）济执复字第54号执行裁定书。

回袁卫国的该项异议。袁卫国不服，以相同理由向黑龙江省高院申请复议。黑龙江省高院将本案发回重审后，袁卫国不服七台河中院重新作出的裁定书，继续向黑龙江省高院申请复议。黑龙江省高院经审查认为，根据《民诉法解释》第四百九十四条（现行《民诉法解释》第四百九十二条）的规定，"执行标的物为特定物的，应当执行原物。原物确已毁损或者灭失的，经双方当事人同意，可以折价赔偿。双方当事人对折价赔偿不能协商一致的，人民法院应当终结执行程序。申请执行人可以另行起诉。"本案原煤折价问题依法应由双方当事人协商，不能达成一致的，应通过诉讼程序解决。根据新法优于旧法的原则，七台河中院依职权确定原煤价格不当，应依据新的司法解释办理。①

【案例17】

在王振忠起诉裕通建工实业集团有限公司（以下简称"裕通公司"）、裕通公司南京分公司（以下简称"南京分公司"）租赁合同纠纷案中，江苏省徐州市中级人民法院（以下简称"徐州中院"）作出（2007）徐民二初字第0164号民事判决：一、南京分公司于判决生效后十日内向王振忠返还钢管90622.70米（其中6米钢管11990根）、返还扣件68459只（其中十字扣60797只、转向扣2303只、接头扣5359只）；二、南京分公司于判决生效后十日内给付王振忠租金594670.98元，裕通公司对南京分公司不能清偿的部分承担补充清偿责任。上述判决生效后，因裕通公司、南京分公司未在判决确定的期限内履行义务，王振忠向徐州中院申请强制执行。在执行中，王振忠认可判决第二项的租金给付请求权已经实现，但第一项内容因未能查找到指定返还的标的物，未得到执行。双方约定以2013年1月30日作为评估基准日对判决确定的第一项财产以新的钢管、扣件由法院委托进行评估，以该评估价的85%作为被执行人裕通公司应支付第一项判决给申请执行人王振忠的款项。经鉴定，该标的在鉴定基准日的价值为1259570元。王振忠以执行异议的形式请求被执行人支付迟延履行金，双倍补偿给王振忠造成的损失5238910.56元。徐州中院认为，根据《民诉法解释》第四百九十四条（现行《民诉法解释》第四百九十二条）的规定，王振忠与裕通公司达成协议，其双方已将执行依据第一项确定的

---

① 参见黑龙江省高级人民法院（2015）黑高法执复字第3号执行裁定书。

返还特定物的义务,变更成一定数额的金钱给付义务,即双方将南京分公司负有的向王振忠返还特定的钢管、扣件的义务,变更为金钱给付义务。在此情形下,王振忠仍主张按钢管、扣件等租赁物的租金损失双倍计算迟延履行金,无事实与法律依据。因而,徐州中院坚持按照双方当事人约定的对特定物的评估价作为执行依据第一项的给付内容,并以此计算迟延履行金。王振忠不服徐州中院的驳回裁定,向江苏高院申请复议。江苏高院认为,本案执行依据主文第一项确定的返还钢管、扣件义务系种类物给付的执行,种类物属于可替代物,一旦无法执行原物,执行法院应依法及时将种类物给付的执行转化为金钱给付执行,以避免纠纷的产生。至于王振忠请求按钢管、扣件等租赁物的租金损失双倍计算迟延履行金,江苏高院予以驳回,其理由主要包括以下四点。(1)被执行人仅在其迟延履行行为已经给申请执行人造成实际损失的情况下,才需双倍补偿申请执行人受到的损失,该损失并不包括可能发生或者可以预见将会发生、实际却尚未发生的损失,也不包括可得利益损失或间接损失。本案中,王振忠主张因被执行人迟延履行导致其发生了租金损失,但该租金损失实为假设被执行人按期返还钢管、扣件,则王振忠可能获得的利益,属于可得利益的损失而非实际已经发生的损失。更何况,王振忠按原租赁合同约定的租金来计算其损失,实际变相延长了其与被执行人租赁合同的租赁期限,但被执行人对此并不认可。且即使被执行人按照判决指定期间向王振忠返还了租赁物,亦可能发生租金下跌、租赁物毁损、折旧或一时无人承租等各种情形。王振忠用租金收益计算其损失的方式,实将本应由出租人承担的相关商业风险均转嫁于被执行人之上,有失公允,亦无任何法律依据。(2)对于被执行人的迟延履行行为已经给申请执行人造成损失的,申请执行人应当就已经造成的损失以及损失的范围承担相应的举证责任。本案中,王振忠主张被执行人的迟延履行行为给其造成了实际损失,却未就其已经遭受的损失提供任何证据,应当承担举证不能的法律后果。(3)在被执行人的迟延履行行为并未给申请执行人造成实际损失的情况下,迟延履行金应由执行法院结合被执行人的主观恶性、经济承受能力等各种因素慎重予以确定,并保障被执行人的救济权利,此问题属于执行法官自由裁量的范围。本案中,在执行法院酌定本案迟延履行金为40余万元,王振忠却未提供证据证明徐州中院计算标准明显失当的情况下,应当尊重执行法院自由裁量权的行使。(4)双方当事人达成的调解协议不仅是当事人自愿将本案种类物的给付转化为金钱给付，更是对 2013 年 1 月 30 日之前被执行人一直未予履行如何进行处理提出的解决方案，王振忠主张评估报告送达前仍应单独计算迟延履行金，明显与上述调解协议相悖，而且该调解协议已全部履行完毕。①

(一) 种类物抑或特定物之认定

根据前述的分析，在《民诉法解释》第四百九十二条施行之前，无论特定物还是种类物，在原物给付不能的情形下，执行法院均可以强制适用代偿执行制度。但自 2015 年 2 月 4 日《民诉法解释》施行之日起，特定物给付不能的，执行法院不得强制适用代偿执行制度，双方当事人未能达成折价赔偿协议的，应当通过另行起诉等方式解决，而执行法院应当裁定终结执行程序。既然特定物与种类物适用不同的规则，在考虑适用代偿执行制度时，执行法院首先应当对申请执行人请求交付之标的物系属特定物抑或种类物作出审查。对于申请执行人而言，只要执行名义要求被执行人交付之标的物被界定为种类物，申请执行人就可以直接在执行程序中要求被执行人承担赔偿责任，不仅避免了另行诉讼的风险及其成本，而且可以避免被执行人因法院裁定终结执行和解除控制性执行措施而获得隐匿、转移、销毁责任财产的风险。对于被执行人而言，如果执行标的被认定为特定物，只要执行法院无法执行原物，被执行人就可以从强制执行程序中摆脱出来。因而，执行名义要求被执行人交付的标的物是种类物还是特定物，对双方当事人的实体权益和程序权益具有重要的影响。相应地，关于标的物是特定物还是种类物的争议，也往往就成为双方当事人争执的主要焦点。

在【案例15】【案例16】【案例17】中，双方当事人均对民事判决书要求被执行人给付的标的物系属特定物还是种类物发生争议，不同人民法院也存在着不同观点。实际上，关于特定物与种类物的分类，民法学者本身就存在着争议。在我国，通说认为，特定物是指具有单独的特征，不能以其他的物代替的物；而种类物是指具有共通特征，可以用品种、规格或数量等加以度量的物，可以用同类物来代替，但当种类物已经从同类物中分离出来作为权利客体时，也就有了特定的性质。② 但也有观点认为，特

---

① 参见江苏省高级人民法院（2016）苏执复24号执行裁定书。
② 参见王利明《物权法研究》（上册），中国人民大学出版社2007年版，第61—62页。

定物与不可替代物不是一回事，种类物与可替代物不是一回事，进而将特定物与种类物的分类与不可替代物与可替代物的分类并列。①还有的学者认为，将特定物、种类物分别抽掉了不可替代性、可替代性，特定物与种类物的分类就没有意义了，但同时又认识到种类物也可以成为物权标的，故参照我国台湾地区部分学者的观点，在"特定物"的概念之外承认"特定的物"之概念，亦即"特定之物"则不必然具有不可替代性，亦即种类物仍然可以是"特定的物"。②笔者认为，基于约定俗成的原因，特定物与种类物分别具有不可替代性与可替代性特征的观点已经被理论界与实务界广泛接受，不宜轻易舍弃对这对概念的传统理解。但是，应当承认的是，因当事人指定而具有特定性质的种类物未必具有不可代替性，不宜一律将其纳入特定物的概念范畴，故承认"特定的物"与"特定物"的区别既可以维系现有的话语体系，又能匡正失误的规则设计。为更为具体地阐释前述观点，笔者拟结合前述几个案例展开分析。

在【案例15】中，判决书要求山东诺和公司与泰安诺和公司返还设备物品，涉案设备物品系投入山东诺和公司，如果前述设备物品是于涛直接购买后交付山东诺和公司，因涉案设备物品的品牌、型号、软件配置、软件开发单位均可以确定，应当理解为具有特定性质的种类物（特定之物）。两被执行人无法返还原物的，执行法院应当责令其购买相同的设备物品后返还于涛，两被执行人拒不购买并交付给于涛的，执行法院可以依职权转化为金钱执行。但是，在本案中，于涛投入山东诺和公司的设备物品并非其新购买的，这些设备物品经于涛使用后已经存在折旧的问题，而执行名义没有对折旧的程度以及相应的折旧费作出认定，涉案设备物品具有不可替代性，执行法院将其理解为"特定物"并拒绝强制适用代偿执行是正确的。

在【案例16】中，判决主文载明"合伙债权2137吨原煤由赵成志负责收回，并返回给袁卫国1068.5吨"，七台河中院认为该1068.5吨原煤具有可替代性，故强制适用代偿执行制度，并按照判决书生效时的市场平均价格酌定代偿金额。袁卫国以酌定价格偏低为由要求返还原煤同类物，

---

① 参见杨与龄《民法概要》，中国政法大学出版社2002年版，第45页；张晓都《论特定物与不特定物、代替物与不代替物及相关法律问题》，《现代法学》2000年第4期。
② 参见谢在全《民法物权论》（上册），中国政法大学出版社1999年版，第13页；隋彭生《"特定的物"是"特定物"吗？——与"通说"商榷》，《比较法研究》2008年第4期。

黑龙江高院在复议审查中认定涉案原煤系属特定物，并根据新法优于旧法的原则适用《民诉法解释》第四百九十二条的规定，即终结执行程序并告知袁卫国可以另诉解决赔偿问题。赵成志应当交付给袁卫国的原煤尚且不处于赵成志的控制范围，对于赵成志与袁卫国而言，他们对尚未回收的合伙债权不享有所有权，而仅享有请求权。此外，赵成志回收之原煤并非合伙组织交付给第三人的原物。因而，涉案原煤不具有不可替代性。袁卫国要求返还原煤同类物的原因在于，本案判决生效的时间是2006年，而强制执行的时间是2015年，原煤的价格已经翻了好几番，执行法院以"判决书生效时的市场平均价格"认定代偿金额，显然对袁卫国极为不利。因而，本案争议的实质问题是，代偿金额是应当以判决生效之时为判断基准时点，还是应当以判决执行之时为判断基准时点，而涉案原煤具有可替代性不应当存在争议。对此，笔者将在下文专门予以检讨。

在【案例17】中，判决书要求南京分公司以及裕通公司返还王振忠租赁给他们的钢管、扣件等一批物件，因确未查找到该指定返还的物品，致案件长期未能执结。后双方当事人就评估基准日以及折旧费等问题达成协议，即以基准日评估价的85%确定代偿金额。在本案中，涉案物件属于王振忠所有，作为物权客体而具有特定性质，属于"特定之物"。与此同时，判决书没有交代涉案物件的品牌、型号、生产商等信息，而且涉案物件并非王振忠新购买后直接出租给被执行人，判决书也没有对折旧程度作出判断，涉案物件不具有可替代性，属于特定物。虽然涉案标的物属于特定物，但双方当事人不仅都认可代偿执行，而且对代偿金额的确定方法达成了协议，故仍可以适用代偿执行制度，将南京分公司负有的向王振忠返还特定的钢管、扣件的义务，变更为金钱给付义务。

综上所述，物权客体必然是"特定之物"，但"特定之物"未必是"特定物"。对于具有可替代性的"特定之物"，仍然应当纳入"种类物"的范畴，执行法院可以强制适用代偿执行制度。在具体判断哪些标的物可以强制适用代偿执行制度时，执行法院首先需要对标的物是"一定之物"还是"特定之物"进行判断，如果标的物属于不具有特定性质的"一定之物"（通常表现为债权客体），就可以直接强制适用代偿执行制度。但如果标的物属于具有特定性质的"特定之物"（通常表现为物权客体），则需要进一步判断该"特定之物"是否具有可替代性，只有不具有可替代性（或曰具有不可替代性）的"特定之物"，才属于不得强制适用代偿执行制度的"特定物",而具有可替代性之"特定之物"仍属于可以强制适用代偿执行制度的"种类物"。其中,"一定之物"与"特定之物"的区分标准是主观标准,标的物是否"特定"主要看当事人是否存在将标的物区别于同类物品的意思表示。"特定物"与"种类物"的区分标准是给定条件下的客观标准,标的物是否具有"可替代性",不能随民事主体的主观意志变化,而需要结合具体案件判断标的物是否具有可替代性。比如,以特定品牌和特定型号的自行车为标的物的买卖合同被宣告无效而导致双方相互返还,倘若该自行车系属新车,通常认为其属于种类物;倘若该自行车属于二手车且判决书没有对其折损情况有详细的描述,则属于特定物。这是因为新车具有公开的市场价格,旧车因折旧情况不明确而无法根据市场价格确定其具体价格。但是,倘若该车系无民事行为能力的卖主之父亲临终前为其购置,即使该车未经使用即转手他人,因卖主的法定代理人事先未授权且事后不予追认导致买卖合同被法院认定为无效的,该车因具有特殊纪念意义而应当被作为特定物理解。

(二) 标的物之代偿金额的确定

无论是特定物还是种类物,只要双方当事人对代偿金额和/或其确定方式达成协议且不损害案外人合法权益的,就应当按照双方当事人的协议确定标的物之代偿金额。在标的物系属特定物的情形下,原物执行不能且双方当事人无法达成折价协议的,执行法院应当裁定终结执行程序,申请执行人只能通过另行起诉或申请仲裁等方式确定因特定标的物给付不能给其造成的损失。在标的物系属种类物的情形下,原物执行不能的,只要给付同类物对申请执行人仍具有现实意义,执行法院可以责令债务人购买该种类物偿还债务,债务人拒不购买交付的,执行法院需要根据该种类物的现时市场价格及运费确定其代偿金额。然而,在我国司法实践中,关于确定代偿金额的基准时点、市场价格的确定方式、债务数额包含的内容、确定代偿金额的文书形式以及代偿金额争议的救济方式等问题均亟须解决。

(1) 关于确定代偿金额的基准时点。除非双方当事人另有约定,根据《最高人民法院执行办公室关于判决交付的特定物灭失后如何折价问题的复函》([2000]执他字第31号)的规定,确定代偿金额的基准试点是"现时"。根据文义解释,"现时"应指强制执行之时,严格上讲,应该是指被执行人给付代偿金之时。但是,在执行实践中,有的人民法院不以"现时"作为折价的基准时点。例如,在【案例16】中,七台河中院认为,"该原煤的价格应按照判决书生效时的市场平均价格予以认定"。鉴于《最高人民法院执行办公室关于判决交付的特定物灭失后如何折价问题的复函》(〔2000〕执他字第31号)并非严格意义上的司法解释,对确定代偿金额的基准试点尚且存在探索的空间。在通常情况下,债务人没有及时履行生效法律文书确定的给付义务,债权人才有必要申请强制执行。除非迟延履行是由债权人造成的,债务人没有及时履行种类物给付义务可能带来的市场风险,不应当让债权人为之买单。实际上,从规则设计的科学性来观察,债权人可以主张该种类物在债务人拒不履行给付义务期间的最高价格,通过公开市场的不确定性风险加重债务人因拒不及时履行给付义务而承担的责任。但是,公开市场价格本身处于变动状态,要求确定特定期间内种类物最高价格并不现实,而且迟延履行金制度在某种程度上已经对拒不及时履行给付义务的债务人发挥惩戒功能。鉴于此,为强化规则设计的可操作性,笔者认为,种类物在生效法律文书确定债务人应当履行该种类物给付义务期限届满之日的市场价格与执行法院决定代偿金额之日不同的,应当以较高者确定代偿金额。但种类物给付迟延是由债权人造成的,则以其较低者确定代偿金额。唯有如此,才可以促使当事人具有及时履行种类物给付义务或者申请适用代偿执行制度的动力。具体到【案例16】来说,判决执行之时的原煤价格远远高于判决生效之时,七台河中院以判决生效之时的市场平均价格认定赔偿价格,有违确定代偿金额基准时点的有利于债权人原则,又没有证据表明袁卫国对该原煤给付义务之迟延履行存在主观可归责性,故该认定结果是不公平的。诚然,确定代偿金额基准时点坚持的有利于债权人原则,可以因债权人之放弃而不予适用。因而,在执行机构尚未确定标的物何时的市场价格较高的情形下,为了避免价格双重调查导致执行迟延,债权人可以在前述两个时点作出选择。鉴于此,在【案例16】中,申请执行人袁卫国异议的实质是要求按照现时市场价格对涉案原煤进行折价,但七台河中院却坚持以判决书生效时的市场平均价格予以折价,显然有违债权人的选择权。

(2)关于市场价格的确定方式。既然《最高人民法院执行办公室关于判决交付的特定物灭失后如何折价问题的复函》(〔2000〕执他字第31号)规定的是"以该种类物的现时市场价格"确定标的物价值,而"现时市场价格"通常可以通过市场调查的方式予以确定,故执行机构无须征求作出原生效法律文书的机构的意见,可以自行通过征询物价部门、公开市场询价等方式予以确定。但是，如前所述，笔者认为在确定代偿金额时应当遵循有利于债权人原则，在无法确定"现时市场价格"显著高于执行名义确定债务人应给付种类物之时的，执行机构应当同时调查该种类物在执行名义限定债务人履行给付义务期限届满之时的市场价格，并以较高者确定该种类物的代偿金额。对于标的物在执行名义限定债务人履行给付义务届满之时的市场价格，属于对过去公开市场价格的调查，考虑到作出生效法律文书的机构对当时的市场环境可能更为了解，执行机构可以征求作出原生效法律文书的机构的意见，但该意见不构成执行名义的补充，仅具有参考价值，执行机构可以结合其他因素另行确定标的物当时的市场价格。例如，在【案例16】中，为确定涉案原煤在判决生效之时的市场价格，七台河中院在执行本院作出的民事判决书时，向七台河市煤炭局、七台河市煤炭调运办、七台河市物价局等相关部门进行了价格调查，征询了当地煤炭生产、销售的国有企业七台河矿业精煤（集团）有限公司的意见，调阅了原审卷宗中的证人证言以及当事人陈述，据此确定涉案原煤在生效法律文书作出之时的市场价格。因而，对于涉案原煤在生效法律文书作出之时的市场价格的确定方式符合科学性要件，本案存在的问题是确定代偿金额基准时点有误，而不是代偿金额确定方式有误。此外，相同商品在相同时间内的交易价格不可能完全相同，究竟应当以公开市场中存在的诸多具体价格中的哪种为标准折算标的物之价格？对此，笔者赞同七台河中院在【案例16】中采取的平均价格论，即执行机构经调查获得的具体交易价格不具有唯一性的，以其随机抽取的具体交易价格求平均数，据此确定代偿金额。

（3）关于债务数额包含的内容。根据《最高人民法院执行办公室关于判决交付的特定物灭失后如何折价问题的复函》（〔2000〕执他字第31号）的规定，被执行人拒不购买并交付生效法律文书确定其应向申请执行人交付的种类物的，执行法院可以该种类物的市场价格及运费确定其债务数额。也就是说，除了标的物的市场价格，执行法院还应当考虑作为标的物的动产的运输费用问题。在将种类物给付请求权转化为金钱给付请求权之后，鉴于债务人不再交付标的物，也就不再需要进行实际运输。执行名义确定债权人"上门取货"或者没有对标的物交付方式作出说明的，参照《民法典》第五百一十一条第三项的规定，应当"在履行义务一方所在地履行"标的物的给付义务，运输费用应当由债权人承担。在此种情形下，债务数额仅包括标的物的市场价格。但是，生效法律文书确定债务人"送货上门"的，运输费用应当由债人承担，债务数额应当由标的物之折价以及合理运输费用两部分构成。合理运输费用，应当按照确定代偿金额基准时点的公开运输市场的平均报价确定。诚然，经执行机构释明，债权人明确放弃合理运输费用的，属于债权人部分放弃债权，执行机构不再将合理运输费用计算在债务数额之内。在笔者检索到的案例中，没有执行法院对合理运输费用是否应当纳入债务数额作出权衡，前述三个案例也都没有考虑运输费用承担的问题。可以说，在我国当前执行实践中，代偿金额被简单地等同于标的物的折价，而债权人因折价增加的其他损失则都没有被考虑在内，今后应当予以注意。

（4）关于确定代偿金额的文书形式。现行《民事诉讼法》及其相关司法解释没有对执行法院确定代偿金额的文书形式作出规定，我国司法实践中存在执行通知书以及执行裁定书两种形式。其中，执行通知书主要适用于执行法院依职权适用代偿执行制度的情形，而执行裁定书主要适用于依当事人申请适用代偿执行制度的情形。执行通知书实际上具有执行命令的性质，[①] 属于执行法院直接责令债务人履行代偿金给付义务的法律文书。执行命令应当围绕如何实现生效法律文书确定的给付义务，而不能改变生效法律文书确定的给付内容，故以执行命令或执行通知确定适用代偿执行制度以及代偿金额是不妥当的。与通知书不同，执行法院作出的裁定书可以根据非典型执行力赋予原理对生效法律文书确定的给付义务作出调整。因而，笔者认为，无论是依职权还是依申请确定代偿金额，执行法院都应当采取裁定书的形式。

（5）关于代偿金额争议的救济方式。对执行法院适用代偿执行制度或者对代偿金额存在异议的，当事人可以向执行法院提出执行异议，执行法院应当以裁定书的形式对异议进行处理，并尽可能在该裁定书中确定代偿金额或对执行通知书/执行裁定书确定的代偿金额作出调整。当事人对该裁定书不服的，尽管现行《民事诉讼法》及其相关司法解释没有作出明确规定，但当前司法实践允许其向上一级人民法院申请复议。因而，对于代偿金额争议，目前主要通过执行异议与执行复议的方式进行。实际上，无论是对标的物系属特定物抑或种类物发生的争议，还是对代偿金额的计算

[①] 参见黄忠顺《民事执行机构改革实践之反思》，《现代法学》2017年第2期。

方法或计算结果发生的争议,都属于实体争议。按照"异议前置"原理,尽管可以先由执行机构在形式审查的基础上作出初步处理,但应当保留当事人通过争讼程序获得正当程序保障之空间,亦即不服异议裁定的当事人应当有权提起执行异议之诉。

(三) 代偿执行中迟延履行责任

被执行人未按生效法律文书指定期间履行金钱给付义务的,应当加倍支付迟延履行期间的债务利息;被执行人未按生效法律文书指定期间履行非金钱给付义务的,应当支付迟延履行金。① 迟延履行利息与迟延履行金自判决、裁定和其他法律文书指定的履行期间届满之日起计算,② 计算至被执行人履行完毕之日。③

关于迟延履行利息的计算,最高人民法院刚开始要求各地人民法院按照"清偿的迟延履行期间的债务利息 = 清偿的法律文书确定的金钱债务 × 同期贷款基准利率 × 2 × 迟延履行期间"的公式计算,④ 但后来重新确立"债务人尚未清偿的生效法律文书确定的除一般债务利息之外的金钱债务 × 日万分之一点七五 × 迟延履行期间"的计算公式,并明确规定被执行人除了承担根据前述公式计算出来的"加倍部分债务利息"(即迟延履行利息)以外,债权人仍应当承担生效法律文书确定的一般债务利息。⑤

关于迟延履行金的计算,《民诉法解释》第五百零五条规定,"被执行人未按判决、裁定和其他法律文书指定的期间履行非金钱给付义务的,无论是否已给申请执行人造成损失,都应当支付迟延履行金。已经造成损失的,双倍补偿申请执行人已经受到的损失;没有造成损失的,迟延履行金可以由人民法院根据具体案件情况决定。"

显而易见,适用于金钱给付义务的"迟延履行利息"已有明确的计算公式,执行机构通常经过形式审查即可确定其具体金额。但是,适用于非金钱给付义务的"迟延履行金"则缺乏明确的计算公式,其具体金额的计

---

① 参见《民事诉讼法》第二百六十四条。
② 参见《民诉法解释》第五百零四条。
③ 具体参见《最高人民法院关于执行程序中计算迟延履行期间的债务利息适用法律若干问题的解释》(法释〔2014〕8号)第三条。
④ 参见《最高人民法院关于在执行工作中如何计算迟延履行期间的债务利息等问题的批复》(法释〔2009〕6号)。
⑤ 参见《最高人民法院关于执行程序中计算迟延履行期间的债务利息适用法律若干问题的解释》(法释〔2014〕8号)第一条。

算结果也充满不确定性。一方面，对于迟延履行没有给申请执行人造成实际损失或者申请执行人无法证明迟延履行给其造成损失的，执行法院根据具体案件情况酌定迟延履行金，但执行法院如何酌定迟延履行金的标准或考量因素均不明确。另一方面，对于申请执行人能够证明迟延履行给其造成损失，但难以证明迟延履行给其所造成损失的准确金额的，执行法院仍然应当根据具体案件情况酌定迟延履行金。即使申请执行人有证据证明迟延履行给其造成多大的损失，仍应当允许被执行人进行抗辩和反证。因而，相对于"迟延履行利息"的计算而言，"迟延履行金"的确定更需要实质审查。

鉴于"迟延履行利息"更容易计算和适于形式审查，执行法院更倾向于在代偿执行时采取"迟延履行利息"对被执行人的迟延履行行为进行惩戒。例如，在【案例15】【案例16】【案例17】中，执行法院均采取"迟延履行利息"的惩戒方式。特别是在【案例17】中，徐州中院按照"迟延履行利息"追究被执行人迟延履行责任，王振忠提出异议，被徐州中院以"王振忠与裕通公司达成协议，其双方已将执行依据第一项确定的返还特定物的义务，变更成一定数额的金钱给付义务……在此情形下，王振忠仍主张按钢管、扣件等租赁物的租金损失双倍计算裕通公司的迟延履行责任，无事实与法律依据"予以驳回。① 王振忠以"王振忠与被执行人于2013年1月22日达成调解协议，将返还特定物的义务变更为金钱给付义务，双方对评估结论无异议后可以按照迟延履行利息计算被执行人迟延履行的责任，但在此之前仍应由被执行人依法支付迟延履行金"为由向江苏高院申请复议，江苏高院对此采取模糊化处理方式，一方面承认王振忠可以要求被执行人按照"迟延履行金"承担迟延履行责任，但另一方面又认为徐州中院按照迟延履行利息确定迟延履行金并无不妥。② 尽管江苏高院驳回王振忠的复议请求，但对于本案究竟按照迟延履行利息还是迟延履行金追究被执行人的迟延履行责任，执行裁定书并没有予以明确表态。对此，笔者认为，在代偿执行的语境下，生效法律文书要求被执行人给付的是种类物，属于非金钱给付义务。根据《民事诉讼法》第二百六十四条的规定，应当适用的是"迟延履行金"制度。在非金钱给付义务转化为金钱给付义务之前，执行法院应当按照"迟延履行金"追究被执行人的迟延履

---

① 参见江苏省徐州市中级人民法院（2015）徐执异字第00014号执行裁定书。
② 参见江苏省高级人民法院（2016）苏执复24号执行裁定书。

行责任，但自该非金钱给付义务因执行法院裁定或双方当事人约定转化为金钱给付义务之日起，被执行人继续迟延履行金钱给付义务的，应当按照迟延履行利息承担迟延履行责任。就【案例17】而言，笔者认为王振忠的复议请求足以成立。诚然，在认定复议人无法证明其所造成损失的具体金额的情形下，江苏高院将徐州中院计算出来的迟延履行利息作为迟延履行金并没有逾越其自由裁量权的合法范围，至于该酌定迟延履行金数额是否合理，则另当别论。

【案例17】充分表明，执行法院确定迟延履行金绝非易事，双方当事人也很容易对此发生争议，而且执行法院还需要对申请执行人是否完成举证证明责任进行实体判断，俨然属于实体性争议，本应当通过争讼程序予以解决。但是，在我国司法实践中，人民法院拒绝受理申请执行人因被执行人迟延履行生效法律文书确定义务造成损失而提起的诉讼。例如，在【案例17】中，王振忠以裕通公司、裕通南京分公司迟延履行本院作出的（2007）徐民二初字第0164号已发生法律效力的民事判决书确定的义务，给其造成损失为由，向徐州中院提起民事诉讼，要求被告赔偿迟延履行期间的租赁物租金损失，被徐州中院以"原告王振忠的诉讼主张，属于执行过程中因被执行人迟延履行义务而产生的迟延履行金如何确定的问题，应当在执行程序中予以解决"为由裁定驳回起诉。[①] 既然人民法院不允许申请执行人另案追究迟延履行责任，就应当在执行程序中保留当事人通过争讼程序解决迟延履行责任相关争议的途径。鉴于此，笔者认为，关于迟延履行责任的争议，当事人不服执行法院异议裁定的，有权提起执行异议之诉。

四 执行和解中的"以执代审"

（一）执行和解的界定及其扩张

《民事诉讼法》第二百四十一条规定，"在执行中，双方当事人自行和解达成协议的，执行员应当将协议内容记入笔录，由双方当事人签名或者盖章。申请执行人因受欺诈、胁迫与被执行人达成和解协议，或者当事人不履行和解协议的，人民法院可以根据当事人的申请，恢复对原生效法律

[①] 参见江苏省徐州市中级人民法院（2013）徐民初字第65号民事裁定书。

文书的执行。"据此，严格意义上的执行和解，仅指在强制执行程序进行过程中双方当事人自行达成和解协议，变更生效法律文书确定的履行义务主体、标的物及其数额、履行期限、履行方式的情形。但是，最高人民法院出台的系列司法解释以及全国各地人民法院的执行实践对此作了扩张：一方面，执行程序之外达成的和解协议也可以通过递交给执行法院的方式获得执行和解之效力；另一方面，执行人员组织执行当事人与案外人进行的调解也被纳入执行和解制度的适用范围。也就是说，双方当事人自愿达成且对生效法律文书确定的履行义务主体、标的物及其数额、履行期限、履行方式等作出新的安排，无论是调解协议还是和解协议，无论是书面协议还是口头协议，只要是在执行人员面前达成并记入笔录或者提交给执行法院，① 均可以作为《民事诉讼法》第二百四十一条规定的执行和解协议。② 此外，根据《最高人民法院关于人民法院办理执行异议和复议案件若干问题的规定》（法释〔2020〕21号修正，以下简称《执行异议和复议规定》）第七条第二款的规定，即使执行程序之外达成的和解协议没有及时提交给执行法院，也可以作为对抗强制执行的实体事由要求排除执行，并参照适用《民事诉讼法》第二百四十一条有关执行和解的规定。③

（二）执行和解协议的审查范围

对于在执行人员面前达成的协议，执行人员可以发挥类似公证员的作用，协议签订主体的自愿性在理论上不存在问题，此时执行人员仅需要对协议的最低限度合法性进行审查。对于在执行程序之外自行达成的协议，执行人员可以发挥类似调解协议司法审查人员的功能，需要对各方当事人达成协议的自愿性以及最低限度的合法性进行审查。《最高人民法院关于执行和解若干问题的规定》（法释〔2020〕21号修正，以下简称《执行和解规定》）第一条对执行和解协议的自愿性与合法性作出规定，前者要求执行和解协议是各方主体自愿达成，后者要求执行和解协议合法有效。但

---

① 参见《最高人民法院关于执行案件立案、结案若干问题的意见》（法发〔2014〕26号，以下简称《执行案件立案、结案意见》）第十五条第三款。
② 此外，《最高人民法院关于进一步发挥诉讼调解在构建社会主义和谐社会中积极作用的若干意见》（法发〔2007〕9号）第十九条规定，当事人申诉、申请再审的案件，在审查立案或者听证过程中，双方当事人同意调解的，人民法院可以调解，达成一致意见的，可以按照执行和解处理，终结审查程序。当事人自行达成和解协议的，人民法院审查确认后，可以按照执行和解处理。
③ 参见广西壮族自治区北海市海城区人民法院（2015）海执异字第31号执行裁定书。

是，在"案多人少"的客观压力、"绩效考核"的主观追求以及"和解优先"的司法政策①的共同作用下，执行人员强迫或变相强迫当事人（尤其是申请执行人）"自愿"达成和解协议的情形时有发生。因而，早在1998年12月2日，时任最高人民法院院长的肖扬在全国高级法院院长会议上作题为"全面推进人民法院的各项工作为改革、发展、稳定提供有力的司法保障"的讲话时特别强调，"执行和解要体现自愿、合法原则，决不能搞变相和解，影响司法公正。"尽管《人民法院工作人员处分条例》第四十四条规定，"因徇私而违反规定迫使当事人违背真实意愿撤诉、接受调解、达成执行和解协议并损害其利益的，给予警告、记过或者记大过处分；情节较重的，给予降级或者撤职处分；情节严重的，给予开除处分"，但自愿性原则在执行和解实践中并没有获得普遍遵行，故《民事诉讼法》第二百四十一条第二款增加受欺诈、胁迫与被执行人达成和解协议的申请执行人可以申请恢复对原生效法律文书执行的规定。由此可见，执行和解协议的审查范围包括自愿性与合法性两方面内容。

---

① 比如，《最高人民法院关于扩大诉讼与非诉讼相衔接的矛盾纠纷解决机制改革试点总体方案》第十四条强调"积极促成执行和解，促进执行案件的协调解决"；《最高人民法院关于进一步贯彻"调解优先、调判结合"工作原则的若干意见》第七条要求，"努力做好执行案件和解工作。要进一步改进执行方式，充分运用调解手段和执行措施，积极促成执行和解，有效化解执行难题"；《最高人民法院关于应对国际金融危机做好当前执行工作的若干意见》第六条规定，"对于因资金暂时短缺但仍处于正常生产经营状态、有发展前景的被执行人企业，慎用查封、扣押、冻结等执行措施和罚款、拘留等强制措施，多做执行和解工作，争取申请执行人同意延缓被执行企业的履行期限，以维持企业正常运转，帮助困难企业渡过难关"；《最高人民法院关于人民法院预防和处理执行突发事件的若干规定（试行）》第八条指出，"执行人员办理案件时，应当认真研究全案执行策略，讲究执行艺术和执行方法，积极做好执行和解工作，从源头上预防执行突发事件的发生"；《最高人民法院关于为维护国家金融安全和经济全面协调可持续发展提供司法保障和法律服务的若干意见》也要求，"对多个债权人在不同法院同时申请执行同一债务企业的案件，上级人民法院要加强协调，统一执行工作措施，并同时注意做好执行和解工作，尽可能维持有发展前景的困难企业、劳动密集型中小企业的生存，避免因执行工作简单化而激化社会矛盾，防止因对被执行企业可供执行财产的分配问题产生新的矛盾和冲突"；《最高人民法院关于深入开展社会主义法治理念教育的通知》"要大力推进司法调解，加大民商事案件的调解力度和适用范围，大力推行执行和解制度，积极探索行政案件协调解决的新思路，积极尝试轻微刑事案件和刑事自诉案件调解解决的新模式"；最高人民法院原院长王胜俊在第十一届全国人民代表大会常务委员会第十一次会议上作《最高人民法院关于加强民事执行工作、维护法制权威和司法公正情况的报告》时特别强调要大力加强执行和解等工作，努力化解矛盾纠纷，维护社会和谐稳定。

(三) 执行和解协议的审查标准

执行和解协议的自愿性审查标准，与调解协议司法审查标准不存在显著区别。在执行人员面前达成的执行和解协议，与在审判人员面前达成的调解协议相似，人民法院介入协议的形成过程中，无须专门对自愿性进行事后审查。在执行程序以外自行达成并提交给执行法院的协议，与提交人民法院进行司法确认的诉讼外调解协议相似，因没有亲历协议之缔结过程，人民法院应当通过听证等方式事后审查协议的合法性问题。也就是说，执行和解协议自愿性的审查标准与调解协议的审查标准相同，毋庸赘述。

鉴于我国现行《民事诉讼法》及其相关司法解释尚未允许赋予执行和解协议以执行力，对执行和解协议的审查标准低于调解协议的司法审查标准。[①] 根据《民事诉讼法》第二百零六条的规定，人民法院受理申请后，经审查，符合法律规定的，裁定调解协议有效，一方当事人拒绝履行或者未全部履行的，对方当事人可以向人民法院申请执行。既然确定调解协议的裁定书被赋予执行力，那么其所载明的给付内容应当依法可以强制执行。与此不同，执行和解协议载明的给付义务（以下简称"和解债务"）不能通过强制执行予以实现，故和解债务可以是诸如劳务抵债等不能诉诸执行的给付义务。

(四) 执行和解问题的类型化分析

(1) 和解协议已经履行完毕的，是否可以再恢复执行原生效法律文书？

【案例 18】

在陕西省八一铜矿（以下简称"八一铜矿"）诉江苏省靖江市无机化工厂（以下简称"化工厂"）、江苏省靖江市有色金属精炼厂（以下简称"精炼厂"）、江苏省中外合资扬州惠柱冶化有限公司（以下简称"惠柱公

[①] 在理论上，笔者曾与肖建国教授合作撰文倡导执行和解制度可以设立选择型方案与替代型方案供当事人选择，其中，替代型方案，是指允许当事人根据新债清偿理论共同申请以和解债权代替原生效法律文书确定的给付义务。参见肖建国、黄忠顺《执行和解协议的类型化分析》，《法律适用》2014 年第 5 期；张卫平教授进一步撰文，倡导将这种替代模式适用于所有的执行和解协议，只要其内容没有超出原执行名义确认的实体权利，并经一定形式确认，如执行机关记入笔录并由当事人双方签字或盖章等，均可作为执行名义。参见张卫平《执行和解制度的再认识》，《法学论坛》2016 年第 4 期。

司")）购销合同货款纠纷执行案中，陕西省汉中市宁强县人民法院（以下简称"宁强法院"）在江苏省靖江市人民法院协助下促使八一铜矿与惠柱公司双方达成了执行和解协议，其内容为：惠柱公司以价值35万元的铜管抵付货款，一次结清；以1.26万元现金支付八一铜矿预交的诉讼费；此和解协议履行完毕，〔1994〕汉中法经终判字第48号民事判决书不再执行，如一方在和解执行中反悔，按法律规定处理；本协议限定于双方签约当日内履行；双方代表签字生效。此和解协议于签订的当日下午履行完毕，八一铜矿次日即反悔，向宁强法院申请恢复执行原判决。宁强法院裁定确认已履行完毕的执行和解协议无效，恢复执行原判决；并继而扣押了惠柱公司的一辆丰田大霸王子弹头面包车，扣划了该公司账户存款3.4万元。关于宁强法院是否应当恢复执行原判决，陕西高院与江苏高院共同向最高人民法院请示，最高人民法院经研究认为，"此执行和解协议系双方当事人在平等、自愿的条件下，自主处分权利和承诺义务，共同协商达成的。意思表示真实，所列条款协商一致，执行和解协议是合法有效的。此和解协议于签订的当日下午履行完毕，应视为该协议执行终结"，并得出"和解协议已经履行完毕的不应再恢复执行原生效法律文书"的结论。①

在2012年《民事诉讼法》修改之前，2007年《民事诉讼法》第二百零七条第二款规定，一方当事人不履行和解协议的，人民法院可以根据对方当事人的申请，恢复对原生效法律文书的执行。据此，最高人民法院在对【案例18】研究后得出"和解协议已经履行完毕的不应再恢复执行原生效法律文书"的结论，即使因和解协议存在瑕疵而受有损失，也只能考虑通过另行起诉等方式谋求赔偿。②现行《民事诉讼法》第二百四十一条第二款规定，申请执行人因受欺诈、胁迫与被执行人达成和解协议，或者当事人不履行和解协议的，人民法院可以根据当事人的申请，恢复对原生效法律文书的执行。其中，"当事人不履行和解协议"而恢复执行原生效

---

① 参见《最高人民法院执行工作办公室关于和解协议已经履行完毕的不应再恢复执行原生效法律文书问题的函》（法经〔1996〕19号）。
② 《最高人民法院关于当事人对迟延履行和解协议的争议应当另诉解决的复函》（〔2005〕执监字第24-1号）明确指出，"根据我国民事诉讼法和我院司法解释的有关规定，执行和解协议已履行完毕的人民法院不予恢复执行。本案执行和解协议的履行尽管存在瑕疵，但和解协议确已履行完毕，人民法院应不予恢复执行。至于当事人对延迟履行和解协议的争议，不属执行程序处理，应由当事人另诉解决。"

法律文书，其潜台词是只有执行和解协议尚未（完全）履行才可以申请恢复执行原生效法律文书，对此，理论界与实务界不存在争议。但是，笔者认为，这里的"和解协议"应当仅指不存在效力瑕疵情形的和解协议，理由有以下两点：其一，《执行和解规定》第八条规定："执行和解协议履行完毕的，人民法院作执行结案处理。"也就是说，只有"合法有效"的和解协议已经履行完毕，人民法院才可以作结案处理。最高人民法院指出，"执行机构在判断一个和解协议是否能够产生终结执行程序的效力时，必须要对其是否具备法律规定的要件进行审查，即一是否由执行当事人达成；二是否合法有效；三是否已经履行完毕。……关于执行程序只审查和解协议是否已经履行，而对和解协议是否违反当事人意愿、是否有效均不进行审查的意见，（属于）适用法律错误。"① 其二，根据《民事诉讼法》第二百四十一条第二款的规定，因欺诈、胁迫与被执行人达成和解协议的，申请执行人不因被执行人履行瑕疵执行和解协议而丧失申请恢复执行原生效法律文书的权利。根据《执行案件立案、结案意见》第六条的规定，申请执行人因受欺诈、胁迫与被执行人达成和解协议而申请恢复执行原生效法律文书的，人民法院也应当按照恢复执行案件予以立案。

（2）申请执行人可以申请恢复执行原生效法律文书的瑕疵和解协议是否局限于存在欺诈、胁迫两种情形？

【案例19】

在执行申请执行人广西海霖经贸有限公司与被执行人陈天贵、吴永康、侯宗明买卖合同纠纷案中，作为执行名义的广西壮族自治区北海市海城区人民法院（以下简称"海城法院"）（2011）海民初字第139号民事判决书判决陈天贵向广西海霖经贸有限公司偿还货款及其利息，侯宗明、吴永康承担连带清偿责任。吴永康、陈天贵二人与申请执行人签订以房抵债协议，并确认"一年内如未发生重建拆迁，广西北海星宇房地产开发有限公司将上述房产过户到广西北海海霖有限经贸公司或广西北海海霖有限经贸公司指定人的名下。"申请执行人与二被执行人签订《协议书》后，双方均未将《协议书》送至本院备案，也没有办理抵债房屋移交手续，房屋也一直没有移交。截至本裁定书作出之日，广西北海星宇房地产开发有

---

① 最高人民法院（2013）执监字第49号执行裁定书。

限公司尚在进行对锦绣花园小区拆除重建的报批，亦即被执行人没有取得涉案房屋的所有权。申请执行人请求强制执行原生效法律文书，被执行人以该案外和解协议请求排除法院强制执行的行为。海城法院认为，被执行人以案外和解协议排除强制执行，属于《最高人民法院关于人民法院办理执行异议和复议案件若干问题的规定》第七条第二款规定的"被执行人以债权消灭、丧失强制执行效力等执行依据生效之后的实体事由提出排除异议的，人民法院应当参照民事诉讼法第二百二十五条（现行《民事诉讼法》第二百三十六条）规定进行审查"。因我国程序法中并无案外和解的明确规定，但根据民法自治的精神及为避免司法拖延，案外和解可以参照《中华人民共和国民事诉讼法》第二百三十条（现行《民事诉讼法》第二百四十一条）有关执行和解的规定，并根据民法相关精神，对和解协议进行审查，若和解非系双方真实意思表示，或被执行人不履行和解协议，则该和解协议不得对抗法院的执行。结合本案，海城法院认为，《协议书》虽系双方当事人在平等条件下自主处分权利和承诺义务，共同协商达成，但双方对《协议书》的关键内容存在重大误解，属于行为人有权请求撤销的"基于重大误解事实的民事法律行为"。申请执行人同意以房抵债，在于其相信上述房产属于二被执行人所有，《协议书》亦明确涉案房屋系属被执行人所有，足以造成申请执行人误解，据此认定申请执行人构成重大误解而享有请求恢复原生效法律文书执行的权利。[①]

执行和解协议在实体法层面属于执行当事人（以及案外人）意思表示一致的结果，而意思表示瑕疵的情形并不局限于《民事诉讼法》第二百四十一条第二款明确规定的欺诈、胁迫两种情形，而是将重大误解、显失公平等其他意思表示瑕疵情形囊括在内。在文义解释上，《民事诉讼法》第二百四十一条第二款关于"申请执行人因受欺诈、胁迫与被执行人达成和解协议"的规定，因采取明确有限列举的表述，无论如何也难以将重大误解、显失公平、乘人之危等其他意思表示瑕疵情形纳入本款的适用范围。但是，重大误解、显失公平、乘人之危等其他意思表示瑕疵与欺诈、胁迫具有等价性，[②] 故笔者在立法论上赞同将其他意思表示瑕疵情形纳入本款

---

① 广西壮族自治区北海市海城区人民法院（2015）海执异字第31号执行裁定书。
② 《民法典》第一百五十一条规定，一方利用对方处于危困状态、缺乏判断能力等情形，致使民事法律行为成立时显失公平的，受损害方有权请求人民法院或者仲裁机构予以撤销。

的适用范围。① 最高人民法院审判委员会专职委员刘贵祥大法官在任最高人民法院执行局局长时也曾撰文指出,"最高人民法院(2013)执监字第49号裁定中并未将审查范围限于欺诈、胁迫两种情况,……对执行和解的合法性采取了相对宽泛的理解,涉及和解的主体资格、表见代理等多个方面。……从而使相当一部分执行和解纠纷在执行程序中直接得以解决,以利于减轻当事人讼累,提高执行效率。"② 据此,在【案例19】中,申请执行人误认为涉案房屋属于被执行人所有而与之签订以房抵债的执行和解协议,而且被执行人事后也始终没有获得涉案房屋的所有权,申请执行人因重大误解而受有损失的情形也始终没有获得补救,执行法院以重大误解为由承认申请执行人有权申请恢复执行原生效法律文书。

(3)执行和解协议(部分内容)客观履行不能的,是否可以认定为《民事诉讼法》第二百四十一条第二款规定的"当事人不履行和解协议"?

根据《民事诉讼法》第二百四十一条第二款的规定,当事人不履行和解协议的,人民法院可以根据当事人的申请,恢复对原生效法律文书的执行。通常认为,"当事人不履行和解协议",是指当事人拒绝履行其存在履行可能性的和解债务。这是因为,只有拒绝履行其存在履行可能性之和解债务,才存在主观可归责性。但是,在和解债务因客观原因无法履行的,当事人是否可以申请恢复执行原生效法律文书?对此,笔者认为,应当作类型化分析。①执行和解协议在签订之时就存在客观履行不能的情形。被执行人隐瞒相关事实,故意与申请执行人签订在客观上不存在履行可能性的执行和解协议,这种情形即使不纳入"当事人不履行和解协议"的范围,也可以将其理解为申请执行人因受欺诈与被执行人达成和解协议之情形。因而,无论采取何种理解,申请执行人恢复执行原生效法律文书均具备正当性基础。③ ②和解债务虽自始客观履行不能,但因情势变更获得履

---

① 至于该立法论上的任务能否交由最高人民法院司法解释乃至规范性文件来完成,因与本章主题相去甚远,笔者不予展开分析。
② 参见刘贵祥《执行和解纠纷的解决途径与审查范围》,《人民法院报》2014年6月11日第8版。
③ 例如,在陈宜平与曾明、曾荣华债权转让合同纠纷执行案中,作为执行名义的判决书判令曾明、曾荣华共同支付陈宜平债权转让款及利息。陈宜平与曾明签订《和解协议书》,改变生效法律文书确定的给付义务,并以曾明在江西博鑫房地产开发有限公司、江西博鑫酒店有限公司及陈康博处的所有债权、自有债权及受让陈宜平等债权作为和解债务履行的担保。申请执行人要求恢复执行原生效法律文书,其理由是,被执行人在签订《和解协议书》时故意隐瞒提供担保的部分债权已经转让给他人的事实,欺骗申请执行人与其达成和解协议。参见江西省高级人民法院(2017)赣执复14号执行裁定书。

行可能性的情形。尽管和解债务于协议签订之时存在客观履行不能情形，但和解债务因情势变更而在人民法院恢复执行原生效法律文书之前获得履行可能性的，被执行人愿意履行和解债务的，不属于"当事人不履行和解协议"的情形，但申请执行人仍可能因被执行人存在欺诈情形而得要求恢复执行原生效法律文书。[1] ③执行和解协议在签订后才丧失客观履行可能性的情形。一方面，因客观履行不能情形发生于执行和解协议签订之后，被执行人不因客观履行不能情形的出现而被当然认定为构成欺诈。另一方面，除非被执行人对客观履行不能情形之发生负有主观可归责性，"当事人因客观原因不能履行和解协议"也难以作为"当事人不履行和解协议"的情形。那么，和解债务后发性客观履行不能且不能归责于被执行人的，申请执行人是否可以申请恢复执行原生效法律文书？如果不允许恢复执行原生效法律文书，申请执行人只能通过另行提起诉讼的方式谋求救济，从而过分加大申请执行人与被执行人达成和解协议的风险。如果允许恢复执行原生效法律文书，则面临着难以将其纳入《民事诉讼法》第二百四十一条第二款所规定情形的问题。对此，笔者认为，应当结合《民事诉讼法》第二百四十一条第二款的立法目的来分析。《民事诉讼法》第二百四十一条第二款之所以规定恢复执行原生效法律文书，其中一个重大考虑因素就是尽可能快地实现已经严重延误的民事实体权益。和解债权与执行债权的请求权基础相同，故申请执行人只能实现其中的一种。执行债权已经生效的法律文书确定并且已经进入强制执行程序，在被执行人因客观原因不能履行和解债务的情形下，如果要求申请执行人提起损害赔偿之诉另行获得执行名义，将严重延后作为执行债权与和解债权共同指向的请求权基础的实现并加重其无法实现的风险。鉴于此，《民事诉讼法》第二百四十一条第二款所谓的"当事人不履行和解协议"应当作扩大解释，不局限于当事人主观上不愿履行和解协议的情形，而应当同时将"当事人因客观原因无法履行和解协议"纳入在内。也就是说，"不履行"仅指结果意义上的"不履行"，只要和解债权无法得以实现，无论其原因如何，申请执行人都可以申请恢复执行原生效法律文书。因而，在【案例19】中，涉案房屋

---

[1] 例如，在【案例21】中，如果被执行人事后获得涉案房屋的所有权，则执行和解协议客观履行不能的情形归于消失，被执行人在法院恢复执行原生效法律文书之前愿意履行和解债务的，不构成"当事人不履行和解协议"的情形，但申请执行人仍可以其系因受欺诈与被执行人签订和解协议为由，申请恢复对原生效法律文书的执行。

始终没有归被执行人所有，执行法院根据申请执行人的申请执行原生效法律文书是妥当的。

（4）申请执行人拒不接受履行导致被执行人无法如期履行和解协议的，申请执行人是否可以申请恢复执行原生效法律文书？被执行人拒不履行和解协议并申请恢复执行原生效法律文书的，人民法院是否应当予以准许？

2007年《民事诉讼法》第二百零七条第二款规定，"一方当事人不履行和解协议的，人民法院可以根据对方当事人的申请，恢复对原生效法律文书的执行"，现行《民事诉讼法》第二百四十一条第二款将前述表述调整为"当事人不履行和解协议的，人民法院可以根据当事人的申请，恢复对原生效法律文书的执行"。显而易见，2007年《民事诉讼法》仅授予守约方以申请恢复执行原生效法律文书的权利，但现行《民事诉讼法》至少在字面上允许违约方申请恢复执行原生效法律文书。

鉴于生效法律文书以及和解协议均有可能确认双方互负给付义务，不宜直接采取"被执行人不履行和解协议的，人民法院可以根据申请执行人的申请，恢复对原生效法律文书的执行"的表述。但是，2007年《民事诉讼法》关于"一方当事人不履行和解协议的，人民法院可以根据对方当事人的申请，恢复对原生效法律文书的执行"的表述也存在以下疑问：和解协议仅确认被执行人对申请执行人负有给付义务或者申请执行人已经履行和解协议确定其应向被执行人履行的给付义务的，如果申请执行人拒不接受给付而导致被执行人无法及时履行和解债务，被执行人本可以通过提存方式清偿和解债务但没有予以提存的，申请执行人是否有权申请恢复执行原生效法律文书？对此，笔者拟从以下两方面展开分析。

其一，申请执行人拒不接受被执行人的履行，是否构成"不履行和解协议"的情形？申请执行人拒不接受被执行人履行，构成民法上所谓的"迟延受领"，但人们对受领是债权人的权利抑或义务以及债权人迟延受领的法律效果向来存在争议。法定责任说认为，迟延受领责任属于严格的法定责任，不以债权人是否具有可归责性为构成要件，债权人迟延受领的责任效果较弱，通常包括债务人的不履行责任的免除、注意义务的减轻、约定利息发生的停止、收益收取义务的免除、对价危险的移转、增加费用的赔偿等。债务不履行责任说认为，债权人负有一般性的受领义务，债权人具有可归责性时即发生债务不履行责任，该学说下的责任效果较强，包括损害赔偿和解除合同。折中说认为，尽管债权人并非一般性地负有受领义务，但在某些例外情形下可以根据合同或诚信原则认为其负有引取义务而发生债务不履行责任的法律效果。[①] 尽管前述学说均着眼于迟延受领的实体法责任问题，但共同揭示出对迟延受领具有主观可归责性的债权人应当受到更多的不利益影响的结论。据此，申请执行人拒不接受被执行人履行而应当承担的实体法责任，被执行人应当通过另行提起诉讼的方式谋求损害赔偿，但除实体法责任以外，申请执行人可能还需要承担程序法责任。具体而言，申请执行人拒不接受被执行人履行应当区分为以下两种情形分别予以分析。（1）申请执行人有正当理由拒不接受被执行人履行。申请执行人迟延受领具有正当理由的，如用于储存被执行人交付货物的仓库因自然灾害丧失储存功能且无其他场所可存放货物，可以要求被执行人适当延后再行给付，并承担被执行人因延后给付发生的必要费用，如拟交付给申请执行人货物在延后给付期间发生的仓储费用，相关必要费用经执行法院审查可以从和解款项中予以扣除，但被执行人不应承担此期间的迟延履行利益或迟延履行金或者和解协议约定的违约金。（2）申请执行人无正当理由拒不接受被执行人履行。申请执行人无正当理由拒不接受被执行人履行属于债权人存在主观可归责性的迟延受领情形，执行法院应当允许被执行人在重新指定的合理期限内履行和解协议，被执行人还有权要求申请执行人赔偿其因迟延受领承受的损失，相关损失金额经执行法院审查后可以从和解款项中予以扣除。但是，申请执行人或被执行人对执行法院认定的必要费用以及损害金额存在争议的，参照适用《民事诉讼法》第二百三十八条的规定解决。因而，在被执行人因申请执行人原因未能在和解协议确定期限内履行和解债务的，无论申请执行人对迟延受领是否存在主观可归责性，被执行人均不承担"不履行和解债务"而导致的实体法与程序法责任。[②] 执行法院应当结合案情确定被执行人履行和解债务的合理期间。申请执行人有证据表明其延迟受领有正当理由的，仅需要承担被执行人延后给付发生的必要费用，但申请执行人无证据表明其延迟受领有正当理由的，则需要赔偿被执行人延后给付发生的损害，执行法院可以核定必要费用以及损害赔偿的具体金额，并直接从和解款项中抵扣，但应保留相关主

---

① 参见韩世远《论债权迟延》，《法制与社会发展》1999年第3期。
② 被执行人瑕疵履行的，申请执行人有权拒绝受领，并不因此承担迟延受领责任，但此种情形同时构成被执行人"不履行和解协议"，故不纳入申请执行人迟延受领的研究范围。

体通过执行异议与执行异议之诉谋求救济的途径。

其二，在申请执行人无正当理由迟延受领的情形下，被执行人本可以提存但没有予以提存，是否构成"不履行和解协议"的情形？根据《民法典》第五百七十条的规定，债权人无正当理由拒绝受领的，债务人可以将标的物或其价款予以提存，并发生《民法典》第五百五十七条规定的债权债务终止效果。据此，在债权人无正当理由拒绝受领的情形下，债务人可以（而非"应当"）办理提存，亦即债务人也可以选择在债权人要求其履行的情形下再直接向债权人履行。也就是说，提存虽然属于债的法定消灭原因，除非双方当事人另有规定或者债权人要求债务人予以提存，债务人不负有通过提存的方式消灭债务的义务，而可以根据自身利益最大化原则决定是否办理提存，以此加大债权人无正当理由拒不受领的风险和促使债权人积极接受债务人之履行。因而，在申请执行人无正当理由迟延受领的情形下，被执行人本可以提存但没有予以提存的，不构成《民事诉讼法》第二百四十一条第二款规定的"不履行和解协议"，但双方当事人另有规定或者申请执行人要求债务人办理提存并承担（不能要求被执行人垫付）可能存在的提存费用的除外。

（5）被执行人隐瞒或虚构可供执行财产以诱使申请执行人与之签订执行和解协议的，是否可以认定为《民事诉讼法》第二百四十一条第二款规定的"欺诈"？

【案例20】

在施国新与李海生、徐丽民间借贷纠纷案中，作为执行名义的民事调解书要求李海生、徐丽共同偿还施国新欠款40万元。在强制执行中，李海生、徐丽、施国新达成和解协议，因李海生、徐丽称无能力一次性偿还全部欠款，故以徐丽在中国建设银行赤峰玉龙支行工资收入每月扣留3000元，偿还40万元本金，施国新同意放弃对欠款利息、迟延履行金以及对徐丽所有的被查封房屋的执行。随后，施国新以"徐丽、李海生在执行过程中，未向法院如实申报有公积金的财产信息，另外存在将个人财产出售，转移财产，所得价款未偿还本案债务的情形"为由，申请恢复执行调解书。执行法院裁定恢复执行调解书后，被执行人提出执行异议，内蒙古自治区赤峰市元宝山区人民法院经审查认为，"尽管双方当事人已经达成执行和解协议，因被执行人在案件执行期间没有如实申报自己的财产，申请执行人发现了被执行人有可供执行的其他财产,也可以申请人民法院恢复执行,人民法院也应当执行。"徐丽申请复议称其"是正式职工,有住房公积金,是众所周知的事实",并以其"主观上没有隐瞒的故意,客观上也没有隐瞒的行为,并未存在隐瞒的情况"为由要求继续履行和解协议。内蒙古自治区赤峰市中级人民法院经审查认为,被执行人徐丽"在执行过程中应如实主动申报自己的财产,徐丽称自己具有公积金的情况属于众所周知的事实,但在执行中并未如实陈述,不能成为其不予申报的理由",并据此驳回其复议申请。[①]

《民法典》第一百四十八条规定,一方以欺诈手段,使对方在违背真实意思的情况下实施的民事法律行为,受欺诈方有权请求人民法院或者仲裁机构予以撤销。所谓"欺诈",是指一方故意隐瞒真相或虚构事实,使对方发生错误认识,对方基于该错误认识而作出违背真实意思的意思表示。根据《民法典》第一百四十八条的规定,受欺诈方有权请求人民法院或者仲裁机构予以撤销其基于错误认识作出的意思表示,即受欺诈方享有只能通过诉讼或仲裁方式行使的形成诉权。《民事诉讼法》第二百五十二条规定,"被执行人未按执行通知履行法律文书确定的义务,应当报告当前以及收到执行通知之日前一年的财产情况。被执行人拒绝报告或者虚假报告的,人民法院可以根据情节轻重对被执行人或者其法定代理人、有关单位的主要负责人或者直接责任人员予以罚款、拘留。"据此,未按执行通知履行法律文书确定义务的被执行人负有财产情况报告义务。被执行人虚假报告财产情况的结果就是"故意隐瞒真相或虚构事实",申请执行人未能洞察其虚假报告情形而对可供执行财产发生错误认识并基于该错误认识与被执行人达成和解协议的,应当认定被执行人构成《民事诉讼法》第

[①] 参见内蒙古自治区赤峰市中级人民法院(2016)内04执复37号执行裁定书。执行和解实践中存在着较多的类似案例,比如,福建省龙岩市中级人民法院在(2016)闽08执复33号执行裁定书中指出,"由于被执行人曾恩文在执行期间未如实申报全部财产,并隐瞒、处置部分财产,卢永清认为系受欺诈而与曾恩文签订协议,要求法院继续执行,法院因此决定拍卖、变卖被执行人曾恩文的房产,扣留、提取被执行人王燕华的工资及其他收入,符合法律规定。"再如,南京市鼓楼区人民法院在(2017)苏0106执异38号执行裁定书中也指出,"和解协议系申请执行人基于对被执行人履行能力考虑并做出让步的情况下与被执行人达成,故签订和解协议之前,被执行人应当向申请执行人如实告知其经济状况。双方于2016年7月达成和解协议,而苑广旺于同年9月退休并领取退休工资,且退休后收入增加……因此,苑广旺隐瞒退休事实与申请执行人签订和解协议存在欺诈,申请执行人要求恢复对原判决执行于法有据。"

二百四十一条第二款规定的"欺诈",申请执行人可以申请恢复执行原生效法律文书。在【案例20】中,被执行人在报告财产情况时隐瞒了其公积金等财产,导致申请执行人误认为其没有足够的财产而同意放弃对欠款利息、迟延履行金以及对徐丽所有的被查封房屋的执行。尽管元宝山法院与赤峰中院均没有对被执行人是否构成欺诈作出认定,但均以被执行人违反财产申报义务作为推定其存在故意隐瞒可供执行财产的依据,并以被执行人故意隐瞒可供执行财产信息作为支持申请执行人申请恢复执行原调解书的正当理由。因而,元宝山法院与赤峰中院实质上均认为被执行人构成欺诈,申请执行人可以依据《民事诉讼法》第二百四十一条第二款的规定要求恢复执行调解书。诚然,除了隐瞒可供执行财产以外,被执行人也可能隐瞒、虚构或夸大可供执行财产存在的瑕疵,以此误导申请执行人与其达成和解协议,还可能虚构可供执行财产,如将他人所有之财产作为自己所有之财产进行报告,导致申请执行人误认为其有足够财产而同意被执行人分期付款、暂缓乃至解除对被执行人实有财产的强制执行。凡此种种,申请执行人都可以根据《民事诉讼法》第二百四十一条第二款的规定要求恢复执行原生效法律文书。

(6)因执行人员欺诈、胁迫与被执行人达成和解协议的,申请执行人是否可以根据《民事诉讼法》第二百四十一条第二款的规定申请恢复执行原生效法律文书?

【案例21】

在河津市建筑工程有限公司(以下简称"河建公司")、河津市建筑工程有限公司第三分公司(以下简称"河建三公司")与运城市中杰房地产开发有限公司(以下简称"中杰公司")建筑工程施工合同纠纷案中,申请执行人河建公司、河建三公司与被执行人中杰公司达成和解协议后申请恢复执行作为执行依据的(2010)晋民终字第189号民事判决书,河建三公司提出的理由就是其系受执行人员胁迫才签订放弃本金以外其他合法债权的执行和解协议。山西省运城市中级人民法院(以下简称"运城中院")作出(2015)运中执异字第16号执行裁定书,以"无相关证据,且其在随后的执行中完全要求被执行人按约定时间还款,如果付款时间与约定不一致,还特别注明'因各种原因此笔款不属于违约',这些事实均表明其对和解协议的认可"为由驳回河建三公司的该项异议理由。申请执行人向山西高院申请复议,将"执行法院胁迫第二申请人放弃合法债权,只让执行本金整数款"作为其主要理由之一,并认为其提供的书面资料和手机录音虽不完善,但能说明与证实执行法院胁迫河建三公司签订执行和解协议的事实。山西高院以"在达成和解协议的过程中,执行法院进行了积极调解,促使被执行人考虑申请执行人春节前发放农民工工资等现实问题,最终同意了调解并在笔录上签字。整个调解程序并不存在欺诈、胁迫等问题"为由裁定驳回复议申请。[①]

《民法典》第一百四十九条规定,第三人实施欺诈行为,使一方在违背真实意思的情况下实施的民事法律行为,对方知道或者应当知道该欺诈行为的,受欺诈方有权请求人民法院或者仲裁机构予以撤销。在执行人员诱骗申请执行人与被执行人达成和解协议的语境下,执行人员违反诚实信用原则,通过隐瞒部分可供执行财产、夸大被执行人资不抵债情形等方式,诱使申请执行人误认为其执行债权难以获得全面或较大程度实现,并基于该错误认识与被执行人达成和解协议的,申请执行人应当有权申请恢复执行原生效法律文书。这是因为被执行人不仅了解其自身的财务状况,而且负有如实申报财产情况的义务,还通常出现在执行人员诱骗申请执行人的(执行和解)现场,故具备推定其知道该诈骗行为的正当性基础。《民法典》第一百五十条规定,一方或者第三人以胁迫手段,使对方在违背真实意思的情况下实施的民事法律行为,受胁迫方有权请求人民法院或者仲裁机构予以撤销。在执行人员强迫或变相强迫申请执行人与被执行人达成和解协议的语境下,执行人员通过无故拖延执行、裁定终结本次执行等方式迫使申请执行人与被执行人达成和解协议和/或作出放弃部分执行债权、接受被执行人分期付款等违背其真实意思的意思表示的,不管被执行人是否知悉执行人员存在胁迫情形,申请执行人均可以根据《民事诉讼法》第二百四十一条第二款要求恢复执行原生效法律文书。在【案例21】中,鉴于中杰公司拖欠农民工工资且已近春节,执行人员面临着较大的维稳压力,主观上可能确实具有胁迫申请执行人作出让步的动力,因而,山西高院应当审核申请执行人提供的书面材料和手机录音,并对执行人员展开必要的调查,而不得单独以申请执行人接受被执行人履行和解债务为由

---

① 参见山西省高级人民法院(2015)晋执复字第49号执行裁定书。

认定其没有遭受胁迫。这是因为，本案中的和解债务没有超出执行债务之范围，作为经济理性人的申请执行人自然乐于先行接受部分执行债务之履行。但是，要求申请执行人以拒绝接受履行来证明其遭受胁迫，不仅强人所难，而且有违执行及时的原理。诚然，如果允许接受和解债务履行之受胁迫或欺诈申请执行人申请恢复执行原生效法律文书，申请执行人可能为了尽快部分实现执行债权而假意与被执行人达成和解协议，但这也正当抑制了执行人员和/或被执行人滥用执行和解制度的冲动。

（7）执行和解协议瑕疵的认定及其救济

【案例22】

在成功、王飞与惠州市惠阳区南凯实业有限公司（以下简称"南凯公司"）借款纠纷案中，作为执行名义的民事判决书判令南凯公司偿还成功、王飞借款人民币700万元及利息。在强制执行中，王飞以其本人及成功二人名义和南凯公司签订申请执行人同意只收取600万元债权的执行和解协议。尽管成功呈植物人状态，但签订执行和解协议时尚未被人民法院宣告为无民事行为能力人，王飞也没有被指定为成功的监护人。深圳中院以"王飞以成功法定监护人名义与南凯公司签订和解协议，处分共同债权的行为是否符合法律规定，涉及成功有无民事行为能力以及王飞是否是成功法定监护人等问题。在明确前述问题之前，执行程序无法继续进行"为由，裁定终结本次执行程序。经王飞申请，深圳市福田区人民法院判决宣告成功为无民事行为能力人，并指定成功的女儿成清晓为成功的监护人。随后，王飞、成清晓向深圳中院申请恢复执行，该院向南凯公司发出执行通知书，以"执行和解协议不能体现成功的真实意思表示，协议的签订存在瑕疵"为由，要求南凯公司继续履行生效法律文书确定的义务。南凯公司向深圳中院提出执行异议，深圳中院经审查认为，执行和解协议系属无效，并据此裁定驳回南凯公司的异议申请。南凯公司向广东高院申请复议，广东高院以"执行审查权只审查执行和解协议是否已经履行，而对和解协议其他争议问题，包括是否违反法律和当事人意愿、是否无效或可撤销等不进行审查，这些问题属于实体法律关系，超出执行机构职权范围，当事人应另诉解决"为由，认定深圳中院对本案执行和解协议效力的认定超出执行审查范围，并据此撤销深圳中院向南凯公司发出的（恢复执行原生效法律文书的）执行通知。成功向最高人民法院申诉，最高人民法院以

"执行机构在判断一个和解协议是否能够产生终结执行程序的效力时，必须要对其是否具备法律规定的要件进行审查，即一是否由执行当事人达成；二是否合法有效；三是否已经履行完毕"为由推翻广东高院的复议裁定，并从"和解协议的主体是否适格""成功是否为无行为能力人""假定和解协议签订时成功为无行为能力人，王飞能否作为监护人行使法定代理权""王飞擅自以成功名义签订的协议是否构成表见代理"等四方面进行审查，得出"王飞擅自以成功名义与南凯公司签订的和解协议，由于成功的法定代理人成清晓拒绝追认，该协议对成功不生效力，不能阻止执行。至于王飞在没有代理权的情况下声称有代理权，给南凯公司造成的损失，可由南凯公司和王飞另案解决"的结论。①

瑕疵执行和解协议，是指因当事人意思表示不真实或不自由而存在效力瑕疵的执行和解协议。《民事诉讼法》第二百四十一条第二款规定因受欺诈、胁迫与被执行人达成和解协议的申请执行人可以申请恢复对原生效法律文书的执行，但既没有对执行和解协议存在其他瑕疵是否也可以申请恢复执行原生效法律文书作出规定，也没有对申请执行人对瑕疵执行和解协议全部履行完毕后是否可以申请恢复执行原生效法律文书作出规定，更没有对执行和解协议的瑕疵认定程序作出规定。对于前两个问题，前文已有论及，这里仅讨论执行和解协议瑕疵的认定及其救济问题。

瑕疵执行和解协议可以被人民法院宣告无效、予以撤销或变更，鉴于谋求撤销或变更执行和解协议的形成权被立法者设置为形成诉权，瑕疵执行和解协议应当通过诉讼或仲裁的方式谋求救济。基于此，有观点认为，除非执行和解协议已被生效判决、仲裁裁决确认无效或予以撤销，当事人以执行和解协议无效或可撤销为由申请恢复执行的，执行法院不予支持。②显而易见，执行法院根本不审查执行和解协议瑕疵问题更有利于提高执行效率和贯彻审执分离原理，但这无异于允许甚至引导当事人向执行法院以外的其他人民法院乃至仲裁机构请求确定执行和解协议的效力。鉴于执行和解协议系在执行人员面前达成或经过执行人员之审查，执行和解协议效力瑕疵问题专属执行法院管辖更为妥当。与此同时，根据"异议前置"原理，当事人向执行法院提起相关诉讼之前应当先行尝试通过执行异议程序

---

① 参见最高人民法院（2013）执监字第49号执行裁定书。
② 参见广东省高级人民法院（2012）粤高法执复字第79号执行裁定书。

解决纷争,申请执行人以执行和解协议存在瑕疵为由申请恢复执行原生效法律文书的,执行法院对恢复执行原生效法律文书申请的审查程序,实为执行异议审查程序,当事人不服执行法院据此作出裁定的,应当允许其直接向执行法院提起异议之诉,而无须再先行提起执行异议。但是,诚如【案例22】所揭示的,我国当前的做法却是,当事人对支持或驳回恢复执行申请的裁定书或者通知书不服的,只能先行提起执行异议,执行法院再次对执行和解协议是否存在瑕疵进行形式审查并作出相应的执行裁定书,不服该执行裁定书的当事人只能向执行法院的上一级人民法院申请复议。对此,笔者认为,执行和解协议瑕疵之认定属于实体问题,即使不将当事人恢复执行原生效法律文书之申请理解为执行异议,也应当适用《民事诉讼法》第二百三十八条之规定,即不服异议裁定的当事人应当向执行法院提起异议之诉,而不是向上级人民法院申请复议。这是因为,鉴于执行和解协议系在执行人员面前达成或经执行法院形式审查,执行法院再对和解协议是否存在瑕疵情形进行两次形式审查缺乏必要性和实效性,而且加重了瑕疵执行和解协议的救济负担。

诚然,当事人要证明执行和解协议存在效力瑕疵情形通常面临着较大的难度。与【案例22】中双方当事人争议的代理权可以较为容易证明不同,申请执行人以欺诈、胁迫、乘人之危、显失公平等为由申请恢复执行原生效法律文书的,往往面临着举证不能的问题。这是因为,前述瑕疵情形之认定,往往需要考察各方当事人签订和解协议的主观心理状态,对于主观心理状态,通常只能提供间接证据予以证明,故其证明难度较大。对此,笔者认为,应当结合我国司法实践不断积累的经验,归纳出足以推定前述瑕疵情形存在的事实要素,并引导当事人通过证明前提事实的方式间接证明瑕疵情形之存在。比如,申请执行人发现被执行人隐瞒执行和解签订时已存在的可供执行财产的,可以将该事实作为推定其因受被执行人欺诈而在执行和解协议中作出让步的基础事实,即只要在执行和解协议中作出让步的申请执行人发现被执行人隐瞒财产的,应当由被执行人证明其没有隐瞒该财产或申请执行人让步与其隐瞒财产行为不存在因果关系,从而减轻申请执行人对"被执行人欺诈"之证明难度,并间接强化被执行人之财产申报义务。至于当事人证明执行人员存在欺诈、胁迫等情形,恐怕更是难上加难。一方面,执行法院因趋利避害而不会倾向于认定执行人员存在欺诈或胁迫行为,这是因为执行人员欺诈或胁迫当事人达成执行和解协议的，很可能需要承担《人民法院工作人员处分条例》（法发〔2009〕61号）第四十四条规定的处分，① 并严重减损执行法院的权威和公信力。另一方面，欺诈、胁迫当事人达成执行和解协议的执行人员通常不会将欺诈、胁迫情形记入笔录，当事人在法庭上原则上被禁止录音录像，故当事人通常难以提供强有力的直接证据证明执行人员对其进行欺诈、胁迫。对此，笔者认为，除了将执行和解协议瑕疵救济程序中的执行复议调整为执行异议之诉外，应当强化执行和解程序的透明度，通过录音录像的方式予以留痕，并在不过分增加执行成本的情况下可以考虑引入执行公证制度。②

五 执行承担中的"以执代审"

执行承担，是指案外人因实体法的原因替代生效法律文书所载明的当事人享有（全部或部分）执行债权和/或承担（全部或部分）执行债务的制度。在执行承担制度的适用语境下，案外人在其承担实体权利义务的范围内，完全或者不完全替代生效法律文书确定的当事人成为申请执行人或被执行人，属于给付请求权的主观替代。在理论上，执行承担通常可以分为"一般承担"与"特定承担"。③ 一般承担，是指案外人概括性地承担所有实体权利义务的执行承担，案外人完全替代生效法律文书确定的债权人或债务人成为申请执行人或被执行人。对于案外人完全替代生效法律文书确定的债权人或债务人成为申请执行人或被执行人的情形，最高人民法院将其称为"变更执行当事人"，即所有的"变更执行当事人"情形均属于给付请求权之主体替代。"特定承担"，是指案外人仅承担生效法律文书确定的部分债权或债务，案外人与生效法律文书确定的债权人或债务人共同成为申请执行人或被

---

① 《人民法院工作人员处分条例》（法发〔2009〕61号）第四十四条规定，因徇私而违反规定迫使当事人违背真实意愿撤诉、接受调解、达成执行和解协议并损害其利益的，给予警告、记过或者记大过处分；情节较重的，给予降级或者撤职处分；情节严重的，给予开除处分。
② 《最高人民法院司法部关于开展公证参与人民法院司法辅助事务试点工作的通知》（司发通〔2017〕68号）指出，自2017年7月起，选择在北京、内蒙古、黑龙江、上海、江苏、浙江、安徽、福建、广东、四川、云南、陕西12省（自治区、直辖市）开展公证参与司法辅助事务试点，试点期限为一年。试点地方高级人民法院、司法厅（局）要选择法院"案多人少"矛盾突出，公证机构服务能力强的地方，积极稳妥开展公证机构参与人民法院司法辅助事务试点工作，支持公证机构在人民法院调解、取证、送达、保全、执行等环节提供公证法律服务，充分发挥公证制度职能作用。
③ 参见刘书星《我国执行力扩张制度研究》，《法学杂志》2015年第7期。

执行人的执行承担。鉴于案外人系与生效法律文书载明的债权人或债务人共同成为申请执行人或被执行人，最高人民法院将此种情形纳入"追加执行当事人"的范围。在特定承担的语境下，被追加为申请执行人的案外人与生效法律文书确定的债权人"按份"地享有执行债权，被追加为被执行人的案外人与生效法律文书确定的债务人"按份"地承担执行债务。与此不同，案外人与生效法律文书确定的债权人或债务人连带地享有执行债权或负担执行债务的，实际上表现为给付请求权的主观扩张。因而，对于我国现行法律和司法解释规定的"追加执行当事人"情形，只有部分属于给付请求权的主观替代，而其他部分则属于给付请求权的主观扩张。

（一）法定执行承担与意定执行承担

根据案外人承担实体权利义务的实体法原因不同，执行承担可以分为法定执行承担以及意定执行承担。

法定执行承担，是指案外人直接根据实体法的规定完全或者不完全替代生效法律文书确定债权人或债务人成为申请执行人或被执行人。基于法定原因继受生效法律文书所确定实体权利的，案外人可以行使实体权利归属主体所有的一切权利，不仅可以申请强制执行，而且可以针对原纷争申请再审。与此相似，基于法定原因承担生效法律文书所确定实体义务的案外人，应当在其接受被执行人财产范围内履行执行债务，但也可以针对原纷争申请再审。根据《民事诉讼法》第二百四十三条，《民诉法解释》第四百七十三条，《民法典》第六十七、一千一百六十一、一千一百六十二条等规定，作为被执行人的公民死亡的，案外人以其继承或接受遗赠的遗产为限，替代生效法律文书确定的债务人，成为被执行人；① 作为被执行人的法人或者其他组织终止的，② 由其权利义务承受人履行义务。③《最高人民法院关于民事执行中变更、追加当事人若干问题

---

① 《民诉法解释》第四百七十三条规定，作为被执行人的公民死亡，其遗产继承人没有放弃继承的，人民法院可以裁定变更被执行人，由该继承人在遗产的范围内偿还债务。继承人放弃继承的，人民法院可以直接执行被执行人的遗产。
② 此外，法人或其他组织名称变更，不属于法律人格终止的情形，但仍应当根据《民诉法解释》第四百七十二条的规定，裁定变更后的法人或者其他组织为被执行人。
③ 例如，作为被执行人的法人合并的，应当由合并后的法人承担执行债务，执行法院应当将被执行人变更为合并后的法人。再如，作为被执行人的法人分立的，应当由分立后的法人对执行债务承担连带责任，执行法院应当将被执行人变更为新设分立后的复数新法人或者将派生分立后的新法人追加为被执行人。

的规定》（法释〔2020〕21号修正，以下简称《变更、追加当事人规定》）等司法解释进一步扩大了法定执行承担的适用范围。① 在法定执行承担的语境下，生效法律文书所确定实体权利义务发生转移与执行当事人以及承受人的主观意志无关，不具备限制乃至禁止法定执行承担发生的基础，故不能以生效法律文书的权威性以及稳定性反对据此对执行当事人的变更或追加。与此同时，鉴于法定执行承担的原因在申请执行人或被执行人因死亡或终止，不存在通过申请执行人或被执行人充当其权利义务承继者的担当人之可能，故《民诉法解释》第三百七十三条第一款赋予已经死亡或终止的当事人之权利义务承继者以根据民事诉讼法规定申请再审的权利。

意定执行承担，是指案外人根据其与执行当事人达成的合意完全或者不完全替代生效法律文书确定债权人或债务人成为申请执行人或被执行人。在强制执行实践中，意定执行承担主要表现为生效法律文书确定的债权人将其权利全部或部分转让给案外人。生效法律文书确定的债权人系在启动强制执行程序之后将其实体权利转让给案外人的，适用《变更、追加当事人规定》第九条关于"申请执行人将生效法律文书确定的债权依法转让给第三人，且书面认可第三人取得该债权，该第三人申请变更、追加其为申请执行人的，人民法院应予支持"的规定。在意定执行承担的语境下，生效法律文书所确定实体权利义务发生转移与执行当事人以及承受人的主观意志直接相关，客观上具备限制乃至禁止意定执行承担发生之基础，故理论界与实务界对"买卖判决书"（转让生效法律文书确认的实体权利）存在着争议。最高人民法院通过司法解释以及指导性案例明确申请执行人可以将生效法律文书确定的债权依法转让给第三人，受让人可以据此申请变更或追加其为申请执行人，从而结束了前述争议。尽管执行债权受让人可以申请将其变更或追加为申请执行人，但根据《民诉法解释》第三百七十三条第二款的规定，债权受让人对该判决、调解书不服申请再审

---

① 诚然，"法人或者其他组织终止"的情形多种多样，有些与当事人的主观意志不存在关系（如机关法人被撤销），有些与当事人的主观意志密切相关（如法人或其他组织合并与分立），还有些既可能与当事人的主观意志相关也可能与之不相关（如清算、破产）。但是，"法人或者其他组织终止"即使与当事人的主观意志相关，也不是该当事人对生效法律文书确定债权债务直接进行处分，相对于生效法律文书所确定债权债务发生转移而言，当事人围绕着"法人或者其他组织终止"所作的意思表示，属于"事件"。鉴于此，笔者将"法人或者其他组织终止"的情形全部纳入法定执行承担的研究范围。

的，人民法院不予受理。这与《信托法》第十一条禁止"专以诉讼或者讨债为目的设立信托"具有共通性原理，有利于防止专门以申请再审抑或申诉为目的执行债权转让，以维护生效法律文书之稳定性。

显而易见，意定执行承担的司法审查难度远高于法定执行承担。法定执行承担的发生原因局限于法律明确规定的情形，而且这些情形的发生不以承担人的意志为转移，对于生效法律文书确定的当事人是否存在死亡或终止等情形，只要通过审阅（死亡证明、宣告破产判决等）相关文书以及（向民政局、工商局等）进行必要的调查，执行机构就可以认定生效法律文书确认的权利义务是否发生继受，进而裁定是否变更或追加申请执行人或被执行人。与此不同，意定执行承担是当事人与案外人之间的合意结果，而当事人与案外人达成转移生效法律文书所确定实体权利义务合意的协议形式不受法律的限制（即可以表现为无名合同），执行机构不仅需要从自愿性以及合法性进行审查，而且可能还需要对该协议所转移的债权债务的具体金额作出认定。因而，执行承担中的"以执代审"问题主要发生于意定执行承担的情形。

（二）权利受让型执行承担与义务承担型执行承担

在理论上，执行承担人既可以仅受让权利，也可以仅承担义务，还可以概括承受债权债务，分别构成权利受让型执行承担、义务承担型执行承担、概括承受型执行承担。鉴于概括承受型执行承担属于权利受让型执行承担与义务承担型执行承担的共同适用结果，这里主要讨论权利受让型执行承担、义务承担型执行承担两种类型。法定执行承担主要适用于民事主体死亡或终止而引发案外人概括承受其所有民事权利义务的情形，在特定执行案件中究竟构成权利受让型执行承担、义务承担型执行承担，还是概括承受型执行承担，完全取决于生效法律文书的确定结果。与此不同，意定执行承担发生于生效法律文书确定的一方当事人将其全部或部分债权和/或债务转移给案外人的情形，案外人在特定执行案件中究竟构成权利受让型执行承担、义务承担型执行承担，还是概括承受型执行承担，不仅取决于生效法律文书的确定结果，还取决于生效法律文书确定的一方当事人与案外人的协议结果。鉴于意定执行承担的情形更为复杂，限于篇幅，这里仅以意定执行承担为例，对权利受让型执行承担与义务承担型执行承担展开分析。

根据《民法典》第五百四十六、五百五十一条的规定，债权人全部或部分转让权利的，只要通知债务人即可，而债务人将义务全部或部分转移给第三人的，则应当经债权人同意。由此可见，相对于义务承担型执行承担而言，权利受让型执行承担的适用更为简单。即使生效法律文书确定的债权人将其权利转让给案外人后尚未通知债务人，参照《最高人民法院关于审理涉及金融资产管理公司收购、管理、处置国有银行不良贷款形成的资产的案件适用法律若干问题的规定》（已失效）第六条第二款关于"在案件审理中，债务人以原债权银行转让债权未履行通知义务为由进行抗辩的，人民法院可以将原债权银行传唤到庭调查债权转让事实，并责令原债权银行告知债务人债权转让的事实"的规定，执行机构可以传唤生效法律文书确定的债权人，以便调查债权转让事实，并责令其当场告知债务人债权转让的事实。与此不同，生效法律文书确定的债务人将其义务转移给案外人承担的，只有经过债权人同意才能发生效力。这是因为，债务人的替换（而非扩张）对债权人能否实现该债权可能产生重大影响，主要表现为不同债务人可供执行的财产状况不尽相同。为了防止债务人将其债务转移给不具备履行能力的案外人承担，债务人与案外人的债务承担协议只有经过债权人的同意，才能对债权人产生债务人更替的效果。除非被执行人确无财产可供执行或者债务承担者比债务人更具有履行能力，作为理性经济人的申请执行人才会同意被执行人将其债务转由案外人承担。

实际上，被执行人在执行程序中将其债务转移给案外人承担的，只有经过申请执行人同意才能产生债务人替换效果，故通常采取申请执行人、被执行人、案外人达成和解协议的形式，而根据《民事诉讼法》第二百四十一条第二款的规定，债务承担人拒不履行和解协议的，申请执行人并不能据此申请对其采取强制执行措施，故被执行人在执行程序中将债务转移给案外人承担，即使获得申请执行人之同意，也不能产生债务人替换的强制性效力。与此不同，申请执行人在执行程序中将其债权转让给案外人的，无须获得被执行人之同意，只要申请执行人与案外人达成协议并将债权转让通知送达被执行人，债权受让人就可以申请变更或追加其为申请执行人，无须借助执行和解之形式，故权利受让型执行承担在替换申请执行人方面具有强制性。鉴于此，对于意定执行承担，我国现行《民事诉讼法》及其相关司法解释对权利受让型执行承担作出规定，而义务承担型执行承担实际上被作为执行和解对待。

（三）狭义执行承担与广义执行承担

执行承担存在广义和狭义之分。狭义的执行承担，仅指前文所述的生效法律文书确定实体权利义务在执行过程中基于法定或意定原因而全部或部分转由案外人承受的情形。广义的执行承担，还涵盖生效法律文书确定的实体权利义务在进入强制执行程序之前基于法定或意定原因而全部或部分转由案外人承受的情形，而且争议的民事权利义务在诉讼中基于法定或意定原因而全部或部分转由案外人承受但没有申请变更或追加诉讼当事人等诉讼担当情形也都可以参照适用执行承担规则。[1] 基于前述原因，笔者以权利受让型合意执行承担为主要考察对象，对广义执行承担中的其他两种执行承担情形进行分析。

在法律文书生效后，在申请强制执行程序之前，生效法律文书确定的实体权利义务因法定或意定原因由案外人全部或部分承受的，承受人可以直接以自己的名义申请强制执行。根据《执行规定》第十六条第一款第二项以及第十八条第四项的规定，生效法律文书所确定权利人的继承人、权利承受人也属于申请执行人，但继承人或权利承受人申请执行的，应当提交继承或承受权利的证明文件。结合《最高人民法院关于判断确定的金融不良债权多次转让人民法院能否裁定变更执行主体请示的答复》（〔2009〕执他字第1号），最高人民法院审判委员会讨论通过2014年12月18日发布的指导案例34号"李晓玲、李鹏裕申请执行厦门海洋实业（集团）股份有限公司、厦门海洋实业总公司执行复议案"明确指出，"生效法律文书确定的权利人在进入执行程序前合法转让债权的，债权受让人即权利承受人可以作为申请执行人直接申请执行，无须执行法院作出变更申请执行人的裁定。"鉴于公证债权文书在申请强制执行之前须先向公证机构申请执行证书，公证债权文书确定的债权人在申请执行证书之前将其权利转让给案外人的，受让人是否可以以自己的名义向公证机构申请执行证书容易产生疑问。对此，司法部经征求最高人民法院意见后作出的《司法部关于经公证的具有强制执行效力的合同的债权依法转让后，受让人能否持原公证书向公证机构申请出具执行证书问题的批复》（司复〔2006〕13号）也明确规定，债权人将经公证的具有强制执行效力的合同的债权依法转让给第三人的，受让人持原公证书、债权转让协议以及债权人同意转让申请人

---

[1] 权利人（义务人）在提起民事诉讼之前将其全部或部分权利（义务）转移给案外人享有（承担）的，属于民事实体法的研究范畴，本书不予检讨。此外，根据《终本规定》第十六条第二款的规定，终结本次执行程序后，当事人、利害关系人申请变更、追加执行当事人，符合法定情形的，人民法院应予支持。

民法院强制执行的权利的证明材料，可以向公证机构申请出具执行证书。也就是说，生效法律文书确定的债权人在申请执行证书和/或申请强制执行之前全部或部分转让权利的，债权受让人得以自己的名义申请执行证书和/或申请强制执行。

在诉讼中，争议的民事权利义务基于法定或意定愿意全部或部分转移给案外人享有或承担的，民事诉讼法学主要通过所谓的"诉讼承担"与"诉讼担当"两种理论解决当事人适格问题。根据诉讼承担理论，争议的民事权利义务发生转移的，人民法院应当依申请或依职权将权利义务承继者追加或变更为当事人。根据诉讼担当理论，争议的民事权利义务发生转移的，不影响当事人的诉讼主体资格和诉讼地位，但人民法院作出的发生法律效力的裁判对承继者具有拘束力，而且允许承继者以无独立请求权第三人的身份参加诉讼。因当事人死亡或终止导致民事权利义务转移的，因之前的当事人已经不复存在，自然只能采取诉讼承担模式。因而，根据《民诉法解释》第五十五、三百二十、四百条的规定，当事人在诉讼中死亡或终止的，无论在一审程序、二审程序，还是再审程序，人民法院都应当及时通知其权利义务承继者参加诉讼，已经进行的诉讼行为对承担诉讼的权利义务承继者有效。但是，当事人转让权利或承担义务的，人们素来存在"诉讼承担"（诉讼继受主义）与"诉讼担当"（当事人恒定主义）之争。根据《民诉法解释》第二百四十九条的规定，在原告提起民事诉讼到人民法院作出的裁判文书生效期间，债权人将尚未确定之民事权利转让给案外人，或者债务人经债权人同意将尚未确定的民事义务转移给案外人承担的，不影响当事人的诉讼主体资格和诉讼地位，但权利义务的承继者申请替代当事人承担诉讼的，人民法院可以根据案件的具体情况决定是否准许。综上所述，争议的民事权利义务因当事人死亡或终止而发生转移的，不存在参照适用执行承担规则之必要；但争议的民事权利义务因其他原因发生转移且承继者没有申请替代当事人承担诉讼或者其申请未获法院准许的，其民事权利义务被承继的当事人转而以承继者的法定诉讼担当人的身份继续参加诉讼，法院对被承继的当事人作出的生效裁判直接对作为被担当人的承继者发生效力，后续可能发生的执行程序应当以承继者为申请执行人或被执行人，故存在参照适用执行承担规则之空间。

(四) 执行承担中的"以执代审"问题分析

【案例 23】

青岛农村商业银行股份有限公司即墨通济支行服装市场分理处（以下简称"分理处"）与刘禹金融借款合同纠纷一案，山东省即墨市人民法院（以下简称"即墨中院"）作出（2015）即商初字第 264 号判决书，判令刘禹偿还分理处借款本金 808287.76 元及其利息。在强制执行中，马克松通过青岛中和拍卖有限公司组织的拍卖活动，于 2016 年 10 月 26 日以 100 万元的价格竞买得分理处对刘禹 1158845.19 元的金融不良贷款债权，2016 年 11 月 6 日向执行法院提出变更该案的申请执行人的申请，分理处于 2016 年 11 月 21 日在《山东法制报》公告通知被执行人刘禹。马克松向即墨中院提供了债权转让协议书、（2015）即商初字第 264 号判决书、竞买合同书、拍卖成交合同书、2016 年 11 月 21 日山东法制报等证据，分理处对马克松提交的证据未提出异议。即墨中院举行执行听证会，经当事人质证以及合议庭审查，对前述证据予以采信，认定分理处与马克松的债权转让行为构成债权转让要件，符合法律规定。因此，对申请人马克松请求变更为本案申请执行人的申请，依法予以支持。[①]

【案例 24】

张海东与崔新民间借贷纠纷一案，郑州仲裁委员会 2015 年 9 月 14 日作出（2014）郑仲裁字 427 号裁决书，裁决崔新偿还张海东借款本金 200 万元、利息 43200 元、逾期利息及仲裁费等。因崔新未履行裁决义务，张海东向郑州中院申请强制执行。第三人刘贯珍于 2016 年 5 月 11 日向郑州中院申请将其变更为申请执行人，并提交债权转让协议书、收据、债权交割确认书、债权转让通知等证据证明其受让了该执行债权，郑州中院于 2016 年 6 月 2 日裁定变更刘贯珍为该案申请执行人。河南省郑州高新技术产业开发区人民法院（以下简称"高新法院"）（2015）开民初字第 12685 号民事判决书另案判决张海东、李晓东偿还高红敏借款本金 556 万元及其利息，因张海东、李晓东未履行判决确定的付款义务，高红敏向高新法院申请强制执行。高红敏以"刘贯珍和张海东之间并不存在债权债务关系，

[①] 参见山东省即墨市人民法院（2016）鲁 0282 执异字 26 号执行裁定书。

是他们之间恶意串通,故意损害其他债权人的合法权益"为由提出异议,并以"2015 年 10 月 12 日,刘贯珍向开发区法院对张海东提起标的额为 1335.76 万元的虚假诉讼,经开庭审理,该债权债务根本不存在,开发区法院拟驳回刘贯珍的诉讼请求,刘贯珍遂于 2015 年 12 月 28 日以证据准备不充分为由撤回了对张海东的起诉"为佐证。郑州中院以"异议人高红敏所主张张海东与刘贯珍之间的债权转让行为侵害了异议人的合法权利,不属于执行异议审查范围,应通过其他途径予以解决"于 2016 年 12 月 27 日裁定驳回其异议。高红敏以"郑州中院没有审查张海东和刘贯珍债权转让的真实性,且其债权转让通知书没有送达给债务人崔新"为由向郑州中院申请复议。郑州中院经审查认为,"本案中,郑州中院依据刘贯珍提交的债权转让协议书、收据、债权交割确认书等证据将其变更为申请执行人符合法律规定。现高红敏提出的张海东和刘贯珍之间不存在债权债务关系及债权转让通知书没有送达给债务人崔新等主张,已超出执行异议复议审查范围,其可以通过其他途径解决。"[①]

如前所述,对于法定执行承担而言,执行机构通常可以在形式审查的基础上对实体权利义务转移的事实作出认定,但意定执行承担因需要进一步审查自愿性与合法性问题而存在较大的审查难度。因而,执行承担中的"以执代审"问题主要发生在意定执行承担领域,但最高人民法院出台的司法解释以及其他规范性文件对法定执行承担的情形作了扩张和细化,其中部分也可能存在"以执代审"问题。某些"以执代审"情形既可能属于法定执行承担,也可能属于意定执行承担,为便于比较研究,这里采取按照情形类型化分析的体例展开研究。

(1) 明确公民死亡包括宣告死亡情形在内,并类推适用到公民被宣告失踪情形。[②] 公民生理死亡主要以公安机关或者国务院卫生行政部门规定的医疗机构出具的死亡证明作为依据,没有死亡证明的,执行机构应当以户籍登记或者其他有效身份登记为依据。[③] 据此,对于公民生理死亡而言,执行机构可以根据死亡证明或者户籍等身份登记材料可直接认定公民生理

[①] 参见河南省高级人民法院(2017)豫执复 35 号执行裁定书。
[②] 参见《变更、追加当事人规定》第二、十条。
[③] 参见《民法典》第十五条。《禁止非医学需要的胎儿性别鉴定和选择性别人工终止妊娠的规定(2016)》《农业机械事故处理办法》《道路交通事故处理程序规定(2008)》《铁路交通事故应急救援规则》等部门规章对死亡证明的出具问题作出了规定。

死亡，而无须经过实质审查，故不存在"以执代审"问题。至于宣告死亡和宣告失踪的情形，根据《民事诉讼法》第一百九十二、一百九十三条的规定，人民法院系以判决的形式宣告公民死亡或失踪，人民法院因被宣告失踪或死亡的公民重新出现而撤销原判决的，也应当作出新的判决。因而，对于公民是否被宣告失踪或死亡，执行机构仅需根据相关判决书进行认定即可，也不存在"以执代审"的问题。

（2）因离婚析产而将生效法律文书确定的权利全部或部分分割给原配偶的，原配偶可以申请变更或追加其为申请执行人，① 但经生效法律文书确定的夫妻个人债务或共同债务均不因离婚析产而仅由原配偶一方承担。② 也就是说，离婚析产的协议或者判决本身只能引发申请执行人变更或追加，而不能导致生效法律文书确定的债务发生转移。对于离婚判决书引发的申请执行人全部或部分替换问题，执行机构可以根据离婚判决进行形式审查，而对于离婚协议书引发的申请执行人全部或部分替换问题，执行机构可以根据婚姻登记机关保存且经其审核的离婚协议书进行认定。③ 对于婚姻双方当事人在离婚后另行针对尚未处理的夫妻共同财产进行分割引发生效法律文书所确定权利义务转移的，如果双方系通过诉讼解决，执行机构可以根据生效裁判文书进行认定，但如果双方通过协议解决，执行机构则应当参照生效法律文书所确定债权人转让权利的审查方式进行处理。

（3）作为申请执行人或被执行人的法人或其他组织因合并、分立、清算或破产、撤销等原因终止的，因该法人或其他组织终止而依法承继生效法律文书所确定权利义务的主体可以申请替代已经终止的法人或其他组织成为执行当事人。④ ①因合并导致法人或其他组织终止的，合并后存续或新设的法人、其他组织概括承受被合并法人或其他组织的债权债务，若被合并法人或其他组织系属生效法律文书确定的债权人，其可以申请变更其为申请执行人，⑤ 若被合并法人或其他组织系属生效法律文书确定的债务

---

① 参见《变更、追加当事人规定》第三条。
② 此外，有充分证据证明被执行人通过离婚析产、不依法清算、改制重组、关联交易、财产混同等方式恶意转移财产规避执行的，执行法院可以通过依法变更追加被执行人或者告知申请执行人通过诉讼程序追回被转移的财产。
③ 根据 2003 年 7 月 30 日国务院第 16 次常务会议通过的《婚姻登记条例》第十一条第二款的规定，离婚协议书应当载明双方当事人自愿离婚的意思表示以及对子女抚养、财产及债务处理等事项协商一致的意见。
④ 参见《变更、追加当事人规定》第四条。
⑤ 参见《变更、追加当事人规定》第五条。

人，债权人可以申请将其变更为被执行人,[①] 但若生效法律文书确定的债权债务关系发生在被合并法人或其他组织之间的，因债权和债务归于一人而导致权利义务终止，丧失续行强制执行程序的必要性。[②] ②因分立导致法人或其他组织终止的，依分立协议约定承受生效法律文书确定权利的新设法人或其他组织可以申请变更或追加其为申请执行人,[③] 生效法律文书确定的债权人可以申请变更、追加分立后新设的法人或其他组织为被执行人，对生效法律文书确定的债务承担连带责任，但被执行人在分立前与申请执行人就债务清偿达成的书面协议另有约定的除外。[④] ③作为申请执行人的法人或其他组织清算或破产时，生效法律文书确定的权利依法分配给第三人，该第三人申请变更、追加其为申请执行人的，人民法院应予以支持。[⑤] ④作为申请执行人的机关法人被撤销，继续履行其职能的主体申请变更、追加其为申请执行人的，人民法院应予以支持，但生效法律文书确定的权利依法应由其他主体承受的除外；没有继续履行其职能的主体，且生效法律文书确定权利的承受主体不明确，作出撤销决定的主体申请变更、追加其为申请执行人的，人民法院应予以支持。[⑥] 众所周知，法人或其他组织在法律人格上的任何变动，都需要经过工商行政管理部门的审核或登记，执行机构可以调阅相关主管部门保存的档案材料，对法人或其他组织是否存在合并、分立、清算或破产、撤销等情形作出认定。因而，涉嫌违背"审执分离"原理的主要是前述所涉关于"被执行人在分立前与申请执行人就债务清偿达成的书面协议另有约定"的但书情形，但该情形实则可以纳入第四种类型中予以讨论。

（4）申请执行人将生效法律文书确定的债权依法转让给第三人，且书面认可第三人取得该债权，该第三人申请变更、追加其为申请执行人的，人民法院应予以支持。[⑦] 其中，第三人受让全部生效法律文书确定债权的，可以申请变更其为申请执行人，第三人受让部分生效法律文书确定债权的，可以申请追加其为申请执行人。债权转让虽以通知债务人为条件，但

---

① 参见《变更、追加当事人规定》第十一条。
② 参见《民法典》第五百七十六条。
③ 参见《变更、追加当事人规定》第六条。
④ 参见《变更、追加当事人规定》第十二条。
⑤ 参见《变更、追加当事人规定》第七条。
⑥ 参见《变更、追加当事人规定》第八条。
⑦ 参见《变更、追加当事人规定》第九条。

债权转让通知可以内含于执行机构向被执行人送达的相关司法文书之中，执行机构也可以责令生效法律文书确定的债权人到场向被执行人告知债权转让事实，故债权转让能否发生权利义务承担的事实取决于申请执行人与第三人所达成债权转让协议的效力。① 比如，在【案例 23】中，尽管债权转让通知于 2016 年 11 月 21 日才通过公告方式送达被执行人，但马克松早在 2016 年 11 月 6 日就向执行法院申请将其变更为申请执行人，并获得执行法院支持。执行机构需要对债权转让协议从自愿性与合法性两个方面进行审查，而债权转让协议自愿性与合法性的审查属于实体审查，执行机构只能根据"异议前置"原理，参照《民事诉讼法》第二百三十八条的规定予以处理。当事人不服执行机构作出异议裁定的，可以向执行法院提起异议之诉，以使当事人获得最低限度的正当程序保障。但是，根据《变更、追加当事人规定》第三十条的规定，不服执行法院作出的变更、追加裁定或驳回申请裁定的被申请人、申请人或其他执行当事人只能通过向上一级人民法院申请复议的方式谋求救济，故涉嫌违反"审执分离"原理。一方面，我国现行司法解释仅向不服执行承担裁定者提供复议救济途径；但另一方面，债权转让协议及其基础法律关系在客观上又存在实质审查的必要性。执行异议和执行复议通常被认为只能进行形式审查，而形式审查通常不足以保证债权转让协议及其基础法律关系的真实性和/或自愿性。在当前执行实务中，有些人民法院倾向于参照争讼程序来处理执行承担申请，即组成合议庭，适用类似庭审的听证程序，组织当事人进行质证，对债权转让行为是否构成债权转让要件以及是否符合法律规定进行初步的实质审查（如【案例 23】）；而有些人民法院倾向于采取纯粹意义的形式审查，只要第三人提供债权转让凭证且申请执行人无异议，就应当裁定准许变更

---

① 诚然，在执行实践中，也有些人民法院以债权转让通知存在瑕疵为由拒绝变更债权受让人为申请执行人。例如，浙江省宁波市中级人民法院（2017）浙 02 执异 5 号执行裁定书指出，"债权人转让权利的，应当通知债务人。未经通知，该转让对债务人不发生效力。债权转让通知应保证能使债务人及时、准确地获知债权转让的事实。本案中，债权人郑清贵仅在《东莞日报》上刊登了债权转让公告，显然不能确保债务人及时、准确地获知债权转让的事实，故对申请人林金狮的变更申请本院不予准许。"对此，笔者不敢苟同。债权转让通知债务人的目的旨在避免债务人在债权转让后因不知债权转让事实而继续向转让人清偿，只要债权人没有将债权转让事实通知债务人，债务人继续向债权人履行债务的行为不构成非债清偿，可以在其履行范围内发生债务清偿效果。因而，在债权人没有将债权转让事实通知债务人的，债权人可以后续随时通知债务人，并从其通知之时对债务人发生债权转让效力。执行机构简单以债权人没有妥当履行通知义务为由直接裁定不予准许变更受让人为申请执行人的申请，显著不妥当。

申请执行人,甚至在已经觉察到债权转让协议及其基础法律关系可能存在效力瑕疵的情形下,执行机构受限于形式审查的要求而不得不"将错就错"(如【案例24】)。① 鉴于此,笔者呼吁将执行承担复议程序替换为异议之诉程序。

第五节 扩张性给付请求权执行中的"以执代审"

扩张性给付请求权执行,是指执行机构强制案外人与被执行人共同向申请执行人承担执行债务以及执行机构强制执行案外人财产或者生效法律文书指定以外财产的情形。与替代性给付请求权执行存在主观替代与客观替代相似,扩张性给付请求权执行也存在主观扩张与客观扩张之分。生效法律文书所确定给付请求权的主观扩张,也被称为"执行力主观范围的扩张",是指案外人与生效法律文书确定的债权人或债务人共同成为连带的申请执行人或被执行人的情形,但债务人可以向连带债权

---

① 相反案例:山东省高级人民法院(2013)鲁商终字第214号民事判决书判令程安宇、王翠霞向邹平富而通工程咨询有限公司(以下简称"富而通公司")偿还代偿款1600万元及利息,济南中院于2014年1月21日以(2014)济中法执字第86号予以立案执行。2014年2月18日富而通公司将该判决项下的权利全部转让给其实际控制人刘青洋,经富而通公司与刘青洋于2014年2月28日、2014年7月30日两次向济南中院提交变更申请执行人申请,济南中院于2015年10月12日裁定将本案申请执行人变更为刘青洋。山东省滨州市中级人民法院于2014年4月22日作出(2013)滨中四民初字第159号民事判决,判令富而通公司偿还程安宇、王翠霞借款本金1223.2万元及相应利息,富而通公司虽提起上诉,但因未缴纳案件受理费而被山东高院于2014年11月27日裁定按撤回上诉处理。程安宇、王翠霞于2014年3月17日以富而通公司尚欠其4000万元债务未还为由,向济南中院申请债务抵销,并在济南中院作出变更申请执行人裁定前将滨州中院(2013)滨中四民初字第159号民事判决提交济南中院。济南中院认为,"本案中,在济南中院作出(2014)济中法执字第86-2号执行裁定前,滨州中院(2013)滨中四民初字第159号民事判决已经生效,该判决确定了富而通公司应偿还程安宇、王翠霞借款本金数额及利息计算方式。据此,程安宇、王翠霞与富而通公司互负的到期债务均已经生效法律文书确认,债务的品质、种类相同,且程安宇、王翠霞于2014年3月17日已向济南中院申请债务抵销。因此,程安宇、王翠霞向济南中院申请债务抵销的条件已经成就,对双方当事人之间互负的到期债务应予抵销,根据债务抵销情况确定程安宇、王翠霞是否欠付富而通公司债务。在此情况下,济南中院作出(2014)济中法执字第86-2号执行裁定,变更刘青洋为申请执行人,侵害了程安宇、王翠霞的合法权益,应予撤销。"刘青洋不服,向山东高院申请复议。山东高院以与济南中院相同的理由驳回了刘青洋的复议申请。参见山东省高级人民法院(2016)鲁执复276号执行裁定书。

人中的任何主体履行给付义务，故主观扩张主要研究的是案外人（在其责任范围内）与生效法律文书确定的债务人连带地向债权人履行给付义务的情形。尽管主观扩张与主观替代均可以表现为追加案外人作为被执行人，但案外人与被执行人在主观扩张情形下承担的是连带责任，而在主观替代情形下承担的是按份责任。生效法律文书所确定给付请求权的客观扩张，也被称为执行力客观范围的扩张，是指执行机构基于法定或意定原因可以直接执行案外人所有财产或者生效法律文书指定以外的其他财产的情形。尽管客观扩张与客观替代均可以表现为对案外人财产的强制执行，但客观扩张不涉及执行债权之变更，而只是将案外人之财产拟制为被执行人之财产予以强制执行，而客观替代则是通过其他债权替代执行债权。同时，尽管主观扩张与客观扩张在外观上均可以表现为强制执行案外人财产，但前者是"人的责任"，执行机构需要先行将案外人追加为被执行人，才对其责任财产采取强制执行措施，而后者属于"物的责任"，执行机构无须先行将案外人追加为被执行人，就可以直接对案外人所有的特定物采取强制执行措施。诚然，我国现行《民事诉讼法》及其相关司法解释对"人的责任"与"物的责任"、"主观扩张"与"客观扩张"没有进行严格的区分，[①] 甚至还将"主观扩张"与"主观替代"混同，[②] 从而导致执行当事人变化制度的粗放化。与此同时，无论扩张性执行的正当性基础在于"人的责任"还是"物的责任"，执行法院均需要对相关民事实体法律关系作出认定，故存在"以执代审"的可能。鉴于此，笔者拟分别从主观扩张和客观扩张两个方面对执行扩张的基本原理及其涉及的"以执代审"展开类型化分析。

一 主观扩张中的"以执代审"

生效法律文书确定给付请求权的主观扩张在理论上可以分为申请执行人

[①] 比如，《民诉法解释》第四百七十一条规定，其他组织在执行中不能履行法律文书确定的义务的，人民法院可以裁定执行对该其他组织依法承担义务的法人或者公民个人的财产。这里所谓的"裁定执行对该其他组织依法承担义务的法人或者公民个人的财产"与"裁定追加对该其他组织依法承担义务的法人或者公民个人为被执行人"等值。对该其他组织依法承担义务的法人或者公民个人负有的是"人的责任"，理论上应当先行裁定将其追加为被执行人。

[②] "主观扩张"与"主观替代"混同主要表现为，无论案外人与被执行人是按份责任还是连带责任，现行司法解释以及其他规范性文件均采取"追加被执行人"的表述，而没有对"连带性追加被执行人"抑或"按份性追加被执行人"作出区分。

扩张（积极的主观扩张）以及被执行人扩张（消极的主观扩张）两种类型。积极的主观扩张没有引起理论界与实务界广泛的关注。一方面，申请追加其为申请执行人的案外人必须是该执行债权的连带权利人，通常以案外人与申请执行人之间存在着共同共有关系为基础，故其适用范围极为狭窄。另一方面，人民法院裁定追加申请执行人的，不影响强制执行程序的进行，复数申请执行人因其基础法律关系归于消灭而分割执行债权，但因内部债权分配达不成协议而另案解决的，被执行人可以向执行机构或公证机构提存，执行机构也可以暂缓执行款项在复数申请执行人之间的分配。与积极的主观扩张不同，消极的主观扩张则面临着更多的挑战。首先，案外人未经争讼程序保障而直接被追加为被执行人，涉嫌违反正当程序保障原理以及执行名义法定主义。其次，案外人未经争讼程序保障即被追加为被执行人是否具备正当性基础及其正当性基础何在，对此理论界尚未达成基本共识。再次，对于案外人与被执行人之间存在着何种实体法律关系，才可以未经争讼程序而直接将其追加为被执行人，即追加被执行人制度的适用范围及其适用情形，理论界与实务界也存在着广泛的争议。复次，未经争讼程序保障而直接被追加为被执行人的案外人，是否应当享有后置性程序保障以及应当向其提供何种正当程序保障，对此，理论界缺乏深入探讨，实务操作也较为混乱。最后，申请执行人是否可以仅凭追加裁定直接申请对被追加为被执行人的案外人进行强制执行，对此也缺乏必要的类型化分析。[1]

（一）积极的主观扩张中的"以执代审"

在积极的主观扩张情形下，案外人与债权人共同作为申请执行人，并且彼此不分份额，债务人向案外人或债权人履行给付义务均可产生债务清偿效果。但是，在案外人被追加为申请执行人之前，被执行人庭外向尚未被生效法律文书确定为连带债权人的案外人履行债务的，尽管在实体法上可以产生债务清偿效果，但在程序法上则可能属于规避执行的表现。此外，在执行法院依法将案外人追加为申请执行人之后，被执行

---

[1] 如前所述，消极的主观扩张，是指将案外人追加为被执行人，并裁定其对全部或部分执行债务与被执行人承担连带清偿责任。与此不同，消极的主观替代，是指将案外人追加为被执行人，并裁定其对部分执行债权独立承担债务清偿责任，即复数被执行人对执行债务按份承担清偿责任。由此可见，消极的主观扩张对申请执行人有利，而消极的主观替代对申请执行人是否有利则取决于该案外人的清偿能力是否强于被执行人。但是，与消极的主张扩张相似，消极的主观替代也存在着案外人未经争讼程序保障即被追加为被执行人等相关问题，故后文所探讨的相关问题及其初步结论，同样适用于消极的主观替代情形。

人是否可以自行向部分债权人履行债务,还是必须将相关金钱或财物提存于执行法院?执行法院接受被执行人提存后,复数申请执行人未能就执行款项分配达成协议且进入诉讼程序的,执行法院应当如何处置执行款项?

根据《民事诉讼法》第一百三十五条的规定,必须共同进行诉讼的当事人没有参加诉讼的,人民法院应当通知其参加诉讼。我国长期将连带债权人、连带债务人作为固有的必要共同诉讼理解。尽管近来已有不少学者将连带债务人理解为类似的必要共同诉讼人乃至普通共同诉讼人,但是对连带债权人必须共同提起诉讼则几乎不存在争议。根据《民诉法解释》第七十、七十二、七十三、七十四条的规定,部分连带债权人提起诉讼的,其他连带债权人属于必须共同进行诉讼的当事人,人民法院应当将其追加为原告,已明确表示放弃实体权利的,可不予追加;既不愿意参加诉讼,又不放弃实体权利的,仍应追加为共同原告,其不参加诉讼,不影响人民法院对案件的审理和依法作出判决。但是,在司法实践中,仍然存在着大量只有部分共同权利人提起民事诉讼的案例。鉴于此种情形,以夫或妻一方为追索夫妻共同债权而单独以自己的名义提起民事诉讼的案件最为常见,这里以夫妻共同债权为例进行分析。尽管夫妻双方根据《民法典》第一千零六十条的规定可以就家庭日常事务互为代理人,① 但为追索夫妻共同债权而提起民事诉讼或申请仲裁此等重大事务,不应当属于家事代理权的作用范围,故无法以家事代理权作为单独提起民事诉讼的夫或妻同时代理或担当妻或夫的正当性基础。② 一方面,夫或妻可以根据《民事诉讼法》第六十一条第二款第二项的规定委托妻或夫为其诉讼代理人;另一方面,

---

① 有观点认为,家事代理权可以构成追加被执行人(原)配偶为被执行人的理论渊源。参见刘玉杰、郭百顺《追加被执行人原配偶存在的问题及对策》,《行政与法》2008年第10期。
② 也正因为如此,尽管执行部门倾向于直接根据《最高人民法院关于适用〈中华人民共和国婚姻法〉若干问题的解释(二)》(法释〔2017〕6号,已失效)第二十四条的规定将未参加诉讼程序的夫或妻追加为被执行人,但最高人民法院《最高人民法院关于依法妥善审理涉及夫妻债务案件有关问题的通知》(法〔2017〕48号)明确规定,"未经审判程序,不得要求未举债的夫妻一方承担民事责任。"《民法典》第一千零六十四条以举债是否超出家庭日常生活需要为标准,设置了不同的夫妻共同债务认定标准:(1)夫妻双方共同签名或者夫妻一方事后追认等共同意思表示所负的债务,以及夫妻一方在婚姻关系存续期间以个人名义为家庭日常生活需要所负的债务,属于夫妻共同债务。(2)夫妻一方在婚姻关系存续期间以个人名义超出家庭日常生活需要所负的债务,不属于夫妻共同债务;但是,债权人能够证明该债务用于夫妻共同生活、共同生产经营或者基于夫妻双方共同意思表示的除外。

作为共同原告的夫与妻也可以共同委托相同的诉讼代理人。据此，要求夫妻作为必要共同诉讼人参加诉讼，没有给当事人增加过多的额外负担。同时，夫妻作为共同原告既可以避免夫或妻败诉后妻或夫再提起诉讼的现象发生，又可以避免发生前文所提及的诸多执行疑难问题。作为经济理性人的被告，为避免承受重复诉讼也应当具备申请将没有提起诉讼的其他连带责任人作为共同原告之动力。因而，本着审执协作原理，在诉讼程序中，受诉法院应当向当事人（尤其是被告）释明可以申请追加没有提起诉讼的其他连带债权人（共有人）为原告，通知没有提起诉讼的其他连带债权人有权申请作为共同原告，前述主体均不申请追加原告且其他连带债权人不表示放弃实体权利的，人民法院依职权予以追加。

但是，在其他连带债权人（共有人）没有放弃实体权利的情形下，受诉法院违反审执协作原理，针对部分连带债权人起诉债务人的案件作出给付判决的，执行法院仍然面临着前述疑难问题。比如，在夫以自己的名义起诉债务人并获得胜诉判决的情形下，债务人是否可以向妻履行债务？对此，笔者认为，在案件进入强制执行程序之前，债务人可以自行履行债务，而连带债权的特点是债务人可以向全部或部分债权人履行全部债务。因而，债务人向妻子履行债务，丈夫持执行名义启动强制执行程序的，根据《执行案件立案、结案意见》第九条第五项以及《执行异议和复议规定》第七条第二款的规定，被执行人以债权消灭为由提出阻止执行异议的，人民法院应当按照执行异议案件予以立案，并参照《民事诉讼法》第二百三十六条规定进行审查。在案件进入强制执行程序以后，根据执行名义法定主义，执行法院只能强制被执行人向申请执行人给付，但被执行人绕过执行法院，擅自向没有被列为申请执行人的连带债权人履行给付义务的，尽管在实体法上仍可以产生债务清偿的效果，但在程序法上不能对抗申请执行人。也就是说，案件进入强制执行程序后，被执行人应当向申请执行人履行给付义务，不得逾越申请执行人和执行法院而直接向申请执行人以外的连带债权人履行给付义务。这是因为，连带债权人可以申请将其追加为申请执行人，连带债权人因解除共有关系而需要另案分配债权比例的，不影响强制执行程序之进行，但可以暂缓执行款项之发放，甚至裁定中止执行程序，待债权分配比例确定后再恢复执行程序，执行法院按照生效法律文书确定的分配比例向不同债权人发放相应的执行款项。诚然，如果连带债权人的基础法律关系仍然存在，被执行人向申请执行人以外的债权人履行给付义务，申请执行人没有要求被执行人继续履行之必要，其可以通过撤回执行申请的方式终结执行程序。申请执行人不撤回执行申请，被执行人以其已向申请执行人以外其他债权人履行义务为由提出排除执行异议的，人民法院不予审查，但被执行人可以在执行程序之外另行提起不当得利返还之诉。通过前述规则的设计和适用，倒逼连带债权人尽可能地参加诉讼以及申请追加为申请执行人，从而实现便于查清案件事实、节约司法资源、避免诱发新纷争等多重功能。

(二) 消极的主观扩张中的"以执代审"问题

消极的主观扩张的本质特征是，未经争讼程序保障即将案外人追加为（连带型）被执行人。执行机构据以对该案外人采取强制执行措施的依据究竟是原生效法律文书还是追加被执行人裁定，理论界存在着不同的认识。传统观点认为，据以对案外人采取强制执行措施的依据仍然是原生效法律文书，该生效法律文书所承载的执行力基于法定例外情形而突破相对性原则，直接对该案外人产生拘束力，故此种观点可以概括为"执行力主观范围扩张论"。[1] 新近观点则认为，基于执行名义法定原则，[2] 既然原生效法律文书没有将该案外人列为判决债务人，执行机构无权直接对其采取强制执行措施，但因案外人与被执行人或执行债务之间存在某种显而易见足以成立或者相关各方主体不存在争议的法律关系，执行法院可以参照适用公证债权文书制度，通过略式权益确定程序直接作出新的执行名义（即追加案外人为被执行人的裁定书），此种观点可以概括为"新执行名义论"。[3] 笔者持执行力主观范围扩张否定论，在国内较早地提出和反复论证"新执行名义论"，因前文已经详细阐释了相关理由及其可能的制度设计方案，这里不再对案外人未经争讼程序保障就被追加为被执行人是否违反正当程序保障原理与执行名义法定主义、案外人被追加为被执行

---

[1] 这种观点认为，基于民事实体法上的规定、民事程序法上的保障以及证明上的盖然性，可以在执行程序中突破执行依据所载明的当事人的范围而直接变更执行当事人以最大化地实现民事执行的价值。参见金殿军《民事执行机制研究》，复旦大学 2010 年博士学位论文，第 147 页。

[2] 所谓的执行名义法定原则，是指确定和证明实体请求权合法存在的执行名义以法律列举规定者为限，不得以当事人之意思合意，创设法律所明定以外的执行名义，亦不许依类推解释，扩张法律所明定执行名义之种类。参见杨与龄《强制执行法论》，中国政法大学出版社 2002 年版，第 291 页。

[3] 参见黄忠顺《论执行当事人变更与追加的理论基础》，《北京科技大学学报》（社会科学版）2013 年第 2 期。

人的正当性基础等问题进行赘述,而仅对执行法院可以将案外人追加为被执行人的情形进行类型化分析,并对被追加为被执行人的案外人应当享有何种后置性救济途径进行分析。

(1) 代位执行情形下的消极的主观扩张

代位执行制度存在狭义和广义之分,狭义的执行代位仅指对被执行人到期债权之执行,而广义的执行代位则包括对被执行人对第三人所享有的给付请求权之强制执行(包括但不限于到期债权中的金钱给付请求权)。根据笔者的考察,我国代位执行制度来源于《最高人民法院关于适用〈中华人民共和国民事诉讼法〉若干问题的意见》(法发〔1992〕22号,已废止,以下简称"《适用意见》")第三百条关于执行被执行人到期债权的规定,即"被执行人不能清偿债务,但对第三人享有到期债权的,人民法院可依申请执行人的申请,通知该第三人向申请执行人履行债务。该第三人对债务没有异议但又在通知指定的期限内不履行的,人民法院可以强制执行"。基于此,过去人们通常将代位执行作狭义理解,认为代位执行是债权人代位权在执行程序的延伸和体现,[①] 并将该制度理解为申请执行人对次债务人的责任财产获得执行名义以实现执行债权的快速途径。[②] 既然将代位执行理解为代位权在执行程序的体现,《最高人民法院关于深圳发展银行与赛格(香港)有限公司、深圳赛格集团财务公司代位权纠纷一案的请示的复函》(〔2005〕民四他字第31号)关于将"到期债权"限定为"具有金钱给付内容的到期债权"的规定,自然也适用于代位执行制度。即使采取狭义说的学者也认为,可以适用于代位执行的债权"既包括金钱债权,请求交付、转移动产或不动产等有形财产权,也包括著作权、专利权等无形财产权"[③]。实际上,只要被执行人对案外人享有的给付请求权具有金钱价值,无论该给付请求权表现为债权请求权还是物权请求权,无论该给付请求权表现为金钱给付请求权还是非金钱给付请求权,无论非金钱给付请求权表现为特定物给付请求权还是种类物给付请求权乃至接受某种有市场价值的服务请求权,只要该给付请求权不具有人身专属性,就应当纳入代位执行制度的适用范围。简言之,只要被执行人实现该给付请求权,并可以增加其可供执行的责任财产,就属于代位执行制度的适用对

---

① 参见程纪茂、魏风《代位执行初探》,《法商研究》1995年第1期。
② 参见谢春和、黄胜春《代位执行制度的理论与实践》,《现代法学》1995年第6期。
③ 参见程纪茂、魏风《代位执行初探》,《法商研究》1995年第1期。

象。鉴于此，笔者倾向于采取广义的代位执行概念。

代位执行的结果是将第三人的责任财产视为被执行人的财产，属于执行力客观范围的扩张。与此不同，当事人变化的结果是申请执行人或被执行人的变更或追加，属于执行力主观范围的扩张。但是，追加被执行人的客观效果也表现为执行法院可以对第三人的责任财产采取强制执行措施。鉴于相同的法律现象可以从不同的角度进行解读，第三人因其对被执行人负有给付义务而被执行法院强制对执行债务承担连带或补充责任的，既可以从执行力客观范围扩张的角度将其理解为代位执行，也可以从执行力主观范围扩张的角度将其理解为追加被执行人。实际上，无论将此种现象理解为代位执行还是追加被执行人，其实际效果都是第三人应当在其责任范围内以其责任财产对执行债务承担清偿义务。因而，对于此种现象之解读，笔者认为属于纯粹的民事诉讼法学问题，无关民事诉讼规则之设计，故遵循现行《民事诉讼法》及其相关司法解释的划分传统即可。作为形式化的判断标准，凡是允许执行法院直接裁定对第三人的责任财产采取强制执行措施的，可以纳入代位执行的范畴，凡是要求执行法院裁定追加被执行人的，则只能纳入代位执行的范畴。

除了代位执行与部分当事人变化情形的边界较为模糊以外，代位执行与协助执行之间的关系也较为模糊。尽管代位执行的性质在理论上存在方法说[1]、协助执行说[2]、继续执行说[3]、债权保全执行制度说[4]、保障性执

---

[1] 方法说将代位执行制度理解为对债权的执行方法，与对动产的执行、对不动产的执行并列。参见吴英姿《代位执行之我见》，《南京大学法律评论》1998年第2辑。

[2] 协助执行说着眼于我国现行代位执行规则，认为第三人系因执行法院之协助执行通知才与执行债权发生联系。参见王伟良《谈执行被执行人到期债权的条件及具体操作》，《法学》1996年第9期。

[3] 继续执行说的依据是《民事诉讼法》第二百六十五条关于"人民法院采取本法第二百五十三条、第二百五十四条、第二百五十五条规定的执行措施后，被执行人仍不能偿还债务的，应当继续履行义务。债权人发现被执行人有其他财产的，可以随时请求人民法院执行"的规定，即将到期债权纳入可以随时请求人民法院执行的"其他财产"范围。参见王永建《试论对被执行人债权的执行程序》，《法学与实践》1993年第2期。实际上，这里的"其他财产"是指执行法院穷尽调查措施未能发现的财产或者被执行人在终结本次执行后新取得的财产，而不是指其他财产类型。继续履行说可以说是建立在对《民事诉讼法》第二百六十五条发生误解或曲解的基础上。

[4] 债权保障制度说认为，代位执行是债权保全权能在执行程序中的具体体现。参见程纪茂、魏风《代位执行初探》，《法商研究》1995年第1期。

行措施说①等多种见解,但我国现有代位执行规则与协助执行制度存在密切联系则是不争的事实。根据《民事诉讼法》第一百一十七条的规定,协助调查、执行义务(以下简称"协助执行义务")属于公法上的义务,违反协助执行义务的,应当承担公法责任,包括罚款、拘留乃至刑事责任。在我国,协助执行制度不仅适用于对执行债权不负清偿责任的主体,也适用于对执行债权负有代位清偿责任的主体。协助执行人不对执行债务负代位清偿责任的,属于纯粹意义上的协助执行。对执行债务负有代位清偿责任的协助执行人,实际上是代位清偿人。详言之,在协助执行人对被执行人负有债务的情形下,执行法院通常先向协助执行人送达协助执行通知书,禁止其擅自向被执行人履行其债务,随后再向协助执行人送达履行到期债务通知书,要求其直接向申请执行人履行义务的,实际上是允许申请执行人在强制执行程序中行使代位权。

显而易见,第一种情形属于典型的协助执行,属于协助执行制度的固有研究范畴,违反该协助执行义务,只能追究协助执行人的公法责任。第二种情形属于附带的协助执行,协助执行人同时对被执行人负有给付义务,擅自向被执行人履行该给付义务,可以推定其对该给付义务不存在争议,执行法院可以在其向被执行人履行给付义务的范围内直接执行其责任财产。因而,最高人民法院出台的一系列司法解释或其他规范性文件授权执行法院直接在协助执行人违反协助执行义务的责任范围内直接承担(部分)执行债务,并非其违反了公法意义上的协助执行义务,而是其违反协助执行义务的行为构成其对给付义务的认诺(意思实现)。诚然,协助执行人违反公法上的协助执行义务(禁止其向被执行人履行的命令),擅自向被执行人为给付义务的,该行为属于违反法令的民事行为,至少在强制执行程序上不应当被作为削减代位执行债权范围的理由,故执行法院可以责令其追回或者在其"意思实现"的范围内承担执行债务。

综上所述,尽管执行法院在适用代位执行制度过程中也会作出协助执行通知书,但对被执行人负有给付义务之第三人的给付自由造成限制的,其实是执行法院采取控制性执行措施的相关执行裁定书,②而且某些情形

---

① 保障性执行措施说认为,代位执行仅仅是一种强制执行措施的保障性手段,其最终仍然要用一般的执行措施来实现生效法律文书的内容。参见胡亚球《代位执行制度的属性与适用》,《法学评论》2001年第4期。

② 例如,《民诉法解释》第四百九十九条第一款规定,人民法院执行被执行人对他人的到期债权,可以作出冻结债权的裁定,并通知该他人向申请执行人履行。

下也不再要求执行法院发出协助执行通知书。① 也就是说，在代位执行中，对第三人无须发出协助执行通知书，执行法院对被执行人享有的该项给付请求权采取执行措施的裁定书，完全足以充当要求该第三人协助履行相关事务的执行命令，但这并不意味着代位执行中不存在典型的协助执行的适用空间。比如，《民事诉讼法》第二百五十三条第二款规定，人民法院扣留、提取收入时，应当作出裁定，并发出协助执行通知书，被执行人所在单位、银行、信用合作社和其他有储蓄业务的单位必须办理。对此，笔者认为，执行法院仅需向被执行人所在单位送达裁定书，但向银行、信用合作社和其他有储蓄业务的单位则需同时发出协助执行通知书。

① 代位执行的审查标准

除了通过第三人违反"协助执行义务"擅自向被执行人（或其指定的其他主体）履行给付义务推定第三人对该给付义务不存在实质争议以外，对于已经生效法律文书确定的给付请求权，根据《民诉法解释》第四百九十九条第三款的规定，执行法院也不应当继续审查第三人对该给付请求权提出的异议，但第三人可以在执行程序之外启动旨在撤销或纠正生效法律文书的程序。此外，被执行人的存款、债券、股票、基金份额等财产，实际上表现为被执行人对第三人享有相应的具有金钱内容的给付请求权，而且该给付请求权的法律关系因适用严格的登记备案制度而足以直接推定其成立，故执行法院可以直接裁定予以扣押、冻结、划拨、变价。对于普通到期债权，除非该债权已经生效法律文书确定，② 执行法院应当审查次债务人对该到期债权提出的异议。到期债权的效力及其数额的认定属于实体事项，执行法院一般应当先行冻结到期债权，次债务人逾期未提出异议的，执行法院再采取处分性执行措施，次债务人依法提出异议的，执行法院对其异议进行形式化审查，不服执行法院形式审查结果的当事人或次债

---

① 例如，《民诉法解释》第四百八十四条规定，对被执行的财产，人民法院非经查封、扣押、冻结不得处分。对银行存款等各类可以直接扣划的财产，人民法院的扣划裁定同时具有冻结的法律效力。

② 《民诉法解释》第四百九十九条第三款规定，对生效法律文书确定的到期债权，该他人予以否认的，人民法院不予支持。在此之前，《最高人民法院关于石狮德辉开发建设有限公司对江苏省高级人民法院执行异议案的复函》（[2000] 执监字第304号）认为，可以代位执行的到期债权仅限于"未经法院判决的债权"，因为如果把法院判决的债权作为到期债权予以执行，就会使当事人的申请执行权、执行和解权和法院的执行管辖权发生冲突。显而易见，该复函的上述观点已为《民诉法解释》第五百零一条第三款所推翻和取代。

务人提起执行异议之诉。①

关于执行法院形式审查的内容,有的学者以避免次债务人受执行力不当扩张为由,认为执行法院对次债务人提出的异议仅进行纯粹形式化的审查,主要是审查异议是否在指定期限内提出,以及异议是否针对债权债务关系本身,而无须对次债务人就其异议提供的相关事实证据进行审查,亦即只要执行法院经审查对前述两个问题得出否定结论,就应当裁定对次债务人进行强制执行。② 但是,禁止执行法院对次债务人异议的实体内容作出初步判断,意味着次债务人可以轻而易举地排除对被执行人到期债权的强制执行,在规避、逃避强制执行盛行的当前司法语境下,无异于将到期债权排除在被执行人可供执行的责任财产范围之外。因而,笔者认为,按照"异议前置"原理,执行法院应当先对次债务人的异议进行最低限度的形式审查,再对符合最低限度形式审查要件的异议进行初步的实体审查,即根据次债务人以及执行当事人提供的证据进行初步的实体审查,并通过执行听证程序提供必要的初步正当程序保障,赋予异议显著不成立的(部分)到期债权以暂定的执行力。为避免因执行回转无果给案外人造成损失,考虑到案外人在异议审查程序中没有获得足够充分的正当程序保障,有学者建议设立申请代位执行担保制度,即在申请执行人申请代位执行时,人民法院应责令申请执行人提供相应代位执行的担保,以保证代位执行的正确适用,维护第三人的利益。③ 对此,笔者认为,对到期债权的强制执行,实际上涉及申请执行人、被执行人、第三人之间的复杂利害关系,被执行人对第三人享有的到期债权属于财产性权利,理应作为被执行人可供执行的责任财产范围,申请执行人通过该到期债权实现执行债权的,并不存在执行名义缺位的问题。但是,被执行人对第三人享有的债权未被赋予强制执行力的,执行法院对第三人的责任财产采取强制执行措施的,则存在执行名义缺位的问题。在被赋予执行力之前,被执行人对第三人享有的到期债权属于存在法定执行障碍的责任财产,未经非讼程序或争讼程序予以强制执行力,不得直接对第三人的责任财产采取强制执行措施。第三人没有在指定期间内对到期债权提出异议的,参照督促程序原理,执行法院可以裁定对该到期债权采取执行措施。第三人在指定期间内

---

① 参见《民诉法解释》第四百九十九条第二款。
② 参见李永安、谭华平《代位执行应注意的事项》,《江苏法制报》2013 年 9 月 17 日第 3 版。
③ 熊锦星、张芳英:《建议设立申请代位执行担保制度》,《人民法院报》2007 年 7 月 5 日第 6 版。

对到期债权提出异议的，执行法院对该异议的审查程序可以理解为赋予到期债权以执行力的非讼程序。第三人通过争讼程序（执行程序以外的另行起诉以及执行程序中的异议之诉）对到期债权相关争议进行诉讼的，属于通过争讼程序确定债权并赋予执行力的情形。① 一方面，对于第三人没有在指定期间提出异议或者其异议显著不成立的，执行法院不具备要求申请执行人提供担保的必要性。另一方面，对于第三人在指定期间内提出异议且其理由并非显著不成立的，执行法院因仅进行形式审查和初步实体审查而只能裁定中止执行，申请执行人只能通过执行异议之诉谋求救济。因而，在理论上，执行法院只有在第三人没有在指定期间内提出异议或者异议理由显著不成立的情形下才可以裁定驳回第三人的异议，自然也就没有必要要求申请执行人提供担保。

② 到期债权执行之问题检讨

在我国现行《民事诉讼法》及其相关司法解释中，存在着诸多关于代位执行的规定。比如，《民事诉讼法》第二百五十三、二百五十四条规定执行法院可以查询、扣押、冻结、划拨、变价被执行人的存款、债券、股票、基金份额、收入等财产，而前述财产主要表现为被执行人对第三人享有金钱或可转化为金钱的给付请求权，《执行规定》第二十六、三十、四十、五十一条规定擅自解冻致冻结款项被转移且无法在指定期限内追回已转移款项的金融机构以自己的财产向申请执行人在转移款项范围内承担责任、擅自向被执行人或其他人支付已被执行法院扣留部分收入且无法在指定期限内追回已经支付收入的有关单位在其支付数额内向申请执行人承担责任、擅自向被执行人支付已被执行法院冻结股权的股息或红利或擅自为被执行人办理已冻结股权转移手续并造成已转移财产无法追回的有关企业在其支付股息或红利或转移股权价值范围内向申请执行人承担责任、收到人民法院要求其履行到期债务通知后擅自向被执行人履行到期债务并造成已向被执行人履行的财产不能追回的第三人在已履行的财产范围内与被执行人承担连带清偿责任。但是，相对于存款、债券、股票、基金份额、收

---

① 在执行程序中通过争讼程序赋予到期债权以强制执行力的，有学者参照德国立法例倡导将其改造为收取诉讼，认为收取诉讼的诉讼标的大于代位诉讼，只要被执行人的非金钱债权具有财产价值且适于强制执行，申请执行人就可以通过收取诉讼予以执行，并就该到期债权直接获得优先受偿权。参见庄加园《初探债权执行程序的理论基础——执行名义欠缺的质疑与收取诉讼的构造尝试》，《现代法学》2017年第3期。

人等财产而言，到期债权是否存在以及债权数额的审查判断存在着较大的困难，故笔者拟结合司法实践中的真实案例探析到期债权执行中存在的问题。

【案例 25】

宣化建设工程公司（以下简称"建设公司"）与内蒙古国电电力建设工程有限责任公司（以下简称"内蒙国电"）、内蒙古英迈克高耸建筑工程有限责任公司（以下简称"英迈克公司"）建设工程施工合同纠纷一案，河北省张家口中级人民法院（以下简称"张家口中院"）作出（2013）张商初字第 74 号民事调解书，主要内容为英迈克公司于 2013 年 11 月 30 日前向建设公司付清工程款及其利息 171 万元，内蒙国电承担连带责任。因内蒙国电与英迈克公司未履行给付义务，建设公司向张家口中院申请强制执行，内蒙国电请求代位执行其在涿鹿华达生物热电厂（以下简称"涿鹿电厂"）的到期债权。张家口中院先作出（2014）张执字第 10 号协助执行通知书，要求涿鹿电厂停止向被执行人内蒙国电支付所欠工程款 200 万元，后又向涿鹿电厂送达（2014）张执字第 10 号履行到期债务通知书，要求其收到本通知后 15 日内直接向申请执行人建设公司履行对被执行人所负的到期债权 200 万元。涿鹿电厂向张家口中院以"其与内蒙国电债权债务关系尚不明确，待账目对清后才能执行"为由提出执行异议，请求中止（2014）张执字第 10 号履行到期债务通知书。张家口中院执行人员与涿鹿电厂委托代理人张继进行了谈话，要求其厂一个月时间内对清账目，进行决算，逾期张家口中院将对涿鹿电厂强制执行。随后，张家口中院以"第三人未在张家口中院要求的时间内对清账目，又未提出异议"为由，作出（2014）张执字第 10-3 号执行裁定，对被执行人内蒙国电在第三人涿鹿电厂的到期债权 200 万元予以强制执行，并据此冻结了涿鹿电厂在涿鹿县农村信用合作联社存款 354088.93 元以及在中国农业银行股份有限公司涿鹿县支行的存款 317478.34 元。涿鹿电厂对该执行行为提出异议，张家口中院经审查认为，"在工程款未结算前，本院对涿鹿电厂强制执行的行为不当。涿鹿电厂对内蒙国电主张的工程款 1125 万元不予认可，说明内蒙国电在涿鹿电厂的债权属未到期债权，本院要求涿鹿电厂停止向内蒙国电支付 200 万元的工程款需待债权到期后参照到期债权执行"，故作出（2014）张法执异字第 88 号执行裁定书，支持涿鹿电厂异议请求。建设公司向河北高院申请复议，提供证据证明涿鹿电厂尚欠内蒙国电、英迈克公司1125余万元工程款，并指出："即使涿鹿电厂提出内蒙国电、英迈克公司具有违约情形，该1125万元欠款不能完全成立等，但其实际欠款额度远大于本案的协助执行款额（200万元）。"河北高院经审查认为，"根据内蒙国电与涿鹿电厂往来函件及情况说明看，涿鹿电厂对内蒙国电所主张的工程款1125万元是不认可的。现双方当事人尚未最终结算，是否存在债权、债务关系尚不确定。内蒙国电与涿鹿电厂是否存在债权、债务关系执行机构不宜直接认定，应通过诉讼程序解决。再则，涿鹿电厂在履行通知书指定的期限内提出异议，明确其与国电公司的债权债务关系尚未明确，请求中止对履行到期债权通知书的执行，符合法律规定。张家口中院不得对涿鹿电厂强制执行，可待内蒙国电与涿鹿电厂债权、债务关系明确后参照到期债权执行。"[1]

【案例26】

河北省承德市中级人民法院（以下简称"承德中院"）在执行河北省平泉县哈源采沙场与光大国际建设工程总公司（以下简称"光大总公司"）、光大国际建设工程总公司平泉项目经理部及卢素霞拖欠货款合同纠纷案中，因北京政华恒信投资有限公司（以下简称"政华公司"）有尚未给付被执行人光大总公司的工程款项，该院2013年3月25日向政华公司送达协助执行通知书及执行裁定书，要求其停止给付光大总公司工程款项215万元，2013年12月20日又向其送达协助调查函，要求该公司协助调查并报告是否欠付光大总公司工程款，该公司在当日签收后于2014年3月24日向该院提出书面执行异议书，请求中止对其合法财产的错误调查与协助执行。政华公司的异议理由是，《建设工程施工合同》是由独立核算、自负盈亏的光大总公司第十二项目部（以下简称"十二项目部"）以总公司名义与政华公司签订的，政华公司不是光大总公司的债务人，没有协助执行的义务，而且施工还在进行中，十二项目部与政华公司尚未结算，是否拖欠十二项目部工程款并不明确。承德中院经审查认为，"既然异议人与光大总公司签订了《建设工程施工合同》，就应当协助本院调查尚有多少工程款未支付给光大总公司并履行停止给付的义务。"政华公司

---

[1] 参见河北省高级人民法院（2015）冀执复字第17号执行裁定书。

向河北高院申请复议，河北高院经审查认为，政华公司在异议中认可其与光大总公司签订《建设工程施工合同》后，施工还在进行中，十二项目部与其尚未结算，是否拖欠十二项目部工程款并不明确。因而，政华公司有义务协助法院调查其尚欠光大总公司多少工程款，并在215万元范围内停止给付。①

问题1：到期债权之执行是否应遵循补充性原则。如前所述，代位执行存在着多种学说，其中，继续执行说认为，只有在执行法院无法通过常规财产强制满足执行债权的情形下，才可以对作为"其他财产"的到期债权采取强制执行措施。也就是说，对到期债权的执行应当遵循补充性原则。相对于其他责任财产而言，未被赋予执行力之到期债权的强制执行更具有复杂性与不确定性，为贯彻强制执行之效率优先原则，在有其他更便于执行之责任财产时，在执行工作方法上强调优先强制执行其他责任财产并无不妥。但是，对于已被赋予执行力的到期债权而言，到期债权之强制执行并不比其他责任财产之强制执行更为复杂。比如，在执行法院查询次债务人足额银行存款的情形下，只要被执行人对次债务人享有的到期债权已被赋予强制执行力，对被执行人到期债权之强制执行显然比对动产、不动产等常规财产强制执行更为便捷。在【案例25】中，被执行人内蒙国电在其有其他财产可供执行的情形下请求代位执行其对第三人涿鹿电厂的到期债权，但该到期债权尚未确定，执行法院应当在冻结该到期债权的同时，责令内蒙国电申报财产以及采取其他必要财产查控措施，以便查明内蒙国电是否有其他更适宜强制执行的责任财产。如果允许被执行人在有其他可供执行财产的情形下指定执行法院强制执行其对第三人享有的尚未确定之到期债权，无异于允许其借助代位执行制度将执行成本及其风险转移给他人，缺乏正当性基础。因而，尽管执行法院查询并冻结涿鹿电厂足额的存款，但因到期债权是否存在及其债权大小尚未确定，仍然无法适用代位执行制度。

问题2：对次债务人发生拘束力的法律文书形式。在到期债权的强制执行中，执行法院通常向次债务人同时送达执行裁定书和协助执行通知书，先命令其停止向债务人为给付义务，待到期债权确定后再命令其向申请执行人或者执行法院为给付义务。在此种逻辑下，次债务人停止向债务

---

① 参见河北省高级人民法院（2014）冀执复字第52号执行裁定书。

人履行义务以及转向申请执行人或执行法院履行给付义务的行为，属于协助执行行为。实际上，次债务人停止向债务人履行给付义务以及向申请执行人或执行法院为给付，不属于典型的协助执行行为，停止履行到期债务通知书以及履行到期债务通知书对次债务人的效力完全可以被相关裁定书吸收，此种类型之执行通知书实为执行命令，而执行命令在我国主要表现为执行裁定。在【案例25】和【案例26】中，作为次债务人的涿鹿电厂与政华公司，停止向被执行人履行到期债务的法定原因在于执行法院作出冻结到期债权的裁定，停止履行到期债务通知书只是对前述裁定内容及其效力的说明。与此同时，涿鹿电厂与政华公司根据执行法院的命令向申请执行人履行其对被执行人附负担的给付义务，属于债的相对性原则的例外情形，向申请执行人履行给付义务将导致其对被执行人负担的给付义务归于消灭。相对于次债务人而言，无论是停止履行到期债务，还是向申请执行人或执行法院履行给付义务，都将对其产生重要的影响，简单采取通知书的形式显然不足够谨慎，故建议将执行裁定作为拘束次债务人的文书形式，而将相关通知书理解为类似应诉通知书的辅助性司法文书即可。

问题3：不容争议的部分债权是否可以先行裁定执行。基于及时执行原则，次债务人仅对部分到期债权提出异议的，执行法院先行裁定对次债务人无争议的部分到期债权采取处分性执行措施（命令次债务人向申请执行人履行或向执行法院提存）不存在理论障碍。特别是在次债务人无争议部分的债权金额足以代位履行执行债务的情形下，不存在申请执行人分成两次接受给付而增加债权实现成本问题，更具备正当性基础。在次债权人对到期债权整体提出异议时，经形式审查与初步实体审查，认为部分到期债权显著成立的，也应当允许执行法院在其认定显著成立的债权范围内裁定执行，而对于无法在执行异议审查中予以认定的部分债权，则交由执行当事人与次债务人通过执行异议之诉（执行程序之内）或者另行提起诉讼（执行程序之外）解决。因而，在【案例25】中，面对建设公司关于"即使涿鹿电厂提出内蒙国电、英迈克公司具有违约情形，该1125万元欠款不能完全成立等，但其实际欠款额度远大于本案的协助执行款额（200万元）"的复议理由，复议法院理应对涿鹿电厂最低限度应当承担的金钱给付义务作出评估，倘若案件的相关证据足以支持建设公司的主张，复议法院应当裁定对涿鹿电厂采取强制执行措施。

问题4：次债务人是否负有协助调查债权的义务。在【案例26】中，执行法院以次债务人与被执行人之间存在债权债务关系为由，认定次债务人对到期债权的具体数额负有协助调查义务。执行法院向次债务人送达协助调查函，要求其协助调查并报告是否对被执行人负有金钱给付义务，如果次债务人拒不履行该协助调查义务，执行法院是否应当以其拒不履行协助调查义务为由推定申请执行人或被执行人主张的到期债权全部成立（及其效力、数额，下同）？如果答案是肯定的，在某种意义上改变了传统的证明责任分配原则，即到期债权之成立应当由债务人承担证明责任，申请执行人代债务人之位要求债务人履行到期债务的，应当承担该到期债务成立的证明责任，但在代位执行的语境下，次债务人被科以证明到期债务不成立的证明责任。如果答案是否定的，执行法院也可以对拒不履行协助调查义务的次债务人采取训诫、拘留、罚款等措施，这无异于给对到期债权提出异议的次债务人科以惩戒。因而，笔者认为，次债务人不应当被科以协助调查到期债权的义务，次债务人为避免被代位执行，在客观上具有抗辩到期债权不成立的动力，无须额外苛加所谓的"协助调查义务"。

问题5：次债务人在代位执行中的抗辩权。次债务人代债务人之位向申请执行人履行给付义务，以主债务与次债务均成立且主债务具有执行力为条件。既然申请执行人系代被执行人之位直接向次债务人主张权利，申请执行人自然可以代被执行人之位提供证据证明到期债权之成立，并与次债务人就到期债权之成立展开攻击防御，而次债务人则可以叠加行使对被执行人与申请执行人享有的抗辩权。因而，次债务人的抗辩权包括针对被执行人的抗辩权以及针对申请执行人的抗辩权两种类型。针对被执行人的抗辩权属于固有的抗辩权，在申请执行人主张代位执行到期债权的情形下，次债务人可以在与申请执行人的攻击防御中主张其对被执行人享有的固有抗辩权。针对申请执行人的抗辩权，主要表现为次债务人对申请执行人享有到期债权而得主张抵销的情形。对于次债务人对申请执行人是否享有到期债权之认定属于实体判断问题，与次债务的判断相似，在执行程序中属于"以执代审"的情形。

（2）连带责任形态下的消极的主观扩张

连带责任形态下的消极的主观扩张，是指案外人基于法定或意定的原因而与被执行人就执行债务的履行承担连带责任，执行机构依申请或依职权将其追加为被执行人的情形。案外人虽与被执行人就执行债务承担连带责任，但生效法律文书没有将其列为共同债务人，执行机构根据执行当事人的申请或者依职权裁定将其追加为被执行人的，涉嫌侵犯其正当程序保障权。因而，尽管有些执行法院根据《制裁规避意见》第二十条关于"有充分证据证明被执行人通过离婚析产、不依法清算、改制重组、关联交易、财产混同等方式恶意转移财产规避执行的，执行法院可以通过依法变更追加被执行人或者告知申请执行人通过诉讼程序追回被转移的财产"的规定认为变更追加被执行人不再限于法律和司法解释明确列举的情形，但最高人民法院随后在其（2012）执复字第30号裁定书中指出，"《制裁规避意见》第二十条是指被执行人恶意转移财产规避执行的，执行法院可以依法变更追加被执行人，并未增设执行程序中直接裁定变更被执行人的法定情形。"[1] 因而，即使案外人与被执行人就执行债务承担连带责任，也只有经过法律或司法解释的明确授权，执行机构才可以裁定将其追加为被执行人。[2] 鉴于此，笔者拟结合最高人民法院出台的司法解释以及其他规范性文件，对连带责任形态下的消极的主观扩张进行类型化分析。

① 追加被执行人配偶为被执行人

追加被执行人配偶（以下均包括原配偶）为被执行人，是指执行机构经审查认为执行债务属于夫妻共同债务，而裁定将被执行人的配偶追加为被执行人。[3] 追加被执行人配偶为被执行人，执行机构可以对夫妻共同财产进行执行，而无须对夫妻共有财产先行分割。这降低了执行难度，增加了可供执行财产，进而可以有效提高执行效率和执行到位率。[4] 因而，对追加被执行人配偶为被执行人，不仅有利于申请执行人尽快实现其执行债

---

[1] 最高人民法院审判委员会专职委员刘贵祥在任最高人民法院执行局局长时也曾写文章指出，执行程序变更、追加被执行人，须坚持法定主义原则，即"法（司法解释）无明文规定，皆不可为"。刘贵祥《执行程序变更、追加被执行人若干问题之检讨》，《人民法院报》2014年7月2日第8版。

[2] 北京市高级人民法院2010年7月印发的《北京市法院执行工作规范》第四百二十四条规定，在执行过程中，变更执行主体或者追加被执行人的，应当严格按照执行方面法律、司法解释的规定进行。没有明确规定可以变更执行主体或追加被执行人的，不得变更或追加。后来，《最高人民法院关于在执行工作中规范执行行为切实保护各方当事人财产权益的通知》（法〔2016〕401号）也明确规定，"在执行程序中直接变更、追加被执行人的，应严格限定于法律、司法解释明确规定的情形。各级人民法院应严格依照即将施行的《最高人民法院关于民事执行中变更、追加当事人若干问题的规定》，避免随意扩大变更、追加范围。"

[3] 需要注意的是，根据《最高人民法院民一庭关于夫妻一方对外担保之债能否认定为夫妻共同债务的复函》（〔2015〕民一他字第9号）的规定，夫妻一方对外担保之债不应当认定为夫妻共同债务。

[4] 参见李民《论追加被执行人的配偶为被执行主体》，《重庆工商大学学报》（社会科学版）2008年第4期。

权，而且执行人员基于自身利益（简化执行手续、提高执行到位率等）而具有追加被执行人配偶为被执行人的动力。因而，尽管追加被执行人配偶为被执行人的情形不在最高人民法院所出台司法解释列举的范围之内，仍有不少地方法院对此采取纵容的态度，甚至通过规范性文件明确授权执行机构追加被执行人配偶。例如，《上海市高级人民法院关于执行夫妻个人债务及共同债务案件法律适用若干问题的解答》《江苏省高级人民法院关于执行疑难若干问题的解答》均认为执行机构有权在执行中对所涉债务是个人债务还是夫妻共同债务作出判断，符合一定条件时可以追加被执行人的配偶为被执行人。[1] 对于追加被执行人配偶为被执行人问题的研究，首先应当对其正当性进行分析，若分析后认定其具有正当性，还应当进一步探讨哪些情形可以直接将被执行人配偶追加为被执行人。

根据《民法典》第一千零六十二、一千零六十四、一千零六十五条的规定，夫妻在关系存续期间实行共同共有的法定财产制，无论夫妻关系是否已经解除，只要该债务被认定为"夫妻共同债务"，即使当事人的离婚协议或者人民法院的判决书、裁定书、调解书已经对夫妻共同债务的承担作出了其他安排，债权人仍有权要求（原）配偶对该债务承担连带清偿责任，但夫妻一方能够证明债权人与债务人明确约定为个人债务、债权人明知夫妻双方约定分别财产制、所借债务并非用于夫妻共同生活的，[2] 不对

---

[1] 此外，还有的地方法院另辟蹊径，在承认执行机构可以判断执行名义所确定债务是否属于共同债务的基础上，为避免被指责裁定追加被执行人配偶为被执行人缺乏法律依据，认为执行机构无须追加配偶为被执行人，可以直接作出裁定查封、扣押、冻结、变价夫妻共同财产或者配偶一方名下财产。参见《浙江省高级人民法院关于执行生效法律文书确定夫妻一方为债务人案件的相关法律问题解答》。如果追加被执行人配偶为被执行人的结果仅仅是执行机构可以对夫妻共同财产进行强制执行，此时将其理解为"物（夫妻共有财产）的责任"也勉强说得过去。但是，因夫妻共同债务的清偿不以夫妻共同财产为限，在夫妻共同财产不足以清偿债务的情形下，执行机构可以执行被追加为被执行的妻或夫的个人财产。因而，不应当将追加被执行人配偶的原因界定为"物的责任"。

[2] 《2015年全国民事审判工作会议纪要》第八条规定，"在债权人以夫妻一方为被告起诉的债务纠纷案件中，对于案涉债务是否属于夫妻共同债务，应当按照《最高人民法院关于适用〈中华人民共和国婚姻法〉若干问题解释（二）》第二十四条规定认定。如果举债人的配偶举证证明所借债务并非用于夫妻共同生活，则其不承担偿还责任。"《最高人民法院民一庭关于婚姻关系存续期间夫妻一方以个人名义所负债务性质如何认定的答复》（〔2014〕民一他字第10号）也规定，"在不涉及他人的离婚案件中，由以个人名义举债的配偶一方负责举证证明所借债务用于夫妻共同生活，如证据不足，则其配偶一方不承担偿还责任。在债权人以夫妻一方为被告起诉的债务纠纷中，对于案涉债务是否属于夫妻共同债务，应当按照《最高人民法院关于适用〈中华人民共和国婚姻法〉若干问题的解释（二）》第二十四条规定认定。如果举债人的配偶举证证明所借债务并非用于夫妻共同生活，则其不承担偿还责任。"

另一方以个人名义所负债务承担连带清偿责任。据此，夫妻一方在婚姻关系存续期间以个人名义所负债务，推定为夫妻共同债务，即使随后婚姻关系不复存在，债权人仍可以要求另一方对该债务承担连带清偿责任。夫妻共同债务之推定，旨在保护债权人之合法权益与维护交易安全，但也得兼顾维护妇女、儿童等弱势群体合法权益保护。但是，"夫妻一方举债的情形在现实生活中非常复杂，不仅存在夫妻一方以个人名义在婚姻关系存续期间举债给其配偶造成损害的情况；也存在夫妻合谋以离婚为手段，将共同财产分配给一方，而将债务分配给另一方，借以达到逃避债务、损害债权人利益目的的情形"①，而且还可能导致感情破裂的夫妻一方与他人恶意串通转移共有财产。② 因而，即使在审判程序中，夫妻共同债务的认定也面临着诸多疑难问题，并且引起社会广泛的关注。

争讼程序对夫妻共同债权之认定尚且困难重重，执行机构更是难以在执行异议审查中对夫妻一方在婚姻关系存续期间以个人名义所负债务的性质作出认定。对此，笔者认为，债权人希望夫妻双方对其承担连带清偿责任的，原本可以谋求生效法律文书中将夫妻双方列为连带债务人（即在争讼程序中对该债务的性质作出认定），但债权人因疏忽大意或贪图诉讼便利而仅起诉夫或妻，经人民法院释明，仍坚持仅起诉夫或妻的，视为其放弃对在本次执行名义形成程序中获得可以针对妻或夫执行的机会。③ 在此种情形下，尽管允许债权人另案提起旨在确认执行债务属于夫妻共同债权且判令妻或夫对该债务承担连带清偿责任，但不应当允许在执行程序中直接将妻或夫追加为被执行人。诚然，前述规则的正当性基础以人民法院对没有委托律师作为其代理人的债权人进行必要释明为条件。尽管对没有委托律师作为其代理人的债权人的释明在司法实践中也存在诸多问题，但因夫妻双方对共同债务承担连带责任符合人们的朴素正义观念，人民法院可以通过将其纳入立案通知书等司法文书中予以格式化书面告知，在告知债

---

① 参见最高人民法院民事审判第一庭庭长程新文在第八次全国法院民事商事审判工作会议上所作的《最高人民法院关于当前民事审判工作中的若干具体问题》（2015年12月24日）。
② 参见刘宝玉、于海燕、邸天利《试论变更与追加被执行人的法理基础》，《执行工作指导》2012年第3辑。
③ 甚至有实体法学者认为，申请执行人本应订立合同时要求被执行人的配偶加入合同中来，要求其明确表示同意或签字；在诉讼中主张诉争债务为夫妻共同债务，并承担相应的举证责任。懒惰或天真的债权人，并不值得法律保护。参见贺剑《论婚姻法回归民法的基本思路》，《中外法学》2014年第6期。

权人可以追加夫妻另一方为共同被告的同时，明确告知其未被追加为共同被告的夫妻一方在执行程序中不能被追加为被执行人。通过此种制度安排，可以倒逼被执行人尽可能在争讼程序中起诉夫妻双方，避免申请执行人在进入强制执行后又启动新的争讼程序对涉案债务是否属于夫妻共同债务作出认定，也消除了执行机构对执行债务是否属于夫妻共同债务作出认定违反审执分离原理的质疑。因而，在立法论上，笔者认为，追加被执行人配偶为被执行人缺乏正当性基础。①

【案例 27】

作为执行名义的民事判决书判决林荣达返还王光转让款人民币 5000 万元及利息损失，王光向作出本案一审判决的福建省高级人民法院（以下简称"福建高院"）申请执行后申请追加被执行人林荣达的妻子吴思琳为被执行人。福建高院认为，林荣达所欠债务发生于林荣达与吴思琳的夫妻存续期间，应当按夫妻共同债务处理，由夫妻共同偿还。福建高院据此裁定追加吴思琳为本案被执行人，并查封其名下财产。吴思琳以"与林荣达不存在婚姻关系""法院查封的财产为个人财产"为由提出异议。福建高院裁定驳回吴思琳的异议请求。吴思琳向最高人民法院申请复议，主张其与被执行人并非夫妻关系，并且其已提出婚姻关系不存在的确认之诉，福建高院不应强行裁定。最高人民法院认为，"本案不存在……婚姻关系无效、可撤销的法定情形，据此该行政判决确认吴思琳与林荣达的婚姻关系合法有效。在此情况下，执行程序不再对吴思琳与林荣达的婚姻关系效力问题进行审查。从行政判决的结果来看，福建高院……认定吴思琳应当对婚姻关系存续期间林荣达个人债务承担清偿责任的结论具有事实和法律依据。"②

但是，在司法实践中，关于执行机构是否可以追加被执行人配偶为被

---

① 笔者赞同《最高人民法院关于依法妥善审理涉及夫妻债务案件有关问题的通知》第二条的规定，即"在审理以夫妻一方名义举债的案件中，原则上应当传唤夫妻双方本人和案件其他当事人本人到庭；需要证人出庭作证的，除法定事由外，应当通知证人出庭作证。在庭审中，应当按照《最高人民法院关于适用〈中华人民共和国民事诉讼法〉的解释》的规定，要求有关当事人和证人签署保证书，以保证当事人陈述和证人证言的真实性。未具名举债一方不能提供证据，但能够提供证据线索的，人民法院应当根据当事人的申请进行调查取证；对伪造、隐藏、毁灭证据的要依法予以惩处。未经审判程序，不得要求未举债的夫妻一方承担民事责任。"
② 参见最高人民法院（2015）执复字第 3 号执行裁定书。

执行人存在着广泛的争议，就连最高人民法院不同内设机构之间也存在着观点分歧：执行局倾向于允许执行机构对执行债务是否属于夫妻共同债务进行实质审查，而民一庭则坚决反对在执行程序中直接裁定追加夫妻另一方为被执行人。最高人民法院执行局负责起草的《执行案件立案、结案意见》第十条第二项间接表明允许执行机构追加夫妻另一方为被执行人以及被追加为被执行人的夫妻另一方可以按照《民事诉讼法》第二百三十六条规定谋求救济的观点。① 最高人民法院民一庭负责起草的《最高人民法院关于依法妥善审理涉及夫妻债务案件有关问题的通知》（法〔2017〕48号）第二条明确要求保障未具名举债夫妻一方的诉讼权利，强调："未经审判程序，不得要求未举债的夫妻一方承担民事责任。"尽管民事审判庭反对在执行程序中直接追加未具名举债夫妻一方为被执行人，但执行程序并不归其负责，故司法实践中仍然存在不少追加未具名举债夫妻一方为被执行人的案例。例如，在【案例27】中，最高人民法院执行局实际上对吴思琳与林荣达之间是否存在夫妻关系以及吴思琳是否应当对林荣达所负债务承担连带清偿责任进行了审查，以《最高人民法院关于适用〈中华人民共和国婚姻法〉若干问题的解释（二）》（法释〔2017〕6号修正，已

---

① 根据《执行案件立案、结案意见》第十条第二项规定，因夫妻共同债务的追加，当事人、利害关系人不服人民法院针对本意见第九条第四项作出的裁定，向上一级人民法院申请复议的，人民法院不应当按照执行复议案件予以立案。最高人民法院没有说明不服该裁定的当事人、利害关系人的进一步救济方式，但既然不能按照复议予以立案，也就意味着其只能通过争讼程序解决。通过争讼程序解决的，在理论上存在执行异议之诉以及另行起诉两种解释路径。但是，既然允许执行机构裁定追加被执行人配偶为被执行人并且允许当事人、被执行人配偶对此提出执行异议，那么也就应当允许当事人、被执行人配偶通过执行异议之诉谋求救济，故实际上是间接表明适用《民事诉讼法》第二百三十八条规定的观点。比如，在李想与龚金华租赁合同纠纷执行案中，河北省泊头市人民法院（以下简称"泊头法院"）裁定追加被执行人龚金华的妻子周小芹为被执行人，并冻结其银行存款2100000元。泊头法院作出（2016）冀0981执异36号裁定书，根据《民事诉讼法》第二百三十六条的规定，驳回周小芹的异议申请。周小芹向河北省沧州市中级人民法院（以下简称"沧州中院"）申请复议，沧州中院在（2016）冀09执复137号执行裁定书中指出，"泊头法院在执行程序中追加周小芹为被执行人，不属于可向上级法院申请复议的案件范围。当事人、利害关系人不服人民法院因夫妻共同债务引起的追加被执行人作出的裁定而提出异议的，人民法院作出裁定后，当事人、利害关系人仍不服的，应当通过诉讼程序主张相应权利。故泊头法院（2016）冀0981执异36号裁定适用法律不当，依法应予撤销并发回重新审查。"泊头法院重新审查后，作为（2017）冀0981执异12号执行裁定书，虽然援引《民事诉讼法》第二百三十六条作为驳回周小芹异议请求的法律依据，但在裁定书中载明，"如不服本裁定，可以自裁定送达之日起十五日内，向人民法院提起诉讼。"

失效）第二十四条作为追加吴思琳为被执行人的依据，而这恰恰是最高人民法院民一庭坚决反对的，他们认为，"在执行阶段不当引用二十四条认定夫妻共同债务，并将夫妻另一方直接追加为被执行人。这显然与二十四条作为司法审判标准、不适用于执行阶段的基本属性不一致。这不但可能侵害夫妻另一方的合法权益，而且还可能造成部分社会公众的误解，引发社会舆论的关注。"①最高人民法院尚且未能就追加被执行人配偶为被执行人形成统一口径，地方人民法院对此存在不同的做法也就实属正常。

尽管笔者反对执行机构直接在执行程序中裁定追加被执行人配偶为被执行人，但在被执行人配偶承认执行债务属于夫妻共同债务以及申请执行人已经另案获得针对被执行人配偶的执行名义的情形下，执行机构经形式审查而裁定追加被执行人配偶为被执行人不存在着法理障碍。也就是说，在申请执行人申请执行机构追加被执行人配偶为被执行人的情形下，执行机构可以参考督促程序的原理，在审查申请执行人提供有关证据材料的基础上，向被执行人配偶发出追加其为被执行人的裁定书，被执行人配偶对该裁定书没有提出异议的，执行机构可以据此对其采取强制执行措施，但被执行人配偶在规定期限内提出异议的，执行机构不得对该异议进行实质审查，告知申请执行人另案处理，该裁定书自始不发生法律效力。申请执行人已经另案以被执行人配偶为被告提起民事诉讼或申请仲裁，并且获得临时性或终局性执行名义的，执行机构根据该执行名义裁定追加被执行人配偶为被执行人的，不涉及实质审查问题，可以理解为两份生效法律文书的合并执行。与此同时，为应对夫妻双方"假离婚、真逃债"以及夫妻一方通过虚构共同债务的方式转移共同财产等违法情形，可以区分以下两种不同情形，贯彻"审执协作"原则。（1）申请执行人申请追加被执行人原配偶为被执行人，但被执行人原配偶提出异议的，如果申请执行人认为或者执行机构觉察到夫妻双方存在"假离婚、真逃债"的可能，执行机构应当及时向申请执行人释明另案提起民事诉讼（包括第三人撤销之诉在内），并及时向人民法院申请（诉前）财产保全措施，以防止被执行人原配偶转移财产。（2）在以（前）夫/妻一方为被执行人的强制执行中，申请执行人申请追加（前）妻/夫为被执行人的，根据前述规则，只要（前）妻/夫提出异议，追加裁定就自始不发生效力，如果（前）妻/夫以执行债

---

① 曹雅静：《妥善审理涉及夫妻债务案件　维护健康诚信经济社会秩序》，《人民法院报》2017年3月1日第4版。

务系属其（前）夫/妻与案外人虚构的债务为由提出异议的，执行机构还应当向其释明可以另案提第三人撤销之诉，并可以在第三人撤销之诉案件被受理后，根据《民诉法解释》第二百九十七条的规定，经提供相应担保，请求执行机构裁定中止执行。

综上所述，执行机构无权对执行债务是否属于夫妻共同债务进行实质审查，但可以参照督促程序向被申请追加为被执行人的配偶发出类似支付令性质的追加裁定，受送达追加裁定后，被申请追加为被执行人的配偶可以提出异议，从而使追加裁定自始不发生执行力。在贯彻前述审执分离原理的同时，应当兼顾审执协作原则之实现。一方面，应当引导债权人在诉讼环节尽可能地将未具名举债的夫妻一方作为共同被告，在保障未具名举债的夫妻一方的知情权与抗辩权的同时，也便利审判机构对该债务是否属于夫妻共同债务作出认定。另一方面，债权人没有将未具名举债的夫妻一方作为共同被告的，应当承受其不能在执行程序中申请执行机构直接将未具名举债的夫妻一方追加为被执行人的不利后果，但仍可以另行提起诉讼请求法院判决未具名举债的夫妻一方对执行债务承担连带清偿责任，而未具名举债的夫妻一方也可以提起第三人撤销之诉，并据此在提供担保的基础上请求中止执行。

② 因人格不独立引起的追加被执行人

被执行人缺乏独立的法律人格且自身没有财产可供执行或其自身财产不足以清偿全部执行债务的，申请执行人可以申请追加对其承担无限连带责任的主体为被执行人。被执行人缺乏独立人格而裁定追加对其承担无限连带责任的主体为被执行人的，属于"人的责任"，执行机构本应当根据申请执行人的申请裁定追加被执行人，但在被追加人对被执行人的无限连带责任极为明确的情形下，最高人民法院出台的司法解释允许执行机构裁定直接执行"被追加人"的财产，甚至允许执行机构直接执行"被执行人"的责任财产。以《变更、追加当事人规定》为主线，根据笔者的梳理，因人格不独立引起的追加被执行人主要包括以下情形。

一是，作为被执行人的个人独资企业，不能清偿生效法律文书确定的债务，人民法院根据申请执行人的申请而裁定变更、追加其投资人为被执行人。[1]

---

[1] 参见《变更、追加当事人规定》第十三条第一款。

根据《个人独资企业法》第二条的规定，个人独资企业的财产归投资人个人所有，投资人以其个人财产对企业债务承担无限责任。但是，根据《民事诉讼法》第三条以及《民诉法解释》第五十二条的规定，个人独资企业属于以自己名义提起或参加民事诉讼的"其他组织"。在个人独资企业以自己的名义对外负债并成为被执行人的情形下，个人独资企业的投资人对该债务承担无限连带清偿责任。显而易见，投资人因其与个人独资企业之间存在着特殊的"身份关系"而被追加为被执行人，属于"人的责任"。相对于1998年、2008年《执行规定》第七十六条规定执行法院作出"执行该独资企业业主的其他财产"的裁定而言，《变更、追加当事人规定》第十三条第一款授权执行法院追加投资人为被执行人的做法更为符合法理，现行《执行规定》也已经删除原第七十六条的规定。

二是，个体工商户的字号为被执行人的，人民法院可以直接执行该字号经营者的财产。① 根据《民法典》第五十六条的规定，作为经营者的家庭或个人，对个体工商户承担无限责任。与此同时，根据《民诉法解释》第五十九条的规定，在诉讼上，有字号的个体工商户以营业执照上登记的字号为当事人，没字号的个体工商户以营业执照上登记的经营者为当事人。对于直接以个体工商户经营者为被告的民事诉讼，后续进入强制执行程序的，自然以该经营者为被执行人，执行法院可以直接对其责任财产进行强制执行。对于以个体工商户的字号为被执行人的，在原理上应当先行裁定变更、追加其经营者为被执行人，但《变更、追加当事人规定》第十三条第二款将个体工商户与其经营者的法律人格视为一体，授权执行法院直接执行该字号经营者的财产。考虑到《民诉法解释》第五十九条明确要求以个体工商户字号为当事人的，"同时注明该字号经营者的基本信息"，生效法律文书虽仅列个人工商户字号为当事人，但同时确认了该字号的经营者，执行法院裁定追加该字号的经营者为被执行人不容争议，为提高执行效率，最高人民法院直接跳过追加被执行人（及其可能的异议程序），而规定执行法院可以直接执行经营者的财产。

三是，作为被执行人的合伙企业，不能清偿生效法律文书确定的债务，申请执行人申请变更、追加普通合伙人或者未按期足额缴纳出资的有限合伙人为被执行人的，人民法院应予以支持，但有限合伙人仅在其未足

---

① 参见《变更、追加当事人规定》第十三条第二款。

额缴纳出资的范围内承担责任。① 根据《合伙企业法》第二条的规定，普通合伙人对合伙企业债务承担无限连带责任，而有限合伙人以其认缴的出资额为限对合伙企业债务承担责任。根据《民诉法解释》第五十二条的规定，"依法登记领取营业执照的合伙企业"属于《民事诉讼法》第五十一条规定的可以以自己的名义参加民事诉讼活动的"其他组织"。因而，合伙企业以自己的名义对外负债并被申请强制执行的，普通合伙人基于其与合伙企业存在的特殊"身份关系"而对合伙企业债务承担无限连带责任，属于"人的责任"，故应当先行裁定追加为被执行人。与此不同，有限合伙人类似有限责任公司之股东，仅以其出资额对合伙企业债务承担有限责任，在本质上可以理解为对到期债权的执行（"物的责任"），不在此处的讨论范围。

四是，作为被执行人的法人分支机构，不能清偿生效法律文书确定的债务，执行法院可以根据申请执行人的申请，裁定变更、追加该法人为被执行人，在裁定追加该法人为被执行人后，法人直接管理的责任财产仍不能清偿债务的，执行法院可以直接执行该法人其他分支机构的财产。②《民法典》第七十四条第二款规定，分支机构以自己的名义从事民事活动，产生的民事责任由法人承担；也可以先以该分支机构管理的财产承担，不足以承担的，由法人承担。根据《民诉法解释》第五十二、五十三条的规定，依法设立并领取营业执照的法人的分支机属于可以以自己的名义进行民事诉讼活动的"其他组织"，而没有领取营业执照的法人的分支机构参加诉讼活动的，则以设立该分支机构的法人为当事人。基于工商登记的公信力，执行机构在强制执行中据此裁定追加法人为被执行人是妥当的。在法人成为被执行人的情形下，鉴于分支机构的财产归法人所有，执行机构无须先行裁定追加（其他）分支机构为被执行人，可以直接对（其他）分支机构的财产进行强制执行。

五是，个人独资企业、合伙企业、法人分支机构以外的其他组织作为被执行人，不能清偿生效法律文书确定的债务，申请执行人申请变更、追加依法对该其他组织的债务承担责任的主体为被执行人的，人民法院应予以支持。③ 根据《民诉法解释》第五十二条的规定，这里所谓的"个人独

---

① 参见《变更、追加当事人规定》第十四条。
② 参见《变更、追加当事人规定》第十五条第一款。
③ 参见《变更、追加当事人规定》第十六条。

资企业、合伙企业、法人分支机构以外的其他组织",是指依法登记领取我国营业执照的中外合作经营企业或外资企业、依法成立的社会团体的分支机构或代表机构、依法设立并领取营业执照的金融机构的分支机构、经依法登记领取营业执照的乡镇企业或街道企业以及其他合法成立、有一定的组织机构和财产,但又不具备法人资格的组织。因而,凡是以在法律人格上不具有独立性的"其他组织"为被执行人的,申请执行人都可以申请变更、追加依据实体法规定对该其他组织的债务承担无限或有限连带清偿责任的主体为被执行人。

综上所述,不存在独立法律人格的"其他组织",即使基于便利诉讼的目的而被允许以自己名义参加民事诉讼活动,根据民事实体法对其承担连带责任的主体仍然对其负债承担连带清偿责任。对不具备独立法律人格的"其他组织"的债务承担连带责任的主体,在工商行政登记材料中均有明确记载,无须经过实质审查即可对其身份进行认定,故允许执行机构直接裁定变更或追加其为被执行人。因为生效法律文书确定的债务人系不存在独立法律人格的"其他组织",而并非对其承担连带责任的主体,所以执行机构通常需要先行裁定将其追加为被执行人,再对其责任财产进行强制执行。但是,"个体工商户的字号为被执行人的,人民法院可以直接执行该字号经营者的财产"。这是因为生效法律文书已经载明该个体工商户字号的经营者,实际上已经确认经营者对个体工商户字号的债务承担无限连带责任。为避免经营者利用执行异议程序拖延执行,最高人民法院例外地允许执行机构直接对经营者的其他财产采取执行措施,而无须先行裁定将其追加为被执行人。

③ 因面纱被刺破引起的追加被执行人

公司人格独立与股东有限责任之间存在着"互为因果"的密切联系:公司人格独立的结果是股东仅以其出资对公司债务承担有限责任,而股东仅以其出资对公司债务承担有限责任表现为公司独立对外承担债务。因而,在某种意义上,公司人格独立与股东有限责任是从不同角度对相同现象进行解读得出的不同结论,[①] 但两者均因促使股东能够有效控制其投资

---

① 参见刘俊海《股东权法律保护概念》,人民法院出版社1995年版,第66页。但也有相反观点认为,尽管"股东有限责任是立足于股东立场对公司独立责任的另一种阐释",但股东有限责任与公司人格既不是同一事物的正、反两面,而且股东有限责任与公司的人格塑造也没有关系。参见郭升选《"公司人格否认"辨》,《法律科学》2000年第3期。

风险而具有刺激投资和服务于经济发展的功能。我国《公司法》通过第二十三条正式引入了"刺破公司面纱制度",前两款属于一般规则,第三款属于仅适用于一人公司的特殊规则。作为"刺破公司面纱制度"的一般规则,《公司法》第二十三条第一款规定,公司股东滥用公司法人独立地位和股东有限责任,逃避债务,严重损害公司债权人利益的,应当对公司债务承担连带责任。作为"刺破公司面纱制度"的特殊规则,《公司法》第二十三条第三款规定,只有一个股东的公司,股东不能证明公司财产独立于股东自己的财产的,应当对公司债务承担连带责任。由此可见,在适用一般规则的语境下,公司债权人应当承担股东滥用公司法人独立地位和股东有限责任以逃避债务与严重损害公司债权人利益的证明责任,但在适用特殊规则的语境下,一人有限责任公司的股东负有证明公司财产独立于股东自己财产的证明责任,即采取了证明责任倒置的立法技术。① 但是,无论证明责任"正置"的一般规则,还是证明责任"倒置"的特殊规则,对股东是否具备揭开公司面纱制度的适用条件,均属于实质审查,执行机构直接适用揭开公司面纱制度追加股东为被执行人的,属于典型的"以执代审"现象。

【案例 28】

对李忠文诉沈阳伸泽肥业有限公司(以下简称"伸泽公司")合同纠纷一案,辽宁省沈阳市经济技术开发区人民法院(以下简称"开发区法院")作出(2015)经开民初字第 1845 号民事判决书,判决解除《承包合同》,伸泽公司给付李忠文各项费用及拖欠款共计 66 万元。判决生效后,李忠文向开发区法院申请执行。经开发区法院查明,伸泽公司系于娜独资设立的有限责任公司,该公司在本案执行过程中将企业名称变更为"沈阳华春肥业有限公司"(以下简称"华春公司"),公司股东也被变更为崔变娥、张妹。华春公司向本院出具书面材料,表明公司有资产,同意以其公司财产偿还债务。经释明,李忠文表示不变更被执行人为华春公司,仅要求追加于娜为被执行人。开发区法院认为,"在执行程序中,变更或追加执行当事人的,应当严格按照执行程序有关法律、司法解释的规定进行;没有明确规定可以变更或追加执行当事人的,不得变更或追加。

---

① 参见黄辉《中国公司法人格否认制度实证研究》,《法学研究》2012 年第 1 期。

因此，申请执行人在本案执行程序中提出因第三人于娜系公司法人代表，所销售的货款均打入于娜个人银行卡内，即认为法人人格存在混同，并以此为由追加第三人为本案被执行人，缺乏法律依据，不予支持。"据此，开发区法院裁定驳回李忠文要求追加于娜为被执行人的申请。李忠文向沈阳中院申请复议，沈阳中院认为：执行程序中,追加被执行人应当严格按照追加被执行人的法律规定依法裁定。本案中，虽然于娜系被执行人沈阳伸泽肥业有限公司的独资股东，同时《公司法》第二十三条第三款也规定："只有一个股东的公司，股东不能证明公司财产独立于股东自己的财产的，应当对公司债务承担连带责任。"但该条款是处理当事人之间实体问题的法律规范，并非执行程序中追加被执行人的法律依据。因此，李忠文追加于娜为被执行人的请求，没有程序法依据。据此，沈阳中院裁定驳回李忠文的复议申请。①

【案例29】

李雪芳等诉马高祥等机动车交通事故责任纠纷一案，广西壮族自治区崇左市江州区人民法院（以下简称"江州法院"）作出的（2013）江民初字第1056号民事判决书，判令梁样均、马高祥、南宁市宇运汽车运输服务有限公司扶绥分公司（以下简称"扶绥分公司"）连带赔偿李雪芳等三原告316593.64元，并补足三原告在保险限额内应得的份额差额部分58990.21元。在执行判决过程中，江州法院裁定追加南宁市宇运汽车运输服务有限公司（以下简称"宇运公司"）及其股东雷应万、雷华生为被执行人。经雷应万异议，江州法院以雷应万在案发前已将其股权转让给雷华生为由，裁定追加宇运公司及其唯一股东雷华生为被执行人。雷华生向广西壮族自治区崇左市中级人民法院（以下简称"崇左中院"）申请复议，崇左中院认为，"雷华生作为被执行人扶绥分公司的主要负责人和唯一股东，在扶绥分公司无法清偿债务时应当以其个人财产对扶绥分公司的债务承担清偿责任。被执行人扶绥分公司作为宇运公司的分支机构，不具有法人资格，属于其他组织，执行法院在执行扶绥分公司的财产时，无法清偿债务，执行法院据此依法追加并执行对扶绥分公司承担义务的宇运公司和雷华生等法人、公民个人的财产符合法律规定。因此，执行法院追加申请

---

① 参见辽宁省沈阳市中级人民法院（2016）辽01执复271号执行裁定书。

复议人雷华生为本案被执行人并无不当。"①

【案例 30】

王代琼诉重庆乔锋农业发展有限公司（以下简称"乔锋公司"）民间借贷纠纷一案，重庆市大足区人民法院（以下简称"大足法院"）作出的（2016）渝 0111 民初 9304 号民事判决书已发生法律效力。经王代琼申请，大足法院立案执行，执行标的为 1 万元及其利息。经大足法院"四查"，乔锋公司无财产可供执行。乔锋公司系王卜龙设立的一人有限责任公司。王代琼认为，王卜龙不能区分其个人财产与公司财产，应当以家庭财产对外承担偿还责任，故申请追加王卜龙为被执行人。大足法院以《公司法》第二十三条第三款以及《变更、追加当事人规定》第二十六条为依据，以王卜龙不能证明公司财产独立于股东自己的财产为由，裁定追加王卜龙为被执行人。②

公司法学者的实证研究结果表明，"目前所有公司法人人格否认案件都针对股东数量很少的有限责任公司提起，而且股东人数越少，刺破率越高，涉及一人公司的面纱刺破率高达100%"③，既然一人公司的面纱刺破率高达 100%，基于提高执行效率和及时实现执行债权之目的，执行机构追加一人公司的股东为被执行人的，似乎也可以由执行机构进行审查。鉴于此，《变更、追加当事人规定》第二十条规定，作为被执行人的一人有限责任公司，财产不足以清偿生效法律文书确定的债务，股东不能证明公司财产独立于自己的财产，申请执行人申请变更、追加该股东为被执行人，对公司债务承担连带责任的，人民法院应予以支持。诚然，执行机构根据《公司法》第二十三条第三款的规定揭开公司面纱而裁定追加其股东为被执行人，属于典型的"以执代审"的制度安排，只有法律、司法解释明确规定的情形下，执行机构才可为之。④《变更、追加当事人规定》公布于 2016 年 11 月 7 日，而【案例 28】中的执行裁定书于 2016 年 10 月 27

---

① 参见广西壮族自治区崇左市中级人民法院（2016）桂 14 执复 6 号执行裁定书。
② 参见重庆市大足区人民法院（2017）渝 0111 执异 27 号执行裁定书。
③ 参见黄辉《中国公司法人格否认制度实证研究》，《法学研究》2012 年第 1 期。
④ 根据《最高人民法院关于在执行工作中规范执行行为切实保护各方当事人财产权益的通知》（法〔2016〕401 号）的要求，在执行程序中直接变更、追加被执行人的，各级人民法院应严格限定于法律、司法解释明确规定的情形。

日作出，故辽宁中院关于"该条款（指《公司法》第二十三条第三款）是处理当事人之间实体问题的法律规范，并非执行程序中追加被执行人的法律依据"的观点，在该裁判作出之时无疑是非常妥当的。与此不同，【案例29】中的执行裁定书于2016年9月7日作出，此时《变更、追加当事人规定》尚未公布，崇左中院直接裁定追加宇运公司及其唯一股东雷华生为被执行人缺乏法律依据。诚然，在立法论上，关于执行机构是否可以直接根据《公司法》第二十三条第三款裁定追加股东为被执行人，人们素来存在争议，【案例28】与【案例29】中呈现的两种截然不同的观点，分别偏向于程序保障价值与执行效率价值。即使《变更、追加当事人规定》的施行可以解决实务界的争议，但理论界仍然有必要检讨《变更、追加当事人规定》第二十条的正当性基础。对此，笔者认为，在诉讼程序中，一人公司的面纱刺破率高达100%，一人公司与其股东发生财产混同是大概率事件，允许执行机构根据异议前置原理先行对是否应当揭开一人公司面纱进行形式审查，具备正当性基础。与此同时，根据异议前置原理，应当向异议裁定不服者提供执行异议之诉的救济机会，故【案例28】与【案例29】通过执行复议的方式向不服异议裁定者提供后续救济实属不妥，而且明显违反《执行案件立案、结案意见》第十条第二项的规定。① 考虑到《执行案件立案、结案意见》第十条第二项仅采取反面排除措施，为防止执行机构在实践中继续以执行复议代替执行异议之诉，《变更、追加当事人规定》第三十二条明确规定对该执行异议裁定不服的救济途径是"自裁定书送达之日起十五日内，向执行法院提起执行异议之诉。"【案例30】中的执行裁定书于2017年3月21日作出，虽没有援引《变更、追加当事人规定》第三十二条，但明确载明："如不服本裁定，可以自裁定书送达之日起十五日内，向执行法院提起执行异议之诉。"至此，作为"刺破公司面纱制度"特殊规则的《公司法》第二十三条第三款，可以成为执行法院在执行程序中裁定追加股东为被执行人的依据，当事人或利害关系人对裁定支持或驳回追加一人公司股东为被执行人的裁定不服的，可以通过依据《民事诉讼法》第二百三十八条的规定提起异议之诉。

---

① 根据《执行案件立案、结案意见》第十条第二项的规定，当事人、利害关系人不服人民法院针对是否追加一人公司股东所作裁定，向上一级人民法院申请复议的，人民法院不应当按照执行复议案件予以立案。

【案例 31】

在广东省惠州市中级人民法院（以下简称"惠州中院"）执行陆永波等六人与惠州市运通实业有限公司（以下简称"运通公司"）一般经营合同纠纷案中，陆永波等追加第三人惠州市东江公共汽车运输第五有限公司（以下简称"第五有限公司"）、崔健为被执行人，其理由是运通公司在被查封期间擅自成立了第五有限公司属于恶意转移财产，运通公司的法定代表人崔健多次以其个人账户支付运通公司债务和收取运通公司应收款。惠州中院认为，"运通公司出资设立第五有限公司纯属商业行为，这与第五有限公司无偿接受运通公司财产有一定差别，对此，申请执行人陆永波等人可以通过申请执行运通公司对第五有限公司享有的股权方式解决。……在本案执行中，运通公司的法定代表人崔健以其个人账户支付执行款；据申请执行人陆永波等人提交的证据，显示崔健于 2007 年 7 月间曾以其个人账户向邓耀坚收取运通公司应收款项。但是，崔健上述付款和收款行为，不足以证明崔健个人财产与运通公司的财产混同"，据此裁定驳回陆永波等人的申请，并告知其"如不服本裁定，向广东省高级人民法院申请复议"。① 陆永波等向广东高院申请复议，广东高院认可惠州中院驳回追加第五有限公司为被执行人的裁判理由，但将驳回追加崔健为被执行人的裁判理由调整为："复议申请人所提理由，其实质是通过主张运通公司股东崔健与运通公司人格混同，请求崔健对公司债务承担责任。本院认为，由于变更、追加被执行人涉及当事人的实体权利，所以执行程序中对于当事人的变更与追加应当严格以法律明确规定为限，对于追加事项和条件有明确的规定的，执行机构可以追加，反之则不能追加，由当事人另循法律途径解决，目前并无法律和司法解释规定一人有限责任公司以外的公司可以在执行程序中以人格混同为由追加股东为被执行人，故对于申请执行人此点请求应不予支持，但这并非对运通公司及其股东崔健是否人格混同以及崔健是否对公司债务承担连带责任进行认定，申请执行人仍可以通过其他法定程序主张权利。"②

至于执行机构是否可以根据《公司法》第二十三条第一款的规定裁定

---
① 参见广东省惠州市中级人民法院（2016）粤 13 执异 80 号执行裁定书。
② 参见广东省高级人民法院（2017）粤执复 23 号执行裁定书。

追加滥用公司法人地位和股东有限责任的股东为被执行人,《民事诉讼法》及其相关司法解释没有作出规定,司法实践中存在肯定论与否定论两种截然相反的做法。在【案例31】中,申请执行人举证证明的法定代表人崔健多次以其个人账户支付运通公司债务和收取运通公司应收款,惠州中院对此进行了实质审查,认定崔健确实存在以自己名义收取公司债款与支付公司债务的事实,但以前述行为"不足以证明崔健个人财产与运通公司的财产混同"为由裁定驳回申请执行人的申请。显而易见,惠州中院的前述结论以执行机构有权对公司与其股东之间是否存在财产混同进行实质审查。但是,广东高院对此持完全相反的态度,以"目前并无法律和司法解释规定一人有限责任公司以外的公司可以在执行程序中以人格混同为由追加股东为被执行人"为由,拒绝对运通公司与其股东崔健是否人格混同进行审查,并告知申请执行人通过其他法定程序主张权利。实际上,围绕《公司法》第二十三条第一款关于"公司股东滥用公司法人独立地位和股东有限责任,逃避债务,严重损害公司债权人利益的,应当对公司债务承担连带责任"的规定,公司法学者对否认公司法人人格应当具备的要件尚且存在广泛的争议,如有的学者认为否认公司人格不以股东存在主观故意为条件,[1] 而有的学者则认为必须具备股东以逃避债务为目的的主观条件。[2] 而且,关于何种行为构成"滥用"、如何证明行为人的主观目的、如何判定"严重损害"、"公司债权人"的范围界定等均是仁者见仁,智者见智。[3] 由此可见,专家学者尚且未能对《公司法》第二十三条第一款的适用条件达成共识,执行法院未经争讼程序即对公司与其股东之间是否发生人格混同进行认定的难度较大。此外,揭开公司面纱将对股东造成重大不利益影响,执行听证程序不足以提供足够充分的程序保障,而且将有关争议引入执行程序将拖延执行案件的依法结案并造成执行案件的积压。[4] 鉴于此,笔者赞同否定论,但倡导执行机构可以根据申请执行人的申请征询股东的意见,如果股东对人格混同不存在异议,可以参照《变更、追加当事人规定》第二十四条关于"执行过程中,第三人向执行法院书面承诺

---

[1] 参见石少侠《公司人格否认制度的司法适用》,《当代法学》2006年第5期。
[2] 参见朱慈蕴《公司法人格否认:从法条跃入实践》,《清华法学》2007年第2期。
[3] 参见黄辉《中国公司法人格否认制度实证研究》,《法学研究》2012年第1期。
[4] 参见吴永科、杨军《在执行程序中不能适用公司法人人格否认制度》,《人民司法》2013年第14期。

自愿代被执行人履行生效法律文书确定的债务，申请执行人申请变更、追加该第三人为被执行人，在承诺范围内承担责任的，人民法院应予支持"的规定，裁定追加其为被执行人。

综上所述，揭开公司面纱制度存在一般规则与特殊规则。其中，一般规则的适用条件尚且存在争议，特殊规则的适用条件相对较为明确且实证研究表明此类案件原告的胜诉率高达100%，基于提高执行效率与正当程序保障两种价值追加的权衡，笔者赞同执行机构只能依据特殊规则追加滥用公司法人人格和股东有限责任的唯一股东为被执行人，而一般规则则只能由审判机构适用。

④ 追加连带侵权责任主体为被执行人

按照侵权法专家学者的梳理，我国《侵权责任法》所确定的侵权责任形态包括自己责任、分担责任、适当责任、相应责任、按份责任、替代责任、垫付责任、连带责任、不真正连带责任以及补充责任等10种，[1] 其中，自己责任、分担责任、适当责任、相应责任中的"过失相抵的相应责任"均不涉及复数主体共同对外承担侵权责任问题，而相应责任中的"单向连带责任相应责任"虽涉及复数主体对外共同承担侵权责任，但可以为连带责任形态所吸收。因而，复数主体对外共同承担侵权责任的形态主要包括连带责任、不真正连带责任、按份责任、补充责任、替代责任以及垫付责任等六种。笔者曾经与恩师肖建国教授联合撰文对复数侵权责任主体之间可能存在的法定诉讼担当展开过研究，[2] 在可以认定复数侵权责任主体之间构成法定诉讼担当的情形下，作为被担当人的隐名侵权责任主体受确定判决之拘束，执行机构依据申请执行人之申请将其追加为被执行人，不存在任何法理障碍。诚如实体法学者所指出的，以行为人为中心的传统侵权行为法已经向以受害人为中心的侵权责任法转型，强化对受害人的保护成为民法人文关怀理念在侵权责任法领域的重要体现。[3] 基于该理念，

---

[1] 参见杨立新《论〈侵权责任法〉的一般条款》（http://www.civillaw.com.cn/article/default.asp?id=48483）。此外，侵权责任法还确立了所谓的"相应的补充责任形态"，但是，基于可以将其理解为相应责任与补充责任两种形态的竞合，本书不予单独研讨。有关相应的补充责任的详述，请参见张新宝《〈侵权责任法〉的解释论》（http://www.civillaw.com.cn/article/default.asp?id=48577）。

[2] 参见肖建国、黄忠顺《论复数侵权责任主体间的法定诉讼担当》，《北京科技大学学报》（社会科学版）2012年第1期。

[3] 参见王利明《民法的人文关怀》，《中国社会科学》2011年第4期。

授权被害人在复数侵权责任主体中确定被告并允许执行机构变更或追加隐名侵权责任主体为被执行人，显然对受害人更为有利。[①] 但是，在理论上，只有连带责任侵权责任与不真正连带侵权责任形态，才存在将隐名侵权责任主体追加为被执行人的可能性。首先，在按份责任的侵权责任形态下，复数侵权责任主体分别对受害人承担各自份额的侵权责任，受害人仅起诉部分侵权责任主体的，自然不得在后续执行程序中要求追加其他侵权责任主体为被执行人。其次，在补充责任与替代责任侵权责任形态下，对侵权责任承担补充或替代责任的侵权责任主体，只有在直接责任人（第一顺位责任人）无力赔偿、赔偿不足或者下落不明的情况下才承担侵权责任，而第二顺位责任人承担补充责任或替代责任的条件是否具备，不适宜交由执行机构进行审查。一方面，受害人是否要求第二顺位责任人承担责任属于受害人可以根据其证据情况决定是否将其一并诉至法院，如果允许受害人逾越争讼程序而直接在执行程序中申请将第二顺位责任人追加为被执行人，无异于降低了受害人要求第二顺位责任人承担补充责任或替代责任的证明标准。另一方面，第二顺位责任人不属于直接责任人，其行为与损害后果之间的因果关系较为间接，要求其承担补充或替代侵权责任的正当性基础本来不是很充分，倘若再剥夺其接受正当程序保障的机会，就违反比例原则。再次，在不真正连带侵权责任形态下，受害人可以在复数侵权责任主体中择一提起民事诉讼，即使被提起诉讼的主体不承担最终责任，也具备对侵权责任诉讼进行抗辩的消极诉讼实施权，故构成法定诉讼担当。比如，根据《民法典》第一千二百零三条的规定，相对于受害人而言，销售者与经营者相互之间构成法定诉讼担当，作为被担当人的销售者或经营者应当受经营者或销售者与受害人之间诉讼结果的拘束，故存在执行程序中直接追加未被提起诉讼的经营者或销售者为被执行人的可能性。最后，在连带侵权责任形态下，受害人可以选择部分或全部侵权责任主体作为被告提起民事诉讼，即使被提起诉讼的主体不应当承担（全部）侵权责任，也具备对全部侵权责任进行抗辩的消极诉讼实施权，故也构成法定诉讼担

[①] 因而，数人侵权责任诉讼存在着个别型、整体型、选择型三种不同模式。其中，受害人须向不同侵权责任主体分别行使诉讼实施权的，为个别型诉讼模式；受害人须对所有侵权责任主体概括性行使诉讼实施权的，为整体型诉讼模式；受害人根据自身利益安排可以自主确定被告的，为选择型诉讼模式。在复数侵权责任诉讼中，应当坚持以选择型模式为原则，以个别型和整体型为例外。参见肖建国、黄忠顺《数人侵权责任诉讼模式研究》，《国家检察官学院学报》2012 年第 4 期。

当。在追加隐名侵权责任主体为被执行人方面，不真正连带侵权责任与连带侵权责任的基本原理相同，并考虑到此处主要讨论的是连带责任形态下的消极的主观扩张问题，故这里仅对追加连带侵权责任主体为被执行人问题展开研究。

【案例 32】

  在执行孙泉与曲龙合伙协议纠纷一案中，吉林省蛟河市人民法院（以下简称"蛟河法院"）裁定查封曲龙所有的粮库。曲龙与案外人马宝龙在粮库被查封期间签订以借款冲抵租金的租赁协议。孙泉向蛟河法院提出异议称，被执行人曲龙为了规避债务，与案外人马宝龙恶意串通，用签订租赁协议的方式非法转移被法院查封的财产，应追究曲龙、马宝龙的刑事责任，并追究侵权的连带责任。蛟河法院以"被执行人曲龙与案外人马宝龙虽然签订了上述粮库的租赁协议，但该粮库所有权未发生转移，且粮库属于不动产，二人的租赁行为未造成粮库损失，亦未造成申请执行人孙泉损失，故本案不能认定被执行人曲龙与案外人马宝龙属于共同侵权"为由裁定驳回其申请。① 孙泉向蛟河法院提出异议仍被驳回后，向吉林中院申请复议。吉林中院认为，"在执行过程中追加被执行人应符合执行程序中的相关法律法规及司法解释的规定，是否为共同侵权并非应当追加为被执行人的法定情形，故复议人孙泉认为案外人马宝龙与被执行人曲龙的租赁行为构成共同侵权，应追加马宝龙为被执行人的理由不符合法律规定，复议人的复议请求本院不能支持。原审法院认为该租赁行为没有损害后果，不符合侵权行为成立条件，故而不应追加马宝龙为被执行人的论理错误，应予以纠正，但原审法院驳回孙泉异议请求的裁定结果正确，可以维持。复议人其他复议请求不属于本案应当审查范围。"②

【案例 33】

  2014 年 8 月 18 日，潘玉岭及其妻子李侠在为他人安装电动门。当晚，李侠乘坐由潘玉岭驾驶的（夫妻共有的）货车回家，途中发生交通事故，造成胡年淑受伤。2014 年 9 月 24 日，潘玉岭、李侠经新疆维吾尔自治区伊犁哈萨克自治州霍城县人民法院调解自愿解除婚姻关系。随后，新疆生

---

① 参见吉林省蛟河市人民法院（2016）吉 0281 执异 1 号执行裁定书。
② 参见吉林省吉林市中级人民法院（2016）吉 02 执复 27 号执行裁定书。

产建设兵团霍城垦区人民法院（以下简称"垦区法院"）判决潘玉岭赔偿胡年淑105824.18元。胡年淑申请强制执行，李侠提出执行异议，其理由包括双方离婚时已经将债务处理完毕、潘玉岭离婚时分有几十万元财产、判决书没有要求李侠承担责任、因交通事故发生的侵权之债属于个人债务、李侠无共同侵权合意、潘玉岭侵权行为与家庭生活无关。垦区法院认为，潘玉岭与胡年淑因交通事故所产生的债务，发生于被执行人和异议人的婚姻关系存续期间，且被执行人潘玉岭发生交通事故所驾驶的新F-A0022轻型普通货车是夫妻共同财产，发生事故时该车辆用于正常的家庭生产经营，异议人对此知情。被执行人因该交通事故所负的债务属夫妻共同债务，应由被执行人和异议人共同偿还。故异议人李侠的执行异议不成立，应予以驳回。①

【案例34】

作为执行名义的判决书判令交通事故肇事者廖路军向刘亚东等四人支付397956元。因廖路军可供执行的财产无法完全清偿其债务，致使本案无法继续执行。为此，刘亚东等人申请追加廖路军的配偶侯从娣为被执行人。广东省乳源瑶族自治县人民法院（以下简称"乳源法院"）作出（2013）韶乳法民一执加字第3号执行裁定书，以刘亚东等未提供证据证明侯从娣与廖路军的关系以及廖路军因交通事故产生的侵权之债属于个人债务为由，裁定驳回异议申请。刘亚东等向乳源法院提出异议，其主要理由是"被执行人的肇事车辆为夫妻共同财产，所以车辆造成的侵权行为应为夫妻共同侵权行为，故其侵权行为造成的债务应为夫妻共同债务。"乳源法院依职权查明，侯从娣与廖路军系属夫妻关系，肇事车辆的使用性质为非营运。乳源法院经过审查认为，"确认婚姻关系存续期间的债务是属于夫妻个人债务还是夫妻共同债务，应当从夫妻有无共同举债的合意或者夫妻是否分享了债务所带来的利益进行判断。在交通事故中，夫妻一方因交通肇事所导致的债务属侵权之债，根据上述标准来判断，夫妻双方并无共同侵权之合意，也未分享侵权之债所带来的利益。本案中，虽然交通事故发生在廖路军和侯从娣夫妻关系存续期间，但廖路军驾驶的粤FCD218轻型普通货车既非营运车辆亦不受侯从娣的支配和控制，廖路军驾驶车辆

---

① 参见新疆生产建设兵团霍城垦区人民法院（2015）霍垦执异字第1号执行裁定书。

于 2012 年 3 月 29 日 1 时 40 分外出纯粹是满足个人需要的单方行为，与家庭共同生活或夫妻共同利益无必然关联。廖路军交通肇事产生的侵权之债应属于其个人债务，不应由夫妻双方共同承担。"①

经过前文的分析，笔者已经初步得出"连带侵权责任形态存在执行程序中直接追加未被提起诉讼的经营者或销售者为被执行人的可能性"的结论，但是该结论建立在对连带侵权责任形态的成立不存在争议的预设之上，而该预设与现实生活并不完全相同。对于生效法律文书已经确认复数主体共同承担连带侵权责任但根据受害人意愿仅判决部分连带侵权责任主体承担损害赔偿责任的情形下，执行机构可以根据生效法律文书所认定事实的预决效力，直接将未被列为被告且原告未在诉讼中表示放弃其实体权利的其他侵权连带责任主体作为被执行人。对于生效法律文书没有认定复数主体共同承担连带侵权责任的，执行机构是否可以对被执行人与案外人之间因是否存在共同侵权或共同危险行为而应当承担连带清偿责任进行审查，实务界存在广泛的争议。在【案例 32】中，申请执行人以被执行人与案外人签订虚假租赁合同构成共同侵权为由，请求蛟河法院将案外人追加为被执行人。蛟河法院认为被执行人将已经被查封的粮库出租给案外人没有对申请执行人造成损害，故不能认定被执行人与案外人构成共同侵权，并据此裁定驳回其申请。吉林中院在复议审查中则认为，共同侵权不属于法律法规及司法解释规定可以追加被执行人的法定情形，故不应当对其追加申请进行实质审查。诚然，在本案中，申请执行人据以主张被执行人与案外人应当对其承担连带责任的"共同侵权行为"发生于执行过程中，而前文主要探讨的是受害人对部分连带侵权责任主体取得执行名义并申请追加其他连带侵权责任主体为被执行人的情形，两者之间存在本质的区别。在申请执行人没有对部分连带侵权责任主体取得执行名义的情形下，蛟河法院直接审查被执行人与案外人是否构成（共同）侵权，显著违反审执分离原理，吉林中院予以纠正确有必要。但是，吉林中院仅以"法无明文规定即禁止"为由驳回申请执行人复议申请，而没有对该"共同侵权行为"发生在执行程序过程中的特殊性以及该"共同侵权案件"未经任何审判程序进行说明。与【案例 32】不同，在【案例 33】【案例 34】中，

---

① 参见广东省乳源瑶族自治县人民法院（2014）韶乳法民一执异字第 1 号执行裁定书。

受害人已经对直接侵权人提起民事诉讼且获得胜诉判决，在执行程序中以其他人与被执行人构成共同侵权为由，申请将其追加为被执行人。【案例33】中的垦区法院以及【案例34】中的乳源法院均对案外人与被执行人是否构成共同侵权进行了实质审查，并根据被执行人在交通事故中使用肇事车辆的财产性质（肇事一方单独所有抑或夫妻双方共同所有）以及发生交通事故时使用肇事车辆的直接目的（满足家庭需求抑或纯粹满足个人需求）来认定被执行人配偶是否应当对执行债务承担连带清偿责任。在【案例33】与【案例34】中，生效法律文书均没有对连带侵权责任作出认定，受害人单独以交通事故肇事方为被告提起民事诉讼，受害人既没有在诉讼中主张共同侵权，法院也没有对本案是否属于共同侵权有所涉及。尽管如此，垦区法院与乳源法院均认为受害人可以在执行程序中要求执行机构在认定共同侵权事实的基础上追加被执行人配偶为被执行人。对此，笔者认为，争讼程序对涉案行为是否构成共同侵权没有任何涉及的情形下，执行机构以案外人与被执行人构成共同侵权为由将其追加为被执行人，涉嫌"突袭执行"。首先，强化对弱势群体利益的保护固然重要，但也需要兼顾行为自由价值之保护。其次，受害人可以自由选择部分或全部连带侵权责任主体提起民事诉讼，这本身已是对受害人的特殊保护，再授权其将未经争讼程序保障之其他连带侵权责任主体直接追加为被执行人，存在因过分保护而容易被滥用之嫌疑。[①] 再次，受害人有权在复数侵权责任主体中选择被告，应当对其选择权行使结果负责。既然被害人基于实现自身利益考量而没有将所有连带侵权责任主体作为共同被告，也就应当承担不能直接在强制执行程序中要求追加未被起诉的连带侵权责任主体为被执行人的不利后果。复次，连带侵权责任形态是赋予受害人选择被告的权利，被害人若要将该选择权延后至执行程序，必须同时或先后将所有连带侵权责任主体作为被告提起诉讼并获得相应的执行名义。即使为了强化对被害人的特殊保护而允许其针对其他连带侵权责任主体另行提起诉讼，也不允许将诉讼中的选择权无条件地延伸至执行程序。最后，尽管授权受害人在所有连带侵权责任主体中选择诉讼相对人，但在公共政策上应当引导受害人将所有连带侵权责任主体作为共同被告提起诉讼，以此贯彻纠纷一次性解决原

---

① 比如，受害人以与其存在密切联系的连带侵权责任主体为被告提起侵权之诉且达成超额赔偿协议，人民法院根据该协议作出法院调解书后，受害人申请将其他连带侵权责任主体变更或追加为被执行人。

理。为引导受害人将所有连带侵权责任主体作为共同被告提起诉讼，人民法院可以就以下事项向受害人进行释明：（1）分开起诉需要重复缴纳案件受理费；（2）分别审理需要消耗更多的律师费用以及时间成本；（3）整体诉讼不仅可以降低诉讼成本，还因叠加了复数侵权责任主体之责任财产，生效法律文书实现的概率更大。只要其证据足以证明复数主体构成连带侵权责任，经过人民法院之释明，作为经济理性人的受害人自然会选择起诉所有复数主体。

综上所述，除非生效法律文书对复数主体承担连带侵权责任已经作出认定，执行机构不得在认定连带侵权责任的基础上将案外人追加为被执行人。受害人虽然没有对所有连带侵权责任主体提起诉讼，但依法具有预决效力的生效法律文书对连带侵权责任作出认定的，执行机构可以据此追加其他连带侵权责任主体为被执行人。此外，受害人虽仅起诉部分侵权主体，但已经另案获得针对其他连带侵权责任主体的临时性或终局性执行名义的，执行机构也可以据此将另案被追究侵权责任的主体追加为被执行人。

⑤ 追加连带保证责任主体为被执行人

连带侵权责任乃是基于法定事由发生不同，连带保证责任是基于当事人之合意而依法发生的。连带保证责任人对主债务承担连带保证责任的根基在于意思自治，而非法律强制性规定。因而，尽管连带侵权责任与连带保证责任同属于连带责任形态，但在是否应当追加连带责任主体为被执行人方面，前者主要考量的是执行机构是否可以对侵权构成要件进行审查，后者主要涉及的是执行机构是否可以对当事人意思表示的真实性与合法性进行审查。根据《民法典》第六百八十八条的规定，连带责任保证的债权人可以将债务人或者保证人作为被告提起诉讼，也可以将债务人和保证人作为共同被告提起诉讼。由此可见，连带责任保证的债权人与连带责任侵权的债权人（受害人）相似，可以选择针对主债务提起诉讼，也可以选择仅针对担保合同纠纷提起诉讼，还可以同时将主债务人与担保人作为共同被告提起诉讼。与连带侵权责任诉讼模式不同的是，连带责任保证的债权人以不同的主体为被告提起的案件的审理对象不完全相同，仅以主债务人为被告提起给付之诉，则连带担保责任完全不会成为审理对象，但以保证人为被告提起保证合同纠纷诉讼，受诉法院很可能在判决理由中对主债务进行确认。基于此，债权人单独起诉主债务人并获胜诉的，执行机构不得直接追加保证人为被执行人，但债权人单独起诉保证人并获得胜诉的，执行机构是否可以追加主债务人为被执行人则需要作进一步分析。

在债权人单独起诉主债务人的情形下，既然债权人仅起诉主债务人的案件审理不牵涉担保合同之效力认定问题，那么也就应当禁止执行机构追加未被提起诉讼的连带保证主体为被执行人。基于此，在主合同纠纷案件中，对担保合同未经审判，人民法院不应当依据对主合同当事人所作出的判决或者裁定，直接执行担保人的财产。①

在债权人单独起诉保证人的情形下，保证合同纠纷案件的审理通常会对主债务进行审查和认定，连带保证人为尽可能减少自己的连带清偿责任，通常也具备对主债务的效力及其数额进行抗辩的权利，人民法院为查明案件事实通常通知主债务人以第三人身份参加诉讼，从而获得相应的程序保障。因而，笔者认为，只要法院已经通知主债务人以第三人身份参加诉讼，无论其是否参加诉讼，均可以将生效法律文书的执行力向其扩张，直接在执行程序中将其追加为被告。

此外，鉴于在公职人员面前作出的保证承诺或者向公职人员出具的载明愿意承受强制执行的书面保证承诺，可以参照适用公证债权文书的相关规定，未经争讼程序即予以强制执行。根据《民事诉讼法》第二百四十二条以及《变更、追加当事人规定》第二十四条的规定，案外人向执行机构保证债务人会履行生效法律文书所确定债务或者提交其自愿代被执行人履行生效法律文书所确定债务的书面承诺的，执行机构可以在其保证范围内直接执行其责任财产。根据《变更、追加当事人规定》第二十三条的规定，作为被执行人的法人或其他组织，未经依法清算即办理注销登记，在登记机关办理注销登记时，第三人书面承诺对被执行人的债务承担清偿责任，申请执行人申请变更、追加该第三人为被执行人，在承诺范围内承担清偿责任的，人民法院应予以支持。

---

① 典型案例：曹怀怀申请执行张增林民间借贷纠纷一案中，曹怀怀以案外人张太林是本案借款连带责任担保人为由，向陕西省神木县人民法院（以下简称"神木法院"）申请追加案外人张太林为被执行人，与张增林承担连带清偿责任。神木法院查明，曹怀怀就借贷纠纷提起诉讼时并未将张太林作为共同被告。据此，神木法院认为，在主合同纠纷案件中，对担保合同未经审判，人民法院不应当依据对主合同当事人所作出的判决或者裁定，直接执行担保人的财产，张太林在借条上签字是否应当作为曹怀怀与张增林借贷关系的担保人，并承担借款的保证责任，未经审判程序确认，无法依据（2014）神民初字第03471号民事判决书作出的判决，直接执行其财产。参见陕西省神木县人民法院（2015）神执异字第00070号执行裁定书。

除了债务人作为被执行人案件中存在的连带保证人之追加问题以外，还存在着连带共同保证人被要求申请变更或追加为被执行人的情形。如前所述，连带共同保证的债务人在主合同规定的债务履行期届满没有履行债务的，债权人可以要求债务人履行债务，也可以要求任何一个保证人承担全部保证责任。因而，在债权人可以仅起诉一个保证人（以及主债务人）并获胜诉的情形下，债权人申请对某个或某些保证人（共同）进行强制执行，申请执行法院追加尚未被生效法律文书列为共同被告的其他连带共同保证人为被执行人的，执行法院是否应当予以准许？对此，我国现行《民事诉讼法》以及相关司法解释没有作出相应的规定。对此，笔者认为，债权人将部分连带保证人作为被告的，生效法律文书必定对保证合同的效力作出认定，其他连带保证人对其进行反驳成功的可能性很小，立法论上可以考虑允许执行机构进行此种类型之追加。生效法律文书已经明确将连带共同保证人列为当事人并判令其承担连带保证责任的，即使债权人在申请强制执行时仅以部分保证人作为被执行人，也可以在执行程序进行中申请变更或追加其他连带共同保证人为被执行人。①

（3）被追加为被执行人的案外人的救济

生效法律文书确认据以追加、变更被执行人理由，存在以下两种情形。其一，生效法律文书不仅认定追加、变更被执行人的理由在实体法上

---

① 典型案例：作为执行名义的江苏省扬州市江都区人民法院（以下简称"江都法院"）（2014）扬江民初字第 0243 号民事判决书判令谭同勇向孙贤军偿还借款 1500000 元并支付逾期还款利息，谭继平、黄传峰对上述债务承担连带保证责任。孙贤军以谭同勇、谭继平为被执行人向江都法院申请执行，江都法院裁定预查封谭继平所有的房屋一套。谭继平向江都法院提出异议称，前述判决生效后谭继平与黄传峰已经分别向申请执行人支付 80 万元、60 万元，申请执行人向黄传峰出具的收条明确注明"从今日起黄传峰帮谭同勇向孙贤军担保的钱一笔勾销"，该承诺应视为对黄传峰应付剩余款项的免除，并以谭继平已经支付的款项远超全部担保责任的一半为由，主张其无须再向申请执行人支付任何款项。江都法院认为，"生效判决明确载明黄传峰及谭继平对谭同勇的上述债务承担连带保证责任，在债权人孙贤军就本案债权未全部实现前，黄传峰、谭继平对外的保证责任是不分比例的连带责任，作为债权人的孙贤军有权选择任一担保人偿还全部债务。本案中，债权人孙贤军就本案的债权未获全部清偿，其有权要求担保人谭继平清偿剩余债务。异议人谭继平要求终结执行程序的异议无法律依据，对其异议，不予支持。"谭继平向扬州中院申请复议，扬州中院附江都法院的意见，"连带共同保证的债务人在主合同规定的债务履行期届满没有履行债务的，债权人可以要求债务人履行债务，也可以要求任何一个保证人承担全部保证责任。本案中，谭继平、黄传峰为谭同勇向孙贤军借款分别提供保证，且未与孙贤军约定保证份额，其保证应为连带共同保证，孙贤军可以要求谭继平承担剩余部分的保证责任，故江都法院根据孙贤军的执行请求予以执行并无不当。"参见江苏省扬州市中级人民法院（2016）苏 10 执复 57 号执行裁定书。

足以成立，而且确定被申请追加、变更为被执行人的主体对申请执行人负有给付义务的，执行机构可以根据申请执行人或被执行人的申请直接将其追加、变更为被执行人，而且不需要考虑对其提供后置性程序保障问题。其二，生效法律文书没有直接确认申请执行人对被申请追加、变更为被执行人的主体享有给付请求权，而只是在裁判理由中认定足以支持将其追加、变更为被执行人的法律事实或法律关系的，执行机构尽管可以根据预决效力将其追加、变更为被执行人，但因预决效力允许通过相反证据予以推翻，应当重视对当事人、利害关系人提供后置性的程序保障。诚然，据以追加、变更被执行人理由未经生效法律文书确定的，更需要重视对当事人、利害关系人提供后置性的程序保障。

根据《执行规定》第八十三条（已被2020年修正后的《执行规定》删除）的规定，关于变更或追加被执行人的申请事项，由执行法院的执行机构办理。既然变更或追加被执行人申请由执行机构审查，只要变更或追加被执行人的理由属于实体性理由且未经生效法律文书予以确认，就必然涉嫌"以执代审"。根据《执行案件立案、结案意见》第九、十条的规定，申请执行人申请追加、变更被执行人的，人民法院应当按照执行异议案件予以立案审查，对人民法院对此作出的裁定不服的，当事人、利害关系人可以向上一级人民法院申请复议，但因夫妻共同债务、出资人未依法出资、股权转让引起的追加和对一人公司股东的追加，当事人、利害关系人不服人民法院作出裁定的，则只能向执行法院提起异议之诉。也就是说，申请执行人向执行法院提交书面追加、变更被执行人的申请，视同向执行法院提出执行异议，对执行法院对该申请作出的裁定不服的，只能考虑参照《民事诉讼法》第二百三十六条或第二百三十八条的规定谋求救济。最高人民法院根据追加、变更事由的复杂程度，分别提供执行复议、执行异议之诉的救济途径。笔者认为，前述规定有所不妥。一方面，"以执行复议为原则、以异议之诉为例外"的程序构造意味着在绝大多数情形下，不服追加、变更被执行人裁定的当事人或利害关系人只能通过执行复议谋求救济，而执行复议难以向其提供足够充分的后置性程序保障。另一方面，明确列举采取"异议之诉"救济途径的情形未必有必要提供后置性程序保障，如生效法律文书已经认定涉案债务属于夫妻共同债务的，债权人申请追加被执行人配偶为被执行人的，没有必要提供异议之诉的救济途径。实际上，执行机构对是否应当追加、变更被执行人的审查，均属于实体审查，在本质上都应当提供的是异议之诉的救济途径。生效法律文书已经确定被追加、变更被执行人在特定条件下（通常是被执行人缺乏清偿能力）才对申请执行人承担清偿责任或者生效法律文书仅确认据以追加、变更被执行人的实体法理由足以成立的，前者因条件是否具备涉及实体审查，后者因当事人、利害关系人可以通过相反证据予以推翻，均应当提供执行异议之诉予以救济。但是，生效法律文书已经确定被追加、变更被执行人对执行债务承担连带清偿责任的，执行机构可以根据申请执行人的申请直接执行其财产，不涉及当事人追加、变更问题。

对于未经争讼程序即被裁定追加、变更为被执行人的案外人而言，除了应当向其提供后置性程序救济以外，还应当考虑其被裁定追加、变更为被执行人并因此承受了强制执行之后的实体救济问题。在被追加、变更为被执行人的主体代替被执行人履行部分或全部执行债权后，如果根据实体法的规定有权向被执行人或者共同保证人追偿的，通常不应当要求其通过争讼程序先行获得执行名义，而应当尽可能地允许其通过略式程序获得执行名义甚至直接进入执行程序，以此减轻其未经争讼程序即承受强制执行所带来的不利益影响。鉴于此，凡是生效法律文书要求案外人对涉案债务承担连带保证责任或者补充/替代清偿责任的，都会同时判决其在承担清偿责任后有权在其承担责任范围内向债务人追偿，以此充当案外人在清偿债务后直接申请强制执行追偿权的执行名义。生效法律文书没有确认案外人的追偿权的，但执行机构根据生效法律文书中的说理部分据以追加、变更被执行人的，执行机构可以在追加、变更被执行人的裁定书中对案外人的追偿权予以确认，以此作为案外人申请强制执行追偿权的执行名义。诚然，对于某些案外人被追加、变更为被执行人但难以确定其与原被执行人之间责任的，案外人恐怕有必要通过争讼程序另行获得执行名义。比如，受害人仅以部分连带侵权责任主体为被告提起侵权损害赔偿之诉并获得胜诉判决，执行机构根据受害人的申请以生效法律文书已经认定被执行人与案外人构成共同侵权为由裁定追加、变更案外人为被执行人并通过其财产清偿执行债务的，案外人只能在提起分摊之诉并获得执行名义后才可以申请强制实现其对其他连带侵权责任主体的追偿权。

二 客观扩张中的"以执代审"

生效法律文书所确定给付请求权的客观扩张，是指基于法定或意定原因可以直接执行案外人所有财产或者生效法律文书指定以外其他财产的情形。① 尽管主观扩张与客观扩张均可能导致对案外人财产的执行,但两者之间存在着以下两方面的区别:其一,主观扩张属于"人的责任",执行机构只有先行裁定将相关主体追加、变更为被执行人,才能对其责任财产采取强制执行措施,而客观扩张属于"物的责任",执行机构无须裁定将案外人追加、变更为被执行人,就可以直接裁定对该物采取强制执行措施;其二,主观扩张导致案外人所有的责任财产均可能沦为被执行财产,而客观扩张仅导致案外人的特定财产被视同被执行人所有的财产予以强制执行。

(一) 执行中转让抵押财产引起的客观扩张

《最高人民法院关于执行程序中被执行人无偿转让抵押财产人民法院应如何处理的请示的答复》(〔2006〕执他字第13号)指出,"作为执行标的物的抵押财产在执行程序中被转让的,如果抵押财产已经依法办理了抵押登记,则不论转让行为是有偿还是无偿,也不论是否通知了抵押权人,只要抵押权人没有放弃抵押权,人民法院均可以直接对该抵押物进行执行。因此,你院可以直接对被执行人已经设定抵押的财产采取执行措施,必要时,可以将抵押财产的现登记名义人列为被执行人。"也就是说,在执行程序中转让作为执行标的物的抵押财产的,不能对抗已经依法办理登记手续的抵押权人,执行机构可以直接执行抵押物,至于买受人因此遭受的损失,只能另案追究出卖人的违约责任。关于"必要时,可以将抵押财产的现登记名义人列为被执行人"的规定,笔者认为,主要适用于因买受人原因导致抵押财产灭失或者其价值大幅降低的情形,此种情形视为前文所论及的"代偿执行",不再赘述。已经依法办理抵押登记的财产,本来就属于限制流通物,买受人不存在构成善意取得的可能性,即使抵押物转让于强制执行之前,仍然存在执行机构直接执行已被转让的抵押物的正当性基础。对于此种类型的客观追加,执行机构其实只需要向登记机关进行查询即可作出判断,不存在"以执代审"的嫌疑,故仅需要通过异议与复议程序进行救济即可。

---

① 客观扩张与客观限缩是相对的概念,前者扩张执行标的的,后者限缩执行标的的。客观限缩,是对执行力客观范围的法定或意定限缩,主要表现为基于保护被执行人生存权以及维系公序良俗而豁免对某些财产的执行以及申请执行人与被执行人通过合意对其执行标的进行限缩。尽管客观限缩也存在实体审查,但豁免执行有明确的法律规定,而合意限缩执行力客观范围又被纳入执行和解制度的框架内研究,故暂不纳入本书的研究范围。

（二）执行担保或诉讼担保引起的客观扩张

根据《民事诉讼法》第二百四十二条以及《民诉法解释》第四百六十八、四百六十九条的规定，在执行中，他人可以向执行机构提供保证或财产担保，被执行人在执行机构决定暂缓执行期限届满后仍不履行义务的，执行机构可以直接执行担保财产，或者裁定执行担保人的财产。也就是说，与普通担保相似，执行担保存在"物保"与"人保"两种类型，主要存在以下两方面的区别：其一，前者着眼于特定财产的交换价值，后者着眼于担保人的社会信用及其债务清偿能力；其二，前者只能针对担保财产本身采取强制执行措施，后者则可以针对保证人任何依法可以强制执行的责任财产采取强制执行措施。因而，执行担保中的"物保"属于客观扩张的情形，而执行担保中的"人保"属于主观扩张的情形。诚然，执行担保中的"物保"之提供者还可以是被执行人本身，但被执行人本身以自己的财产提供担保以谋求暂缓执行之程序法效果的，本身不涉及执行力之扩张问题，不在本书的研究范畴之内。

案外人向执行机构提供担保财产的，根据《最高人民法院关于执行担保若干问题的规定》（法释〔2020〕21号修正）第七条第一款、《民诉法解释》第四百六十八条的规定，应当依据《民法典》的有关规定，按照担保物的种类、性质，将担保物移交执行法院，或依法到有关机关办理登记手续。但是，考虑到个人办理登记手续可能面临较大的障碍，参照《财产保全规定》第十六条关于"人民法院在财产保全中采取查封、扣押、冻结措施，需要有关单位协助办理登记手续的，有关单位应当在裁定书和协助执行通知书送达后立即办理。针对同一财产有多个裁定书和协助执行通知书的，应当按照送达的时间先后办理登记手续"的规定，执行机构可以向有关单位发出协助办理登记通知书。但是，根据《民法典》第四百零二条的规定，当事人以"建筑物和其他土地附着物""建设用地使用权""海域使用权""正在建造的建筑物、船舶、航空器"等财产设定抵押的，应当办理抵押物登记，抵押合同自登记之日起生效。那么，在办理抵押物登记之前，执行担保中的实体法效力尚未生效，而此时却已经产生暂缓执行之程序法效力，尽管可以从执行契约的角度获得正当性解释，但倘若担保财产在办理抵押物登记之前被转让的，申请执行人面临着难以通过该抵押物（部分）实现其执行债权的风险。此外，考虑到个人办理抵押物登记面临着较大的困难与成本，笔者建议参照《民诉法解释》第一百六十四条关于"对申请保全人或者他人提供的担保财产，人民法院应当依法办理查封、扣押、冻结等手续"的规定，对执行担保财产采取控制性执行措施，以此解决前述存在的问题。

除在执行程序中向人民法院提供担保财产以外，案外人还可能在诉讼中向审判机构提供担保，以促使审判机构不裁定对被执行人的财产采取保全措施或解除保全措施的，根据《执行规定》第五十四条的规定，案件审理后如果被执行人无财产可供执行或其财产不足清偿债务时，即使生效法律文书中未确定保证人承担责任，人民法院有权裁定执行保证人在保证责任范围内的财产。此外，根据《最高人民法院关于适用〈中华人民共和国民事诉讼法〉执行程序若干问题的解释》（法释〔2020〕21号修正，以下简称《执行解释》）第十五条第三款的规定，除了"因案外人提供担保解除查封、扣押、冻结有错误，致使该标的无法执行的，人民法院可以直接执行担保财产"以外，"申请执行人提供担保请求继续执行有错误，给对方造成损失的，应当予以赔偿。"也就是说，当事人或者案外人在诉讼程序中向人民法院提供担保财产的，视同其在执行程序中提供的担保财产，执行机构后续可以在相关条件具备的情形下直接对该财产采取强制执行措施。

案外人因在诉讼或执行中向人民法院提供担保财产而被裁定直接予以执行的，仅以担保财产为限，在其承诺担保的债务范围内，对执行债务承担有限的连带清偿责任。案外人提供担保财产以及承诺担保债务范围的，通常需要与执行当事人（尤其是申请执行人）达成合意，如果案外人提供财产担保的同时，案外人与执行当事人达成的协议同时对执行债务的履行方式、履行周期、给付内容等作出变更的，构成执行担保与执行和解的竞合。如前所述，案外人向人民法院提供担保财产的，属于向公职人员作出的意思表示，并且已经完成相应的物权公示方法，人民法院可以直接执行担保财产。①

三　参与分配中的"以执代审"

所谓参与分配，就是指作为被执行人的公民或其他组织的全部或者主

---

① 《民诉法解释》第四百六十九条规定，被执行人在人民法院决定暂缓执行的期限届满后仍不履行义务的，人民法院可以直接执行担保财产，或者裁定执行担保人的财产，但执行担保人的财产以担保人应当履行义务部分的财产为限。

要财产被一个法院因执行给付金钱的生效法律文书而查封、扣押或冻结,无其他财产可供执行或者其他财产不足以清偿全部债务的,在被执行人的财产被执行完毕之前,该被执行人的其他请求给付金钱的债权人申请加入已经开始的执行程序,要求所有债权平等受偿的一种执行制度。① 参与分配仅适用于金钱执行,而不适用于非金钱给付请求权的强制执行。根据《民诉法解释》第五百零六条的规定,在金钱给付请求权的强制执行中,被执行人的其他已经取得执行依据的债权人以及对执行法院控制的财产有优先权、担保物权但尚未获得执行名义的债权人,可以向人民法院申请参与分配。实际上,对人民法院查封、扣押、冻结的财产有优先权、担保物权的债权人(以下简称"优先债权人")申请参与分配的本质是行使优先受偿权,只要优先债权人已经取得执行名义,此种类型的参与分配就不容质疑。但是,已经获得执行名义之普通债权人以及尚未获得执行名义的优先债权人也可以申请参与分配,则需要从理论上进行阐释。

　　已经获得执行名义之普通债权申请参与分配的理论前提是,债的平等性不因控制性执行措施的采取而丧失,亦即控制性执行措施不能产生类似担保物权的法律效果。控制性执行措施不能给申请执行人带来优先受偿地位的理论,被形象地概括为"平等主义"。相反的观点则认为,控制性执行措施可以产生类似担保物权的法律效果从而给申请执行人带来优先受偿地位,理论界将此概括为"优先主义"。在优先主义的语境下,申请执行人对已经查封、扣押、冻结的财产享有优先受偿权,只有在执行款项完全满足执行债权的情形下,其他普通债务人才可以就剩余款项申请强制执行,故不存在参与分配之必要。与此不同,在平等主义的语境下,申请执行人对已经查封、扣押、冻结的财产不享有优先受偿权,基于债的平等性特点,被执行人的其他已经取得执行名义的债权人也可以申请参与分配。诚然,鉴于司法解释仅允许已经取得执行名义的普通债权人申请参与分配,在允许普通债权人申请参与分配方面,不存在"以执代审"问题。

　　尚未获得执行名义的优先债权人申请参与分配的,面临着执行名义缺失难题。笔者认为,优先债权人申请参与分配的行为可以解读为内在地包含申请执行法院按照《民事诉讼法》第二百零八条的规定作出拍卖、变卖担保财产的裁定书,进而根据该裁定书作为其申请参与分配的执行名义。《民诉法

---

① 参见肖建国主编《民事执行法》,中国人民大学出版社 2014 年版,第 300 页。

解释》第三百六十八条规定，人民法院审查实现担保物权案件，可以询问申请人、被申请人、利害关系人，必要时可以依职权调查相关事实。在优先债权人申请参与分配的情形下，执行法院在审查该申请时，通常需要通过听证程序听取各方当事人以及利害关系人的意见，与实现担保物权案件的审查程序具有共通性，只是为了保障其优先受偿权而允许其将两个申请程序进行合并。根据《民诉法解释》第三百六十九、三百七十条的规定，执行法院应当就主合同的效力、期限、履行情况，担保物权是否有效设立、担保财产的范围、被担保的债权范围、被担保的债权是否已届清偿期等担保物权实现的条件，以及是否损害他人合法权益等内容以及被申请人或利害关系人提出异议一并进行审查，并且只能在当事人对实现担保物权无实质性争议的情况下才能未经争讼程序直接作出执行名义。当事人对实现担保物权有（部分）实质性争议的，执行法院只能告知申请人向人民法院提起诉讼，执行法院应当提存与争议债权数额相应的款项，并根据后续诉讼结果对该提存款项进行分配。通过前述"申请合并论"，并将《民事诉讼法》第二百零七、二百零八条针对"实现担保物权案件"创设的特别程序准用于法定优先权（如建设工程价款优先权），就可以成功解决尚未取得执行名义的优先债权申请参与分配缺乏执行名义的难题，同时也较好地贯彻了"审执分离"与"审执协作"原理。

诚然，在司法实践中，有些被执行人与案外人勾结伪造或夸大债务，"手拉手"提起诉讼或申请仲裁，快速获得判决书、法院调解书、仲裁裁决书、仲裁调解书等，并由胜诉的"债权人"申请参与分配，以此降低申请执行人通过被查封、扣押、冻结财产获得清偿的比例，达到逃避、规避执行的非法目的。[①]对此，笔者认为，执行机构发现案外人据以申请参与分配的执行名义存在虚假诉讼或虚假仲裁方式取得可能性的，基于审执分离原理，也不得直接驳回其参与分配的申请，但应当根据审执协作原理向作

---

① 比如，在最高人民检察院 2015 年 2 月 2 日公布的 13 起检察机关民事诉讼监督典型案例中的第 6 个典型案例 "刘某等诉广州某贸易公司财产租赁合同纠纷虚假诉讼监督系列案" 中，广州某贸易公司被判令向某银行偿还欠款本息 30721967.65 元。执行法院依法拍卖该公司所属的码头用地获款 43703315 元。被执行人与刘某等九个案外人勾结伪造运输车辆租赁合同并向增城法院提起民事诉讼并获得九份案外人胜诉的判决，共判决贸易公司支付租金、逾期滞纳金共计 9346 万余元给刘某等九人，刘某即向阳江法院申请参与执行款分配。申请执行人向有关部门反映情况后，增城检察院知悉后依职权进行监督，经广州市人民检察院抗诉，前述判决均被撤销，广州中院同时对相关虚假诉讼主体进行司法罚款。

出该执行名义的审判机构、仲裁机构、公证机构发出相应的司法建议,并向申请执行人释明其可以采取的救济途径,在相关问题获得确定之前,可以中止执行款的分配。

作为平等主义的例外,为破解执行转破产面临的启动难问题,《民诉法解释》第五百一十四条采取了优先主义。① 根据《民诉法解释》第五百一十一——五百一十三条的规定,在执行中,作为被执行人的企业法人符合《企业破产法》第二条第一款规定情形的,执行法院经申请执行人之一或者被执行人同意,应当裁定中止对该被执行人的执行,将执行案件材料移送被执行人所在地人民法院在30日内审查是否受理破产案件,被执行人住所地人民法院受理破产案件的,执行法院应当解除对被执行人财产的保

---

① 诚然,平等主义本身也正面临着挑战。根据《执行规定》第五十六条的规定,首先对财产采取查封、扣押、冻结措施的人民法院(以下简称"首封法院")享有优先处置权,但首封法院怠于处置资产将损害其他债权人(尤其是优先债权人)的合法权益。为此,《福建省高级人民法院关于依法规范金融案件审理和执行的若干意见(试行)》《上海市高级人民法院关于在先查封法院与优先受偿债权执行法院处分查封财产有关问题的解答》《江苏省高级人民法院执行局关于执行工作若干疑难问题的解答》《山东省高级人民法院关于处理在先查封法院与优先受偿债权执行法院处分查封财产执行争议若干问题的规定(试行)》《浙江省高级人民法院执行局关于多个债权人对同一被执行人申请执行和执行异议处理中若干疑难问题的解答》《北京市法院执行案件办理流程与执行公开指南》等地方法院出台的规范性文件尝试突破《执行规定》第五十六条规定的首封法院对财产的优先处置权,《最高人民法院关于首先查封法院与优先债权执行法院处分查封财产有关问题的批复》(法释〔2016〕6号)对首封法院的优先处置权进行了限制,即"自首先查封之日起已超过60日,且首先查封法院就该查封财产尚未发布拍卖公告或者未进入变卖程序的,优先债权执行法院可以要求将该查封财产移送执行",而"首先查封法院与优先债权执行法院就移送查封财产发生争议的,可以逐级报请双方共同的上级法院指定该财产的执行法院。"但是,普通债权执行法院则无权要求首先查封法院移送执行,为激励首先查封法院尽早处置查封财产,不少地方人民法院尝试突破平等主义,赋予首封债权人以一定比例的优先受偿权。根据《浙江省高级人民法院关于在立案和审判中兼顾案件执行问题座谈会纪要》(浙高法〔2009〕116号)第三条第(四)项的规定,首先申请财产保全并成功保全债务人财产的债权人在参与该财产变价所得价款的分配时,可适当多分,但最高不得超过20%。《浙江省高级人民法院关于多个债权人对同一被执行人申请执行和执行异议处理中若干疑难问题的解答》举例说明了具体确定分配比例的计算方法,并补充说明"当首先申请财产保全并成功保全债务人财产的债权人的申请执行标的额远大于可分配金额,或者其他债权人的受偿比例已经较高(达到83.34%以上)时,奖励的系数应视情降低,以免出现首先申请财产保全并成功保全债务人财产的债权人分走全部款项或超额受偿的情况。"此外,据报道,安徽省池州市贵池区也在执行款不足以清偿各债权人钱款的系列执行案件尝试首封债权适当提高分配比例有限优先受偿的分配方法,合理平衡了各债权人的利益,取得良好效果。参见杨善清、杜志鹏、付军《首封债权有限优先受偿——记贵池区法院系列执行案件顺利执结》(http://gcq.cncourt.org/public/detail.php?id=787)。

全措施，被执行人住所地人民法院裁定宣告被执行人破产的，执行法院应当裁定终结对该被执行人的执行，被执行人住所地人民法院不受理破产案件的，执行法院应当恢复执行。《民诉法解释》第五百一十四条首次采取优先主义，即"当事人不同意移送破产或者被执行人住所地人民法院不受理破产案件的，执行法院就执行变价所得财产，在扣除执行费用及清偿优先受偿的债权后，对于普通债权，按照财产保全和执行中查封、扣押、冻结财产的先后顺序清偿。"在这种倒逼机制下，轮候查封/扣押/冻结顺位越靠后的普通债权人申请或同意将执行案件转入破产程序的动力越充足，尽可能减轻因我国破产法采取破产申请主义（即没有建立强制破产制度）带来的危害。

鉴于参与分配制度只能适用于执行款项分配完毕之前，在被执行人尚有其他债权人的情形下，执行款项越早分配完毕通常意味着申请执行人以及已经申请参与分配的债权人获得清偿的比例越高。因而，在司法实践中，在被执行人其他债权人尚未知悉或申请参与分配的情形下，为避免更多的债权人申请参与分配并同意将执行案件转入破产程序，查封/扣押/冻结在先的债权人已经呈现出向轮候查封/扣押/冻结的债权人作出妥协，达成不完全"按照财产保全和执行中查封、扣押、冻结财产的先后顺序清偿"执行债权的协议，从而导致本条司法解释的制定目的难以实现。实际上，受"案多人少"的现实压力以及地方保护主义的影响，执行人员在主观上通常也不愿意有更多的债权人（尤其是外地债权人）申请参与分配。对此，笔者认为，应当从制度构建上强化执行机构的审查义务，对于涉嫌损害他人合法权益的执行和解协议，强制要求执行机构以通知/公告的方式告知已知/潜在的债权人。这是因为，根据《民诉法解释》第五百零六条第一款的规定，其他普通债权人申请参与分配的前提是"发现被执行人的财产不能清偿所有债权"，既然已有部分债权人成功申请参与分配，意味着被执行人存在资不抵债的情形，此时对执行款项的分配已经具备"小破产"的特点，应当注重债务清偿的公平性。鉴于《民诉法解释》第五百零九条仅要求执行机构将分配方案送达申请执行人、申请参与分配的债权人以及被执行人，而没有要求对分配方案进行公告，其他已经取得执行名义的普通债权人以及对被查封、扣押、冻结财产享有优先受偿权的优先债权人可能存在基于不可归责于己的原因错失申请参与分配的良机。因而，有必要参照破产程序的基本原理扩大分配方案的公告范围，在被执行人具备破产资格的情形下，尽可能引导执行案件转入破产程序。诚然，强制执行属于个别执行，本来就不应当参照适用破产法之原理，但因普通债权人申请参与分配的条件是"发现被执行人的财产不能清偿所有债权"，而企业法人"资不抵债"属于《破产法》第二条规定的破产原因，鉴于作为一般执行的破产程序排斥作为个别执行的执行程序，此时应当参照适用破产法原理以保障其他债权人的受偿权。

除了确保已知或潜在的被执行人其他债权人的知情权以及申请参与分配机会以外，还应当确保分配方案的公平性。为此，《民诉法解释》第五百零九条后段规定，债权人或者被执行人对分配方案有异议的，应当自收到分配方案之日起十五日内向执行法院提出书面异议。在进行分配方案异议的审查时，根据《民诉法解释》第五百一十条的规定，执行法院仅负责将对分配方案的书面异议/对异议的反对意见通知未提出异议者/提出异议者，只有在"未提出异议的债权人、被执行人自收到通知之日起十五日内未提出反对意见"以及"异议人逾期未提起诉讼"两种情形下，执行法院推定异议或反对意见成立并据此调整/维持分配方案。显而易见，分配方案异议审查程序贯彻了"审执分离"原理，债权人、被执行人对分配方案存在实质争议的，通过执行异议之诉解决。诚然，在作出分配方案之前，执行法院既可能需要对债权是否已经获得全部或部分实现进行认定，也可能需要对首封债权人的优先受偿比例予以确定，还可能需要对尚未取得执行名义的优先债权的金额进行核定，而这些均涉及实体判断问题，故仍然存在"以执代审"的嫌疑。简而言之，分配方案异议及其审查程序遵循了"异议前置"原理，执行法院在制作分配方案之前已经进行实体审查，没有必要在分配方案异议审查程序中再进行重复审查，以免异议人或者其他提出反对意见者迟迟不能通过争讼程序谋求救济。[1]

---

[1] 与此不同，根据《执行案件立案、结案意见》第九、十条以及《变更、追加当事人规定》第三十二条的规定，申请执行人申请追加、变更被执行人的，人民法院按照执行异议案件予以立案，当事人、利害关系人不服人民法院对前述异议作出裁定的，只能根据申请追加、变更被执行人的理由，向上一级人民法院申请复议或者向作出前述裁定的人民法院提起执行异议之诉。笔者认为，"分配方案异议＋执行异议之诉"的制度设计模式更为科学，不妨保留执行法院对变更、追加当事人异议进行纯粹形式化的审查权力，以此减少不必要之执行异议之诉。

第三章 "异议前置"构造的正当性拷问

在传统大陆法系的强制执行法学的理论框架内,瑕疵执行行为存在"违法执行行为"与"不当执行行为"之分,前者是指违背执行程序法规定的执行行为,后者是指虽不违反执行程序法规定但违反实体法规定的执行行为。[①] 对于违法执行行为,各主要国家和地区均通过执行异议和执行复议(执行抗告)制度提供救济。对于不当执行行为,绝大多数国家遵循"审执分立"原理,主要通过与执行程序相区别的争讼程序提供救济。在我国,当事人、利害关系人根据《民事诉讼法》第二百三十六条向执行法院提出的异议,所挑战的是执行行为的合法性,故被称为"执行行为异议",当事人或利害关系人不服执行法院针对"执行行为异议"所作裁定的,可以在法定期间向上一级人民法院申请执行复议。案外人以其对执行标的享有足以排除强制执行的实体权益为由提出的异议,则被称为"执行标的异议",案外人、当事人不服执行法院针对"执行标的异议"所作裁定的,则需要根据其所主张实体权益与执行名义之间是否存在关联,分别通过审判监督程序与执行异议之诉谋求救济。

由此可见,对于违法执行行为,我国采取了与其他大陆法系国家和地区相似的救济方式,但在不当执行行为的救济方面,我国确立了"异议前置"规则:但凡试图将特定财产排除在执行标的之外的案外人,均应当先行向法院提出"执行标的异议",只有在其"执行标的异议"未能获得执行法院支持或者虽获执行法院支持但债权人不服该裁定,并且其排除强制

[①] 执行异议可以针对任何形式的程序瑕疵,只要其所违反的程序规定属于执行机构的审查范围即可,但不包括执行名义本身的实体性瑕疵以及针对被执行的请求权的实体法异议。对于后者,只能通过包括执行异议之诉在内的争讼程序谋求救济。参见江必新主编《比较强制执行法》,中国法制出版社 2014 年版,第 171 页。

执行的理由与原判决、裁定无关的，才可以提起旨在请求对特定财产排除强制执行的执行异议之诉，或者旨在请求许可对特定财产进行强制执行的执行异议之诉。"异议前置"构造通常被认为强制当事人或案外人通过非讼程序处理实体性争议，不仅涉嫌侵犯寻求执行救济的当事人或案外人的裁判请求权，而且被普遍认为违反审执分离原则。

实际上，异议前置模式存在强制适用的异议前置模式与任意适用的异议前置模式之分。强制适用的异议前置模式，是指民事强制执行法律及司法解释强制寻求执行救济的当事人或案外人先行通过非讼程序解决涉执行争议，但不服非讼解决结果的当事人或案外人仍可以通过争讼程序寻求进一步救济。任意适用的异议前置模式，是指民事强制执行法律及司法解释允许寻求执行救济的当事人或案外人自愿选择先行通过非讼程序解决涉执行争议，但也允许寻求执行救济的当事人或案外人直接启动相应的争讼救济程序。由于审判请求权与非讼程序请求权同属于广义"诉权"（法律保护请求权）的范畴，① 任意适用的异议前置模式在本质上并不损害当事人或案外人的裁判请求权。基于此，本章以案外人异议前置于案外人异议之诉为例，从宏观上对案外人任意适用的案外人异议制度的正当性基础进行分析。②

第一节　执行基本理念之贯彻

在通常情形下，债权人只有在其给付请求权履行期限已届满的情形下才具备提起给付之诉的必要性，债权人只有经过漫长的争讼程序才能获得可以充当执行名义的确定裁判文书。为尽可能促使债务人履行义务，法院裁判文书通常会预设宽限期。只有宽限期届满且债务人没有完全履行裁判文书确定的给付义务，债权人才可以申请强制执行。至此，绝大多数执行

---

① 参见任重《诉权的体系化价值及其对我国的启示（代译序）》，载［德］康拉德·赫尔维格《诉权与诉的可能性——当代民事诉讼基本问题研究》，任重译，法律出版社2018年版，第37页。

② 与现行《民事诉讼法》第二百三十八条采取强制适用的案外人异议前置模式不同，《民事强制执行法草案》（2019年9月讨论稿）第八十三条与《民事强制执行法草案》（2020年9月讨论稿）第三十九条直接取消了案外人异议制度，但《民事强制执行法草案》（2021年11月讨论稿）第四十二条恢复了强制适用的案外人异议前置主义。

债权的履行期限早已届满，而且债务人通常已经获得足够充分的机会妨碍执行名义之形成。在正当程序保障下及自我归责原则的作用下，强制执行程序应当遵循执行当事人不平等原则，执行机构可以根据债权人的单方申请乃至依职权及时采取必要执行措施，以保障已经延误实现的执行债权得以迅速且确实的实现，即确保执行债权实现的迅速性与实效性。因而，强制执行法学者提出"执行及时原则"，并认为"追求效率是强制执行的最高追求"。[1] 但是，强制执行也应当兼顾债务人的基本人权以及确保案外人的合法权益不因此遭受不当侵害，亦即强制执行应当遵循比例原则以及执行限制原则。

任意适用的案外人异议前置模式是"提高强制执行效率"与"避免侵害案外人权益"两种价值理念的折中结果。如果纯粹着眼于"提高强制执行效率"，应当授权执行机构不顾可能发生的执行行为不当情形，继续推动强制执行程序的进行。即：案外人应当直接提起异议之诉，并且在其取得足以排除强制执行的确定判决之前，强制执行程序应当继续推行。但是，这样可能会诱发大量的不当执行行为以及与之相伴随的执行回转案件，既减弱执行行为的权威性，也涉嫌未能向案外人提供及时叫停强制执行的救济机会，还因此浪费本来就相当紧缺的执行资源。如果纯粹着眼于"避免侵害案外人权益"，应当要求执行机构中止与案外人提起异议之诉相关执行标的的强制执行，但这显然极为容易被债务人作为妨碍强制执行的有效手段，即债务人与他人恶意串通后可以无休止地中止强制执行，最终导致执行程序陷入僵局以及执行债权落空。

任意适用的案外人异议前置模式较好地对前述两种价值诉求进行折中。这是因为，按照传统民事强制执行法学理论，民事强制执行程序不因案外人提起异议之诉而中止，但案外人可以在其证据足够充分的情形下选择先通过案外人异议审查程序中止执行程序。这种方案在确保执行效率（执行法院应当在15日作出裁定）的同时，[2] 也向执行法院提供了自我防止发生不当执行行为的机会。如果当事人与案外人均接受执行法院作出的裁定，就可以避免异议之诉的提起以及因异议之诉可能导致的执行程序停

---

[1] 参见江必新主编《强制执行法理论与实务》，中国法制出版社2014年版，第69页。
[2] 这里仅指执行标的异议的审查期限，其他类型的执行异议的审查期间可能存在特别规定。例如，根据《变更、追加当事人规定》第二十八条第三款的规定，执行法院对变更、追加执行当事人的异议审查期限为60日，存在特殊情况的，还可以由本院院长批准延长。

滞或执行回转等情形的发生，从而提高强制执行的迅速性与实效性。如果当事人或案外人不服执行法院作出的裁定并据此提起异议之诉的，执行法院可以更有信心地继续或中止相应的执行行为。因而，尽管任意适用的案外人异议前置模式较为独特，但在制度设计上契合强制执行的基本理念。

第二节　裁判请求权之保障

强制适用的案外人异议前置模式将异议救济无效作为案外人提起异议之诉的特殊条件。在案外人意图直接提起异议之诉的情形下，强制适用的前置性异议程序对案外人的裁判请求权造成了限制。与强制适用的诉前强制调解程序于特殊情形下具备限制裁判请求权的正当性基础相似，[1] 本书不认为强制适用的案外人异议前置模式限制案外人的裁判请求权必然不具备正当性基础。[2] 对不利己财产权属外观之形成具有主观可归责性的案外人，理应受"债权人中心主义"的执行程序观之拘束。只要有利于及时实现执行债权且不过分妨碍案外人启动争讼程序，对案外人采取强制适用的案外人异议前置模式就具备正当性基础。尽管强制适用的案外人异议前置模式涉嫌限制案外人的裁判请求权，但限制具有主观可归责性的案外人之

---

[1] 参见肖建国、黄忠顺《诉前强制调解论纲》，《法学论坛》2010年第6期。
[2] 在我国当前司法语境下，继续推行强制适用的案外人异议前置模式的理由包括但不限于以下几方面。(1) 该模式对案外人裁判请求权仅造成轻微影响。一方面，案外人提起执行标的异议无须交纳案件受理费，没有显著加重案外人的诉讼成本。另一方面，执行法院必须在15日内作出裁定，没有显著加重案外人的时间成本。(2) 该模式向案外人提供了有效的即时救济途径，在异议获得支持的情形下，可以避免异议之诉的冗长带来的风险。案外人直接提起异议之诉或者另行提起民事诉讼的，想要获得可以对抗强制执行的生效裁判，通常需要经过漫长的诉讼周期和昂贵的诉讼成本，其对案外人的救济具有显著的滞后性。与此不同，前置性的执行异议审查周期仅为15日，执行法院认为异议理由成立的，直接裁定中止对该标的的执行，若债权人没有在15日内向执行法院提起异议之诉，执行法院将裁定终结对该执行标的的执行。因而，该模式只是立法者额外向案外人提供了直接排除强制执行的即时救济机会。(3) 该模式使得执行机构享有预防或纠正不当执行行为之机会，既可以减少执行异议之诉的案件数量及其相应的司法资源投入，也可以缓和审判权与执行权之间的紧张关系（即减少不当执行行为之司法认定以及维护执行行为效力的稳定性），故有益于社会公共利益。(4) 该模式有助于保护申请执行人的保存利益，减少其被卷入被执行人与案外人之间存在的其他民事争议的旋涡。

裁判请求权符合比例原则。笔者赞同唐力教授关于"我国强制执行立法上，对于执行救济制度的设置，要以实用主义为指导思想，而不必过于追求体系和逻辑上的完备性"①的观点，对具有主观可归责性的案外人采取强制适用的案外人异议前置模式未必不具备正当性基础。与强制适用的案外人异议前置模式对案外人的裁判请求权构成限制不同，任意适用的案外人异议前置模式没有限制案外人的裁判请求权。因不涉嫌限制案外人的裁判请求权，任意适用的案外人异议前置模式的论证难度要小得多。但是，案外人主张对执行标的享有足以排除强制执行的实体权益的，本可以向享有管辖权的法院提起确权或给付诉讼，但因该执行标的被法院采取强制执行措施，却只能通过案外人异议和/或案外人异议之诉谋求救济。鉴于案外人异议之诉属于争讼程序，任意适用的案外人异议前置模式仍涉嫌从管辖利益的角度损害案外人的裁判请求权。基于此，下文先从专属管辖与裁判请求权保障之间的关系出发，分析强制案外人只能向执行法院寻求救济的正当性问题，再从非讼程序与争讼程序的关系出发，分析任意适用的案外人异议前置模式的正当性问题。

一　专属管辖与裁判请求权之保障

专属管辖，是指法律规定某些类型的案件只能由特定的法院管辖，其他法院无管辖权，当事人也不得以明示或默示协议形式改变法律确定的管辖法院。民事诉讼法学界通常认为，专属管辖具有排他效力（其他法院无权管辖）、排除效力（排除当事人通过协议管辖来改变专属管辖）、限制效力（限制牵连管辖亦即合并管辖的适用）、职权审查效力（无须申请即可予以审查）、撤销效力（违反专属管辖之裁判将被撤销）、拒绝承认效力（拒绝承认违反专属本国管辖案件之外国裁判）。②尽管专属管辖在域外存在职能专属管辖、事物专属管辖与地域专属管辖等类型，但我国的专属管辖仅指地域专属管辖。③在地域专属管辖的语境下，只要各地法院的审判

---

① 唐力：《外国民事强制执行立法比较研究》，载江必新主编《强制执行法的起草与论证（三）》，中国法制出版社2014年版，第85页。
② 参见李浩《民事诉讼专属管辖制度研究》，《法商研究》2009年第2期。
③ 参见王次宝《我国民事专属管辖制度之反思与重构——以大陆法系国家和地区的一般规定为参照》，《现代法学》2011年第5期。

水平相当且均不受法外因素影响，专属管辖的设立仅可能改变当事人提起或抗辩诉讼的便利性及其成本。鉴于一般管辖规则的设计已经对双方当事人的诉讼便利性以及诉讼成本之分担进行了较为合理的安排，专属管辖之设立必须具备足够充分且正当的理由，亦即"是否规定专属管辖，应当从公共利益出发，如果立法规定的专属管辖适用的范围过大或者过小都不符合专属管辖制度的本旨，或者会对当事人造成重大不公，或者不利于公共利益的保护。"[1] 由此可见，专属管辖之设立是公共利益因素介入管辖权配置规则的表现，其本质是基于公共利益的考量而对私人权益进行重新配置。

对执行标的享有实体权益的案外人，原本可以按照《民事诉讼法》及其相关司法解释规定的一般管辖规则选择对其最有利的法院提起民事诉讼，但因《民事诉讼法》第二百三十八条、《民诉法解释》第三百零二条规定执行异议之诉案件专属于执行法院管辖，案外人与执行当事人只能在执行法院进行诉讼。因而，执行异议之诉案件专属于执行法院管辖可能涉嫌损害案外人的固有管辖利益。诚然，相对于案外人另行提起的普通民事诉讼而言，执行异议之诉在诉讼目标、诉讼标的、诉讼请求等方面均有所不同，但执行异议之诉案件的审理范围包括但不限于案外人另行提起的普通民事诉讼案件。因而，在执行异议之诉中，案外人可以同时提出确认其权利的诉讼请求，[2] 即使当事人没有提出确权的诉讼请求，也要查清实体权利的性质和归属。[3] 鉴于涉案执行标的已被执行法院采取强制执行措施，申请执行人对该财产享有民法上的保存利益，案外人抛开执行法院在其他法院进行诉讼，不仅可能导致由不同法院行使的执行权与审判权之间发生紧张关系，而且可能导致申请执行人完全处于不知情状态，从而为被执行人与案外人恶意串通逃避执行提供制度工具。特别是，在当前地方保护主义、部门或行业保护主义仍较盛行的司法语境下，执行异议之诉案件专属于执行法院管辖的制度设计有助于避免不同地方法院争夺案件管辖权。执行异议之诉案件专属于执行法院管辖，而执行异议之诉判决可以导致案外人丧失另行提起普通民事诉讼的必要性，

---

[1] 姜启波、孙邦清：《诉讼管辖》（第2版），人民法院出版社2008年版，第59页。
[2] 参见《民诉法解释》第三百一十条第二款。
[3] 参见最高人民法院民事审判第一庭庭长程新文2015年12月24日在最高人民法院在北京召开第八次全国法院民事商事审判工作会议上所作的发言"人民法院关于当前民事审判工作中的若干具体问题"。

故执行异议之诉的专属管辖可以对案外人的管辖利益产生影响。但是，执行异议之诉案件专属于执行法院管辖符合公共利益的要求，故不宜认定该专属管辖侵犯案外人的裁判请求权。[1]

二 异议前置与裁判请求权之保障

案外人异议前置模式旨在尽可能迅速地解决与强制执行相关的争议，具有减少不当执行行为、维护执行行为的稳定性、及时救济案外人权益、避免审判资源浪费以及缓和审执关系等契合社会公共利益等多重功能。但是，与诉前强制调解相似，异议前置涉嫌不正当地侵害了公民裁判请求权中的"适时审判请求权"。[2] 裁判请求权，也被称为"法定听审权""接受裁判权"，是指任何人在其实体权益受到侵害或与他人发生争执时享有请求独立的司法机关予以公正审判的权利。换言之，裁判请求权是公民依据宪法享有的程序性基本权利。按照宪法学者的分析，基本权利存在绝对保障和相对保障两种模式，前者禁止其他法律规范对基本权利进行限制，后者则允许其他法律规范对基本权利进行限制。[3] 第二次世界大战以后，绝大多数国家对包括裁判请求权在内的基本权利采取绝对保障模式，但绝对保障模式并非绝对禁止对基本权利进行限制，只是强调对基本权利进行限制只能通过法律进行，法律仅能限制有害于他人或社会的行为，并且应当符合宪法的规定。[4] 对此，笔者认为，裁判请求权不能予以剥夺，但是对其进行限制是客观存在的。民事案件的受理范围、小额诉讼程序、简易程序、限制上诉制度等无不对裁判请求权进行了必要的限制。因而，问题的关键不在于是否可以对裁判请求权进行限制，而在于是否具备足够充分且正当的理由。

在任意适用的案外人异议前置模式下，案外人是自愿选择先将争议通

---

[1] 在比较法上，《德国民事诉讼法典》第七百七十一条第一款、《日本强制执行法》第三十八条第三款、我国台湾地区"强制执行法"第十五条均对案外人提起的异议之诉案件设置专属管辖制度。

[2] "适时审判请求权"，也被称为"适时裁判请求权"，是指当事人有权要求法院在适当的时间、以适当的方式进行审判，防止不当程序的使用而造成对当事人利益的损害。参见韩红俊《论适时审判请求权》，《法律科学》2011年第5期。

[3] 参见林来梵《从宪法规范到规范宪法》，法律出版社2001年版，第94—95页。

[4] 参见刘敏《论裁判请求权——民事诉讼的宪法理念》，《中国法学》2002年第6期。

过非讼程序解决。案外人排除执行请求通过非讼程序获得执行法院支持的,案外人即丧失提起排除执行之诉的必要性。不服非讼裁判结果的债权人可以向执行法院提起许可执行之诉以谋求争讼救济,案外人可以并且必须行使旨在对抗许可执行请求的消极诉讼实施权,故不存在剥夺裁判请求权之嫌疑。案外人排除执行请求未能通过非讼程序获得执行法院支持的,案外人还可以通过排除执行之诉寻求救济。案外人通过非讼程序解决涉执行争议是为了提高民事权益救济效益,但于案外人异议被驳回时则推迟了其提起排除执行之诉的时间。为了提高涉执行争议非讼解决效率和避免案外人异议制度沦为债务人拖延执行程序的工具,《民事诉讼法》第二百三十八条将执行法院审查排除执行异议、债权人提起许可执行之诉、案外人提起排除执行之诉的周期均限定为 15 日。综上所述,任意适用的案外人异议前置模式没有显著妨碍案外人行使裁判请求权,案外人因其异议被驳回而推迟争讼救济的不利后果属于当事人自我责任的作用范围。该模式在某种意义上给案外人额外提供了及时叫停执行程序的救济机会,而且符合保护社会公共利益以及申请执行保存利益之需要,故具备正当性基础。

第三节 程序标的之界分

案外人异议审查适用非讼法理,而案外人异议之诉案件审理适用争讼原理。[1] 案外人异议案件属于适用非讼程序的"真正争议事件",案外人异议审查程序实际上交叉适用非讼原理和争讼原理,案外人异议审查程序"借助于非讼法理所具有之弹性、合目的性及裁量性等特质",[2] 但又因存在双方或多方当事人相互攻击防御而具有争讼程序之特点。实际上,案外人异议前置于案外人异议之诉意味着,针对案外人是否对执行标的享有足以排除强制执行的实体权益,有可能先后经过非讼程序与争讼程序的两次判断。诚然,在理论上非讼标的与诉讼标的之间应当作区分,非讼程序并不确认民事权利义务关系,而仅产生获得执行依据的诉讼法律效果。[3] 因

---

[1] 《民诉法解释》第三百零八条规定,人民法院审理执行异议之诉案件,适用普通程序。
[2] 姜世明:《非讼事件法新论》,新学林出版股份有限公司2011年版,第35页。
[3] 参见任重《担保物权实现的程序标的:实践、识别与制度化》,《法学研究》2016年第2期。

而，尽管案外人异议审查结果可以直接对执行程序产生影响，但并不能据此禁止当事人通过争讼程序谋求救济。案外人的异议获得完全支持且申请执行人没有在法定期间提起异议之诉的，鉴于排除强制执行程序之目的已经达成，案外人丧失提起异议之诉的必要性，但仍可在执行程序之外按照《民事诉讼法》的规定另行提起民事诉讼，以实现其确权或请求给付的目的。因异议理由不成立而被法院裁定驳回异议后，案外人在其提起的异议之诉中同时请求确认其权利的，应当运用诉讼标的合并理论或中间确认判决理论予以阐释，案外人异议之诉的诉讼标的与案外人异议的非讼标的相同，仅指向执行力之消灭或维持，而不直接产生确权的法律效果。因而，在理论上，只要没有在案外人异议之诉中提出确认其权利的诉讼请求，虽然案外人异议之诉判决必然会对案外人是否享有足以排除强制执行的实体权益进行认定，但案外人仍可以另行提起确认之诉或给付之诉。综上所述，案外人异议事件的非讼标的与案外人异议之诉的诉讼标的相同，均局限于执行力对于特定执行标的之消灭或维持，而没有对案外人对执行标的究竟享有何种实体权益产生实质确定力。既然案外人异议之诉本身不产生实质确定力，案外人异议之诉审理程序本身都可以适当进行非讼化改造，允许案外人在提起异议之诉前尝试通过非讼程序解决涉执行争议更不应当遭受质疑。

第四节 实体判断之二元化

尽管案外人异议与案外人异议之诉的程序标的相同，但分别适用非讼程序与争讼程序，两者在正当程序保障以及实体权益判断标准方面存在着显著区别。在案外人异议审查程序中，执行法院根据实际需要组织当事人与案外人进行听证，要求案外人提供证明其享有足以排除强制执行的证据，听取被执行人以及申请执行人的意见，执行法官根据物权公示原则（以有体物为执行标的）以及权利外观主义（有体物以外的其他权益为执行标的）对执行标的的实体权属进行判断，故案外人异议审查程序中的权利判断性质为形式物权、权利表象，而非实质物权、真实权利。[1] 在案外

---

[1] 参见肖建国《执行标的实体权属的判断标准——以案外人异议的审查为中心的研究》，《政法论坛》2010年第3期。

人异议之诉审理程序中，执行法院应当组成合议庭，适用普通程序进行审理，即使案外人没有提出确权的诉讼请求，也应当组织各方主体就案外人是否享有足以排除强制执行之实体权益进行充分的攻击防御，并对该实体权益是否存在、合法以及是否足以排除强制执行作出实体认定。显而易见，案外人异议审查程序更为灵活和迅速，但其审查结论未必符合实质物权或真实权利，有必要保留债权人或案外人通过争讼程序寻求进一步救济的权利，从而呈现案外人异议前置模式的程序构造。

第五节　执行裁判庭之设立

执行异议之诉案件在性质上属于争讼事件，理应由审判机构进行审理。在没有专门设立执行裁判庭的执行法院，执行异议之诉案件是由普通民事审判庭进行审理的。伴随着民事执行机构改革的进程，部分地方法院在执行局内部设立执行裁判庭等类似内设机构，负责行使执行命令权与执行裁决权，而执行异议之诉案件则继续由普通民事审判庭负责审理。[①] 为了确保执行异议之诉审判主体熟悉原来的案情，最高人民法院2009年3月17日印发的《人民法院第三个五年改革纲要（2009—2013）》将"当事人提起的执行异议之诉由作出生效裁判的原审判庭审理"作为2009—2013年人民法院司法改革的主要任务之一。但是，由于执行异议之诉专属于执行法院管辖，而执行法院未必是"作出生效裁判的"法院，故执行异议之诉案件不可能完全交由"作出生效裁判的原审判庭审理"。为了进一步贯彻"审执分立"原则，部分地方法院在执行局之外设立执行裁判庭，除了执行命令权与执行裁决权，还集中行使涉执行审判权，从而实现执行异议裁决权以及涉执行争议审

---

① 《最高人民法院关于进一步加强和规范执行工作的若干意见》（法发〔2009〕43号）要求，各级人民法院统一设立执行局，并统一执行局内设机构及职能。高级人民法院设立复议监督、协调指导、申诉审查以及综合管理机构，中级人民法院和基层人民法院设执行实施、执行审查、申诉审查和综合管理机构。复议监督机构负责执行案件的监督，并办理异议复议、申请变更执行法院和执行监督案件；协调指导机构负责跨辖区委托执行案件和异地执行案件的协调和管理，办理执行请示案件以及负责与同级政府有关部门的协调；申诉审查机构负责执行申诉信访案件的审查和督办等事项；综合管理机构负责辖区执行工作的管理部署、巡视督查、评估考核、起草规范性文件、调研统计等各类综合性事项。

判权均由专门设立的执行裁判庭行使的效果。2011 年 11 月 19 日印发的《最高人民法院关于执行权合理配置和科学运行的若干意见》（法发〔2011〕15号）第十二条第一款则指出，逐步促进涉执行诉讼审判的专业化，具备条件的人民法院可以设立专门审判机构，对涉执行的诉讼案件集中审理。鉴于两份规范性文件层级相同且第二份印发时间在后，部分地方人民法院试点在执行（事务）局之外设立受理案外人执行异议之诉、申请执行人执行异议之诉、执行分配方案异议之诉、代位析产之诉等涉执行的诉讼案件以及执行异议审查案件的执行裁判庭具有合法性。鉴于执行裁判庭以精通强制执行的审判法官为主体，执行异议裁决权摆脱了执行异议系由执行机构（不享有审判法官资格的执行人员）审查的质疑。

第六节　小结

　　本节以案外人异议前置模式为例进行分析，但其结论可以扩张适用于其他类型的异议前置情形。任意适用的案外人异议前置模式是"提高强制执行效率"与"避免侵害案外人权益"两种价值理念的折中结果，契合强制执行法的基本理念。该模式授权案外人在通过争讼程序解决涉执行争议之前选择先通过异议审查程序谋求救济，并导致案外人只能在执行法院就其是否享有足以排除强制执行的实体权益与被执行人（以及申请执行人）展开攻击防御。案外人异议及随后可能发生的案外人异议之诉或债权人许可执行之诉等案件均专属于执行法院管辖，这是基于维护社会公共利益的需要，故不宜认定该专属管辖侵犯案外人的裁判请求权。任意适用的案外人异议前置模式的实质是向案外人额外提供及时叫停执行程序的救济机会，并且符合保护社会公共利益以及申请执行保存利益之需要。与普通民事诉讼不同，案外人异议之诉属于诉讼法上的形成之诉，案外人对执行标的是否享有足以排除强制执行的民事权益仅构成支持或驳回案外人排除执行请求的判决理由，除非案外人将其上升为诉讼请求，案外人异议之诉判决对实体法律关系不具有既判力。既然案外人异议之诉都没有将案外人对执行标的享有的权益作为诉讼标的，对该事实的审理程序本来就可以进行适当的非讼化改造，通过案外人异议审查程序对排除执行理由进行审查更不应当遭受质疑。此外，尽管案外人异议的程序标的与案外人异议之诉的诉讼标的完全相同，但因两者分别适用非讼与争讼原理，各自的实体权属判断标准也不尽相同，即使增设案外人异议制度，也应当保留案外人异议之诉制度。① 最后，鉴于民事执行机构改革的发展方向是在执行（事务）局之外设立独立的执行裁判庭，集中行使执行命令权、执行裁决权、涉执行审判权，执行异议之审查不再由执行机构（不享有审判法官资格的执行人员）负责，关于"执行机构自我审查执行异议的实际意义不大"的质疑不辨自明。

---

① 相反观点认为，案外人排除执行请求只能以案外人异议的形式提请司法审查，民事强制执行立法没有必要保留案外人异议之诉制度。参见李先伟《论案外人异议之诉的废除》，《政法论丛》2011年第1期。

第四章 "以审乱执"现象的成因及其治理

所谓的"以审乱执",是指被执行人与案外人没有利用执行救济制度而另行提起诉讼或申请仲裁,并以另案获得的生效法律文书对抗强制执行的现象。在强制执行中,案外人对执行标的权属存在异议的,本应当根据《民事诉讼法》第二百三十八条的规定通过执行异议和执行异议之诉谋求排除强制执行。但是,基于以下几方面的原因,案外人可能无意或有意绕开执行救济而另案申请仲裁或提起诉讼:(1)案外人在执行程序启动之前已经申请仲裁或提起诉讼;(2)案外人不知道且不应当知道执行事件而另案申请仲裁或提起诉讼;(3)案外人虽知悉执行事件,但在执行程序启动前已与被执行人达成仲裁协议而直接申请仲裁;(4)案外人知悉或者应当知悉执行事件,为规避执行救济制度,而直接另案提起诉讼,或与被执行人达成仲裁合意后申请仲裁。对于前两种情形,案外人另案提起诉讼或申请仲裁的行为不具有主观可归责性,不构成"以审乱执"现象。对于后两种情形,案外人明知或应知执行事件仍另案提起诉讼或申请仲裁,则存在"以审乱执"的嫌疑。这是因为,在强制执行程序进行期间,案外人原则上不得在执行异议之诉以外另案提起诉讼或申请仲裁,《德国民事诉讼法》第七百七十一条第一款与第八百零二条规定的专属管辖就表明了这一点。[①]换言之,在强制执行程序启动之后,被执行人的责任财产就处于受限制状态,尤其是在执行法院对责任财产采取控制性执行措施之后,申请执行人享有民法上的保存利益,案外人想要有效救济其合法权益,必须同时排除执行法院对该财产的强制执行,另案提起诉讼或申请仲裁无法实现排除强制执行之效果,故缺乏诉的利益。实际上,即使案外人向执行法院提起执

[①] 参见江必新主编《比较强制执行法》,中国法制出版社2014年版,第190页。

行异议之诉，也应当强制要求其提出排除强制执行的诉讼请求，而不能在异议之诉中仅提出确认请求。[1]

第一节 "以审乱执"现象的治理规则及其存在的问题

案外人在执行程序启动之前已经申请仲裁或提起诉讼的，仲裁机构或受诉法院不必然在执行法院对诉讼标的物采取控制性执行措施之前作出裁决或判决。执行法院采取查封、扣押、冻结等控制性执行措施均需要向被执行人送达相关司法文书，作为另案仲裁案件的被申请人或另案诉讼案件的被告，被执行人应当向仲裁机构或受诉法院披露诉讼标的物已被其他人民法院依法查封、扣押、冻结的事实，作为另案仲裁申请人或者另案诉讼原告的案外人应当利用执行救济程序请求排除对该财产的强制执行，仲裁机构或受诉法院也应当以申请人或原告缺乏仲裁/诉讼利益为由引导案外人通过执行异议与执行异议之诉谋求足够保障其合法权益的救济。鉴于此，最高人民法院根据另案生效法律文书的作出时间与控制性执行措施的采取时间的先后顺序，初步在《执行异议和复议规定》第二十六条中对案外人以另案生效法律文书为依据提出排除执行异议的处理方法作出以下规定。（1）对于非金钱债权执行，案外人依据另案生效法律文书提出排除执行异议，即使该法律文书对执行标的权属作出不同认定，也不影响强制执行程序的进行，但执行法院应当告知案外人依法申请再审或者通过其他程序解决。既然作为执行名义的生效法律文书要求债务人向债权人交付特定物，意味着作出该生效法律文书的主体已经对该特定物的权属作出了实质判断，案外人另案取得对该特定物权属作出不同认定的生效法律文书，此时只能通过再审程序或者其他依法可以撤销原生效法律文书的程序消除生效法律文书之间存在的矛盾。（2）对于金钱债权执行，根据另案生效法律文书作出的时间，最高人民法院分别设计了不同的审查规则。另案生效法

---

[1] 诚然，为了提高纠纷解决效率，运用中间确认之诉、诉的合并理论，案外人可以在异议之诉中同时要求执行法院对相关纠纷进行审判。基于此，《民诉法解释》第三百一十条第二款规定，案外人同时提出确认其权利的诉讼请求的，人民法院可以在判决中一并作出裁判。

律文书在执行标的已被查封、扣押、冻结后作出,案外人以该另案生效法律文书为依据提出排除执行异议的,人民法院在异议审查程序中不予支持,但案外人可以依照《民事诉讼法》第二百三十八条的规定提起执行异议之诉,执行法院审判机构在执行异议之诉中对是否应当排除强制执行进行实质审判。另案生效法律文书在执行标的被查封、扣押、冻结前作出,案外人以该另案生效法律文书为依据提出排除强制执行异议的,执行法院应当予以审查,并按照不同情形分别予以处理:①另案生效法律文书就案外人与被执行人之间的权属纠纷,判决或裁决执行标的归属于案外人的,应予支持;②另案生效法律文书就案外人与被执行人之间存在的租赁、借用、保管等不以转移财产权属为目的的合同纠纷,判决、裁决执行标的归属于案外人或者向其返还执行标的且其权利能够排除执行的,应予支持;③另案生效法律文书就案外人与被执行人之间存在以转移财产权属为目的的合同纠纷,判决、裁决执行标的归属于案外人或者向其交付、返还执行标的的,不予支持;④另案生效法律文书系案外人受让执行标的的拍卖、变卖成交裁定或者以物抵债裁定且其权利能够排除执行的,应予支持。申请执行人或者案外人不服前述裁定的,可以依照《民事诉讼法》第二百三十八条规定提起异议之诉。但是,前述旨在治理"以审乱执"的规则也存在诸多方面的问题。

一 没有对生效法律文书的类型作出明确限制

在强制执行法的语境下,生效法律文书包括判决书、裁定书、决定书、法院调解书、仲裁裁决书、仲裁调解书、公证债权文书等,但通常认为只有受诉法院或仲裁机构居中作出的判决书或裁决书才具有既判力,而其他生效法律文书(包括合意判决与和解裁决)通常不具有既判力。尽管《执行异议和复议规定》第二十六条采取"判决、裁决"的表述,但没有明确判决书、裁决书以外的其他生效法律文书是否可以作为请求排除强制执行的依据,也没有对本条所谓的"判决、裁决"是否包括合意判决、和解裁决予以明确。

众所周知,根据生效法律文书所记载实质内容来源的不同,生效法律文书可以分为合意型生效法律文书和决定型生效法律文书两种类型,前者是对双方当事人达成的纠纷解决合意的记载和确认,后者则是中立第三方在双方充分攻击防御的基础上居中作出的纠纷解决方案。按照传统民事诉讼法学基础理论，既判力的正当性基础在于正当程序保障下的自我归责原则，即"判决以当事人在诉讼里竭尽攻击防御方法为前提，具有约束当事人的能力。"① 合意型生效法律文书作出之前没有向双方当事人提供充分攻击防御之机会，即使是根据和解协议或调解协议制作成的法院判决书、法院调解书、仲裁裁决书、仲裁调解书也不得具备与确定判决相同的效力。② 由此可见，合意型生效法律文书的作出不建立在查清案件事实的基础之上，而且没有向双方当事人提供足够充分且正当的程序保障，双方当事人对其他相关纠纷提起民事诉讼时，不受合意型生效法律文书所确认事实之拘束。既然连参与合意型生效法律文书形成的双方当事人（即被执行人与执行案件的案外人）都不受其认定事实的拘束，没有参与该合意型生效法律文书形成过程的案外人（即申请执行人）更不应当受其拘束，故执行法院在审查此类执行异议时，不应考虑合意型生效法律文书所认定之事实。

综上所述，只有决定型判决书以及决定型裁决书才具备产生既判力的正当性基础，而合意型生效法律文书所确认的事实均不具有拘束其他案件的"积极既判力"或者"预决效力"。参照《民诉法解释》第一百零七条、《最高人民法院关于人民法院特邀调解的规定》（法释〔2016〕14号）第二十二条等关于"当事人为达成调解协议或者和解的目的作出妥协所涉及的对案件事实的认可，不得在其后的诉讼中作为对其不利的证据"的规定，即使在双方当事人之间，也可以在另案中主张与合意型生效法律文书所确认事实相反的事实。因而，案外人以合意型生效法律文书为依据请求排除强制执行的，执行法院不予支持，但案外人仍得以其对执行标的享有足以排除强制执行之实体权利为由，依照《民事诉讼法》第二百三十八条提出执行异议和提起执行异议之诉。

---

① 参见［日］新堂幸司《新民事诉讼法》，林剑锋译，法律出版社2008年版，第474—475页。
② 尽管传统大陆法系在立法表述上往往将调解的法律效力等同于诉讼上和解，而诉讼上和解与确定判决有同一效力，这就给人造成调解具备确定判决效力的印象。然而，学术界与立法者对"与确定判决有同一效力"均进行了目的性限缩解释，使其效力局限于禁止再事争议，如我国台湾地区"民事诉讼法"第三百八十条的立法理由指出，"查民诉条例第四五十条理由谓关于诉讼标的之和解，有无既判力相类之效力，即就同一诉讼标的，是否更行起诉，在未设明文规定之立法例，学者颇多争论，本条例特为定名不得更行起诉，若更行起诉，法院应依职权驳斥之，盖必如是，始举保证私权之实，且可减少司法衙门之事务也"。

二　没有明确案外人仍可以实体权利提出异议

根据《执行异议和复议规定》第二十六条第一款第二项的规定，在执行标的被采取控制性执行措施之前，另案生效法律文书基于债权请求权判决、裁决执行标的归属于案外人或者向其交付、返还执行标的的，执行法院不予支持。根据《执行异议和复议规定》第二十六条第二款的规定，案外人依据执行标的被查封、扣押、冻结后作出的另案生效法律文书提出排除执行异议的，执行法院也不予支持。在前述两种情形下，"不予支持"的表述容易被误解为执行法院直接"裁定驳回异议申请"。

实际上，根据体系解释原则，执行法院不予支持的对象仅是"案外人依据执行标的被查封、扣押、冻结前作出的另案生效法律文书提出排除执行异议"，不包括案外人根据《民事诉讼法》第二百三十八条规定提出的排除执行异议审查。也就是说，执行人员应当注意区分"不予支持"与"驳回异议"之间的区别，"不予支持"所针对的只是某种请求排除强制执行的理由，而"驳回异议"是所有排除强制执行理由都得不到支持的结果。鉴于此，在前述两种情形下，案外人以其对执行标的享有足以排除强制执行的实体权利为由提出执行异议，不因提交另案生效法律文书就可以认定其完成举证责任，而且执行法院不受前述另案生效法律文书之影响，除非案外人提供的其他证据足以认定其对执行标的享有足以排除强制执行的实体权利，执行法院将驳回其排除执行异议。我们不能因为案外人另案取得了对其有利的生效法律文书，就推定其提出的其他排除强制执行理由均不成立，哪怕案外人与被执行人之间构成虚假诉讼或虚假仲裁，也应当对其提出的其他排除强制执行的理由与证据予以审查。[①]

综上所述，《执行异议和复议规定》第二十六条的"不予支持"的真实含义是执行法院不受该另案生效法律文书的影响，但案外人仍可以提供其他证据证明其对执行标的享有足以排除强制执行的实体权利，执行法院对此应当按照《民事诉讼法》第二百三十八条的规定予以审查，当事人、

---

① 相对于《执行异议和复议规定》第二十六条而言，《民诉法解释》第四百七十七条关于"在执行中，被执行人通过仲裁程序将人民法院查封、扣押、冻结的财产确权或者分割给案外人的，不影响人民法院执行程序的进行。案外人不服的，可以根据民事诉讼法第二百二十七条（现行《民事诉讼法》第二百三十八条）规定提出异议"的规定更为明确，不宜造成误解。

利害关系人不服执行法院对排除执行异议所作裁定的,可以自裁定送达之日起 15 日内向执行法院提起执行异议之诉。

三 没有将案外人主观可归责性作为考量因素

案外人因不知诉讼标的物已被查封、扣押、冻结而(继续)进行仲裁或诉讼并获得生效法律文书的,根据《执行异议和复议规定》第二十六条的规定,也不能以另案生效法律文书为依据要求排除对该财产的强制执行。也就是说,《执行异议和复议规定》第二十六条采取客观标准,即"作出另案生效法律文书"与"采取控制性执行措施"的先后顺序,而没有将案外人另案提起诉讼或申请仲裁的主观心理状态纳入考量范围。显而易见,客观标准有助于贯彻执行法院的形式审查要求,但也存在没有向案外人提供周延保护的合理嫌疑。与明知诉讼标的物已经被查封、扣押、冻结仍另案提起诉讼或申请仲裁的案外人存在主观可归责性不同,案外人不知道诉讼标的物已经被查封、扣押、冻结而另案提起诉讼或申请仲裁的,因案外人不存在主观可归责性,此时完全无视另案生效法律文书的存在,需要另行论证其正当性基础。

传统民事诉讼法学理论认为,与形成力具有对世性不同,既判力原则上仅在当事人之间发挥作用。[①] 这是因为没有参加诉讼活动的案外人没有获得攻击防御之机会,除非存在既判力主观范围扩张的法定例外情形,否则不得要求其承受他人诉讼结果对自己造成的不利影响。案外人以另案生效法律文书为依据申请排除强制执行的本质是,要求将另案生效法律文书的既判力或预决效力向没有参加另案诉讼程序的申请执行人扩张,这在理论上显然是站不住脚的。但是,在我国司法实践中,生效法律文书效力的相对性原则没有获得遵循,人民法院或者仲裁机构根据双方当事人攻击防御表现作出的中立判断,通常被赋予绝对化的效力。[②] 在确定裁判效力绝对化的趋势下,无论案外人是否获得事先参加诉讼或仲裁的机会,也无论案外人是否存在事后谋求解除他人之间诉讼或仲裁对其造成的不利影响的机会,生效法律文书均被视为公文书而被赋予高度的确定效力。也正是在

[①] 参见任重《形成判决的效力——兼论我国物权法第二十八条》,《政法论坛》2014 年第 1 期。
[②] 关于我国裁判效力绝对化的论述,请参见肖建国、黄忠顺《论第三人撤销之诉的法理基础》,载张卫平主编《民事程序法研究》(第 11 辑),厦门大学出版社 2014 年版,第 35—38 页。

此种语境下,《执行异议和复议规定》第二十六条第一款第一、三项才规定执行法院应当支持另案生效法律文书所确认的事实。

由此可见,在理论上,除了具有广泛形成效力的形成判决以外,人民法院或仲裁机构根据双方当事人攻击防御表现情况而居中作出的生效法律文书的效力具有相对性。但是,前述生效法律文书的效力在我国实践中出现了绝对化趋势,尽管这种确定裁判效力绝对化趋势不具有正当性基础,但却是客观存在的普遍现象。因而,在当前的社会意识以及司法语境下,简单以确定裁判效力相对性原理为由,拒不防御生效法律文书效力不当扩张并损害案外人合法权益情形之发生,是不够负责任的。尽管生效法律文书效力相对性原理无法充当执行法院无视另案生效法律文书之存在的正当性基础,但《执行异议和复议规定》第二十六条第四款为案外人保留了执行异议之诉的救济途径。鉴于执行异议之诉案件适用两审终审制,即使案外人因不可归责于己的原因不知悉诉讼标的物已经被查封、扣押、冻结而导致执行法院在异议审查中无视其另案生效法律文书的存在,但案外人仍可以将其在另案诉讼中的所有证据材料提交给执行法院,执行法院应当按照《民事诉讼法》第二百三十八条的规定予以审查,即使没有提供另案生效法律文书以外的其他证据材料,案外人也可以在异议被裁定驳回后根据《民事诉讼法》第二百三十八条的规定提起执行异议之诉,并在执行异议之诉中再提供其他相关证据材料。

综上所述,"不予支持"仅表明执行法院无视另案生效法律文书的存在,但并不等于直接裁定驳回案外人的排除执行异议,而需要根据案外人提供的其他证据材料审查案外人对执行标的是否享有足以排除强制执行的实体权利。因而,即使案外人因不可归责于己的原因导致其另案取得的生效法律文书无法作为证明其对执行标的享有足以排除强制执行之实体权利的证据,也可以将其在另案中的证据材料提交执行法院进行审查,并可以在后续的执行异议之诉中获得较为充分的程序保障。至于案外人因被执行人隐瞒诉讼标的物已经被查封、扣押、冻结事实导致其额外付出的诉讼成本(本可以仅通过执行异议与执行异议之诉获得足够充分救济),则可以另行要求被执行人予以赔偿。

四 没有对仲裁合意是否影响执行救济作说明

案外人与被执行人就租赁、借用、保管等不以转移财产权属为目的的合同纠纷达成仲裁合意后，租赁、借用、保管等合同的标的物被查封、扣押、冻结的，案外人是否必须通过执行异议与执行异议之诉谋求救济，《执行异议和复议规定》第二十六条没有作出规定。通常认为，除非法律另有明确规定外，双方当事人订立的仲裁协议可以排除法院的管辖权，包括法院的专属管辖权。[①] 有人错误地认为，案外人与被执行人达成仲裁协议的，就不能通过执行异议与执行异议之诉谋求救济，而只能另案申请仲裁。对此，笔者认为，执行异议之诉的诉讼标的与另案申请仲裁的标的不同，前者主要解决的是案外人是否对执行标的享有足以排除强制执行的实体权益，而另案申请仲裁主要解决的是租赁、借用、保管等合同纠纷本身。尽管执行异议之诉案件也需要对前述合同纠纷进行审理，但这仅仅作为裁判理由进行审理，而不构成诉讼标的。既然执行异议之诉的诉讼标的不是合同纠纷本身，案外人与被执行人就该合同纠纷达成的仲裁协议不能成为限制案外人提出执行异议以及提起执行异议之诉的理由。因而，案外人与被执行人之间事先或事后达成仲裁协议的，也不影响案外人在执行程序中提出执行异议和提起执行异议之诉。

也正是基于此，根据《民诉法解释》第四百七十七条规定，在执行中，被执行人通过仲裁程序将人民法院查封、扣押、冻结的财产确认或者分割给案外人的，不影响人民法院执行的进行，但案外人可以根据《民事诉讼法》第二百三十八条的规定提出异议并在异议被裁定驳回后提起执行异议之诉。无论是否知悉查封、扣押、冻结事实，也无论案外人与被执行人什么时候达成仲裁协议，只要仲裁裁决书作出之时晚于控制性执行措施采取之时，执行法院就可以无视该仲裁裁决书的存在。尽管案外人可以根据《民事诉讼法》第二百三十八条的规定提起执行异议之诉，但在异议之诉审理环节，执行法院也应当无视该仲裁裁决书之存在，案外人对执行标的是否享有足以排除强制执行之实体权益仍须提供其他证据予以证明，并由执行法院进行实质审理。最高人民法院之所以在异议审查程序对财产被采取控制性执行措施后取得的另案仲裁裁决采取比较彻底的抵制态度，主要是因为我国现行《仲裁法》《民事诉讼法》没有向仲裁当事人以外的第三人提供撤销仲裁裁决的途径，案外人与被执行人恶意串通虚假仲裁的，申请执行人没有申请撤销该仲裁裁决的机会。此外，仲裁解决的是双方当

---

① 参见洪莉萍《仲裁协议的效力与法院的专属管辖权》，《法学》1996 年第 7 期。

事人之间的争议,当争议标的物被查封、扣押、冻结后,争议主体变成了三方。此时,没有申请执行人的同意,仲裁机构对争议标的仲裁就失去了当事人合意的基础,其仲裁裁决也就不能当然产生阻却执行的效力。另外,执行程序中也不能当然否定仲裁裁决的效力,案外人取得另案仲裁裁决后,如果要排除执行,可以根据《民事诉讼法》第二百二十七条(现行《民事诉讼法》第二百三十八条)的规定提出案外人异议和异议之诉,以便于通过审判程序最终判断仲裁裁决结果能否排除对该标的的执行。[1] 由此可见,最高人民法院将执行中作出的仲裁裁决书排除在案外人据以请求排除强制执行的依据之外,使得申请执行人可以在执行异议和执行异议之诉中获得充分的程序保障。

五 没有对滥用本条规定设计相应的防治机制

《执行异议和复议规定》第二十六条要求执行法院"应予支持"或"不予支持"的是"案外人依据执行标的被查封、扣押、冻结前作出的另案生效法律文书提出排除执行异议"。"应予支持"意味着执行法院不再审查案外人对执行标的是否享有实体权利,而应当直接认可生效法律文书确认的事实,但没有将案外人与被执行人在执行程序启动之前通过虚假诉讼或虚假仲裁获得生效法律文书的可能性考虑在内,使得这种处理方式略显绝对。

实际上,即使是决定型生效法律文书,仍不排除该法律文书所确认的某些事实是基于当事人自认的结果,而自认往往是案外人与被执行人恶意串通虚假诉讼或虚假仲裁的必备手段。为贯彻《民事诉讼法》第七条关于"人民法院审理民事案件,必须以事实为根据,以法律为准绳"的规定,《民诉法解释》第九十二条第三款规定,自认的事实与查明的事实不符的,人民法院不予确认。为指引人民法院识破虚假诉讼,《最高人民法院关于防范和制裁虚假诉讼的指导意见》(法发〔2016〕13号)第六条规定,诉讼中,一方对另一方提出的于己不利的事实明确表示承认,且不符合常理的,要做进一步查明,慎重认定。查明的事实与自认的事实不符的,不予确认。《最高人民法院关于审理民间借贷案件适用法律若干问题的规定》(法释〔2020〕17号修正)第十八条第六项提醒审理民间借贷纠纷案件的

---

[1] 赵晋山、葛洪涛、乔宇:《民事诉讼法执行程序司法解释若干问题的理解与适用》,《人民司法》2016年第16期。

人民法院将"当事人双方对借贷事实的发生没有任何争议或者诉辩明显不符合常理"作为综合判断是否属于虚假诉讼的要素。案外人与被执行人为降低被识破虚假诉讼的概率，往往选择在"陌生法院"进行虚假诉讼，因"陌生法院"不熟悉相关案情而容易被蒙蔽并据此作出生效法律文书。案外人以该生效法律文书作为依据申请排除强制执行的，只要该生效法律文书符合《执行异议和复议规定》第二十六条第一款第一、三项的规定，执行法院就"应予支持"。因而，在解释论上，即使认为另案生效法律文书存在虚假诉讼或虚假仲裁可能，执行法院也应当裁定"予以支持"，但可以告知申请执行人根据《执行异议和复议规定》第二十六条第三款的规定通过执行异议之诉予以解决。在立法论上，与其强制要求执行法院作出明知不当的"予以支持"裁定，倒不如授权执行法院裁定中止执行，原审法院或其上一级人民法院通过审判监督程序撤销虚假诉讼判决书。但是，仲裁机构无权撤销其已经作出的仲裁裁决，而且只有仲裁当事人有权向人民法院申请撤销仲裁裁决，故申请执行人只能指望通过执行异议之诉推翻虚假仲裁裁决认定的事实。因而，执行法院认为案外人据以申请排除强制执行的仲裁裁决书涉嫌虚假仲裁的，受《执行异议和复议规定》第二十六条第一款第一项的限制，执行法院只能裁定予以支持后，释明申请执行人通过执行异议之诉谋求救济，但在立法论上宜授权执行法院裁定驳回，由案外人通过执行异议之诉谋求排除强制执行。

综上所述，《执行异议和复议规定》第二十六条第一款第一、三项中的"予以支持"应当是附条件的，执行法院认定另案生效法律文书系被执行人与案外人虚假诉讼或虚假仲裁结果的，在立法论上不应予以继续"予以支持"，在解释论上也应当在裁定"予以支持"的同时向申请执行人释明通过执行异议之诉谋求后续救济或者通过审判监督、第三人撤销之诉等其他途径推翻虚假判决。

六　没有对生效法律文书的作出与生效进行区分

根据我国现行《民事诉讼法》及其相关司法解释，法律文书作出时间与生效时间通常并不完全重合，它们之间的关系主要体现为以下几种模式。（1）必然重合。根据《仲裁法》第五十七条关于"裁决书自作出之日起发生法律效力"的规定，仲裁裁决书（包括和解裁决书在内）的作出时间与生效时间完全重合。（2）先作出后生效，但仍可能重合。根据《仲裁法》第五十二条第二款、《民事诉讼法》第一百条第三款的规定，仲裁调解书与法院调解书均只有在送达当事人后才生效，只有仲裁调解书与法院调解书于作出之日即被签收，才可能发生作出时间与生效时间的重合。①（3）先作出后生效，且不可能重合。除了实行"一审终审制"的少数案件以外，根据《民事诉讼法》第一百七十一条的规定，第一审裁判只有在当事人没有在上诉期间内提起上诉才发生确定效力，故实行"两审终审制"案件的第一审裁判的作出时间与生效时间不可能重合。（4）先生效后作出。《民事诉讼法》第一百零一条规定，对调解和好的离婚案件、调解维持收养关系的案件、能够即时履行的案件以及其他不需要制作调解书的案件，双方当事人达成调解协议的，人民法院可以不制作调解书，但应当记入笔录，由双方当事人、审判人员、书记员签名或者盖章后，即具有法律效力。（5）没有明确规定。现行《民事诉讼法》及其相关司法解释没有对终审裁判的生效时间作出明确的规定，司法实践中存在以作出之日、宣判之日、送达之日作为生效基准点的多种观点。

《执行异议和复议规定》第二十六条第一款关于"金钱债权执行中，案外人依据执行标的被查封、扣押、冻结前作出的另案生效法律文书提出排除执行异议"以及第二款关于"金钱债权执行中，案外人依据执行标的被查封、扣押、冻结后作出的另案生效法律文书提出排除执行异议"的规定，足以表明最高人民法院根据"作出另案生效法律文书的时间"与"执行标的被查封、扣押、冻结时间"的先后，分别设计了不同的处理规则。但是，如前所述，法律文书的作出时间与生效时间并不完全一致。法律文书在执行标的被查封、扣押、冻结前作出，但在执行标的被查封、扣押、冻结后生效的，执行法院是否应当支持案外人据此要求排除强制执行的异议申请？

《执行异议和复议规定》限制执行法院直接根据另案生效法律文书裁定排除强制执行的主要目的在于防止被执行人与案外人通过虚假诉讼或虚假仲裁转移财产。被执行人与案外人在执行程序中才启动另案程序并获得据以对抗强制执行的另案生效法律文书的，可以推定被执行人与案外人存在规避执行之恶意，并据此规定执行法院无视该另案生效法律文书的存在，按照常规的排除执行异议进行审查。被执行人与案外人在执行程序启

---

① 此外，根据《民诉法解释》第一百四十九条的规定，调解书须经当事人签收后才发生法律效力的，应当以最后收到调解书的当事人签收的日期为调解书生效日期。

动之前已经另案提起诉讼或申请仲裁的,则:(1)如果另案法律文书生效时间早于执行标的被查封、扣押、冻结时间,就可以根据《执行异议和复议规定》第二十六条第一款第一项的规定要求执行法院排除强制执行;(2)如果另案法律文书生效时间晚于执行标的被查封、扣押、冻结时间,则即使其在执行标的被查封、扣押、冻结前作出的,也不得作为请求排除强制执行的依据。在第(1)种情形下,为达到规避执行的目的,债务人完全可以在强制执行程序启动乃至作为本案执行名义的生效法律文书作出之前就着手虚假诉讼或虚假仲裁事宜,从而预备性地准备好据以排除对其主要财产(通常表现为不动产等难以隐匿的大宗财产)采取强制执行措施的生效法律文书。因而,单纯以"作出另案生效法律文书的时间"与"执行标的被查封、扣押、冻结时间"的先后顺序分别作出"应予支持"与"不予支持"的规定,存在被滥用的嫌疑。在第(2)种情形下,另案法律文书作出之前,执行标的尚未被采取控制性执行措施,案外人对获得该法律文书具有必要性(诉的利益),即使该法律文书于执行标的被查封、扣押、冻结后才生效,也不能将其与执行标的被查封、扣押、冻结后才作出的法律文书等同看待,因为后者缺乏诉的利益。

综上所述,即使以"作出另案生效法律文书的时间"与"执行标的被查封、扣押、冻结时间"的先后顺序作为区别对待另诉生效法律文书的标准,也应当将"作出另案生效法律文书的时间"扩张解释为"作出另案法律文书的时间"。但是,即使作出前述扩张解释,仍难以防止被执行人与案外人预备性取得另案生效法律文书以对抗强制执行,故建议同时对《执行异议和复议规定》第二十六条关于"应予支持"作扩张解释,即按照前文所阐述的,将其理解为附条件的"应予支持"。

第二节 "另案确权"对强制执行程序的影响及其原理

根据《执行异议和复议规定》第二十六条第一款的规定,只有另案生效法律文书系就案外人与被执行人之间的权属纠纷以及租赁、借用、保管等不以转移财产权属为目的的合同纠纷作出的,才有可能成为执行法院直接支持案外人排除执行异议的依据。但是，在"租赁、借用、保管等不以转移财产权属为目的的合同纠纷"中，只有生效法律文书判决、裁决被执行人向案外人返还执行标的且其权利能够排除执行的，执行法院才可以根据《执行异议和复议规定》第二十六条第一款第一项的规定裁定支持案外人的排除执行异议。案外人对执行标的享有足以排除强制执行的实体权利，主要表现为所有权、建设用地使用权、土地承包经营权等他物权，① 符合《执行异议和复议规定》第二十八、二十九、三十条规定的物权期待权，② 以及符合该司法解释第三十一条规定的不动产租赁权。③

实际上，经另案生效法律文书确认案外人对执行标的享有的实体权利，无论是法定他物权、物权期待权，还是物权化的不动产租赁权，其足以排除强制执行的原理与案外人经另案生效法律文书确认其系执行标的所有权人相同。为简化论述，笔者以另案生效法律文书确认案外人对执行标的享有所有权为例，对"另案确权"对强制执行程序造成的影响及其原理展开分析。

如前所述，只有在执行标的被查封、扣押、冻结之前作出的决定型仲裁裁决书以及决定型民事判决书，才可能成为执行法院直接认定案外人对执行标的享有足以排除强制执行的实体权利的依据。鉴于调解书以及合意裁决建立在另案确认当事人之间合意的基础上，调解书与合意裁决本身并

---

① 比如，案外人在某机器设备被查封之前获得生效法律文书，该生效法律文书解除案外人与被执行人的租赁合同并判决作为承租人的被执行人向作为出租人的案外人返还该机器设备的，案外人持该生效法律文书申请排除对该机器设备的强制执行的，执行法院应予支持。
② 《执行异议与复议规定》第二十八条规定，"金钱债权执行中，买受人对登记在被执行人名下的不动产提出异议，符合下列情形且其权利能够排除执行的，人民法院应予支持：（一）在人民法院查封之前已签订合法有效的书面买卖合同；（二）在人民法院查封之前已合法占有该不动产；（三）已支付全部价款，或者已按照合同约定支付部分价款且将剩余价款按照人民法院的要求交付执行；（四）非因买受人自身原因未办理过户登记。"第二十九条规定，"金钱债权执行中，买受人对登记在被执行的房地产开发企业名下的商品房提出异议，符合下列情形且其权利能够排除执行的，人民法院应予支持：（一）在人民法院查封之前已签订合法有效的书面买卖合同；（二）所购商品房系用于居住且买受人名下无其他用于居住的房屋；（三）已支付的价款超过合同约定总价款的百分之五十。"第三十条规定，"金钱债权执行中，对被查封的办理了受让物权预告登记的不动产，受让人提出停止处分异议的，人民法院应予支持；符合物权登记条件，受让人提出排除执行异议的，应予支持。"
③ 《执行异议与复议规定》第三十一条规定，"承租人请求在租赁期内阻止向受让人移交占有被执行的不动产，在人民法院查封之前已签订合法有效的书面租赁合同并占有使用该不动产的，人民法院应予支持。承租人与被执行人恶意串通，以明显不合理的低价承租被执行的不动产或者伪造交付租金证据的，对其提出的阻止移交占有的请求，人民法院不予支持。"

不能形成预决效力，所以确认案外人对执行标的享有所有权的调解书或者合意裁决书也不足以构成执行法院排除对该财产继续采取强制执行措施的正当事由。因而，可能构成排除强制执行的另案确权方式局限于建立在具备正当程序保障的非合意判决与决定型仲裁裁决的基础上。

一　仲裁裁决确权对执行程序造成的影响

《民诉法解释》第四百七十七条第一款规定，仲裁裁决将人民法院查封的财产确权或分割给案外人的，不影响执行程序的进行。最高人民法院增加该规定的理由是：厘清仲裁与执行程序的关系，防止被执行人与案外人利用仲裁制度对抗执行，架空案外人异议之诉制度。仲裁通常被认为具有准司法属性，双方当事人达成仲裁条款或者仲裁协议，即可排除人民法院对该（可能发生的）争议的管辖权，在仲裁条款或者仲裁协议未被依法宣布无效或者解除以及仲裁裁决被法院裁定撤销或者裁定不予执行之前，签订仲裁条款或者仲裁协议的双方当事人不能将受仲裁条款或者仲裁协议约束的纠纷诉诸法院，决定型仲裁裁决通常被认为具备与确定判决相同的法律效力。因而，以确定案外人对查封物享有所有权的仲裁裁决为依据，向执行法院申请排除对该查封物执行的，执行法院面临着两难境遇。根据《最高人民法院关于民事诉讼证据的若干规定》（法释〔2019〕19号修正，以下简称《证据规定》）第十条的规定，"已为仲裁机构的生效裁决所确认的事实"属于当事人无须举证证明但对方可以通过相反证据进行反驳的相对免证事实。在司法实践中，被执行人为逃避规避执行而与案外人恶意串通将已被执行法院查封的财产确权或分割给案外人的情形较为常见，鉴于民商事仲裁在某种意义上具有"花钱买服务"的性质，相对于诉讼确权而言，被执行人与案外人"手牵手"进行仲裁确权的成本和风险更低。这是因为，与利害关系人得以诉讼第三人身份参加诉讼程序不同，我国尚未确立第三人可以强制性加入他人仲裁程序的制度，申请执行人无法参与到被执行人与案外人进行的仲裁确权程序，而且仲裁委员会即使发现虚假仲裁也不能直接采取相应的惩戒措施。对此，笔者认为，被执行人与案外人通过仲裁程序进行确权或者分割查封物的，涉嫌侵犯申请执行人对查封物享有的民法上的保存利益且剥夺申请执行人获得正当程序保障的机会。与此同时，如果禁止被执行人与案外人就查封物相关纠纷通过仲裁方式进行解决，又涉嫌妨碍当事人对纠纷解决方式享有的选择权。鉴于我国尚未确立确定判决与仲裁裁决的效力相对性原则,《证据规定》第十条规定的所谓"预决效力"并不局限于相同的当事人之间,案外人取得确权或者分割查封物的仲裁裁决后根据《民事诉讼法》第二百三十八条提出执行异议的,执行法院在过去通常不得不裁定中止对该标的的执行。《民诉法解释》第四百七十七条可以理解为《证据规定》第十条第一款第五项的例外情形,属于对事实预决效力主观范围的合理限制。诚然,《民诉法解释》第四百七十七条并没有解决以下相似问题:被执行人与案外人在财产被法院查封后取得证明其对查封物享有足以排除强制执行权利的公证文书并提出执行异议的,该公证文书能否对申请执行人产生预决效力?对此,笔者认为,基于同样情况同样处理的法治原则,可以认定后续取得的公证债权文书不能产生对抗强制执行查封物的预决效力。

二 另案确权判决对执行程序造成的影响及其原理

根据《执行异议和复议规定》第二十六条第三款的规定,在非金钱债权执行中,案外人依据另案生效法律文书提出排除执行异议,该法律文书对执行标的权属作出不同认定的,人民法院应当告知案外人依法申请再审或者通过其他程序解决。换言之,另案生效法律文书仅在金钱债权执行中才可能对执行程序产生影响。非金钱债权执行案件包括行为给付请求权和特定物交付请求权,存在执行标的权属状况的非金钱债权执行案件仅为特定物交付请求权的强制执行。在特定物交付请求权的强制执行案件中,案外人依据另案生效法律文书提出排除执行异议的,通常意味着存在两份对执行标的的权属作出不同认定的生效法律文书,案外人可以通过申请再审或者提起第三人撤销之诉等方式使申请执行人的执行依据失效,不属于案外人异议以及执行异议之诉的受案范围。在特定物给付请求权的强制执行案件中,鉴于执行名义明确界定执行标的,不存在执行法院进行审查和调整执行标的的空间,执行法院应当严格按照执行名义指定的财产采取强制执行措施,案外人认为其对该特定物享有权属的,只能通过旨在消灭执行名义执行力的救济方式进行,而不能通过案外人异议和执行异议之诉的方式谋求救济。

在金钱债权执行中,执行法院需要对可供执行财产的范围进行确定并通过控制性执行措施特定化被执行财产。鉴于执行法院对可供执行财产的审查遵循形式化标准,而形式判断结果与实质权属状态可能发生分离,为保障案外人的合法财产不被执行法院误封误拍，《民事诉讼法》第二百三十八条规定，执行过程中，案外人对执行标的提出书面异议的，人民法院应当自收到书面异议之日起 15 日内审查，理由成立的，裁定中止对该标的的执行；理由不成立的，裁定驳回。案外人、当事人对裁定不服，认为原判决、裁定错误的，依照审判监督程序办理；与原判决、裁定无关的，可以自裁定送达之日起 15 日内向人民法院提起诉讼。① 根据《民诉法解释》第三百零九条的规定，案外人或者申请执行人提起执行异议之诉的，案外人应当就其对执行标的享有足以排除强制执行的民事权益承担举证证明责任。鉴于《民诉法解释》第九十三条第一款第五项以及《证据规定》第十条第一款第六项将"已为人民法院发生法律效力的裁判所确认的事实"作为当事人无须举证证明但对方可以通过相反证据进行反驳的相对免证事实，案外人持另案诉讼确权判决提出排除执行异议的，案外人将被豁免举证证明责任，而申请执行人只有在有相反证据足以推翻的情形下，才可能说服法院继续对该执行标的进行执行。《执行异议和复议规定》第二十六条第一款和第二款分别对财产控制前作出的另案生效法律文书以及财产控制后作出的另案生效法律文书作出不同的规定。

案外人依据执行标的被控制（查封、扣押、冻结）前作出的另案生效法律文书提出排除执行异议的，司法解释分为以下三种情形作出不同规定。（1）"另案生效法律文书"系针对权属纠纷以及不以转移财产权属为目的的合同纠纷，判决、裁决执行标的归属于案外人或者向其返还执行标的且其权利能够排除执行的，应予以支持。（2）"另案生效法律文书"系针对以转移财产权属为目的的合同纠纷，判决、裁决执行标的归属于案外人或者向其交付、返还执行标的的，不予支持。（3）该法律文书系案外人受让执行标的的拍卖、变卖成交裁定或者以物抵债裁定且其权利能够排除执行的，应予支持。综上所述，在先作出的另案生效法律文书原则上可以对执行异议产生预决效力，但基于以转移财产权属为目的的债权纠纷在先作出的另案生效法律文书在执行异议审查程序中则不能产生排除强制执行的效力。为满足不以物权为基础的请求权而判决或裁决执行标的归属于案

---

① 按照前段的分析，案外人异议以及执行异议之诉仅适用于金钱债权执行案件中。根据《民诉法解释》第三百零三条的规定，案外人提起执行异议之诉，应当具备以下三个特别要件：（1）案外人的执行异议申请已经被人民法院裁定驳回；（2）有明确的排除对执行标的的执行的诉讼请求，且诉讼请求与原判决、裁定无关；（3）自执行异议裁定送达之日起 15 日内提起。

外人或者将其交付、返还给案外人的,该判决或裁决系以债权请求权为根基。基于债权平等主义,为了实现本案的金钱债权而控制的财产并不能予以排除执行。在先拍卖、变卖成交裁定或者以物抵债裁定可以排除执行,其原因则主要是此类裁定可以直接发生物权变动效力,《民诉法解释》第四百九十一条规定,拍卖成交或者依法定程序裁定以物抵债的,标的物所有权自拍卖成交裁定或者抵债裁定送达买受人或者接受抵债物的债权人时转移。诚然,申请执行人对执行法院支持的案外人异议裁定不服的,可以根据《民事诉讼法》第二百三十八条的规定提起执行异议之诉,案外人对执行法院驳回其异议的裁定不服的,也可以根据《民事诉讼法》第二百三十八条的规定提起执行异议之诉。鉴于执行异议之诉并不能撤销其他生效法律文书,执行异议之诉案件的审理结果应当维持案外人异议的审查裁定结果。诚然,申请执行人也可以根据《民事诉讼法》第五十九条第三款的规定针对案外人据以证明其享有足以排除强制执行权利的生效法律文书提起第三人撤销之诉。①

根据《执行异议和复议规定》第二十六条第二款的规定,在金钱债权执行中,案外人依据执行标的被查封、扣押、冻结后作出的另案生效法律文书提出排除执行异议的,人民法院不予支持。案外人不服人民法院依据该款规定作出裁定的,可以根据该条第四款规定,按照《民事诉讼法》第二百三十八条规定提起执行异议之诉,但执行法院在执行异议之诉的审理过程中是否需要受财产控制后作出另案生效法律文书效力的拘束,该司法解释尚未给出明确的倾向性态度。对此,《最高人民法院关于执行权合理配置和科学运行的若干意见》(法发〔2011〕15号)第二十六条规定,审判机构在审理确权诉讼时,应当查询所要确权的财产权属状况,发现已经被执行局查封、扣押、冻结的,应当中止审理;当事人诉请确权的财产被执行局处置的,应当撤销确权案件;在执行局查封、扣押、冻结后确权的,应当撤销确权判决或者调解书。因而,在财产控制后作出将执行标的确权给案外人的确权判决或者调解书不仅不能产生拘束执行异议之诉的效力,而且作出该确权判决或者

---

① 根据《民事诉讼法》第五十九条第三款规定,因不能归责于本人的事由未参加诉讼,但有证据证明发生法律效力的判决、裁定、调解书的部分或者全部内容错误,损害其民事权益的,可以自知道或者应当知道其民事权益受到损害之日起六个月内,向作出该判决、裁定、调解书的人民法院提起诉讼。人民法院经审理,诉讼请求成立的,应当改变或者撤销原判决、裁定、调解书;诉讼请求不成立的,驳回诉讼请求。

调解书的人民法院应当予以撤销，至于撤销确权判决或者调解书的方式，则存在审判监督程序以及第三人撤销之诉两种途径。

换言之，已经被人民法院采取查封、扣押、冻结措施的财产不能成为确认之诉的标的物，亦即案外人不具备确认之诉的利益。这是因为，案外人具备提出执行异议和提起执行异议之诉的特别救济途径，不存在另行提起确认之诉的必要性。鉴于我国《民诉法解释》第三百一十条第二款允许案外人在执行异议之诉时同时提出确认其权利的诉讼请求，在明知被执行人作为形式物权人的财产已被执行法院采取控制性执行措施的情形下，案外人更不存在另行提起确认之诉的必要。这是因为案外人异议与执行异议之诉可以同时实现权利确认与排除执行目的，而另案确权诉讼仅能实现确认目的，如欲实现排除执行目的，尚有提出案外人异议与提起执行异议之诉的必要，显然有违诉的利益基本理论。诚然，更为重要的是，执行法院对可供执行财产采取控制性执行措施后，执行债权得以保存，申请执行人享有保存利益，案外人以被执行人为被告另案取得的生效法律文书如果可以构成排除强制执行的依据，无疑将损害申请执行人的保存利益。①

然而，案外人在标的物被执行法院采取控制性执行措施之前提起确权诉讼但在执行法院采取控制性执行措施后取得确权判决的，该另案确权判决对执行异议之诉是否具有拘束力？此外，案外人以其提起另案确权诉讼时并不知悉该标的物已被执行法院采取控制性执行措施为由，抗辩其具备另案提起确权判决必要性的，对该抗辩应当如何作出处理？对此，笔者认为，基于诉的利益理论，只有现实控制标的物的主体才享有提起确权诉讼的利益，执行标的不处于案外人现实的控制下，案外人单纯提起确权诉讼并不足以实现其权益。此时，案外人应当直接提起给付之诉或者形成之诉。在强制执行实践中，被案外人另案提起确权诉讼的执行标的通常为不动产。鉴于强制执行采取形式化审查标准，案外人对被查封不动产提起确权诉讼通常意味着该不动产存在实质物权人与形式物权人的分离情形，即被执行人为形式物权人，案外人主张其为（部分）实质物权人。如果该不

---

① 《民诉法解释》第五百一十四条规定具备破产资格的被执行人的可供执行财产采取控制性执行措施的申请执行人的债权优先于控制性措施在后的其他普通债权人，因被执行人不具备破产资格而适用平等受偿主义，普通债权人通过执行法院控制可供执行财产，也享有通过该财产的交换价值实现其执行债权的合理期待利益。因而，尽管我国尚未明确赋予查封、扣押、冻结以类似担保物权的法律效力，但申请执行人对已控制财产仍然享有法律上应予以保护的利益。

动产处于被执行人的实际控制之下，案外人仅提起确权诉讼不足以保护其合法权益，有必要在确权诉讼之后再提起给付诉讼，故案外人对不处于自己控制下的不动产提起确权诉讼不具备确认利益。因而，只有该不动产处于案外人的实际控制之下，案外人才有提起确认之诉的必要。

在标的物被执行法院采取控制性执行措施之前，案外人如果现实占有该标的物并请求法院确认其对该标的物享有所有权的，在起诉时具备诉的利益。然而，伴随着执行法院对"另案"的系争标的物采取控制性执行措施，申请执行人对执行标的享有保存利益。鉴于执行法院的强制执行行为通常具有显著的外观性，现实占有该标的物的案外人通常知悉该标的物已被执行法院采取控制性执行措施。作为被执行人的形式物权人因受送达裁定书而知悉该标的物已被采取控制性执行措施。在此种情形下，案外人单纯通过"另案"确权已经不足以圆满保护其合法权益，这属于原告在诉讼进行过程中丧失诉的利益的情形。"另案"双方当事人应当将该标的物已被采取控制性执行措施的事实告知受诉法院，受诉法院应行使释明权，征得作为"另案"原告的案外人同意后将案件移送执行法院作为执行异议之诉案件审理。此时，原告应当增加排除强制执行的诉讼请求并将申请执行人追加为共同被告（"另案"受诉法院即执行法院的，则不存在移送管辖环节）。案外人不同意移送执行法院作为执行异议之诉审理的，"另案"受诉法院应当裁定驳回起诉。实际上，与另案确权诉讼不能阻止强制执行程序继续进行不同，《民诉法解释》第三百一十三条第一款规定执行异议之诉原则上具有暂时阻止执行法院处分执行标的的效果，理性的案外人经法院释明通常会选择将另案确权诉讼转化为执行异议之诉，案外人坚持按照另案确权诉讼审理往往意味着其与被执行人之间可能存在不可告人的秘密，受诉法院以确权请求缺乏诉的利益为由驳回起诉的做法在司法政策学上也是妥当的。"另案"双方当事人向受诉法院隐瞒拟确权标的物已被采取控制性执行措施的，通常意味着存在恶意串通转移财产的嫌疑。为保护申请执行人的合法权益，应当排除该另案确权判决对强制执行程序的影响。因而，在确立判决效力相对性原则之前，执行法院宜将相关信息反馈给"另案"受诉法院，受诉法院通过审判监督程序予以撤销。[①]

[①] 在理论上，不具备诉的利益，意味着原告缺乏以此种诉讼类型将被告诉诸法院的诉讼实施权，"另案"受诉法院针对已经不存在诉的利益的案件作出的确权判决在理论上属于无效判决，但在形式上仍有予以除去之必要，故可以通过再审程序予以撤销。

第五章　金钱债权执行中的案外人救济程序

　　债务人原则上以其全部财产为全部债务的履行提供一般担保，为全部债务的履行提供一般担保的财产就是所谓的"责任财产"。① 对于普通金钱债权的强制执行，在针对特定财产采取执行措施之前，执行法院需要先行判断该财产是否属于责任财产。基于"审执分离"原理，执行法院通常只能根据形式物权或权利表象认定债务人的责任财产。② 由于形式物权（或权利表象，下同）与实质物权（或真实权利，下同）之间可能发生分离，执行法院对在外观上属于债务人所有的财产采取强制执行措施的，在客观上存在侵害案外人实体权益的风险。③ 基于保护案外人实体权益及保障不特定第三人财产安全的需要，在针对特定财产的执行程序结束之前，对执行标的主张实体权益的案外人提出排除强制执行请求的，各国均规定执行机关或者执行法院应当予以审查。

　　但是，关于案外人排除强制执行请求的司法审查模式，理论界与实务界尚未达成基本共识。案外人对执行标的是否享有足以排除强制执行的实体权益属于实体争议，而审查实体争议的司法程序存在争讼程序与非讼程序之分，④ 案外人排除强制执行请求司法审查程序存在执行异议之诉（适用争讼原理）与案外人异议（适用非讼原理）两种选择。根据执行异议之

---

① 参见王泽鉴《债法原理》（第二版），北京大学出版社2013年版，第76页。
② 参见肖建国《执行标的实体权属的判断标准——以案外人异议的审查为中心的研究》，《政法论坛》2010年第3期。
③ 需要说明的是，传统大陆法系将对执行标的主张实体权益的主体称为"第三人"，而我国现行《民事诉讼法》以及最高人民法院起草的《民事强制执行法草案》均将其称为"案外人"。如无特殊说明，本研究中的"案外人""第三人"所指相同，均为对执行标的主张足以排除强制执行的实体权益的主体。
④ 参见邵明《民事纠纷及其解决机制论略》，《法学家》2002年第5期。

诉与案外人异议的选择适用关系，案外人排除强制执行请求的司法审查程序存在"只能异议模式""异议前置模式""任意选择模式""直接起诉模式"四种立法选择。在《民事诉讼法》的修改和《民事强制执行法》的起草过程中，关于案外人排除强制执行请求的司法审查模式，实务部门存在严重的分歧，前述四种模式均曾被立法机关或最高人民法院执行局采纳过。① 在理论研究方面，学者普遍以违反审执分离原则及程序保障原理为由反对只能异议模式，② 部分学者基于执行效率价值取向而主张维持异议前置模式，③ 多数学者以执行救济制度二元构造理论为依据倡导改采用直接起诉模式，④ 而任意选择模式尚未引起学界的关注。

由此可见，尽管案外人排除强制执行请求的司法审查程序存在四种不同的立法模式，但既有成果均以异议前置模式与直接起诉模式为研究对象。我国民事强制执行法学研究起步晚，目前仍处于引进传统大陆法系民事强制执行理论的初级阶段。受传统大陆法系民事强制执行法学的执行救济制度二元构造理论的影响，我国学者普遍认为完善案外人救济制度的根本之道"乃在于废弃案外人异议制度，同时借鉴大陆法系国家的成功经验确立执行异议之诉制度。"⑤ 概言之，当前的主流观点是以域外制度为依据主张采取直接起诉模式。⑥ 但是，域外立法例并非都采取直接起诉模式。即使假定直接起诉模式是世界立法通例，也不能因此豁免直接起诉模式倡

---

① 1982年的《民事诉讼法（试行）》以及1991年的《民事诉讼法》仅向案外人提供执行异议救济。在2007年修改《民事诉讼法》的过程中，关于我国案外人异议制度的设计问题，人们存在直接起诉模式、异议前置模式、任意选择模式等四种不同主张，立法机关最终基于执行效率价值取向而选择异议前置模式。参见赵晋山《赋予案外人提起异议之诉的权利》，《人民法院报》2007年12月7日第6版。最高人民法院执行局起草的《强制执行法草稿》（第一、二、五稿）采取异议前置模式，《强制执行法草稿》第四稿采取任意选择模式，《强制执行法草稿》（第六稿）以及2018年以来起草的《民事强制执行法草案》（截至2019年9月已更新至第三版）均采取直接起诉模式。
② 参见王飞鸿、赵晋山《民事诉讼法执行编修改的理解与适用》，《人民司法》2008年第1期。
③ 参见百晓锋《论案外人异议之诉的程序构造》，《清华法学》2010年第3期。
④ 参见张卫平《执行救济制度的体系化》，《中外法学》2019年第4期。
⑤ 刘学在、朱建敏：《案外人异议制度的废弃与执行异议之诉的构建——兼评修改后的〈民事诉讼法〉第二百零四条》，《法学评论》2008年第6期。
⑥ 最高人民法院执行局起草的《民事强制执行法草案》以及肖建国教授牵头起草的《民事强制执行法总则部分（专家建议稿）》均采取直接起诉模式，分别代表着实务界与理论界的最新主流观点。如果没有人及时提出足够充分且正当的反对理由，我国未来的《民事强制执行法》采取"直接起诉模式"的可能性很大。

导者的实体性论证责任。

基于此,本章通过考察更多的域外立法例,反思案外人只能通过异议之诉请求排除强制执行的传统观点,[1] 揭示任意选择模式的相对优势及理论基础,剖析任意选择模式下的非讼审查程序的基本构造,最后致力于任意选择模式的制度构建。

第一节 案外人排除强制执行请求的审查模式考察及其评析

直接起诉模式的域外制度蓝本是《德国民事诉讼法》第七百七十一条[2]、《日本民事执行法》第三十八条[3]以及我国台湾地区"强制执行法"第十五条[4]。但是,在文义解释上,前述条文仅规定案外人可以提起异议之诉,而没有同时禁止案外人通过异议或抗告谋求救济。在体系解释上,《德国民事诉讼法》《日本强制执行法》以及我国台湾地区的"强制执行法"均存在案外人以异议或抗告形式请求排除强制执行的情形。在笔者考察范围内的其他域外立法例,尽管都为案外人保留通向争讼程序的路径,但都没有绝对禁止案外人利用异议等更为快捷的方式请求排除强制执行,甚至有些法域明确授权执行机关对案外人排除强制执行请求进行实质审查,只有案外人的权利主张无法在执行程序中予以澄清,才允许案外人或

---

[1] 受域外民事强制执行法学理论影响,我国民事诉讼法学者向来认为,"违法执行行为通过异议制度救济"与"不当执行行为通过异议之诉救济"是各国执行救济制度的共通性规定。参见翁晓斌《民事执行救济制度》,浙江大学出版社2005年版,第109页。
[2] 根据《德国民事诉讼法》第七百七十一条的规定,第三人主张就强制执行的标的物享有足以阻止转让权利的,可以向强制执行行为实施地所在的地区法院提起第三人异议之诉。第三人同时对债权人和债务人提起异议之诉时,应当以其为共同被告。
[3] 根据《日本强制执行法》第三十八条的规定,对强制执行标的物享有所有权或其他妨碍标的物让与或交付之权利的第三人,对债权人可以提起旨在阻却强制执行的第三人异议之诉。第三人提起异议之诉时,若执行债务人对第三人主张的异议理由予以争执,第三人可以将执行债务人作为被告,提起关于执行标的物的权利确认或标的物返还的诉讼。
[4] 我国台湾地区"强制执行法"第十五条规定,"第三人就执行标的物有足以排除强制执行之权利者,得于强制执行程序终结前,向执行法院对债权人提起异议之诉。如果债务人亦否认其权利时,并得以债务人为被告。"

债权人提起执行异议之诉。

一 程序救济理由实体化模式

在德国、日本，受"第三人只能以异议之诉请求排除强制执行""第三人提起异议之诉不影响执行程序进行""涉案财产的执行程序终结导致排除强制执行请求丧失诉的利益"[①]等基本共识的影响，第三人异议之诉制度很难向第三人提供及时且有效的司法保护。基于保护案外人实体权益及保障不特定第三人财产安全的现实需要，传统大陆法系国家和地区逐渐将损害第三人实体权益的不当执行行为纳入"违法执行行为"的范畴，甚至在法律上正式确立实体异议及实体抗告制度。

基于形式化原则，德国通说认为，对于债务人或第三人对执行程序瑕疵提出的异议，执行法院根据《德国民事诉讼法》第七百六十六条的规定进行审查;[②]对于债务人或第三人以实体瑕疵为由提出的异议，执行法院应当通过债务人异议之诉（第767条）、第三人异议之诉（第七百七十一条）以及优先受偿之诉（第805条）寻求救济。[③]但是，形式化原则在德国没有得到完全的贯彻，[④]二元制执行救济体系也遭到越来越多的挑战。（1）作为形式化原则的例外，执行法院知晓第三人明显对执行标的享有足以阻止让与的权利的，可以且应当向第三人和当事人披露该信息并释明相关的法律救济方法。[⑤]经过执行法院的释明，为了防止后续被提起异议之

[①] 根据诉的利益理论，只有涉案财产处于被执行状态，第三人才可以提起异议之诉。在第三人异议之诉案件审理期间，针对涉外财产的执行程序因执行完毕或终结执行而不复存在的，第三人提出的排除强制执行请求丧失诉的利益，执行法院应当释明第三人将案件变更为损害赔偿之诉或不当得利返还之诉。第三人拒绝变更诉讼请求的，执行法院应当裁定驳回起诉。

[②] 德国将违法执行的救济程序区分为针对执行措施的"执行异议"与针对执行程序中未经言辞辩论所作裁判的"即时抗告"两种，前者由执行法院负责审查处理，后者由执行法院的上一级法院负责审查处理。考虑到"执行异议"与"即时抗告"具有同质性，此处仅以执行异议为例展开分析。

[③] Schmidt/Brinkmann, in: MüKoZPO, 5. Aufl., 2016, §766, Rn. 1; Johann Kindl, in: Saenger, Zivilprozessordnung, 8. Auflage 2019, §766 Rn. 2; Prütting/Gehrlein/Scheuch, in: ZPO Kommentar, 12. Aufl., 2020, §766, Rn. 7.

[④] 参见［德］弗里茨·鲍尔、霍尔夫·施蒂尔纳、亚历山大·布伦斯《德国强制执行法》（上册），王洪亮、郝丽燕、李云琦译，法律出版社2019年版，第120页。

[⑤] 参见［德］弗里茨·鲍尔、霍尔夫·施蒂尔纳、亚历山大·布伦斯《德国强制执行法》（上册），王洪亮、郝丽燕、李云琦译，法律出版社2019年版，第124页。

诉或不当得利返还之诉，即使涉案财产在外观上属于债务人所有，债权人通常会选择放弃继续执行该财产。（2）执行机关可以轻易识别第三人对特定动产享有更为优先的权利的，即使债务人占有该动产，法院执行员也不得查封该动产。① （3）债务人占有的动产虽不是"明显属于第三人之物"，但有证据证明其属于第三人所有的，除非债权人坚持继续执行，法院执行员可以放弃对该动产的执行。② （4）执行法院根据第 809 条规定对第三人占有的物品实施扣押的，第三人既可以根据第七百六十六条的规定提出执行异议，也可以以其对该有体物享有"足以阻止转让的权利"为由，提起第七百七十一条规定的第三人异议之诉。③ （5）执行法院从土地登记簿中可以明显知晓第三人对执行标的享有足以对抗强制拍卖或者执行程序进行的权利，或者执行法院基于其他原因而明显知晓执行标的存在处分限制或者执行程序存在显著瑕疵的，应当立即终止拍卖程序，或者在债权人举证证明其抗辩的一定期间内暂时中止程序，在后一种情形下，债权人在规定的期间内无法举证证明的，该期间届满后终止拍卖程序。④ （6）第三人可以申请执行法院作出终止或中止拍卖程序的决定，而针对特定财产的拍卖程序的终结，意味着该财产被排除在可供执行财产范围之外，申请终止拍卖程序的第三人具有请求排除强制执行真实意图。⑤

与德国较为隐晦地为第三人提供实体异议救济不同，日本明确将部分实体瑕疵作为第三人提出执行异议或执行抗告的理由。日本将执行异议及执行抗告界定为程序性违法行为的救济方式，以区别救济实体性违法行为的请求异议之诉及第三人异议之诉。⑥ 但是，在执行机关可调查事项的范围内，第三人也可以以实体瑕疵为由提出执行异议或执行抗告。⑦ 根据《日本强制执行法》的规定，第三人可以提出实体异议或实体抗告的情形主要包括以下四种。（1）执行法院命令第三人将其占有的动产交付于执行

---

① 参见［德］奥拉夫·穆托斯特《德国强制执行法》（第二版），马强伟译，中国法制出版社 2019 年版，第 119、262 页。
② 参见《法院执行员行为指南》第一百一十九条第（二）项。
③ 参见［德］汉斯–约阿希姆·穆泽拉克《德国民事诉讼法基础教程》，周翠译，中国政法大学出版社 2005 年版，第 405 页。
④ 参见《德国强制执行法与强制管理法》第二十八条。
⑤ 参见《德国强制执行法与强制管理法》第三十二条。
⑥ 山本和彦＝小林昭彦＝浜秀樹＝白石哲編『新基本法コンメンタール民事執行法』（日本評論社，2014 年）27—28 頁参照。
⑦ 福永有利『民事執行法・民事保全法』（有斐閣，2011 年）31 頁参照。

官的，该第三人可以提出实体抗告（第一百二十七条第一、三款）。（2）执行法院根据已交纳价款的买受人的申请，命令不动产的占有人向作为申请执行人的买受人交付不动产的，占有人可以以其依法享有足以对抗交付的权利为由，提出执行抗告（第八十三条第一、四款）。（3）在强制拍卖程序中，不动产占有人减损不动产价值或加大不动产交付难度的，执行法院可以根据债权人或者买受人（含最高价额买受申请人）的申请解除占有，并作出命令其将该不动产在买受人支付价款前交给执行官保管或者禁止其在此前转移不动产占有并许可其继续使用该不动产的保全处分（或公示保全处分），买受人申请执行法院签发交付命令并被付与执行文的，第三人可以基于其享有足以对抗买受人的权利继续占有该不动产，或者以自己不属于"知晓该决定已被执行的不动产占有人""该决定执行后，不知该执行且承继被申请人的占有的人"为由提出异议（第八十三—二条、第五十五条第一款、第七十七条第一款）。（4）对实施不动产担保权的开始决定，第三人提出抗告或异议的理由可以是担保权不存在或已消灭的实体理由（第一百八十二条）。

综上所述，执行救济制度二元构造理论贯彻了执行效率原则、审执分离原理、形式化原则，但未经正当程序保障的第三人对执行标的可能享有的实体权益无法获得及时的救济。为了保障第三人的财产安全及确保强制执行的正当性，德国通过配套制度间接认可第三人通过异议或抗告请求排除强制执行，日本直接通过立法将部分实体瑕疵作为第三人可以提出异议或抗告的法定理由，我国台湾地区更是在解释论上确立了任意选择模式。

二　执行机关形式性处理模式

在债权人不反对案外人排除强制执行请求的情形下，案外人与债权人之间没有形成实质性争议，不区分情况地要求案外人通过异议之诉请求排除强制执行，有违争讼程序的基本原理。基于此，有些域外立法例将执行机关的形式性处理作为执行异议之诉的前置性程序。在此种立法模式下，案外人应当向执行机关提出排除强制执行请求，执行机关根据债权人的态度以及双方提供担保等情况分别采取不同的形式性处理措施。受篇幅限制，本章仅以西澳大利亚和美国加州为例，介绍域外立法例中存在的"执行机关形式性处理模式"。

根据西澳大利亚2004年《民事判决执行法》第八十三、八十四条的规定，案外人对执行标的主张实体权益的，应当以书面形式向执行官提出权利主张，执行官向债权人送达权利主张申请书副本，并指定债权人回复意见的期间。债权人认可案外人权利主张的，执行官不再继续执行该财产，债权人应当承担针对该财产已经发生的执行费用。① 债权人反对案外人的权利主张的，执行官可以向有管辖权的法院提起互争权利诉讼，② 但案外人在互争权利诉讼开庭审理之前撤回权利主张申请的，视同案外人没有提出权利主张，执行官应当对查控的财产及其拍卖价金进行处理。③ 在执行官提起互争权利诉讼的语境下，案外人与债权人在名义上是共同被告，但案外人属于实质意义上的原告，除非法院特别作出命令，执行官无须参加互争权利诉讼程序。④

与西澳大利亚的执行官仅根据债权人的态度采取不同处理措施不同，美国加州的执行官进行形式性处理的依据是第三人与债权人提供担保的情况。第三人对执行标的主张所有权等优于查封优先权的实体权益的，⑤ 可以向执行官提出书面的第三人权利主张，⑥ 并自行决定是否提供解除查封保证金。⑦ 第三人提供解除查封保证金的，除非债权人在受送达通知之日起10日内对该保证金提出异议，执行官应当在该期间届满后解除查封措施。第三人没有提供解除查封保证金的，债权人没有在受送达通知之日起

---

① 参见西澳大利亚2005年《民事判决执行规则》第四十八条。
② "互争权利诉讼"，又被称为"互争之诉""相互诉讼""确认竞合权利诉讼"，是指对特定的款项或者财产有复数主体主张同一权利，该款项或财产的占有人或管理人可以将所有主张该权利的人作为共同被告提起诉讼，请求法院确定在被告之中谁是真正的权利人，从而使占有人或管理人摆脱多重诉讼的烦扰，并避免重复承担责任的危险。参见汤维建主编《外国民事诉讼法学研究》，中国人民大学出版社2007年版，第377页。
③ 参见西澳大利亚2005年《民事判决执行规则》第四十九条。
④ 参见西澳大利亚2005年《民事判决执行规则》第5.1条第3、4款。
⑤ 《加利福尼亚州民事程序法典》第720.110条至720.170条对第三人对被执行财产主张所有权及占有权的情形作出了规定，该法第720.210条至720.290条对第三人对被执行财产主张担保物权及优先权（Security Interest or Lien）的情形作出了规定，两者内容大体相同。为简化表述，本文仅以所有权为例进行介绍。
⑥ 参见《加利福尼亚州民事程序法典》第720.110条。
⑦ 根据《加利福尼亚州民事程序法典》第720.610条的规定，在以下情形下，第三人可以在提供保证金的基础上请求解除对涉案财产采取的执行措施：（a）第三人对已经被查封的不动产主张所有权或占有权的；（b）第三人对已经被扣押的动产主张所有权或占有权的；（c）第三人对已经被扣押的动产主张担保物权及优先权的。

10 日内依法提供继续执行保证金，执行官应当解除查封措施；[1] 债权人在受送达通知之日起 10 日内依法提供继续执行保证金，[2] 除非第三人依法提供解除查封保证金，执行官应当依法继续执行涉案财产。[3] 在第三人向执行官提交权利主张申请书或者提供保证金后 15 日内，债权人或者第三人均可以向法院提出庭审申请，以确定第三人权利主张的效力及妥善处置争议财产。[4] 收到庭审通知后，执行官应当立即向法院移交第三人的权利主张申请书、债权人反对第三人权利主张的陈述书、债权人或第三人提供的保证金等。[5]

综上所述，西澳大利亚的执行官仅按照债权人认可或反对第三人权利主张决定解除查封或向有管辖权的法院提起互争权利诉讼。美国加州的执行官则根据第三人与债权人提供保证金的情况决定解除查封或继续执行，在第三人提出权利主张或提供担保金之日起 15 日内，因债权人申请庭审而启动的争讼程序属于对物的许可执行之诉（以下简称"许可执行之诉"），因案外人申请庭审而启动的争讼程序属于第三人异议之诉。执行官在争讼程序之前进行的形式性处理，避免了第三人与债权人进入没有实质意义的争讼程序，提高了第三人与债权人在争讼程序中的实质对抗性。

三 执行机关实质性审查模式

在执行机关形式性处理模式下，第三人主张的实体权益获得及时救济的前提是债权人认可其排除强制执行请求或者案外人提供解除查封保证金。债权人不认可第三人对执行标的享有足以排除强制执行的实体权益的，第三人仍然需要通过争讼程序请求排除强制执行。由于形式性处理难以满足向第三人及时提供救济的需要，有的国家开始探索执行机关实质性审查模式。受篇幅限制，本章仅以《瑞典强制执行法典》《芬兰强制执行法典》为例，介绍域外立法例中存在的执行机关实质性审查模式。

---

[1] 参见《加利福尼亚州民事程序法典》第 720.140 条。
[2] 根据《加利福尼亚州民事程序法典》第 720.160 条的规定，除非债权人自愿选择提供更多的保证金，债权人提供的保证金为查控财产价值的两倍，但最多不超过 10000 美金。债权人提供的保证仅以第三人为被保证人，用于赔偿第三人可能因执行程序遭受的所有损失。
[3] 参见《加利福尼亚州民事程序法典》第 720.160 条。
[4] 参见《加利福尼亚州民事程序法典》第 720.310 条。
[5] 参见《加利福尼亚州民事程序法典》第 720.330 条。

在瑞典，除了形式性审查，执行局还可以对执行标的实体权属进行初步实质审查，根据初步实质审查结论裁量是否查封该财产，并可以在查封之日起两周内依职权或依申请纠正错误的查封行为。对于有明显迹象表明属于第三人所有的财产，即使债务人属于该财产的形式物权人或表象权利人，执行局也不能查封该财产。对于有明显迹象表明属于债务人所有的财产，即使第三人属于该财产的形式物权人或表象权利人，执行局也可以查封该财产。第三人对符合查封条件的财产主张更为优先的权利，执行局经初步实质审查认定该财产可能属于第三人所有的，可以命令第三人在一个月内提起异议之诉，第三人未在该期间内提起诉讼的，不能再请求排除强制执行查封物。执行局经初步实质审查认为不符合查封条件的财产有可能属于债务人所有的，可以在保留第三人权利的基础上进行查封（即"活封"，笔者注），并命令债权人在一个月内提起许可执行之诉，债权人未在该期间内提起诉讼的，执行局应当解除查封。①

在芬兰，执行官可以查封债务人占有的动产及登记在债务人名下的不动产，但第三人有证据证明或者有其他迹象表明该财产属于第三人所有的，执行官不得予以查封（《芬兰强制执行法典》第10章第10、13条）。执行官依职权或依申请发现错误查封第三人财产的，应当毫不迟延地予以纠正（第10章第一条第一款）。债权人主张第三人占有的动产属于债务人所有，尽管债务人的所有权尚不明确，但有理由相信该财产为债务人所有的，执行官可以查封该财产并签发提起执行异议之诉的指示（第4章第十二条）。第三人对查封物主张更为优先的权利的，既可以向执行官提出纠正实体错误的书面异议（第10章第四条），也可以直接向法院提起执行异议之诉（第10章第6、13条）。对于第三人提出的书面异议，执行官的处理方式有以下三种：（1）认为申请理由成立的，书面决定纠正实体错误，不服该纠正决定的债权人，可以在三周内向法院申请复议（第10章第四条）；（2）认为申请理由不成立的，以书面形式通知驳回第三人提出的异议，不服该驳回通知的第三人可以向法院提起执行异议之诉（第10章第四条）；（3）认为争议事项真伪不明且无法在执行程序中予以澄清的，签发"提起执行异议之诉指示"（第10章第七条第一款），该指示的接收人可以按照指示在四周内提起执行异议之诉（第10章第十二条第一款），也

---

① 参见《瑞典强制执行法典》第4章第17—26、34—35条。

可以针对其异议或请求在三周内向法院申请复议（第 11 章第五条第一款），以代替提起执行异议之诉（第 10 章第十条第一款），但不能就执行官是否应当签发该指示向法院申请复议（第 10 章第十条第二款），而且只能在提起执行异议之诉与申请复议之间二选一（第 10 章第十七条）。

显而易见，相对于 1981 年制定的《瑞典强制执行法典》而言，2007 年制定的《芬兰强制执行法典》具有后发优势，不仅细化执行机关的初步实质性审查制度，而且旗帜鲜明地采取了任意选择模式。

四 域外立法模式的共同趋势

在笔者的考察范围内，为了向案外人提供及时的救济和防范不当执行行为的发生，域外立法例分别采取了"程序救济理由实体化""执行机关形式性处理""执行机关实质性审查"三种应对模式。其中，程序救济理由实体化模式与执行机关实质性审查模式均保留案外人直接提起异议之诉的权利，属于任意选择模式的子模式。执行机关形式性处理模式虽将形式性处理前置于争讼程序，但因执行机关没有实质审查权限，与我国的案外人异议前置模式明显不同。由此可见，直接起诉模式不是域外立法通例，执行机关对案外人排除强制执行请求进行实质性审查也非我国特有的制度安排。即使是坚持执行救济制度二元构造理论的法域，也已经在事实上或例外或普遍、或间接或直接地授权案外人通过异议或抗告的方式谋求实体性救济。

尽管案外人排除强制执行请求的审查程序在比较法上存在不同的立法模式，但所有的立法模式均呈现出"向案外人及时提供有效救济"的共同发展趋势。程序救济理由实体化模式的实质是直接起诉模式向任意选择模式的靠拢，以满足案外人通过程序救济方法迅速获得实体救济的现实需要。执行机关形式性处理模式本身没有授权执行机关对案外人排除强制执行请求进行审查，但执行官的形式性处理降低了案外人通过争讼程序主张权利的必要性。[①] 执行机关实质性审查模式虽保留第三人与案外人通过争

[①] 作为配套性措施，西澳大利亚授权执行官根据案外人提供的证据状况裁量是否暂缓处分性执行措施，实质上授权执行官进行初步实质性审查。美国加州更是直接规定，只要案外人及时提出排除强制执行请求，就自动产生暂缓处分性执行措施的程序法效果，以此满足向案外人及时提供临时性救济的需要。分别参见西澳大利亚 2005 年《民事判决执行规则》第五十二条第一款、《加利福尼亚州民事程序法典》第 720.150 条。

讼程序展开攻击防御的权利，但案外人可以选择先行启动非讼审查程序，以实现及时救济案外人权益与合理分配后续风险的目的。

第二节 案外人排除强制执行请求审查模式的应然选择

执行救济制度二元构造理论对应直接起诉模式，但因直接起诉模式难以满足"向案外人及时提供有效救济"的现实需要，"程序救济理由实体化"现象应运而生。程序救济理由实体化的结果是程序救济与实体救济的混同，执行救济制度二元构造理论的自洽性实际上已经遭到严重的破坏。在此种语境下，以执行救济制度二元构造理论为依据呼吁废除案外人异议制度的妥当性不无疑问。如果我国未来出台的《民事强制执行法》确立直接起诉模式，执行行为异议制度的适用范围必然在立法论或解释论上发生扩大，通过混淆程序性违法事由与实体性违法事由的方式，满足案外人通过非讼审查程序谋求及时救济的现实需要。如果立法机关预先封锁案外人利用执行行为异议制度的渠道，则执行法院很可能最后不得不加大其依职权审查力度，并将案外人提出排除强制执行请求作为其发现并主动纠正不当执行行为的线索来源。但是，无论是扩大执行行为异议制度的适用范围，还是加大执行法院依职权审查的力度，都不能完全发挥案外人异议制度的功能。相对于直接起诉模式搭配扩大执行行为异议制度适用范围及加大执行法院依职权审查力度的方案而言，任意选择模式明显属于更优选项。

一 执行行为异议制度不能完全发挥案外人异议制度的功能

强制执行系执行机关根据债权人的申请而借助国家强制力迫使债务人履行执行依据所确定的给付义务，以实现债权人私权的公力救济程序。[①] 除非法律另有规定，只有执行依据载明负有给付义务的主体，才负有忍受

---

① 参见杨与龄《强制执行法论》，中国政法大学出版社2002年版，第3页。

强制执行之义务。因而，强制执行程序具有封闭性，案外人对强制执行事件不享有纯粹的程序利益。只有违法执行行为对第三人的实体权益构成侵害，第三人才存在以"利害关系人"身份请求撤销违法执行行为的必要性。[①] 诚然，与案外人异议制度只能救济第三人对执行标的享有的足以排除强制执行的实体权益不同，第三人以"利害关系人"身份提出执行行为异议谋求间接保护的实体权益，既可以是其对执行标的享有的足以排除强制执行的实体权益，也可以是其对执行标的享有的优先受偿权等不足以排除强制执行的实体权益，还可以是与执行标的本身没有直接关联的其他实体权益。

在违法执行行为侵害第三人对执行标的享有的足以排除强制执行的实体权益的情形下，无论是以"利害关系人"身份提出执行行为异议，还是以"案外人"身份提出案外人异议，只要其异议获得执行法院的支持，第三人对执行标的享有的足以排除强制执行的实体权益均可以获得救济。但是，如果第三人仅以执行行为违反执行程序或执行方法为由提出执行行为异议，即使支持其异议请求的异议或复议裁定已经发生法律效力，执行法院也可以在纠正错误程序或方法的基础上对涉案财产继续或重新采取强制执行措施。因而，执行行为异议及复议制度不能产生终局的排除强制执行效果。与此不同，案外人异议的实质是第三人请求执行法院通过非讼程序审查其排除强制执行请求，只要支持其异议请求的裁判发生法律效力，执行法院就不能再针对该财产采取强制执行措施。

显而易见，执行行为异议与案外人异议的法律效果存在明显的区别，即使瑕疵执行行为同时构成违法执行行为与不当执行行为，[②] 也不意味着案外人异议的制度功能可以被执行行为异议吸收。[③] 也正因为如此，《执行异议和复议规定》的执笔起草人明确指出，"执行行为异议与案外人异议

---

① 谭秋桂教授持类似观点，他指出，"程序性执行救济矫正的直接对象是民事执行的程序性事项，直接维护的是民事执行当事人或者第三人的程序利益，并通过维护民事执行当事人或者第三人的程序利益维护其实体利益。"谭秋桂：《民事执行法学》（第二版），北京大学出版社2010年版，第261页。

② 基于审执分离原理及形式化原则，只有执行机关错误执行在外观上属于案外人所有的财产，该瑕疵执行行为才同时构成违法执行行为与不当执行行为，执行行为异议与案外人异议也才构成执行救济方法竞合。参见陈娴灵《我国民事执行异议之诉研究》，湖北人民出版社2009年版，第36页。

③ 也正因为如此，案外人基于实体权利，既对执行标的提出排除执行异议，又作为利害关系人提出执行行为异议的，《执行异议和复议规定》第八条第一款规定应当按照案外人异议案件进行审查。

在制度功能设计上截然不同，不可能把本应由案外人实体异议解决的问题放到执行行为异议中去解决，反之亦然。"①

然而，在《民事强制执行法草案》的起草与论证过程中，多数学者主张废除案外人异议制度，案外人只能通过异议之诉请求排除强制执行，但执行法院违反形式化原则执行在外观上属于案外人所有的财产的，案外人可以利用执行行为异议制度谋求迅速救济。② 根据前述方案，只有执行标的在外观上属于案外人所有，案外人才可以通过执行行为异议制度谋求救济，执行标的在外观上属于债务人所有的，案外人则只能直接提起异议之诉。即使是少数可以借助执行行为异议制度谋求排除强制执行效果的案外人，也无法通过执行行为异议制度获得稳定的排除强制执行效果。为了弥补前述方案的缺陷，立法机关可以明确将"对执行标的享有足以排除强制执行的实体权益"作为利害关系人提起执行行为异议的特殊事由（即程序救济理由实体化），③ 但这实际上与保留案外人异议制度但废除前置主义的任意选择模式没有实质区别。

二 从"依申请救济实体瑕疵"到"依职权纠正实体错误"

防范及纠正显而易见的瑕疵执行行为是执行法院的法定职责。无论是程序瑕疵，还是实体瑕疵，只要是显而易见的瑕疵，执行法院都应当予以及时纠正。在针对特定财产采取强制执行措施之前，执行法院应当对该财产的实体权属进行形式审查。伴随着执行程序的进行以及证据资料的增多，执行法院对相同财产可能先后得出不同的形式审查结论。在针对特定财产的强制执行程序终结之前，发现执行标的显然不属于被执行人所有或者案外人明显对其享有足以排除强制执行的其他实体权益的，不管是否有

---

① 范向阳主编：《执行异议之诉的规则与裁判》，人民法院出版社 2019 年版，第 20 页。
② 中国法学会民事诉讼法学研究会于 2019 年 4 月 27 日主办的第十一届紫荆民事诉讼青年沙龙以及中国法学会民事诉讼法学研究会执行理论研究专业委员会（筹）于 2019 年 11 月 23 日主办的第二届民事执行论坛均专题研讨案外人异议制度的存废问题，绝大多数参会者持上述观点。
③ 实际上，最高人民法院明确反对扩大执行行为异议制度的适用范围。《人民法院办理执行案件规范》第九百一十八条规定，人民法院在审查过程中发现第三人对执行行为提出异议，但其主张的实质内容是对执行标的主张实体权利以对抗执行的，应当告知第三人变更其异议请求的内容和理由，第三人拒不变更的，依照《民事诉讼法》第二百三十八条的规定处理。

案外人提出排除强制执行请求，执行机关或执行法院都应当及时解除相应的执行措施。①

在比较法上，越是贯彻形式化原则与执行救济制度二元构造原理，就越有必要加大执行机关依职权纠正实体错误力度。作为形式化原则与执行救济制度二元构造理论的发源地，德国对程序救济理由实体化模式仍持保守态度。为了弥补直接起诉模式的弊端，德国加大了执行机关依职权审查实体法律关系的力度，并要求执行机关全面履行释明义务。案外人对执行标的明显享有足以排除强制执行的实体权利的，德国执行机关应当依职权排除强制执行，而不受形式化原则及执行救济制度二元构造的限制。即使案外人对执行标的享有足以排除强制执行的实体权利并非明显，德国也允许案外人在提供证据的基础上请求执行机关放弃扣押有体物或终结不动产拍卖程序，以实现与案外人异议相似的排除强制执行效果。

但是，相对于案外人异议制度而言，执行机关依职权纠正实体错误的方案剥夺了案外人的程序主体性地位，并降低了对案外人及债权人的正当程序保障水平。首先，在依职权纠正实体错误的情形下，案外人不能启动审查程序，其身份从原来的异议者嬗变为线索提供者，案外人的实体权益能否及时获得有效的救济，完全依赖于执行机关的职权行为。其次，执行机关自行发现实体错误或根据案外人提供的线索查明实体错误的，尽管执行机关原则上应当听取可能因此遭受损害主体的意见，但该听证程序在正当程序保障方面显然不如案外人异议审查程序。最后，在执行法院依职权解除对特定财产采取的执行措施的情形下，债权人不能直接提起许可执行之诉，而只能通过执行行为异议及复议制度谋求救济。

显而易见，执行机关依职权纠正实体错误的方案，不能完全发挥案外人异议的制度功能。如果我国立法机关废除案外人异议制度，在表面上是强迫案外人与债权人直接通过争讼程序解决案外人是否享有足以排除强制执行的实体权益问题。因案外人异议之诉审理程序过于漫长且不具有中止强制执行程序的固有效力，执行法院在客观上具有根据案外人提供的新资料对被执行财产的实体权属再次进行审查的必要性。但是，在正当程序保障方面，执行法院依职权审查程序落后于案外人异议审查程序，执行行为

---

① 参见《德国强制拍卖与强制执行法》第二十八条、《日本强制执行法》第五十三条、《西澳大利亚民事判决执行法》第一百零五条、《瑞典强制执行法典》第 4 章第三十四条、《芬兰强制执行法典》第 10 章第二条。

异议与复议程序落后于案外人异议之诉。

三 案外人排除强制执行请求的形式审查与初步实质审查

对案外人排除强制执行请求进行司法审查的重点是，案外人对执行标的是否享有足以排除强制执行的实体权益。基于贯彻审执分离原理的需要，在认定责任财产以及排除执行标的时，执行机关都应当采取形式性判断标准，而案外人或债权人提起的执行异议之诉案件则适用实质性判断标准。但是，在笔者考察范围内的国家和地区均直接或间接认可执行机关根据初步实质审查结果对执行程序作出不同的处理，以便在案外人与债权人之间合理分配风险。即使在实施二元制执行救济体系的德国、日本以及我国台湾地区，执行法院实质上也有权根据初步实质审查结果对执行程序进行特殊处理。①

由此可见，即使执行机关只能根据形式性判断标准认定责任财产范围，域外相关立法例也没有禁止其依职权或依申请根据初步实质审查结果对强制执行程序作出相应的处理。诚然，由于未经争讼程序审理，执行机关对案外人排除强制执行请求作出的初步实质审查结论，可能与执行标的实际权属情况及审判机关最终认定的结果相去甚远。因而，除非执行机关对初步实质审查结论达到明显的高度确信程度，初步实质审查结果不可以直接作为执行机关处理案外人排除强制执行请求的依据，但可以而且应当作为执行机关在案外人与债权人之间合理分配风险的依据。

---

① 根据《德国民事诉讼法》第七百六十九条的规定，在对案外人提出的排除强制执行请求作出判决之前，受诉法院可以依申请命令"提供担保或不提供担保停止强制执行，或必须提供担保而继续实施强制执行"，也可以命令"提供担保而取消已实施的执行措施"。根据《日本强制执行法》第十条第六款以及第十一条第二款的规定，在执行抗告或执行异议裁判生效之前，抗告裁判所或执行裁判所经过裁量，既可以决定无须案外人提供担保即停止全部或部分执行程序，也可以决定在案外人提供担保的基础上停止全部或部分执行程序，还可以决定在债权人提供担保的基础上继续执行。根据我国台湾地区"强制执行法"第十三条的规定，在对异议或抗告作出的撤销或变更裁定确定前，执行法院可以"因必要情形或依声请定相当并确实之担保，得以裁定停止该撤销或更正裁定之执行"，同时第十八条第二款规定："有回复原状之声请，或提起再审或异议之诉，或对于和解为继续审判之请求，或提起宣告调解无效之诉、撤销调解之诉，或对于许可强制执行之裁定提起异议时，法院因必要情形或依声请定相当并确实之担保，得为停止强制执行之裁定。"

第五章 金钱债权执行中的案外人救济程序

在审判机关通过争讼程序对案外人排除强制执行请求作出确定裁判之前，执行机关对执行程序在理论上可以作以下三种不同处理：（1）继续推进对争议财产的强制执行程序，一般表现为对执行标的采取处分性执行措施，以下简称"继续执行模式"；（2）解除对争议财产采取的强制执行措施，一般表现为解除对执行标的已经采取的控制性执行措施，以下简称"解除查封模式"；（3）维持争议财产的现有执行状态，一般表现为保留控制性执行措施，但暂缓处分性执行措施，以下简称"暂缓处分模式"。

我国现行《民事诉讼法》及其相关司法解释采取暂缓处分模式，在案外人排除强制执行请求获得生效裁判前，原则上禁止执行法院采取处分性执行措施，[①] 但允许执行法院在案外人或债权人提供担保的情形下作特殊处理。（1）在案外人异议审查期间，案外人提供充分、有效的担保，请求解除对异议标的采取的查封、扣押、冻结措施的，人民法院可以准许；债权人提供充分、有效的担保，请求继续执行的，应当继续执行。[②]（2）在案外人异议之诉审理期间，债权人请求人民法院继续执行并提供相应担保的，人民法院可以准许。[③] 由此可见，在我国现行司法解释的框架下，案外人通过提供担保的方式请求解除控制性执行措施的，仅限于案外人异议审查环节，并由执行法院在初步实质审查的基础上作出是否准许的决定。与此不同，在案外人异议审查及案外人异议之诉审理环节，债权人都可以在提供担保的基础上请求执行法院采取处分性执行措施，执行法院在案外人异议审查环节不享有自由裁量权，但在案外人异议之诉审理环节则可以在初步实质审查的基础上裁量是否准许债权人的申请。

显而易见，前述规则妨碍了执行法院根据初步实质审查结果在案外人与债权人之间进行合理的风险分配，未能及时遏制侵害案外人合法权益的不当执行行为。实际上，在案外人向执行法院提出排除强制执行请求时，完全可以要求其一并提供形式审查及实质审查所需要的证据材料。执行法院原则上应当根据形式审查结果决定继续执行或中止执行，并结合初步实质审查结果决定案外人或债权人谋求后续救济的方法，以及裁量是否准许案外人或债权人在提供担保的基础上请求对执行程序作出特殊处理。诚然，案外人或债权

[①] 参见《执行解释》第十五条第一款以及《民诉法解释》第四百六十三条第二款、第三百一十三条第一款前句。
[②] 参见《执行解释》第十五条第二款。
[③] 参见《民诉法解释》第三百一十三条第一款后句。

人提供担保只是对执行法院的初步实质审查发挥补强功能,在形式审查结果与初步实质审查结果一致的情形下,执行法院解除控制性执行措施或继续采取处分性执行措施的,可以不要求案外人或债权人提供担保。

四　案外人排除强制执行请求司法审查模式的立法选择

关于案外人排除强制执行请求的司法审查模式,我国《民事诉讼法》历经了从"只能异议模式"向"异议前置模式"的演变,当前多数观点主张在《民事强制执行法》中改采"直接起诉模式"。但是,令人遗憾的是,我国学者长期以来误认为直接起诉模式是进行正当性论证的域外立法通例,既没有关注德国、日本以及我国台湾地区的程序救济理由实体化现象,也没有对其他法域的案外人排除强制执行请求审查模式进行比较研究,更没有对直接起诉模式压制案外人权益的正当性基础进行实质性论证。

前文的域外考察结果表明,直接起诉模式不是域外立法通例。即使是采取直接起诉模式的德国、日本以及我国台湾地区,也越来越多地允许案外人选择通过异议或抗告等程序救济方法请求排除强制执行,具有向任意选择模式靠拢的明显迹象。为了解决"程序异议""程序抗告"难以产生排除强制执行的稳定效力问题,日本还正式确立"实体异议""实体抗告"制度,例外地将部分实体瑕疵作为案外人提出异议或抗告的法定事由。除非债权人通过争讼程序予以推翻,执行法院对实体异议或实体抗告作出支持案外人请求的裁判,足以达到案外人排除强制执行的目的。在德国、日本以及我国台湾地区的直接起诉模式的基础性地位已经有所动摇的情形下,再以我国民事诉讼法遵循大陆法系知识谱系为由主张改采取直接起诉模式的观点,显然缺乏说服力。

尽管案外人排除强制执行请求的司法审查程序在比较法上存在不同的立法模式,但在笔者考察范围内的国家和地区都致力于"向案外人及时提供有效救济"。除非对形式物权或权利表象的形成或者责任财产的减少具有可归责性,不受执行力主观范围所及的案外人不属于"债权人中心主义"执行程序观的适用对象。因而,民事强制执行法缺乏限制案外人权益的正当性基础,立法机关原则上应当平等对待案外人与债权人。在金钱债权执行中,执行机关可以根据债权人的指认查封可能属于案外人所有的财产。根据武器平等原则,案外人也应当有权请求执行机关即时排除强制执行。无论是默许程序救济理由实体化现象的发生，还是授权执行机关对排除强制执行请求作形式性处理或初步实质性判断的制度安排，都是为了提高案外人实体权益的司法救济效率。

为了满足"向案外人及时提供有效救济"的实际需要，直接起诉模式必然导致执行行为异议制度适用范围的扩大以及执行法院主动纠正实体错误职权的强化。但是，无论是嫁接执行行为异议方案，还是强化执行机关主动纠正实体错误职权的方案，都无法实现案外人异议制度的功能。相对于执行行为异议制度而言，案外人异议制度更有利于向案外人与债权人提供最低限度的正当程序保障，也更有利于明确及强化排除强制执行的法律效果。相对于执行机关依职权纠正实体错误而言，案外人异议制度更有利于彰显案外人与债权人的程序主体性，并通过指示案外人提起异议之诉或者债权人提起许可执行之诉的方式，实现形式审查与初步实质审查的有机衔接，以尽快确定案外人排除强制执行请求的最终司法审查结论。

显而易见，相对于直接起诉模式而言，任意选择模式明显属于更优选项。未来出台的《民事强制执行法》宜保留案外人异议制度，但取消案外人异议前置主义，即授权案外人在争讼审查与非讼审查之间进行选择。实际上，在立法机关增设案外人异议之诉制度及确立案外人异议前置主义之初，张卫平教授就致力于通过解释论上的努力废止案外人异议前置主义，[①]该解释方案的实际效果与笔者倡导的"任意选择模式"大致相同。

第三节　任意选择模式下的非讼
　　　　审查程序基本构造

在任意选择模式下，案外人可以选择执行法院审查其排除强制执行请求的司法程序。案外人请求执行法院通过争讼程序审查其排除强制执行请

[①] 参见张卫平《案外人异议之诉》，《法学研究》2009 年第 1 期。但也有学者认为，2007 年修改《民事诉讼法》时，立法机关增设第二百零四条（现行《民事诉讼法》第二百三十八条）的目的在于提高执行效率，以前置的案外人异议过滤掉一些明显没有根据的异议请求。根据本条的条文逻辑，应当将案外人异议作为案外人异议之诉的前置程序。参见蒋晓燕、杨恩乾《案外人异议之诉的程序适用——解读民诉法第二百零四条中的"与原判决、裁定无关"》，《法治研究》2011 年第 10 期。

求的，执行法院应当按照案外人异议之诉进行审理。案外人请求执行法院通过非讼程序审查其排除强制执行请求的，执行法院应当按照案外人异议案件进行审查。但是，争讼审查与非讼审查的关系并非总是如此简单。案外人先后或同时启动非讼审查与争讼审查两个救济程序的，执行法院应当按照何种程序进行审查？排除强制执行请求被裁定驳回后，不服该裁定的案外人是只能提起异议之诉，还是可以在申请复议与提起异议之诉之间进行选择？排除强制执行请求被裁定支持后，谋求进一步救济的债权人是只能提起许可执行之诉，还是可以在提起许可执行之诉与申请复议之间进行选择？在案外人异议审查程序中，执行法院应当如何进行形式审查及初步实质审查？在任意选择模式下构建非讼审查制度之前，立法机关必须解决这些涉及非讼审查与争讼审查关系、形式审查与初步实质审查关系的重大疑难问题。

一　非讼审查程序向争讼审查程序的转化

非讼审查与争讼审查具有各自的特点，前者比后者更加追求审查效率，后者比前者更加注重程序正义。① 根据其掌握证据材料的情况，案外人可以选择对其更有利的救济方法。如果案外人提供的相关证据材料在外观上足以证明其对执行标的享有足以排除强制执行的实体权益，案外人可以选择启动非讼审查程序，以达到尽快救济实体权益的效果。如果通过形式性外观审查难以得出执行标的应当予以排除强制执行的结论，案外人直

---

① 首先，执行法院通过非讼程序审查案外人排除强制执行请求的周期较短。根据《民事诉讼法》第二百三十八条以及《执行异议和复议规定》第二条第一款以及《人民法院办理执行案件规范》第九百二十八条的规定，执行法院应当三日内决定是否立案，并自收到书面异议之日起十五日内完成对案外人排除强制执行请求的司法审查工作。其次，执行法院对案外人异议案件原则上仅进行书面审查。根据《执行异议和复议规定》第一条的规定，案外人以执行异议的形式请求排除强制执行的，除了提交含有"请求、事实、理由等内容"的书面申请以外，案外人还应当提供身份证明材料、相关证据材料以及送达地址和联系方式等信息。根据《执行异议和复议规定》第十二条的规定，执行法院根据案外人提供的相关证据材料进行书面审查，但案情复杂、争议较大的，应当进行听证。最后，执行法院对案外人异议案件进行的司法审查原则上仅限于形式审查。"由于只有15日的审查期间，且有异议之诉最终裁判，案外人异议审查原则上根据执行标的的权利外观表彰来判断权属，只有无法根据外观权利表彰判断或者法律和司法解释有特殊规定时，才进行实质审查。"刘贵祥、范向阳：《〈关于人民法院办理执行异议和复议案件若干问题的规定〉的理解与适用》，《人民司法》2015年第11期。

接提起异议之诉在程序费用及时间成本上更加符合效率原则。

但是，案外人并非总是能够选择对其更为有利的救济方法，而且案外人对何种救济方法对其更有利的判断具有动态性，案外人不知道如何选择或者选择后反悔的，很可能会同时或先后启动非讼审查程序与争讼审查程序。案外人同时启动非讼程序与争讼程序的，执行法院应当释明其选择其中一种救济方法，案外人经释明仍不选择的，基于诉权保障理念，执行法院应当按照争讼程序进行审查。案外人启动争讼审查程序后又试图启动非讼审查程序的，为了保障债权人抗辩利益，未经债权人同意，执行法院应当继续按照争讼程序进行审查。案外人启动非讼审查程序后又试图启动争讼审查程序的，基于诉权保障理念，执行法院应当转入争讼审查程序。

在任意选择模式下，有权选择救济方法的主体是案外人，而不是债权人。案外人启动争讼审查程序的，债权人不能要求转入非讼审查程序。但是，案外人启动非讼审查程序的，债权人是否可以提起许可执行之诉，则需要结合案外人提出排除强制执行请求是否具有暂停执行的程序法效果进行类型化分析。如果案外人提出排除强制执行请求具有暂停执行的程序法效果，为了防止案外人恶意拖延执行，应当例外认可债权人具有提起许可执行之诉的利益，进而将非讼审查程序转入争讼审查程序。但是，如果案外人排除强制执行请求不具有暂停执行的程序法效果，则债权人缺乏提起许可执行之诉的必要性。如前所述，关于案外人排除强制执行请求审查期间是否应当暂停执行问题，我国现行司法解释采取暂缓处分模式。因暂缓处分模式给案外人拖延执行提供了制度空间，最高人民法院起草的《民事强制执行法草案》改采取继续执行模式。实际上，由于非讼审查周期很短，禁止执行法院在案外人异议审查期间采取处分性执行措施通常不会造成执行迟延。因而，只要案外人异议之诉审理期间坚持继续执行模式，就足以防范案外人单独或联合债务人拖延执行。此外，在任意选择模式下，案外人可以通过案外人异议制度谋求排除执行或暂缓处分的程序法效果，但却未能或放弃通过案外人异议制度阻止强制执行的，基于民事诉讼当事人自我责任原理，[①] 案外人应当承担涉案财产被继续执行的责任。基于此，在任意选择模式下，案外人有权选择排除强制执行请求的司法审查程序，

---

① 参见李浩《民事诉讼当事人的自我责任》，《法学研究》2010 年第 3 期。

债权人缺乏反对案外人选择结果的正当性基础。

综上所述,案外人没有选择救济方法或对其选择进行反悔的,执行法院应当坚持争讼审查程序优先原则。债权人对案外人的选择结果原则上不具有反对的权利,但如果案外人提出排除强制执行请求的行为具有暂缓处分的程序法效力的,则应当例外允许债权人在非讼审查程序中提起许可执行之诉。在任意选择模式下,尽管案外人异议具有暂缓处分的程序法效果,但案外人异议之诉审理期间,不停止执行依据的执行。因案外人异议审查周期很短,债权人缺乏在案外人异议审查期间提起许可执行之诉的必要性。

二 非讼审查程序与争讼审查程序的衔接

在案外人排除强制执行请求司法审查模式的四种立法选择中,只能异议模式与直接起诉模式从根本上排斥非讼审查,异议前置模式已经在字面上表明不服案外人异议裁定的后续救济是争讼程序,[1] 只有任意选择模式才有必要讨论案外人异议裁定的后续救济问题。因我国学者长期忽视任意选择模式,非讼审查结论的后续救济问题尚未引起学界的重视,有必要对域外立法例的相关情况进行考察。

如前所述,执行机关对案外人排除强制执行请求的处理存在"程序救济理由实体化""执行机关形式性处理""执行机关实质性审查"三种模式。其中,执行机关形式性处理模式没有授权执行机关对案外人排除强制执行请求进行实质性处理,案外人或债权人对执行机关的形式性处理不能申请复议,而只能通过后续提起的争讼程序谋求进一步救济。与此不同,程序救济理由实体化模式与执行机关实质性审查模式均赋予执行机关驳回或支持案外人排除强制执行请求的权限,有必要讨论案外人或债权人不服非讼审查结果的后续救济问题。

在程序救济理由实体化模式下,案外人排除强制执行请求的非讼审查程序,仍然应当遵循程序救济原理。案外人以执行异议形式提出排除强制执行请求的,不服异议裁判的案外人或债权人可以向上一级法院提出执行抗告(相对于执行复议),案外人以执行抗告形式提出排除强制执行请求

---

[1] 根据《民事诉讼法》第二百三十八条的规定,案外人、当事人对案外人异议裁定不服且与原判决、裁定无关的,其后续救济途径为向执行法院提起异议之诉或许可执行之诉。

的，抗告裁判具有终局效力。但是，程序救济理由实体化模式没有剥夺案外人提起异议之诉的固有权利。因而，不服异议裁判的案外人实际上还可以在执行抗告与异议之诉之间进行选择，但不服抗告裁判的案外人则只能通过异议之诉谋求进一步救济。

显而易见，程序救济理由实体化模式的实质是允许案外人同时或先后启动请求程序性救济与实体性救济，对案外人或债权人不服程序性救济的后续救济问题尚未作出有别于程序性救济制度的特殊安排。

与此不同，在执行机关实质性审查模式下，案外人排除强制执行请求的非讼审查程序具有独立性，不再简单套用程序性救济原理。如前所述，对于执行官作出的非讼审查结果，《芬兰强制执行法典》确立了以下三项后续救济规则：（1）执行官支持案外人异议的，债权人只能通过复议方式进行救济；（2）执行官驳回案外人异议的，案外人只能提起案外人异议之诉进行救济；（3）执行官因争议事项真伪不明而指示债权人或案外人提起许可执行之诉或案外人异议之诉的，接收该指示的债权人或案外人可以在申请复议与提起诉讼之间进行选择。

前两项规则适用于案外人排除强制执行请求明显足以成立或明显不足以成立的情形，其依据在于执行官享有自我纠正实体错误的权力。在第一种情形下，既然案外人异议明显足以成立，案外人具有及时从执行程序中解放出来的正当利益诉求，而债权人只能通过复议方式谋求进一步救济的制度安排，有利于"向案外人及时提供有效救济"目标的实现。在第二种情形下，既然案外人异议明显不足以成立，案外人缺乏通过复议程序迅速获得排除强制执行效果的正当性与可能性，为了避免案外人滥用异议权拖延执行，不服驳回通知的案外人不能申请复议，而只能提起案外人异议之诉。第三项规则适用于案外人异议不能在执行程序中得到解决的情形，经过形式审查与初步实质审查，执行官认定案外人异议成立比不成立的可能性大，应当指示债权人提起许可执行之诉。反之，则应当指示案外人提起异议之诉。由于案外人异议并非明显足以成立或明显不足以成立，立法机关允许被指示提起诉讼的案外人或债权人在申请复议与提起诉讼之间进行选择。

尽管芬兰的制度设计具有合理性，但这不意味着我国可以照搬其规定。与芬兰的案外人异议案件由执行官负责审查、复议及执行异议之诉案件由地区法院办理不同，我国目前的案外人异议案件通常是由执行裁判庭负责审查,而且执行裁判庭还同时审理执行异议之诉案件。① 因而,在芬兰,异议请求由执行官审查、复议请求由地区法院审查,但在我国,异议请求由执行法院的法官审查,复议请求由上一级法院的法官审查。在"异议+复议"的复合救济模式下,芬兰实际上仅对案外人排除强制执行请求进行过一次司法审查,但我国则对案外人排除强制执行请求进行了两次司法审查。由于案外人异议审查程序遵循非讼原理,而且仅进行形式审查和初步实质审查,向案外人与债权人重复提供非讼审查程序没有实际意义。

基于前述分析,笔者主张废除案外人异议前置主义,但保留非讼审查与争讼审查的现有衔接机制。执行法院裁定驳回案外人异议的,案外人可以在法定期间内提起案外人异议之诉,但不得对驳回异议请求的裁定申请复议。执行法院裁定支持案外人异议的,债权人可以在法定期间内提起许可执行之诉,但不得对支持异议请求的裁定申请复议。

三 执行法院在案外人异议审查中的角色

在比较法上,执行机关对案外人排除强制执行请求的处理存在形式性处理、形式性审查、实质性审查三种角色。其中,执行机关在案外人异议审查程序中的形式性处理角色是域外立法通例,但执行机关是否扮演形式审查与实质审查角色则存在不同的立法模式。在任意选择模式下构建案外人异议审查制度时,立法机关需要先行解决执行法院是否以及如何扮演前述三种角色的疑难问题。

1. 形式性处理应止步于默示推定合意。无论是债权人通过明示或默示的方式认诺案外人排除强制执行请求,还是案外人通过明示或默示的方式放弃排除强制执行请求,执行机关都可以根据当事人自我责任理论直接排除执行或继续执行争议财产。这避免了案外人与债权人进行不必要的争讼程序,提高了案外人实体权益救济的效率。美国加州执行员仅根据案外人与债权人提供保证金的情况决定解除查封或继续执行的形式性处理方案,

---

① 《人民法院执行工作纲要(2019—2023)》第十三条规定:"将执行权区分为执行实施权和执行裁判权,案件量大及具备一定条件的人民法院在执行局内或单独设立执行裁判庭,由执行裁判庭负责办理执行异议、复议以及执行异议之诉案件。不具备条件的法院的执行实施工作与执行异议、复议等裁判事项由执行机构不同法官团队负责,执行异议之诉案件由相关审判庭负责办理。"

明显存在"优待富人、歧视穷人"的问题，应当将其排除在执行机关形式性处理角色的作用范围之外。

2. 形式性审查应当坚持外观主义。强制执行法属于非讼事件法的特别法，除法律明确规定适用争讼原理的事项以外，应当适用非讼程序原理。① 执行法院本不应当审查民事法律关系，但在实践中又不得不对特定财产是否属于责任财产进行判断。为贯彻审执分离原理，执行法院在强制执行程序中仅从程序、形式、表面判断特定财产是否属于责任财产。② 但是，这并不意味着执行法院在形式审查中只能根据形式物权或权利表象对涉案财产实体权属进行形式性判断。在案外人提供的相关证据材料足以在外观上推翻权利推定结论的情形下，执行法院也可以未经实质审查而对执行标的实体权属作出其他认定。③ 为此，最高人民法院通过司法解释增设一些不适用权利推定规则或者例外允许执行法院根据法定公示方法以外的其他公示方法判断执行标的实体权属的特殊规则。④

3. 实质审查应当遵循谦抑原则。案外人异议审查程序属于争讼程序非讼化，贯彻职权主义、职权探知主义、职权进行主义、不公开主义、非对审主义、非直接审理、非言辞原则等非讼原理。⑤ 形式审查坚持外观主义，其结论通常具有确定性。与此不同，实质审查通常需要进行逻辑推理，其结论通常不具有排他性。在案外人异议审查程序中，执行法院又不能按照争讼程序进行严格的审查，故只能进行初步实质审查。"初步实质审查"的"初步"表现为：执行法院按照非讼原理进行调查，原则上采取书面审查及非对审制，没有向案外人及债权人提供足够充分的正当程序保障。除非初步实质审查结论明显足以成立或明显不足以成立，初步实质审查结论只能被作为分配后续救济风险的依据，而不能作为直接处理案外人排除强制执行请求的依据。

---

① 参见杨与龄《强制执行法论》，中国政法大学出版社2002年版，第14页。
② 参见吴光陆《强制执行法》（修订二版二刷），（台北）三民书局股份有限公司2013年版，第172页。
③ 比如，执行法院对登记在被执行人名下的房屋进行查封后，案外人以其系借名购房人为由提出案外人异议，主张早在本案执行名义生效之前，其他法院已经作出确认涉案房屋归案外人所有的确定判决，并将该判决书作为证据材料提交给执行法院的，执行法院根据确权判决推翻涉案房屋属于责任财产的结论，这仍然属于形式审查的范围。
④ 参见肖建国《执行标的实体权属的判断标准——以案外人异议的审查为中心的研究》，《政法论坛》2010年第3期。
⑤ 参见张卫平《民事诉讼法》（第四版），法律出版社2016年版，第441页。

综上所述，在案外人异议审查程序中，执行法院同时扮演形式性处理、形式性审查、实质性审查三种角色。执行法院的形式性处理以不违反案外人与债权人明示或默示的合意为限。基于审执分离原理，执行法院对案外人排除强制执行请求进行的形式审查标准应当具有确定性，即以物权公示方法及权利外观主义为原则，以法律明确规定的其他形式性审查方法为补充。相应地，执行法院对案外人排除强制执行请求的形式审查结论通常具有确定性。为了妥善处理形式审查、初步实质审查、最终实质审查之间的关系，执行法院在案外人异议审查程序中应当根据形式审查结果对执行程序作出处理，并结合形式审查结果与初步实质审查结果之间的关系，决定是指示案外人提起异议之诉还是指示债权人提起许可执行之诉，以及是否允许案外人或债权人在提供担保的基础上请求对执行程序作出特殊安排。

第四节　代结语

在金钱给付请求权的强制执行中，案外人排除强制执行请求的司法审查程序在理论上存在只能异议、异议前置、直接起诉、任意选择四种模式。直接起诉模式既不是域外立法通例，也不具有相对于其他模式的天然优势，《民事强制执行法草案》未经实质性论证就改采取直接起诉模式是不妥当的。实际上，相对于其他三种立法模式而言，任意选择模式更有利于在"及时实现执行债权""保障第三人财产安全"两个价值目标之间的维持平衡。基于"向案外人及时提供有效救济"的现实需要，德国、日本以及我国台湾地区出现了程序救济理由实体化现象，西澳大利亚与美国加州通过执行机关的形式性处理缓解争讼审查的滞后性，瑞典与芬兰更是在任意选择模式的基础上赋予执行机关及地区法院对案外人排除强制执行请求进行形式审查和初步实质审查的权力。基于及时保护第三人实体权益和充分保障不特定第三人财产安全的需要，如果立法机关在《民事强制执行法》中废除案外人异议制度，必然会导致执行行为异议制度适用范围的扩大与执行法院自我纠正实体错误职权的强化。但即便如此，仍难以完全实现案外人异议制度的固有功能。基于此，笔者主张采取任意选择模式。在任意选择模式下,案外人排除强制执行请求存在争讼审查与非讼审查两种选择,与争讼审查可以直接适用民事诉讼规范不同,非讼审查没有现成的规范可供适用,非讼审查程序与争讼审查程序的衔接问题也亟须解决。因而,在任意选择模式下健全案外人排除强制执行请求司法审查制度的关键在于加大非讼审查程序规范的供应以及优化非讼审查与争讼程序的衔接机制。为便于理论界与实务界讨论,以执行标的实体权属争议为例,围绕非讼审查程序及其与争讼审查程序的衔接问题,笔者初步归纳出以下十种适用情形。

1. 形式审查结论是涉案财产属于案外人所有,初步实质审查结论是涉案财产明显属于案外人所有的,执行法院应当裁定终结针对该财产的执行程序,并依职权解除对涉案财产采取的控制性执行措施。自受送达裁定书之日起十五日内,债权人可以向执行法院提起许可执行之诉。债权人逾期未提起诉讼的,不得再请求许可对涉案财产的强制执行。

2. 形式审查结论是涉案财产属于案外人所有,初步实质审查结论是涉案财产属于案外人所有,但仅达到高度盖然性标准的,执行法院应当裁定中止执行涉案财产,并就以下事项在裁定书中向债权人进行释明:(1)除非债权人自受送达裁定书之日起十日内提供足够充分且有效的担保,执行法院将解除对涉案财产采取的控制性执行措施;(2)债权人可以自受送达裁定书之日起十五日内提起许可执行之诉,债权人逾期未提起诉讼的,不得再请求许可对涉案财产的强制执行。

3. 形式审查结论是涉案财产属于案外人所有,初步实质审查结论是涉案财产明显属于债务人所有的,执行法院应当裁定驳回案外人异议,并继续执行涉案财产。自受送达裁定书之日起十五日内,案外人可以向执行法院提起案外人异议之诉。案外人逾期未提起诉讼的,不得再请求排除对涉案财产的强制执行。

4. 形式审查结论是涉案财产属于案外人所有,初步实质审查结论是涉案财产属于债务人所有,但仅达到高度盖然性标准的,执行法院应当裁定中止执行涉案财产,并就以下事项在裁定书中向案外人进行释明:(1)除非案外人自受送达裁定书后十日内提供足够充分且有效的担保,执行法院将继续执行涉案财产;(2)案外人可以自受送达裁定书之日起十五日内提起异议之诉,案外人逾期未提起诉讼的,不得再请求排除对涉案财产的强制执行。

5. 形式审查结论是涉案财产属于案外人所有，但初步实质审查结论是涉案财产的实质权属关系真伪不明的，执行法院应当裁定中止执行涉案财产，并就以下事项在裁定书中向案外人和债权人进行释明：（1）案外人可以自受送达裁定书之日起十日内提供足够充分且有效的担保，请求执行法院解除对涉案财产采取的控制性执行措施；（2）案外人提供担保并请求解除控制性执行措施的，债权人可以自受送达通知书之日起五日内提供足够充分且有效的担保，请求执行法院保留对涉案财产采取的控制性执行措施；（3）债权人可以自受送达裁定书之日起十五日内提起许可执行之诉，逾期未提起诉讼的，债权人不得再请求许可对涉案财产的强制执行。

6. 形式审查结论是涉案财产属于债务人所有，初步实质审查结论是涉案财产明显属于债务人所有的，执行法院应当裁定驳回案外人异议，并继续执行涉案财产。自受送达裁定书之日起十五日内，案外人可以向执行法院提起案外人异议之诉。案外人逾期未提起诉讼的，不得再请求排除对涉案财产的强制执行。

7. 形式审查结论是涉案财产属于债务人所有，初步实质审查结论是涉案财产属于债务人所有，但仅达到高度盖然性标准的，执行法院应当裁定中止执行涉案财产，并就以下事项在裁定书中向案外人进行释明：（1）除非案外人自送达裁定书之日起十日内提供足够充分且有效的担保，执行法院将继续执行涉案财产；（2）案外人可以自受送达裁定书之日起十五日内提起异议之诉，逾期未提起诉讼的，案外人不得再请求排除对涉案财产的强制执行。

8. 形式审查结论是涉案财产属于债务人所有，初步实质审查结论是涉案财产明显属于案外人所有的，执行法院应当裁定终结针对该财产的执行程序，并依职权解除对涉案财产采取的控制性执行措施。自受送达裁定书之日起十五日内，债权人可以向执行法院提起许可执行之诉。债权人逾期未提起诉讼的，不得再请求许可对涉案财产的强制执行。

9. 形式审查结论是涉案财产属于债务人所有，初步实质审查结论是涉案财产属于案外人所有，但仅达到高度盖然性标准的，执行法院应当裁定中止执行涉案财产，并就以下事项在裁定书中向案外人和债权人进行释明：（1）案外人可以自受送达裁定书之日起十日内提供足够充分且有效的担保，请求解除执行法院对涉案财产采取的控制性执行措施；（2）债权人可以自受送达裁定书之日起十五日内提起许可执行之诉，逾期未提起诉讼的，债权人不得再请求许可对涉案财产的强制执行。

10. 形式审查结论是涉案财产属于债务人所有，但初步实质审查结论是涉案财产的实质权属关系真伪不明的，执行法院应当裁定中止执行涉案财产，并就以下事项在裁定书中向债权人和案外人进行释明：（1）债权人可以自受送达裁定书之日起十日内提供足够充分且有效的担保，请求执行法院继续执行涉案财产；（2）债权人提供担保并请求继续执行涉案财产的，案外人可以自受送达通知书之日起五日内提供足够充分且有效的担保，请求执行法院暂缓对涉案财产采取处分性执行措施；（3）案外人可以自受送达裁定书之日起十五日内提起异议之诉，逾期未提起诉讼的，案外人不得再请求排除对涉案财产的强制执行。

第六章 物之交付执行中的案外人救济程序

根据请求给付内容的不同，民事执行可以分为金钱债权执行、物之交付执行、完成行为执行三类。其中，完成行为执行没有执行标的物，[1] 金钱债权执行与物之交付执行都有执行标的物，但前者的执行标的物由执行机构确定，而后者的执行标的物由生效法律文书主文指定。因而，物之交付执行，是指执行机构为了实现债权人请求债务人交付特定物的请求权，而将生效法律文书指定的标的物转移给债权人占有的执行。[2] 根据《执行规定》第四十一条的规定，物之交付执行应当执行原物，原物确已毁损或灭失的，除非双方当事人对折价赔偿协商一致而转化为金钱债权执行，执行法院应当终结执行程序，债权人只能通过另行起诉的方式请求赔偿损失。[3] 因而，除非双方当事人达成执行和解协议，物之交付执行只能针对生效法律文书指定的原物，但生效法律文书指定执行标的物不等于物之交付执行就无须考虑案外人权益保护问题。一方面，执行机构因判断失误而将他物当成原物予以执行的可能性客观存在，民事强制执行法应当向因该错误执行行为遭受实体损害的案外人提供救济途径。另一方面，即使执行

---

[1] 参见江伟、肖建国主编《民事诉讼法》（第九版），中国人民大学出版社 2023 年版，第 588 页。

[2] 参见肖建国主编《民事执行法》，中国人民大学出版社 2014 年版，第 322 页。

[3] 2020 年修改前的《执行规定》第五十七条授权执行法院可以依职权采取赔偿执行手段，即"原物确已变质、损坏或灭失的，应当裁定折价赔偿或按标的物的价值强制执行被执行人的其他财产"。这明显有违审执分离原理，本次修改实际上采取了执行和解协议的处理方案，能够更好地协调审执关系。但是，考虑到有些原物具有可替代性，《民事强制执行法草案（2020 年 9 月讨论稿）》（以下简称《民事强制执行法草案》）第二百三十五、二百三十六条分别对交付种类物及印章、证照等凭证规定了替代执行方法，前者授权执行法院依职权转化为对购买费用的强制执行，后者授权执行法院通过作废原有凭证并通知有关组织重新制发印章、证照等凭证的方式执行。

机构正确执行原物,对原物主张足以排除执行的民事权益或者主张生效法律文书是虚假诉讼或虚假仲裁结果且损害其民事权益的案外人也应当获得相应的救济。但是,由于保障不特定第三人"生活安宁、财产安全"的民事强制执行价值取向尚未被普遍认可,物之交付执行中的案外人救济问题尚未引起学界的足够重视,《民事强制执行法草案》对此也没有作出相应的规定。基于此,本章以案外人可能因物之交付执行遭受民事权益损害的情形为出发点,对案外人在物之交付执行中的司法救济问题进行体系研究。

第一节 案外人在执行程序外预先排除执行的救济途径

对案外人权益进行救济的诉讼程序包括案外人申请再审、第三人撤销之诉、案外人异议之诉三种。2020年修订后的《最高人民法院关于适用〈中华人民共和国民事诉讼法〉审判监督程序若干问题的解释》(法释〔2020〕20号,以下简称《审监解释》)已经废除执行程序外案外人申请再审制度,而且人们通常认为案外人只有在其享有民事权益的标的物被采取执行措施后才可以提起执行异议之诉,故在表面上案外人在执行程序开启前或终结后的救济途径仅有第三人撤销之诉。但实际上,案外人申请再审、第三人撤销之诉、案外人异议之诉均有可能成为案外人谋求对抗交付的诉讼程序。

一 案外人申请再审

尽管《审监解释》已经删除了原第五条第一款关于执行程序外案外人申请再审的规定,但案外人系原审裁判遗漏的必要共同诉讼当事人,因不能归责于本人或者其诉讼代理人的事由未参加诉讼的,仍可以根据《民事诉讼法》第二百一十一条第八项以及《民诉法解释》第四百二十一条的规定申请再审。因而,无论物之交付执行程序是否正在进行,被原案漏列为必要共同诉讼当事人的案外人都可以申请再审。即使物之交付执行程序已经终结，只要申请再审的期间尚未届满，① 此类案外人仍可以申请再审。物之交付判决被推翻的，执行法院应当根据案外人的申请予以执行回转，但从债权人处善意受让该物的第三人或者通过司法拍卖及变卖程序获得该物所有权的拍定人可以在执行回转中提出排除执行请求。除此以外的其他类型的案外人，则不再具备申请再审的主体资格。

二 第三人撤销之诉

除了"原审裁判遗漏的必要共同诉讼当事人"可以申请再审以外，"因不能归责于本人的事由未参加诉讼，但有证据证明发生法律效力的判决、裁定、调解书的部分或者全部内容错误，损害其民事权益的"其他案外人在执行程序外只能根据《民事诉讼法》第五十九条第三款的规定谋求救济。在执行程序启动之前，"原审裁判遗漏的必要共同诉讼当事人"同时符合提起第三人撤销之诉条件的，可以自主选择申请再审或提起第三人撤销之诉。② 但是，在当前的法律和司法解释框架内，第三人撤销之诉仅适用于发生法律效力的判决、裁定、调解书，案外人对有证据证明部分或者全部内容错误且因此损害其民事权益的仲裁裁决书、仲裁调解书、公证债权文书等其他类型的生效法律文书都不能提起撤销之诉。即使是针对判决、裁定、调解书的第三人撤销之诉，也受到部分民事诉讼法学者的批判。他们以既判力相对性原则为由，认为绝大多数案外人的民事权益不可能因虚假诉讼而遭受损害，案外人可以通过债权人撤销权诉讼、破产撤销权诉讼、确认合同无效之诉等另行起诉的方式获得充分的救济。③ 但实际上，因债务人与他人的权利义务被生效裁判文书确定，债权人无法通过撤销债务人的行为或者宣告该行为无效等方式获得充分的救济。这是因为，即使受案法院坚持既判力相对性原则而作出矛盾判决，也不能在普通民事

---

① 根据《民诉法解释》第四百二十、四百二十一条的规定，必须共同进行诉讼的当事人因不能归责于本人或者其诉讼代理人的事由未参加诉讼的，申请再审的期间是自知道或者应当知道之日起六个月内，但未在执行程序外申请再审的案外人提出执行标的异议被裁定驳回的，可以在驳回异议裁定送达之日起6个月内向原审人民法院申请再审。

② 不过，也有学者认为，在此种情形下，案外人申请再审应当优先于第三人撤销之诉，并呼吁健全第三人撤销之诉向案外人申请再审之诉转化的机制。参见王亚新《第三人撤销之诉原告适格的再考察》，《法学研究》2014年第6期。

③ 参见任重《论虚假诉讼：兼评我国第三人撤销诉讼实践》，《中国法学》2014年第6期。

诉讼程序中宣告确定判决全部或部分无效，基于原审判决的债务履行与强制执行均为有法律依据，案外人无法据此避免遭受的损失或者消除其面临的威胁。为此，《全国法院民商事审判工作会议纪要》（法〔2019〕254号）第一百二十条赋予依法享有实体撤销权的案外人以程序撤销权，使之可以通过第三人撤销之诉的同时行使两种性质不同的撤销权。与此同理，依法可以请求法院确认债务人的行为无效的案外人也应当被赋予程序撤销权，使之可以在请求确认债务人行为无效的基础上请求撤销全部或部分错误的判决。基于此，笔者依然认为保留第三人撤销之诉确有必要，而且应当适当扩大第三人撤销之诉的适用范围。对于确定物之交付请求权的判决、裁定、调解书，案外人认为其主文全部或部分内容错误并因此损害其民事权益的，可以根据《民事诉讼法》第五十九条第三款的规定提起第三人撤销之诉，今后还应当将确定物之交付请求权的仲裁裁决、仲裁调解书纳入第三人撤销之诉的范围。

三　案外人异议之诉

案外人申请再审与第三人撤销之诉均以案外人认为裁判确有错误且因此损害其民事权益为适用条件，但案外人提起异议之诉不是为了否定作为执行依据的生效裁判，而是以排除对特定标的物的执行为目的。在金钱债权执行中，在执行机构对标的物采取强制执行措施之前，执行标的物尚未特定，案外人排除执行利益尚未形成。与此不同，物之交付执行标的物由生效法律文书指定，物之交付执行一经开始，迅即终结，如待强制执行开始后才提起诉讼，势将无从救济，故德国、日本以及我国台湾地区的民事强制执行法学均承认案外人可以在强制执行开始前预先提出排除执行请求。[①] 但是，也有学者提出案外人在执行程序启动前提出排除执行请求时难以确定管辖法院、执行法院通常会先通知债务人履行物之交付义务而不至于案外人无从救济、案外人为了预先排除执行而提起的诉讼属于确认之诉等质疑。[②] 对此，笔者认为，案外人在物之交付执行程序启动之前可以通过申请再审或提起第三人撤销之诉谋求救济的，即使案外人对执行标的物同时主张足以对抗交付的民事权益，也缺乏预先提出排除执行请求的必要性。

---

① 参见林升格《强制执行法理论与实务》，五南图书出版股份有限公司1983年版，第269页。
② 参见吴光陆《强制执行法》，（台北）三民书局股份有限公司2012年版，第255页。

但是，案外人对执行标的物主张足以对抗交付的民事权益且不符合申请再审或提起第三人撤销之诉的条件的，即使物之交付执行程序尚未启动或者基于某种原因而程序性终结（如终结本次执行、撤回执行申请等），案外人对标的物享有的民事权益遭受现实威胁且无法通过其他诉讼程序谋求有效的救济，此时应当承认案外人预防性排除执行利益，允许其向债务人所在地或标的物所在地的人民法院提出附条件排除执行请求。① 人民法院认为案外人的预防性诉讼请求成立的，作出附条件排除执行判决。当然，由于执行标的物已由执行名义特定化，只要债权人申请强制执行，无论执行法院是否对该标的物采取执行措施，案外人都可以直接提起案外人异议之诉。②

综上所述，在执行程序之外，案外人预防性寻求对抗交付的救济途径主要是第三人撤销之诉，案外人申请再审仅适用于"原审裁判遗漏的必要共同诉讼当事人"，附条件案外人异议之诉仅适用于无法通过第三人撤销之诉或案外人申请再审方式谋求救济且主张其对生效法律文书指定的交付物享有足以排除执行的民事权益的案外人。③

---

① 由于"对执行债务人的财产采取有效措施以一定的'突袭效果'为前提的，否则的话面临执行威胁的债务人会利用期间来转移财产"（[德] 博克哈特·海斯：《中国强制执行法草案与欧洲执行法的比较》，载《强制执行法起草与论证（二）》，中国人民公安大学出版社 2004 年版，第 57 页），2012 年修改后的《民事诉讼法》第二百四十条（现行《民事诉讼法》第二百五十一条）规定"执行员接到申请执行书或者移交执行书，应当向被执行人发出执行通知，并可以立即采取强制执行措施"，《民事强制执行法草案》第七十九条进一步规定："人民法院立案执行的，可以立即采取执行措施，并应在立案之日起七日内向债务人发送执行通知。"在此种语境下，案外人在客观上无法在执行程序启动后有请求排除执行的可能性，案外人对标的物享有的民事权益受物之交付判决的现实威胁，立法机关应当承认其预防性排除执行请求具有诉的利益。

② "强制执行开始"与"强制执行程序开始"是不同的概念。"强制执行开始"于执行法院对该标的物采取执行措施（查封、移转占有、强制迁出）之时，而"强制执行程序"开始于债权人申请实施强制执行之时。参见 [德] 弗里茨·鲍尔、霍尔夫·施蒂尔纳、亚历山大·布伦斯：《德国强制执行法》（上册），王洪亮、郝丽燕、李云琦译，法律出版社 2019 年版，第 197—198 页。在金钱债权执行中，案外人排除执行请求在强制执行开始后且终结前才具备诉的利益，但物之交付执行应当提前至强制执行程序开始之时。

③ 需要说明的是，与第三人撤销之诉与案外人申请再审属于两种相互排除的诉讼程序不同，当事人申请再审、检察院抗诉、法院依职权决定再审等原因启动的再审程序与案外人提起的第三人撤销之诉可能发生竞合。对此，无论是第三人撤销之诉还是再审程序先启动，最高人民法院均认为应当坚持再审程序吸收第三人撤销之诉原则，但有证据证明原审当事人之间恶意串通损害第三人合法权益的，人民法院应当先行审理第三人撤销之诉案件，裁定中止再审诉讼。参见江必新主编《新民诉法解释法义精要与实务指引》，法律出版社 2015 年版，第 715 页。相关评论，请参见刘东《再审吸收第三人撤销之诉的程序规则研究——以〈民诉法解释〉第三百零一、三百零二条为中心》，《法学家》2020 年第 2 期。

第二节　案外人对执行机构错误确定
执行标的物的救济

　　基于审执分离原理，《民诉法解释》第四百六十三条（现行《民诉法解释》第四百六十一条）明确规定据以充当执行名义的生效法律文书必须具备"权利义务主体明确""给付内容明确"两个条件。据此，确定物之交付请求权的生效法律文书（下文以"物之交付判决"为例）应当指定债务人交付之物，即明确债务人应当交付之物的名称、数量、具体特征等特定信息。[①] 案外人据以申请强制执行的物之交付判决没有载明交付之物的上述特定信息，人民法院应当裁定不予受理；已经受理的，裁定驳回执行申请。[②] 因而，可以进入并正常推进执行程序的物之交付判决，必然已经对标的物进行了特定化。但是，物之交付判决特定化标的物不能保证执行机构在执行实践中准确识别债务人根据确定判决应交付而未交付之物。对于不动产及适用登记制度的特殊动产的交付执行而言，执行机构识别标的物的难度不大。但是，对于普通动产的交付执行，即使执行名义已经载明标的物的特定信息，执行机构也存在错误识别应交付之物的可能性。错误识别应交付之物的执行行为属于违法执行行为，债权人与债务人都可以通过《民事诉讼法》第二百三十六条规定的执行行为异议与复议制度谋求救济。错误识别应交付之物的行为损害案外人的民事权益的，案外人构成《民事诉讼法》第二百三十六条规定的"利害关系人"，自然也可以通过执行行为异议和复议制度谋求救济。案外人对执行标的物不享有任何民事权益，仅以执行机构错误识别应交付之物为由提出执行行为异议的，执行法院固然应当以异议人缺乏主体资格为由予以驳回，但也应当据此重新审查执行标的物识别是否正确，并依职权纠正违法执行行为。诚然，对被错

[①] 参见《最高人民法院关于人民法院立案、审判与执行工作协调运行的意见》（法发〔2018〕9号）第十一条第一款第二项。

[②] 对不予受理或驳回执行申请方案的反思及给付内容不明确问题的更优解决方案，请参见马家曦《执行内容确定之程序展开——以"执行依据"不明的解释及应对为中心》，《甘肃政法学院学报》2019年第3期。

误执行的标的物享有足以排除强制执行的民事权益的，案外人也可以一并或单独向执行法院提出排除执行请求。①

第三节　对执行标的物主张权利者请求排除执行的途径

尽管《审监解释》已经删除有关案外人在执行程序外申请再审的规定，但受《民事诉讼法》第二百三十八条关于"案外人、当事人对裁定不服，认为原判决、裁定错误的，依照审判监督程序办理；与原判决、裁定无关的，可以自裁定送达之日起十五日内向人民法院提起诉讼"规定的制约，《民诉法解释》第三百零三条（现《民诉法解释》第三百零一条）第二款依然保留关于"案外人对人民法院驳回其执行异议裁定不服，认为原判决、裁定、调解书内容错误损害其合法权益的，应当根据民事诉讼法第二百二十七条（现行《民事诉讼法》第二百三十八条）规定申请再审，提起第三人撤销之诉的，人民法院不予受理"的规定。由此可见，在物之交付执行中，案外人异议被驳回后的进一步救济途径是案外人申请再审与案外人异议之诉，但未提出执行标的异议的案外人也可以提起第三人撤销之诉。② 未提出执行标的异议的案外人，既包括对标的物享有足以排除强制执行的民事权益但没有提出执行标的异议的案外人，也包括对执行标的物虽不享有足以排除执行的民事权益但依法享有提起第三人撤销之诉资格的案外人，前者可以在案外人异议之诉与第三人撤销之诉之间作出选择，而

---

① 我国台湾地区学者认为："实施执行时，对于取交之动产是否为执行名义所示之物，应由执行人员依职权调查认定，如有争议，应依第十二条规定声明异议，第三人如主张标的物系其所有时，则应依第十五条规定，提起第三人异议之诉救济。"陈计男：《强制执行法释论》，元照出版有限公司2012年版，第536页。
② 最高人民法院在《全国法院民商事审判工作会议纪要》（法〔2019〕254号，以下简称《九民纪要》）第一百二十二条中重申，在"案外人既有申请再审的权利，又符合第三人撤销之诉的条件"的情形下，"案外人先启动执行异议程序的，对执行异议裁定不服，认为原裁判内容错误损害其合法权益的，只能向作出原裁判的人民法院申请再审，而不能提起第三人撤销之诉；案外人先启动了第三人撤销之诉，即便在执行程序中又提出执行异议，也只能继续进行第三人撤销之诉，而不能依《民事诉讼法》第二百二十七条（现行《民事诉讼法》第二百三十八条）申请再审。"

后者则只能通过第三人撤销之诉谋求救济。

一 案外人主张的民事权益不足以排除强制执行

在物之交付执行程序中，案外人没有对执行标的物主张足以排除强制执行的民事权益、以其对执行标的物享有足以排除强制执行的民事权益为由提出的执行标的异议被裁定驳回后案外人没有在法定期间提起执行异议之诉、案外人在执行标的异议被驳回后提起案外人异议之诉败诉后没有在法定期间内上诉或者虽上诉但二审仍败诉的，案外人仍可以根据《民事诉讼法》第五十九条第三款的规定提起第三人撤销之诉，并依法在提供相应担保的基础上向执行法院请求中止执行或者依法向第三人撤销之诉的受案法院申请保全已经交付给债权人的标的物。[①] 物之交付结果将损害其民事权益是案外人对物之交付判决提起第三人撤销之诉的必备条件，案外人因物之交付而遭受损害的民事权益通常是案外人对该标的物享有的物权，但也包括案外人对该标的物享有的特殊债权，甚至在例外情形下还包括案外人通过该标的物实现其金钱债权的利益。基于债的相对性及平等性原则，案外人对标的物享有的债权请求权及金钱债权实现利益通常不能作为第三人撤销之诉的保护对象，但案外人的债权请求权依法优先于物之交付请求权（如建设工程价款优先受偿权、船舶优先权等）、案外人依法享有实体法撤销权或者依法有权请求确认原审所涉民事法律关系无效[②]、判决主文

[①] 根据《民诉法解释》第二百九十七条的规定，在人民法院受理第三人撤销之诉后，案外人可以在提供相应担保的基础上请求中止物之交付执行，由执行法院酌情决定是否准许。物之交付执行程序已经终结的，案外人可以依法向受理第三人撤销之诉的法院申请财产保全，以防止债权人将标的物转让给他人从而导致后续无法执行回转。

[②] 比如，《最高人民法院关于审理商品房买卖合同纠纷案件适用法律若干问题的解释》第七条规定："买受人以出卖人与第三人恶意串通，另行订立商品房买卖合同并将房屋交付使用，导致其无法取得房屋为由，请求确认出卖人与第三人订立的商品房买卖合同无效的，应予支持。"在出卖人与第三人恶意串通订立的商品房买卖合同已经被物之交付判决确定有效的情形下，买受人请求确认出卖人与第三人订立的商品房买卖合同无效显然不能当然导致物之交付判决失效或丧失执行力，此时应当认可该买受人有权提起第三人撤销之诉。再如，《最高人民法院关于审理买卖合同纠纷案件适用法律问题的解释》第六、七条对同一普通动产、特殊动产的多重买受人均要求实际履行合同的处理方案进行规定，在某种意义上可以解读为确定了多重非恶意买受人的受偿顺序。参照《九民纪要》第一百二十条第一款第一项的规定，受偿顺位在后的买受人获得物之交付判决的，受偿顺位在先的买受人的交付请求权属于"法律明确给予特殊保护的债权"，应当承认其民事权益因物之交付判决遭受损害，进而允许其依法提起第三人撤销之诉。

确定的物之交付内容部分或者全部虚假的，只要同时符合法律和司法解释规定的其他条件，案外人就可以提起第三人撤销之诉。[1]

二 案外人主张的民事权益足以排除强制执行

在物之交付执行中，案外人以其对标的物享有民事权益为由请求排除强制执行的，应当根据《民事诉讼法》第二百三十八条的规定提出执行标的异议。执行法院经审查认为异议成立而裁定中止执行的，债权人可以自受送达该裁定之日起15日内提起对物许可执行之诉，债权人逾期没有提起对物许可执行之诉的，执行法院应当终结对该物的强制执行程序。执行法院经审查认为执行标的异议不成立而裁定驳回案外人的排除执行请求的，如果案外人认为物之交付判决错误，可以自受送达裁定之日起6个月内申请再审，如果案外人认为与物之交付判决无关，可以自裁定送达之日起15日内提起案外人异议之诉。因而，在现行法律框架下，案外人以其对标的物享有足以排除执行的民事权益为由提出执行标的异议但被法院驳回的，案外人的后续救济程序取决于其主张足以排除执行的民事权益与物之交付判决确定的交付请求权在民法上是否发生冲突以及这种冲突发生的时间。如果案外人主张的民事权益与物之交付判决确定的交付请求权在民法上不发生冲突或者虽发生冲突但该冲突发生于物之交付判决确定之后，案外人应当通过案外人异议之诉谋求进一步救济，仅以案外人对标的物是否享有民事权益、案外人享有的民事权益是否足以排除执行作为审理要点。如果案外人对标的物主张的民事权益与物之交付判决确定的交付请求权在民法上呈现出势不两立的状态，而且这种状态在物之交付判决确定时已经存在的，案外人应当通过申请再审的方式谋求救济。

（一）案外人对标的物主张的权益与交付请求权并未发生冲突

在案外人对标的物主张足以排除执行的民事权益与物之交付判决确定的交付请求权在民法上没有发生冲突的情形下，即使立法机关基于特殊的价值取向而认为案外人有权排除执行，也不意味着物之交付判决错误或者案外人存在推翻物之交付判决的必要性，故以案外人异议之诉作为后续救济为宜。比如，债权人基于房屋买卖合同获得判令债务人向其交付房屋的

---

[1] 参见《九民纪要》第一百二十条。

确定判决，案外人以其对房屋的租赁期限尚未届满为由请求排除不带租赁交付的，只要租赁合同签订时间、案外人实际占有使用房屋时间均早于房屋买卖合同签订时间，而且案外人已按照合理方式支付合理租金或者已经将拖欠的租金交付人民法院执行，人民法院就应当支持案外人排除不带租赁交付的请求。① 在此种情形下，案外人对房屋享有的租赁合同权益形成早于物之交付判决确定的交付请求权，而且案外人享有的租赁合同权益足以排除债权人基于买卖合同的实际交付请求权，但案外人以租赁合同权益对抗债权人恰恰以债权人对债务人享有基于买卖合同形成的交付请求权为潜台词。因而，案外人对房屋的租赁合同权益与债权人的交付请求权不冲突，该民事权益仅足以排除不带租交付（现实交付），但不足以对抗带租交付（指示交付），案外人只能通过案外人异议之诉谋求救济，而不能申请再审或提起第三人撤销之诉。

（二）案外人对标的物主张的权益与交付请求权事后发生冲突

案外人对标的物主张的民事权益形成于物之交付判决确定之后的，即使案外人对标的物享有的民事权益与债权人对标的物享有的交付请求权在民法上不可能同时实现，也不应当为了保护案外人权益而推翻确定判决。这是因为，发生在物之交付判决确定后的物权变动等事实在客观上均不可能为原审法院所斟酌，即使案外人对标的物享有的民事权益另行取得确定判决且该确定判决不可能与前案判决同时实现，前后两份判决也不构成矛盾判决，案外人缺乏申请再审或提起第三人撤销之诉的正当性基础。② 当

---

① 参见《执行异议和复议规定》第三十一条第一款关于"承租人请求在租赁期限内阻止向受让人移交占有被执行的不动产，在人民法院查封之前已签订合法有效的书面租赁合同并占有使用该不动产的，人民法院应予支持"的规定以及《最高人民法院关于审理执行异议之诉案件适用法律问题的解释（一）（向社会公开征求意见稿）》第十二条第二款规定关于"不带租赁强制执行中，案外人以其对执行标的享有租赁权为由，提起执行异议之诉，请求排除不带租赁强制执行，同时符合下列条件的，人民法院应予支持：（一）在人民法院查封之前或者在抵押登记之前，案外人基于租赁之目的与被执行人签订合法有效的书面租赁合同；（二）在人民法院查封之前或者在抵押登记之前，案外人已合法占有使用执行标的；（三）案外人已按照合理方式支付合理租金"的规定。笔者有幸多次参与《最高人民法院关于审理执行异议之诉案件适用法律问题的解释（一）》（社会征求意见后修订稿）的讨论，该司法解释草案目前仍然保留"向社会公开征求意见稿"第十二条的规定，并根据住建部等有关单位的意见增加特别保护转租人权益的规定。

② 最高人民法院第二巡回法庭法官会议纪要也指出，由于案外人在原判决生效后才获得排除执行的实体权利，原判决在事实认定和法律适用方面均不存在任何错误，案外人无权要求再审法院撤销原判决的相关判项。参见贺小荣主编《最高人民法院第二巡回法庭法官会议纪要》（第一辑），人民法院出版社2019年版，第153页。

然，基于民事权利的性质及其背后涉及的利益类型，民事权益的保护顺序不完全取决于其成立的先后顺序。案外人在物之交付判决确定之后才对标的物取得民事权益的，也有可能成为排除执行的正当性理由。比如，甲将电脑借给乙使用，因乙拒不返还电脑，甲起诉乙并获得判令乙在十日内将电脑返还给甲的确定判决，乙在该十日期限内通过公开拍卖方式将电脑出卖给丙。丙在后取得的所有权基于善意取得制度的适用而优先于甲在先取得的所有权，丙的所有权足以排除因甲申请而启动的强制执行，但不足以作为推翻前案判决（物之交付判决）的依据。

（三）案外人对标的物主张的权益与交付请求权自始发生冲突

根据《民事诉讼法》第五十九条第三款及《民诉法解释》第三百零三条的规定，案外人对标的物主张的民事权益在物之交付判决确定之前已经成立且足以排除交付请求权，但因不能归责于本人的事由未参加诉讼而导致法院作出损害其民事权益的物之交付判决的，案外人在提出执行标的异议之前（包括物之交付判决执行程序开始之前）可以提起第三人撤销之诉，[①] 案外人据此提出执行标的异议被裁定驳回后仍坚持该排除执行理由的，则只能通过申请再审的方式谋求进一步救济。但是，理论界与实务界对前述规则存在广泛的争议，该情形是研究案外人在物之交付执行中的救济问题的重中之重。为使讨论更加集中及清晰，笔者以下列案例为中心，对自始享有足以排除执行的民事权益的案外人可能寻求的诉讼救济途径逐一进行分析。

> 甲因出国将其电脑交给乙保管，乙通过某网络交易平台将电脑卖给丙，但乙收到丙支付的价款后拒不交付电脑，丙以乙为被告诉至法院，请求判令乙继续履行合同（即交付电脑）。乙在诉讼中未披露该电脑是甲所有的事实，法院判决支持丙的诉讼请求。因乙拒不履行物之交付判决，丙申请强制执行。

（1）追回所有物之诉不能周延救济甲对电脑享有的所有权

根据《民法典》第三百一十一条的规定，尽管丙受让电脑时是善意且交易价格合理的，但乙尚未将电脑交付给丙，丙基于买卖合同产生的债权请求

[①] 需要说明的是，如果案外人同时构成"原审裁判遗漏的必要共同诉讼当事人"，那么案外人也可以选择通过申请再审或提起第三人撤销之诉谋求救济，其他类型的案外人则只能通过第三人撤销之诉谋求救济。

权不足以对抗甲的物上请求权。根据《民事诉讼法》第五十九条第一款的规定，在丙诉乙的合同纠纷诉讼中，所有权人甲属于有独立请求权的第三人，有权以乙和丙作为共同被告提起参加之诉，以阻止法院作出判令乙向丙交付电脑的给付判决并追回其所有的电脑。根据《民事诉讼法》第五十九条第三款的规定，乙始终没有将无权处分电脑及丙起诉交付电脑等情况告知甲，甲因不能归责于本人的事由未参加诉讼，导致法院推定乙是有权处分并判决乙向丙交付电脑，损害甲的所有权，甲可以自知道或者应当知道其民事权益受到损害之日起六个月内，向作出该判决法院提起第三人撤销之诉。

与学者均不反对甲提起参加之诉不同，尽管现行法律授权甲对乙和丙之间的确定判决提起第三人撤销之诉，但在理论上仍然存在反对声音。反对者认为，确定判决是法院根据乙和丙之间的攻击防御结果居中作出的判断，该判决不因甲享有追回权而构成错误判决，基于既判力相对性原则，该判决也不对甲的取回权造成妨碍，甲通过普通民事诉讼行使取回权即足以保护其所有权。换言之，前后两份判决可以对电脑的所有权作出不同的认定，而且前案判决的存在不会损害甲的所有权。实际上，前案判决足以损害甲的所有权。这是因为，丙一旦通过乙的履行行为或者法院的强制执行占有该电脑，因丙已经完全满足《民法典》第三百一十一条规定的善意取得条件，根据《民法典》第三百一十三条的规定，甲对该电脑享有的所有权自动消灭。[①] 即使丙不属于善意受让人，丙在取得该电脑后将其转让给其他善意第三人，甲的所有权也将随之消灭。特别是在物之交付执行程序中，以甲可以另行提起追回所有物之诉为由拒绝审查甲提出的排除执行请求的，物之交付执行程序通常在甲另案获得追回判决之前早已终结，追回所有物之诉随之丧失诉的利益，甲的所有权根本无法获得有效的保护。即使甲在执行程序终结之前获得追回所有物胜诉判决，丙与乙之间的确定判决不因此而丧失执行力，甲应当通过其他救济手段阻止物之交付判决的执行。因而，在丙已经获得判令乙向其交付电脑的确定判决的情形下，甲

[①] 当然，甲此时也可以主张并证明"丙受让电脑并非善意"的事实以阻止丙构成善意取得。但是，基于维护交易安全的需要，《物权司法解释（一）》第十四条对受让人善意与否的判断采取"受让人不知且不应知无权处分"标准，只要丙与乙订立买卖合同时不知道乙无权处分且无重大过失的，法院就应当认定受让人为善意，甲主张"丙受让电脑并非善意"的，应当承担证明责任。相对于"电脑尚未交付给丙"的客观事实而言，"丙明知或应知甲构成无权处分"的证明难度大得多。参见最高人民法院民事审判第一庭《最高人民法院物权法司法解释（一）理解适用与案例指导》，法律出版社2016年版，第50页。

以丙为（共同）被告提起追回所有物之诉不具备纠纷解决的实效性，① 立法机关应当赋予甲撤销物之交付判决或者使其执行力归于消灭的诉讼法上的形成权。因而，追回所有物的诉讼请求应当叠加推翻原判决或消灭原判决执行力的诉讼请求，这样才能达到周延救济甲对电脑享有的所有权之目的。②

（2）第三人撤销之诉的救济效益比案外人申请再审之诉高

第三人撤销之诉与案外人申请再审均可以实现推翻原审判决的目的，而且两者的诉讼要件及胜诉要件大致相同。因而，"第三人撤销之诉实质上就是再审主体范围对第三人的开放"，③ 有的学者主张案外人权益通过申请再审的方式予以保护即可，④ 而有的学者则主张用第三人撤销之诉代替案外人申请再审之诉。⑤ 众所周知，《民事诉讼法》第二百三十八条关于"案外人、当事人对裁定不服，认为原判决、裁定错误的，依照审判监督程序办理"来源于 1991 年《民事诉讼法》第二百零八条关于"如果发现判决、裁定确有错误，按照审判监督程序处理"的规定，⑥ 而第五十九条第三款规定的第三人撤销之诉是立法机关在 2012 年修订《民事诉讼法》

---

① 我国现行法律尚未贯彻诉的利益理论，司法实践中存在两种截然不同的观点，第一种观点认为案外人在执行程序之外另案提出的确权请求因缺乏诉的利益而应当被裁定不予受理或驳回起诉，另一种观点认为案外人可以另案对执行标的物提起确权诉讼后再根据《民事诉讼法》第二百三十八条的规定寻求救济。参见杜万华、胡云腾主编《最高人民法院民事诉讼法司法解释逐条适用解析》，法律出版社 2015 年版，第 577 页。最高人民法院执行局倾向于第一种方案，其理由是第二种方案不仅浪费司法资源，也难以避免人民法院就同一事项作出相互矛盾的判决，还难以有效防止案外人和被执行人恶意利用其他法院的生效法律文书对抗执行法院的执行。参见最高人民法院执行局《法院执行理论与实务讲座》，国家行政学院出版社 2010 年版，第 259 页。

② 根据《最高人民法院关于人民法院立案、审判与执行工作协调运行的意见》（法发〔2018〕9号）第八条的规定，审判部门在审理确权诉讼时，应当查询所要确权的财产权属状况。需要确权的财产已经被人民法院查封、扣押、冻结的，应当裁定驳回起诉，并告知当事人可以依照《民事诉讼法》第二百三十八条的规定主张权利。

③ 张卫平：《中国第三人撤销之诉的制度构成与适用》，《中外法学》2013 年第 1 期。

④ 参见赵钢、刘学在《民事审监程序修改过程中若干争议问题之思考》，《中国法学》2009 年第 9 期；姜伟、张代恩《关于民事审判监督程序几个问题的思考》，《法律适用》2009 年第 4 期。

⑤ 参见吴泽勇《第三人撤销之诉的原告适格》，《法学研究》2014 年第 3 期；刘东《反思第三人撤销之诉与案外人申请再审的关系——基于立法、司法、法理的多维角度》，《河南财经政法大学学报》2020 年第 5 期。

⑥ 尽管 1991 年《民事诉讼法》第二百零八条的规定被认为没有赋予案外人申请再审的权利（参见潘盛礼《再审程序中应建立第三人异议制度》，《法律适用》2003 年第 6 期），但 2007 年修订《民事诉讼法》时对其表述进行了调整，辅之以《审监解释》第五条的明文规定，案外人在执行标的异议被裁定驳回后申请再审不再存在当事人不适格问题。

时才增设的诉讼类型。显而易见，在创设执行程序中的案外人申请再审制度时，立法机关没有考虑该情形是否可以通过第三人撤销之诉获得救济问题，① 而确立第三人撤销之诉的初衷是应对虚假诉讼问题，② 两者的抉择及协调问题尚未进入立法者的视角。为统一法律适用，最高人民法院确立了"案外人异议前第三人撤销之诉，案外人异议后申请再审"的解决方案，其背后原因很可能是最高人民法院倾向于采取第三人撤销之诉的救济方案，但受《民事诉讼法》第二百三十八条限制而不得不采取二分法。《民事强制执行法》的起草为废除《民事诉讼法》第二百三十八条规定的执行程序中的案外人申请再审制度提供了条件。结合《审监解释》已经删除执行程序外案外人申请再审规定和《民事强制执行法草案》第三十九条不再规定执行程序中的案外人申请再审的事实，我们看出，最高人民法院已经形成用第三人撤销之诉代替案外人申请再审的倾向性意见。尽管案外人申请再审与第三人撤销之诉的功能具有共通性，③ 但基于以下三方面的理由，笔者支持用独立设置的第三人撤销之诉代替依附于审判监督程序的案外人申请再审。

　　首先，第三人撤销之诉对确定判决的冲击力度较小。第三人撤销之诉比案外人申请再审更符合比例原则。案外人申请再审的理论基础是既判力相对性原则的弱化以及既判力主观范围对案外人扩张，立法机关因此授权受判决不利影响的案外人以自己的名义向原审法院或其他法院请求推翻原判决。与此不同，第三人撤销之诉仅针对原判决中不利于案外人部分请求撤销，对原判决在当事人之间的效力并不产生影响，有利于维护原判决所确定的实体法律关系，克服再审判决对程序安定性的冲击。④ 在上述案例中，甲提起第三人撤销之诉并获得胜诉的，法院仅判决消除确定判决对案外人造成的不利影响，丙因甲追回电脑而受损失的，仍可以起诉乙并要求其承担损害赔偿责任，前案判决对丙诉乙的后案具有既判力。与此不同，甲申请再审的，法院应当撤销物之交付判决，物之交付判决丧失既判力，

---

① 参见江伟主编《中国民事诉讼法教程》，中国政法大学出版社1994年版，第358—359页。
② 参见全国人大常委会法制工作委员会民法室《2012民事诉讼法修改决定条文解释》，中国法制出版社2012年版，第61页。
③ 有的学者将两者合并为案外第三人撤销之诉，并根据管辖法院、审理范围、判决效力等方面的差异，将其分为再审型、复合型、独立型、上诉型等四种类型。参见胡军辉、廖永安《论案外第三人撤销之诉》，《政治与法律》2007年第5期。
④ 参见肖建国《〈民事诉讼法〉执行编修改的若干问题探讨——以民事强制执行救济制度的适用为中心》，《法律适用》2008年第4期。

后丙诉乙承担损害赔偿责任的，不受前案判决效力拘束，这不仅降低确定判决稳定性，而且浪费司法资源。

其次，第三人撤销之诉对案外人的救济更周延。与当事人申请再审可以谋求重新调整权利义务关系不同，案外人申请再审的主旨是推翻损害其利益的生效裁判，而不是通过再审判决为案外人设定权利义务关系。[1] 原生效裁判即使在再审程序中被撤销，案外人受到侵害的实体权利义务仍然需要通过另行诉讼加以判定。[2] 诚如日本学者三月章教授指出的，诉讼法上的形成之诉纯属人为地使之合乎情理的东西，[3] 案外人申请再审不能同时处理案外人与当事人之间的实体权利义务关系，对案外人权益的救济较为迂回。与案外人申请再审不同，第三人撤销之诉着眼于救济案外人的实体权益，即"第三人撤销之诉的诉权本质在于第三人实体权益救济的必要性，而不是对异议权单纯的救济"。[4] 因而，第三人撤销之诉的正当性基础不能止步于诉讼法上的形成之诉，而应当进一步探析案外人据以提起第三人撤销之诉的实体法基础，并允许案外人在第三人撤销之诉中同时提出实体性诉讼请求。[5] 在上述案例中，甲申请再审的，因其不属于"原审裁判

---

[1] 根据《民诉法解释》第四百二十四条的规定，属于"必要的共同诉讼当事人"的案外人提出的执行标的异议被裁定驳回后申请再审且人民法院裁定再审的，按照第一审程序再审的，应当追加其为当事人，作出新的判决、裁定；按照第二审程序再审，经调解不能达成协议的，应当撤销原判决、裁定，发回重审，重审时应追加其为当事人。人民法院因其他类型的案外人（包括《民事诉讼法》第五十九条第一、二款规定的"诉讼第三人"）申请而裁定再审的，人民法院仅审理原判决、裁定、调解书对其民事权益造成损害的内容。经审理，再审请求成立的，撤销或者改变原判决、裁定、调解书；再审请求不成立的，维持原判决、裁定、调解书。

[2] 江必新等：《最高人民法院指导性案例裁判规则理解与适用·民事诉讼卷》，中国法制出版社2014年版，第436页。

[3] 参见［日］三月章《日本民事诉讼法》，汪一凡等译，五南图书出版公司1997年版，第128页。

[4] 崔玲玲：《第三人撤销之诉的事由——与再审之诉的事由比较》，《社科纵横》2011年第9期。

[5] 参见肖建国、黄忠顺《论第三人撤销之诉的法理基础》，载张卫平主编《民事程序法研究》（第11辑），厦门大学出版社2014年版，第41—48页。笔者多年前提出的该观点已经被部分地方人民法院采纳。比如《广东省高级人民法院关于审理第三人撤销之诉案件疑难问题的解答》（粤高法〔2017〕152号）第十条对"第三人在撤销之诉中同时对原审诉讼标的提出确认权属、履行合同等主张实体权利的诉讼请求，应否合并审理"问题提出如下解答意见："如果该请求系作为认定第三人提起撤销之诉的权利基础的，可合并审理，但第三人与相对方之间有仲裁或管辖协议、合并审理会导致案件过分迟延或涉及其他案外人利益的除外。对于前述之外的其他诉讼请求，法院不予处理，告知第三人可另行起诉。"再如，北京市高级人民法院民一庭于2016年4月19日印发的《关于审理第三人撤销之诉案件适用法律若干问题的研讨纪要》第十条第一款指出："第三人在撤销之诉中同时对原审诉讼标的提出确认权属、履行合同等主张实体权利的诉讼请求，如果该请求系作为认定第三人提起撤销之诉的权利基础的，一般应当合并处理，但第三人与相对方之间约定有仲裁或管辖协议、合并审理会导致案件过分迟延或涉及其他案外人利益的除外；对于前述之外的其他诉讼请求，法院不予处理，并告知第三人可另行起诉。"

遗漏的必要共同诉讼当事人"，甲不能通过该再审程序行使返还请求权，即使人民法院判决撤销原判决损害其民事权益的内容（即仅撤销交付判项），甲仍有必要另案提出返还电脑请求。与此不同，甲提起第三人撤销之诉实际上同时行使了《民事诉讼法》第五十九条第三款创设的诉讼法上的形成权以及《民法典》第二百三十四条规定的物权确认权及第三百一十一条规定的所有权人追回权，甲可以因此及时获得更加周延的救济。

最后，案外人申请再审难以适用既有再审制度。《民事诉讼法》第二百三十八条保留了2007年《民事诉讼法》第二百零四条的表述，2007年《民事诉讼法》第二百零四条是立法机关对1991年《民事诉讼法》第二百零八条修改而来的。1991年《民事诉讼法》第二百零八条关于"如果发现判决、裁定确有错误，按照审判监督程序处理"的规定没有赋予案外人申请再审的权利，[①] 主要通过法院发现判决确有错误而决定再审的方式启动审判监督程序。[②] 2007年《民事诉讼法》第二百零四条（即现行《民事诉讼法》第二百三十八条）关于"案外人、当事人对裁定不服，认为原判决、裁定错误的，依照审判监督程序办理"的规定依然没有明确案外人是否享有申请再审的权利，但最高人民法院通过原《审监解释》第五条实现"诉权化改造"。即使经过"诉权化改造"，案外人申请再审实际上谋求的是消除原判决对自己造成的不利影响，而没有挑战原判决在前诉当事人之间的效力，与传统的当事人申请再审截然不同。[③] 除了诉讼目的不同以外，案外人申请再审事由与再审审理程序也与当事人申请再审存在明确的区别，《民事诉讼法》第二百一十一条规定的再审事由难以满足案外人申请再审并获得胜诉判决的实际需要，案外人申请再审程序也没有必要严格区分再审审查程序（指向再审事由）、再审审理程序（指向本案标的）。当然，立法机关也可以通过制定案外人申请再审之诉程序特则的方式解决前述问题，但案外人申请再审程序特则的构建结果

[①] 该规定还被批评没有涵盖案外人异议的所有情况，使得一些不涉及原判决、裁定的案外人排除执行请求，缺乏相应的诉讼救济途径，故2007年修订后的《民事诉讼法》第二百零四条（现行《民事诉讼法》第二百三十八条）还增设了案外人异议之诉制度。参见全国人大常委会法制工作委员会民法室编著《中华人民共和国民事诉讼法解读》（2012年最新修订版），中国法制出版社2012年版，第611页。

[②] 参见江伟主编《中国民事诉讼法教程》，中国政法大学出版社1994年版，第359页。

[③] 参见全国人大常委会法制工作委员会民法室编《民事诉讼法立法背景与观点全集》，法律出版社2012年版，第341页。

是使该类诉讼与第三人撤销之诉的边界越来越模糊。在第三人撤销之诉已经确立的语境下，相比推倒重来，维持并完善第三人撤销之诉制度更有利于节约立法成本及符合司法惯性。在上述案例中，如果甲申请再审与提起第三人撤销之诉不存在实质性区别，两种救济方法的抉择实际上只是解释选择问题。鉴于第三人撤销之诉制度构建相对较为成熟且有利于避免再审制度过于复杂化，立法机关向执行标的异议被驳回的甲提供第三人撤销之诉救济途径更为妥当。

(3) 第三人撤销之诉比案外人异议之诉更加符合当前国情

我国《民事诉讼法》第五十九条第三款规定的第三人撤销之诉属于"独立型案外人撤销之诉"，而独立型撤销之诉实际上是一个新的诉，法院应当将其作为一个全新的案件来审理。从这个意义上说，独立型案外人撤销之诉与案外人异议之诉并无本质上的差异。① 但是，案外人对标的物主张的民事权益与交付请求权自始发生冲突的，案外人异议之诉并不能吸收第三人撤销之诉。②

首先，第三人撤销之诉比案外人异议之诉更易被人们理解。在立法论层面，只要立法机关愿意并摆脱传统观点拘束，执行程序中的第三人撤销之诉与案外人异议之诉可以被设计成完全相同的制度。但是，案外人主张的权益自始与交付请求权构成冲突的，案外人通过第三人撤销之诉进行救济更容易被人们理解。即使是竭力倡导确立既判力相对性原则的学者也都认可设立案外人异议之诉制度的必要性，而案外人异议之诉实际上与第三人撤销之诉一样，都是以其自身的存在充分说明既判力相对性抗辩不足以向案外人提供足够充分的救济。在人民群众普遍期待判决权威性及司法公信力有所提升的背景下，避免与消除矛盾判决现象符合朴素的司法正义观念。在比较法及实定法上，相对于不承载消除矛盾判决功能的案外人异议之诉而言，对标的物主张的权益与交付请求权自始发生冲突的案外人通过第三人撤销之诉救济更为合理。更重要的是，案外人异议之诉专属于执行法院管辖，而执行法院是第一审人民法院或者与第一审人民法院同级的标

---

① 参见肖建国《论案外人申请再审的制度价值与程序设计》，《法学杂志》2009年第9期。
② 实际上，案外人异议之诉相对于其他案外人救济途径具有补充性，对于案外人可以通过法律规定的其他救济程序获得救济的，就没有必要通过案外人异议之诉寻求救济。在此种情形下，案外人提起执行异议之诉的，人民法院应当告知其依据法律规定的其他程序寻求救济。参见江必新主编《新民诉法解释法义精要与实务指引》，法律出版社2015年版，第728页。

的物所在地人民法院，① 执行法院在案外人异议之诉中作出与原审判决矛盾的新判决，很大程度上相当于下级法院推翻上级法院判决，而这在我国的司法实践中显然是难以被接受的。与此不同，第三人撤销之诉由原生效法律文书的作出法院受理，② 可以避免下级法院作出与上级法院原判决相矛盾的新判决。基于此，笔者认为，在上述案例中，即使丙已经申请执行，甲仍应当通过第三人撤销之诉谋求救济，而不应当要求甲通过案外人异议之诉救济。

其次，第三人撤销之诉的功能比案外人异议之诉更为强大。案外人可以通过第三人撤销之诉消除确定判决给其造成的不利影响包括但不限于执行力，所有类型的确定判决都有可能因为损害案外人权益而成为第三人撤销之诉指向的对象。即使是案外人在给付判决进入执行程序后提起的第三人撤销之诉，也可以在消除执行力对其产生不利影响的同时消除预决效等可能给案外人造成的其他不利影响。③ 因而，相对于案外人异议之诉而言，第三人撤销之诉实际上可以更加周延地救济案外人权益。在上述案例中，甲提起第三人撤销之诉的，即使没有同时提出返还所有物的诉讼请求，甲在获得胜诉的确定判决后另行提起所有物返还之诉，不仅不受乙、丙之间判决的效力拘束，而且可以直接援引第三人撤销之诉判决认定的事实，大

---

① 参见《民事诉讼法》第二百三十五条第一款，该规定被《民事强制执行法草案》第十八条第一款完全保留。
② 参见《民事诉讼法》第五十九条第三款、《民诉法解释》第二百九十条。
③ 在第三人撤销之诉的发源地，法国《民法典》认可确定判决的事实推定效果，并且认为该"判决证明效"对案外人也具有相同法律上的推定效果，使判决发生既判事项权威，而有对世性。第三人撤销之诉在法国被认为是"打破判决法律上事实推定之运用手段"。参见魏大喨《第三人撤销诉讼——判决效扩张之程序权保障》，载骆永家教授七佚华诞祝寿论文集编辑委员会《进入二十一世纪之民事法学研究——骆永家教授七佚华诞祝寿论文集》，元照出版有限公司2006年版，第99—100页。我国现行法律及司法实践均不接受相对性原则（参见吴泽勇《第三人撤销之诉的原告适格》，《法学研究》2014年第3期），不仅在实践中禁止矛盾判决（参见吴兆祥、沈莉《民事诉讼法修改后的第三人撤销之诉与诉讼代理制度》，《人民司法》2012年第23期），而且司法解释也明确将"已为人民法院发生法律效力的裁判所确认的事实"作为相对免证事实。在此种语境下，尽管案外人单独为了消除预决效而提起第三人撤销之诉可能被法院裁定驳回起诉（参见北京市高级人民法院民一庭于2016年4月19日印发的《关于审理第三人撤销之诉案件适用法律若干问题的研讨纪要》第九条第二款），但案外人为了保护其民事权益而提起第三人撤销之诉且获胜的，则可以一并将预决效予以消灭掉。当然，《民诉法解释》第九十三条第一款第五项列举的"已为人民法院发生法律效力的裁判所确认的事实"的预决效是否作用于案外人在理论上也存在争议，但司法实践倾向于认可其及于案外人，使得我国的判决效力具有对世化倾向。

幅度降低所有物返还之诉的诉讼成本及胜诉难度。与此不同，甲通过异议之诉谋求救济的，案外人虽可以同时提出确权请求，但却不能同时提出返还原物的诉讼请求，① 在没有提出确权请求的情形下，案外人另案提起所有物返还之诉时仍需证明其所有权。

再次，案外人异议之诉一元论人为导致案外人救济更复杂。在物之交付判决执行之前，对标的物享有所有权的案外人完全可以根据《民事诉讼法》第五十九条第三款的规定提起第三人撤销之诉。但是，一旦进入执行程序，完全符合第三人撤销之诉起诉条件的案外人只能通过案外人异议之诉谋求救济显然违反程序选择权原理。最高人民法院执行局前法官范向阳博士曾尖锐指出，《民诉法解释》第三百零三条将进入执行标的异议的执行依据排除在第三人撤销之诉的范围之外是错误的。② 众所周知，第三人撤销之诉与案外人异议之诉的诉讼要件及胜诉要件各不相同，前者适用于案外人主张的权益自始与交付请求权构成冲突的情形，后者适用于案

---

① 《民诉法解释》第三百一十条第二款规定："案外人同时提出确认其权利的诉讼请求的，人民法院可以在判决中一并作出裁判。"据此，案外人在异议之诉中仅可以同时提出确权请求，江苏省高级人民法院于2015年7月2日发布的《执行异议之诉案件审理指南》第九、十八条分别明确案外人不能在执行异议之诉中同时提起给付之诉或形成之诉。第九条指出："案外人在执行异议之诉案件中同时提出要求被执行人继续履行合同、交付标的物或支付违约金等给付之诉的诉讼请求的，因其与阻却执行的诉讼目的无关，不属于执行异议之诉案件的审理范围，在执行异议之诉案件审理中应当不予理涉，案外人可以就此另行主张权利。"第十八条指出："人民法院对被执行人购买但尚未办理产权过户登记手续的房屋实施预查封的情形下，案外人在执行异议之诉案件中同时提出确认其权利的诉讼请求的，人民法院可以在判决中一并作出裁判。据此，在执行异议之诉案件中，案外人除了可以提出确权的诉讼请求外，不得提出解除合同等其他诉讼请求。"当然，对于案外人能否在异议之诉中提出给付请求，司法界尚未达成共识。《九民纪要》第一百一十九条关于"案外人既提出确权、给付请求，又提出排除执行请求的，人民法院对该请求是否支持、是否排除执行，均应当在具体判项中予以明确"的表述又似乎对此持肯定态度。山东省高级人民法院民一庭发布的《关于审理执行异议之诉案件若干问题的解答》第一条采取折中方案，即"案外人在执行异议之诉中，同时提出与案外人据以主张排除执行的民事权益直接相关的权属确认、给付请求的，人民法院可以一并审理，对于相关请求是否支持、是否排除执行，均应在具体判项中予以明确。对于案外人提出的与排除执行的民事权益并非直接相关的其他请求，不予一并处理。"最高人民法院执行局原副局长赵晋山博士倾向于采取强制合并模式，在立法论上主张"将案外人异议之诉作为一种特殊类型的诉讼看待，把案外人所主张的实体权利的判断和异议标的是否应当应予执行的判断，均作为异议之诉判决的主文，以充分体现诉讼经济原则，有效防止不同裁判之间的冲突和矛盾。"参见江必新主编《新民事诉讼法执行程序讲座》，法律出版社2012年版，第102页。
② 参见范向阳主编《执行异议之诉的规则与裁判》，人民法院出版社2019年版，第59页。

第六章　物之交付执行中的案外人救济程序

外人的排除执行请求与作为执行名义的确定判决是否正确无关的情形。[1] 即使坚持既判力相对性原则，同时废止《民事诉讼法》规定的第三人撤销之诉，立法机关也应当保留案外人对两种不同救济途径的选择权。立法论层面的案外人异议之诉"一元论"比现行司法解释确定的"二阶论"走得更远，也面临着更为棘手的难题。如果《民事诉讼法》保留第三人撤销之诉，案外人将面临着执行程序启动前后救济途径截然不同的困扰，而且需要执行前提起的第三人撤销之诉在执行程序启动后转化为救济效果偏弱的案外人异议之诉。如果立法机关删除《民事诉讼法》第五十九条第三款的规定，则置案外人可能遭受强制执行损害的风险于不顾，违反民事强制执行法应当坚持保障人民生活安宁与财产安全的价值取向。在上述案例中，根据案外人异议之诉一元论，甲在执行前可以提起第三人撤销之诉，但执行程序启动后则只能通过案外人异议之诉谋求救济，甲在执行前提起的第三人撤销之诉仍存在是否需要转化为案外人异议之诉的讨论空间，这不仅损害了甲的程序选择权，而且人为增加了案外人救济的复杂性。

复次，第三人撤销之诉比预防性案外人异议之诉更为合理。在比较法上，德国和日本采取扩张再审申请主体范围的方式向案外人提供申请再审的救济途径，法国和我国台湾地区则向案外人提供第三人撤销之诉的救济途径。案外人申请再审仍以纠正错误判决为中心，在案外人足以排除执行的民事权益与物之交付判决的基础法律关系不冲突的情形下，在执行程序中可以提起第三人撤销之诉的案外人无法在执行程序之外利用再审程序谋求救济。为了解决申请再审适用范围太窄和异议之诉提起时间太晚问题，德国和日本都放宽了对案外人提起异议之诉的时间限制。[2] 只要执行行为已经迫在眉睫，案外人就可以提起异议之诉，而"当债权人取得关于有争议标的的交付执行名义时"就属于迫在眉睫的情形。[3] 如前所述，自物之交付判决确定之日起，自始对标的物享有所有权的案外人就面临着强制执行的现实危险，如果案外人无法通过其他诉讼程序获得有效的救济，立法

---

[1] 参见王毓莹《案外人执行异议之诉的裁判要点》，《人民司法》2020年第14期。《九民纪要》第一百一十九条认为，"执行异议之诉不以否定作为执行依据的生效裁判为目的，案外人如认为裁判确有错误的，只能通过申请再审或者提起第三人撤销之诉的方式进行救济。"

[2] 参见林升格《强制执行法理论与实务》，五南图书出版公司1983年版，第269页。

[3] 参见［德］奥拉夫·穆托斯特《德国强制执行法》（第二版），马强伟译，中国法制出版社2019年版，第265页。

机关确有必要承认案外人提出的预防性排除执行请求具有诉的利益。但是，相对于"废除第三人撤销之诉＋大搞预防性案外人异议之诉"而言，"保留第三人撤销之诉＋限制预防性案外人异议之诉"的救济组合方案更为合理。第一，第三人撤销之诉的适用范围及保护效果均超过案外人异议之诉，废除第三人撤销之诉的结果是弱化对案外人权益的司法保护。第二，执行法院在案外人提起预防性异议之诉时尚未确定，而且依法有权受理执行案件的法院并不唯一，①预防性案外人异议之诉难以适用专属管辖制度。第三，预防性案外人异议之诉的性质面临着形成之诉抑或确认之诉之争，如果将其界定为确认之诉，将不再属于案外人异议之诉的范畴，不具有对抗执行的直接效力。②第四，由于缺乏足够充分且必要的理由，《民事强制执行法》不应当改变立法及司法实践中已经形成的案外人权益保护路径。在上述案例中，甲提起预防性案外人异议之诉的，将面临着受案法院、诉的利益、诉讼性质等方面的疑难问题，而提起第三人撤销之诉则畅通无阻。

最后，第三人撤销之诉更能确保案外人救济程序的连续性。案外人异议之诉通常被界定为诉讼法上的形成之诉，案外人排除执行请求将因执行程序终结而丧失诉的利益。在《民事强制执行法草案》第四十条第一款规定"异议之诉期间不停止执行"原则的语境下，案外人提起异议之诉的行为不能停止执行程序的进行，执行法院将标的物交付给债权人且全案执行程序终结的，案外人继续请求法院判决排除执行已经丧失纠纷解决的实效性。基于此，最高人民法院民一庭负责起草的《关于审理执行异议之诉案件适用法律问题的解释（一）（草案）》和最高人民法院执行局负责起草的《民事强制执行法草案》均要求执行法院向案外人释明可以将诉讼请求变更为损害赔偿或不当得利返还。但是，案外人变更诉讼请求应当"在第一审程序法庭辩论终结前提出"，③而案外人排除执行利益的丧失则不受该期限的限制，特别是执行程序在案外人异议之诉案件的二审或再审期间终结的应对问题更是让人头痛。与此不同，即使物之交付判决执行终结，人民法院已经受理的第三人撤销之诉应当继续审理，而且案外人可以在第三

---

① 参见《民事诉讼法》第二百三十五条第一款、《民事强制执行法草案》第十八条第一款。
② 参见吴光陆《强制执行法》，（台北）三民书局股份有限公司2012年版，第255页。
③ 参见最高人民法院民事审判第一庭编著《最高人民法院新民事诉讼证据规定理解与适用》，人民法院出版社2020年版，第504页。

人撤销之诉中一并解决其民事权益保护问题。因而，案外人对标的物主张的权益与交付请求权自始发生冲突的，案外人提起第三人撤销之诉更有利于确保案外人救济程序的连续性。此外，案外人异议之诉吸收第三人撤销之诉的方案还可能导致案外人在执行程序终结后另行提起第三人撤销之诉，因执行法院对第三人撤销之诉案件缺乏法定管辖权（执行名义为一审判决且在一审法院执行的除外），此时适用管辖恒定制度将直接导致下级法院撤销上级法院判决，而拒绝变更诉讼请求则带来案外人诉讼效益低下与民事权益保护滞后问题。在上述案例中，甲提起第三人撤销之诉显然更有利于维持诉讼程序的安定性及避免陷入程序窘境。

三 小结

案外人对执行标的物主张的民事权益不足以排除执行的，只要符合《民事诉讼法》第五十九条第三款规定的条件，案外人仍可以通过第三人撤销之诉间接实现阻却强制执行的目的。案外人对执行标的物主张的民事权益足以排除强制执行的，应当区分案外人对标的物主张的民事权益与交付请求权在民法上是否构成冲突。案外人对标的物主张的足以排除执行的民事权益与交付请求权未发生冲突的，案外人应当通过案外人异议之诉谋求救济。与此不同，案外人对标的物主张的足以排除执行的民事权益与交付请求权发生冲突的，如果案外人对标的物主张的民事权益形成于物之交付判决确定之后，案外人仍然应当通过案外人异议之诉寻求救济；如果对标的物主张的权益与交付请求权自始发生冲突，则应当通过第三人撤销之诉救济。在上述案例中，甲的所有权不仅足以对抗因丙申请而启动的强制执行，而且甲的所有权形成于物之交付判决确定之前，甲此时应当通过第三人撤销之诉谋求救济。

第四节 案外人异议的制度功能及其与诉讼程序的衔接

《民事强制执行法草案》第三十九条规定不仅废除了案外人异议前置

主义，而且实质上删除了《民事诉讼法》第二百三十八条规定的案外人异议制度。但是，《民事强制执行法草案》第三十三、三十五条将执行行为异议和复议制度的适用对象泛化为"违反法律规定的执行行为"，而没有限定为程序性违法执行行为（以下简称"违法执行行为"），故实体性违法执行行为（以下简称"不当执行行为"）的受害人实际上也可以采取执行行为异议与复议制度谋求救济。但是，由于"执行行为异议＋执行行为复议"的救济组合在正当程序保障及救济效果稳定性方面均不如"案外人异议＋案外人异议之诉"的救济组合，[1] 笔者反对通过扩大执行行为异议制度适用范围的方式满足案外人及时救济实体权益的现实需求。[2] 实际上，《民事强制执行法草案》的起草者恐怕对删除案外人异议制度也存在迟疑。根据《民事强制执行法草案》第二百三十九条的规定，第三人[3]有证据证明为自己的利益，合法、有偿占有执行依据确定交付的标的物的，人民法院不得强制执行，债权人认为应当强制执行的，可以向执行法院提起诉讼，请求许可对该财产的强制执行。但该草案并没有对案外人究竟应当以何种方式提出此种实体性异议作出规定。根据体系解释原则，由于债权人可以在案外人异议之诉中主张继续执行，"第三人"以案外人异议之诉提出该主张，显然缺乏进一步规定案外人提起对物许可执行之诉的必要。因而，"第三人"恐怕只能以"利害关系人"的身份以执行行为异议的方式提出该排除执行请求，但债权人对执行行为异议裁定不服的救济方法应该是该草案第三十五条规定的执行行为复议制度，而不是执行异议之诉。当然，"第三人"此时也可以直接根据该草案第三十九条的规定提起案外人异议之诉。因而，该草案实际上遵循了任意选择模式。根据"举轻以明重"原理，"为自己的利益，合法、有偿占有执行依据确定交付的标的物"

---

[1] 参见黄忠顺《案外人排除强制执行请求的司法审查模式选择》，《法学》2020年第10期。

[2] 对案外人异议的重要性，韩波教授有过精辟的论述。他指出，"摒弃执行异议这一低成本救济程序，是不可能维护'执行工作的生命线'的。强化执行异议化解执行争议的实质性功能，消减进入诉讼类程序的执行相关案件，是降低执行救济体系整体成本的重要入口。"韩波：《分置、合并与转向：程序关系之维的案外人异议之诉》，《法学论坛》2016年第4期。

[3] 在比较法上，执行当事人以外的其他主体，如果提出执行行为异议（声明异议），在法律上均被称为"利害关系人"，如果以其对执行标的享有民事权益为由提出排除强制执行请求，在德国、日本以及我国台湾地区均被称为"第三人"，《民事强制执行法草案》沿袭《民事诉讼法》的话语体系，将其称为"案外人"。但是，本条却出人意料地采取"第三人"的称谓，似乎是沿袭《查封规定》第十三条及借鉴域外规定时没有注意调整用语，但这也间接表明起草者认可"第三人"此时提出的是实体性异议。

的案外人都可以选择通过异议形式获得及时救济，没有理由反对"对执行依据确定交付的标的物主张所有权的案外人"参照适用该草案第二百三十九条的规定。

有疑问的是，"被原案漏列为必要共同诉讼当事人"的案外人以及"对标的物主张足以排除执行的民事权益与交付请求权自始发生冲突"的案外人是否可以提出案外人异议？根据本章第三节的分析，前述两种类型的案外人应当分别通过案外人申请再审与第三人撤销之诉谋求救济。案外人在执行程序启动之前已经申请再审或提起第三人撤销之诉的，均已向案外人开放申请中止执行的法定救济途径，缺乏提出案外人异议的必要性。与此不同，案外人没有在执行程序开始前申请再审或提起第三人撤销之诉的，基于以下三方面理由，笔者倾向于支持授权案外人自愿选择先行提出案外人异议。首先，前述两种类型的案外人均对标的物享有民事权益，案外人可以根据或参照《民事强制执行法草案》第二百三十九条的规定请求排除执行。其次，案外人异议显然足以成立的，案外人可以迅速获得中止执行的救济，并将起诉负担转移给债权人，更契合民事强制执行法保障不具有可归责性的案外人的生活安宁及财产安全的价值取向。最后，案外人提出异议，即使其异议被驳回，也可以借此将后续救济途径的判断义务移转给执行法院，解决案外人难以准确选择诉讼救济途径问题。

综上所述，案外人对标的物主张足以排除执行权益的，无论其潜在的诉讼救济途径是案外人异议之诉、案外人申请再审之诉还是第三人撤销之诉，只要在执行程序开始前尚未启动相应的民事诉讼程序，就可以在执行程序中选择先提出案外人异议。[①] 对于案外人异议，执行法院首先应当进行形式性处理，即先征求债权人意见，若债权人认可案外人异议，执行法院可以裁定终结执行程序。只有债权人不认可案外人异议，执行法院才有必要对案外人异议进行审查。执行法院审查后认为案外人异议不成立的，裁定驳回案外人异议申请，并在裁定书中向案外人释明其后续可以通过何种类型的诉讼程序谋求进一步的救济。执行法院审查后认为案外人异议成

[①] 需要补充说明的是，案外人不对执行标的物主张民事权益，而以普通债权人身份，以物之交付判决系虚假诉讼结果为由，提起第三人撤销之诉的，因其对标的物仅享有将其作为保全金钱债权实现的"责任财产"的利益，执行法院无须对其提出的案外人异议进行任何审查，但仍应当进行形式性处理及履行必要的释明义务。

立的，应当裁定中止执行，并根据不同的情形向案外人或债权人释明其可以启动的诉讼程序。（1）案外人在异议中直接或间接表明其属于"被原案漏列为必要共同诉讼当事人"的，指示其向有管辖权的人民法院申请再审。案外人没有在指定期间内申请再审的，执行法院应当继续执行。案外人在指定期间内申请再审但被裁定不予受理或驳回再审申请的，执行法院应当继续执行。案外人在指定期间内申请再审并获得终审胜诉判决的，执行法院应当裁定终结执行程序。（2）案外人在异议中直接或间接表明其对标的物享有的足以排除执行的民事权益与交付请求权自始发生冲突的，指示其向有管辖权的人民法院提起第三人撤销之诉。案外人没有在指定期间内提起第三人撤销之诉的，执行法院应当继续执行。案外人虽在指定期间内向有管辖权的人民法院提起第三人撤销之诉，但被裁定不予受理或驳回起诉或终审败诉的，人民法院应当继续执行。案外人在指定期间内向有管辖权的人民法院提起第三人撤销之诉并获终审胜诉判决的，执行法院应当裁定终结执行程序。（3）除上述两种情形以外，执行法院应当指示债权人提起对物许可执行之诉，没有在指定期限内向执行法院提起对物许可执行之诉的，执行法院应当裁定终结执行程序。债权人在指定期间内提起对物许可执行之诉的，执行法院根据该诉讼案件结果决定继续执行或裁定终结执行。需要补充说明的是，前两种情形之所以采取指示案外人申请再审或提起第三人撤销之诉的方案，是因为"此时执行标的错误实质上不是执行行为本身存在错误而是执行依据存在错误"，① 执行法院显然不能通过非讼审查方式纠正错误判决。而且，此时若采取指示债权人提起许可执行之诉方案，将产生下级法院实质上撤销上级法院判决的问题，采取指示债权人对确定判决申请再审方案，将面临着债权人缺乏再审利益问题。②

---

① 参见沈德咏主编《最高人民法院民事诉讼法司法解释理解与适用》，人民法院出版社2015年版，第819页。
② 相反观点认为，"如果人民法院作出中止执行裁定是建立在案外人认为原判决、裁定错误的基础上，……申请执行人应以原生效判决、裁定错误为由，通过申请再审进行救济。"江必新主编《新民诉法解释法义精要与实务指引》，法律出版社2015年版，第730页。但是，申请执行人实际上是认为原生效判决、裁定正确，申请执行人在原审中全部诉讼请求已经获得支持，明显不具备再审利益。参见刘学文、姜启波、刘小飞《〈关于受理审查民事申请再审案件的若干意见〉的理解与适用》，《人民司法》2009年第11期。

第六章 物之交付执行中的案外人救济程序

第五节 余论

在物之交付执行中,案外人对执行依据确定的标的物主张足以排除执行的民事权益与交付请求权自始发生冲突的,除"被原案漏列为必要共同诉讼当事人"者应当通过申请再审的方式谋求救济以外,案外人应当通过第三人撤销之诉的方式谋求救济。[①] 特别是在最高人民法院已经废除执行程序外的案外人申请再审之诉制度的语境下,对执行标的物主张于判决确定前已经享有足以排除执行权益的案外人宜通过第三人撤销之诉谋求救济,以避免案外人仅因执行程序是否启动而必须通过两种不同的诉讼程序谋求救济。第三人撤销之诉必须由作出确定判决的法院受理,而执行法院通常是第三人撤销之诉案件受理法院的下级法院。因而,相对于案外人异议之诉而言,第三人撤销之诉显然提高了受案法院的级别。在物之交付判决属于最高人民法院作出的二审裁判或再审裁判的情形下,最高人民法院将成为第三人撤销之诉的一审法院,第三人撤销之诉的当事人将不再享有上诉权。物之交付判决是由中级人民法院或高级人民法院作出,虽然不会导致第三人撤销之诉的当事人无从上诉问题,但是也会给高级人民法院及最高人民法院带来较大的二审压力。这恐怕也正是司法实务界倾向于采取案外人申请再审之诉乃至案外人异议之诉模式的真正原因所在。[②] 与第三人撤销之诉的受理法院应当对诉讼请求进行实体审理不同,案外人申请再审之诉的再审法院可以撤销原判发回原审法院进行实体审理,从而减轻最高人民法院及高级人民法院的审判负担。基于此,尽管在理论上第三人撤

[①] 最高人民法院也曾经发表过第三人撤销之诉吸收"被原案漏列为必要共同诉讼当事人"申请再审之诉的观点,即"属于遗漏的必要共同诉讼人"的案外人也可以提起第三人撤销之诉,但法院撤销相关判项后,可通知撤销申请人参加共同诉讼,重新作出的一审裁判可以上诉;原生效裁判是二审终审的,经调解不能达成协议的,应撤销原判,发回重审,重审时应追加撤销申请人为当事人。参见高民智《关于案外人撤销之诉制度的理解与适用》,《人民法院报》2012年12月11日第4版。但是,这种意义上的第三人撤销之诉在实质上已经等同于案外人申请再审之诉。

[②] 关于第三人撤销之诉在司法实践中难以启动问题,请参见王福华《第三人撤销之诉的制度逻辑》,《环球法律评论》2014年第4期。

销之诉比案外人申请再审更为合理，但除非第三人撤销之诉改采取一审终审制或者采取与案外人申请再审之诉相似的程序构造，难以合理期待最高人民法院起草的《民事强制执行法草案》采取第三人撤销之诉模式。因而，笔者主要反对的是案外人异议之诉吸收第三人撤销之诉或案外人申请再审之诉的做法。至于第三人撤销之诉与案外人申请再审之诉的抉择问题，即使立法机关最终选择案外人申请再审之诉吸收第三人撤销之诉方案，笔者也认为可以理解。

第七章 案外人排除执行利益的形成与消灭

根据审执分离原理，民事强制执行遵循形式性原则，而形式物权（或权利表象，下同）与实质物权（或真实权利，下同）相分离的情形时有发生，强制执行损害案外人实体权益的现象无法完全杜绝。案外人对形式物权与实质物权相分离未必具有可归责性，为了保障不特定第三人财产安全，立法机关应当向案外人提供迅速排除强制执行的司法救济途径。即使案外人对形式物权与实质物权的分离具有可归责性，民事强制执行法也应当在制度层面尽可能防止不当执行行为的发生或者其损害后果的扩大。基于此，《民事诉讼法》第二百三十八条允许案外人通过异议及异议之诉两种方式请求排除执行。① 案外人向执行法院提出排除执行请求的实质是行使诉讼法的形成权，是案外人所享有的唯一排除执行攫取的法律救济手段。② 即使是对执行标的物享有足以排除执行的民事权益的案外人，也不能不必要或不正当地利用案外人异议之诉，以达到违反诉讼目标并因而达到不值得保护的目的。③ 因而，只有案外人排除执行请求有必要通过本案判决实现且本案判决实际上也确实可以解决案外人与债权人之间的争议，法院才应当受理或续行案外人排除执行请求的实体审理程序。④ 法院对案

---

① 关于案外人排除执行请求的司法审查程序，现行《民事诉讼法》采取案外人异议前置于案外人异议之诉的立法模式，而最高人民法院起草的《民事强制执行法草案》（特指2020年9月讨论稿，下同）采取异议之诉单轨制。但无论案外人提出案外人异议或提起案外人异议之诉，执行法院对案外人排除执行请求进行实体审查的前提均为该请求具备诉的利益。基于此，本书仅对案外人异议之诉中的诉的利益问题展开研究。
② 参见［德］弗里茨·鲍尔、霍尔夫·施蒂尔纳、亚历山大·布伦斯《德国强制执行法》（下册），王洪亮、郝丽燕、李云琦译，法律出版社2020年版，第262—263页。
③ 参见［德］奥特马·尧厄尼希《民事诉讼法》（第27版），周翠译，法律出版社2003年版，第190页。
④ 参见［日］新堂幸司《新民事诉讼法》，林剑锋译，法律出版社2008年版，第184页。

外人排除执行请求作出本案判决的必要性及通过该本案判决解决特定财产可执行性争议的实效性，就是本章所谓的"案外人排除执行利益"。"没有必要"或者"没有办法"通过案外人异议之诉达到排除执行效果的，执行法院就应当从程序上驳回案外人提出的排除执行请求。在案外人异议之诉审理过程中，因情事之变更，已无续行诉讼之必要时，即丧失诉的利益，执行法院不应当再继续审理案外人排除执行请求。[①] 对此，执行法院在实践中倾向于在撤销此前已经作出裁判的基础上从程序上拒绝对案外人排除执行请求进行实体审理。这固然可以使执行法院迅速且彻底地摆脱案外人的"纠缠"，但也存在无故撤销不存在任何违法性的裁判、案外人不能退而求其次请求排除执行标的物的拍卖价款、案外人另行提起侵权之诉或不当得利返还之诉过于迂回且不当地承受了赔偿不能风险、执行机构可以通过加快执行进度或解除对其采取的控制性执行措施的方式规避审判机构对其执行行为合法性的监督等诸多问题。基于此，本章对案外人排除执行利益进行深入研究，在拓展案外人执行救济程序研究深度的同时，为最高人民法院进一步完善《民事强制执行法草案》或者相关司法解释提供理论依据及对策建议。

第一节　案外人排除执行利益的形成与消灭时间

由于控制性执行措施具有固定财产临时状态的法律效果，案外人对执行标的享有的民事权益只有早于人民法院采取控制性执行措施，才具有排除强制执行的可能性。与此同时，人民法院对银行存款等少数可以直接划扣的财产依法直接采取处分性执行措施的，案外人实际上没有提出排除执行请求的时间。因而，案外人排除执行利益通常形成于人民法院对案外人享有民事权益的特定财产采取查封、扣押、冻结（以下简称"查封"）措施之时，存续至该执行标的退出执行或执行终结之时，故《民事诉讼法》第二百三十八条规定案外人排除执行请求应当在"执行过程中"提出。

---

① 姜世明：《民事诉讼法》，新学林出版股份有限公司2013年版，第468页。

第七章　案外人排除执行利益的形成与消灭

"执行过程中"是由执行开始与执行终结两个基准时点共同确定的期间，前者是案外人排除执行利益形成之时，后者是案外人排除执行利益消灭之时。

一　案外人排除执行利益的形成时间

只有法院对案外人的财产采取执行措施，而且案外人对该财产享有的民事权益遭受不当执行行为的侵害，案外人才有必要请求排除执行该财产。因而，案外人排除执行利益形成于法院采取查封措施之时，而执行法院对特定财产采取查封措施的时间通常较为明确，故案外人对排除执行利益的形成时间通常不会产生分歧。诚然，在排除执行利益形成之时，案外人可能因未知悉执行事件而未能及时提出排除执行请求，在执行程序终结后才知悉执行事件的案外人还丧失了通过案外人异议之诉谋求排除执行的救济机会。基于保障不特定第三人财产安全的价值取向，人民法院依职权或依申请查封财产时应本着善意文明执行理念，不得查封明显属于案外人所有（或案外人对其享有足以排除执行的民事权益，下同）的财产，对查封物可能属于案外人所有且可以联系到案外人的，执行法院宜将查封事件通知案外人。

二　案外人排除执行利益的消灭时间

案外人排除执行利益消灭于"执行终结之时"，但人们对"执行终结之时"存在着"全案执行终结之时""执行标的执行程序终结之时""执行标的的物权属变更之时"等多种理解。《民诉法解释》第四百六十二条将《民事诉讼法》第二百三十八条中的"执行程序中"限缩解释为"执行标的的执行程序终结前"，即"对该执行标的的各项执行行为都已经终结，包括过户裁定已经作出，变更登记的协助执行通知已经发出，变更登记已经完成，相关价款已经支付并且分配完毕等执行全部完成。"[①] 由此可见，最高人民法院对排除执行利益的消灭时间采取了"宽严相济"的解释方案，"严"体现为将"全案执行程序"限缩解释为"标的执行程序"，"宽"体

[①] 江必新主编：《新民诉法解释法义精要与实务指引》，法律出版社2015年版，第1080页。

现为对"标的执行程序"作出最为宽泛的理解,即案外人排除执行利益延续到该执行标的执行程序的所有环节均结束之时。根据《民诉法解释》第四百六十二条的规定,执行标的物所有权于拍卖成交裁定或抵债裁定送达买受人或接受抵债物的债权人时发生转移,只要该标的物尚未完成变更登记手续或拍卖价款仍由执行法院保管,案外人排除执行利益就仍将续存。但是,第三人通过司法拍卖或司法变卖程序受让标的物的,案外人只能请求排除对尚未分配的拍卖或变卖价款的继续执行,而不能阻止拍卖或变卖剩余程序的续行。

最高人民法院于 2014 年 12 月 29 日通过的《异议和复议规定》第六条第二款对已公布但尚未施行的《民诉法解释》第四百六十四条(现行《民诉法解释》第四百六十二条)进行了修改。以执行标的是由第三人抑或当事人受让为标准,最高人民法院确立了以下新规则。(1)执行标的由第三人受让的,案外人排除执行利益维持至"异议指向标的执行程序终结之前",即"人民法院处分执行标的所需履行法定手续全部完成之前"。"对于不动产和有登记的动产或者其他财产权,是指协助办理过户登记的通知书送达之前;对于动产或者银行存款类财产,是指交付或者拨付申请执行人之前"。(2)执行标的由当事人受让的,案外人排除执行利益维持至"执行程序终结之前",即"生效法律文书确定的债权实现后执行程序完全终结之前"。[①] 由此可见,《异议和复议规定》第六条第二款对案外人排除执行利益消灭时间采取"一长一短"的解释方案:"长"体现为,在当事人受让标的物的情形下,案外人可以在全案执行程序结束之前提出排除执行请求;而"短"体现为,在第三人受让标的物的情形下,案外人只能在标的物权属发生变动之前提出排除执行请求。与《民诉法解释》的起草者认可案外人可以就标的物拍卖或变卖价款请求排除执行不同,《异议和复议规定》的起草者明确反对案外人仅就标的物拍卖或变卖价款请求排除执行,将案外人请求排除执行的对象限定为标的物本身,而不包括其可能的代位物,进而导致案外人排除执行利益消灭时间前移至"人民法院处分执行标的所需履行法定手续全部完成之时"。但与此同时,考虑到当事人受让标的物不涉及不特定第三人的信赖利益保护问题,即使标的物发生物权变动乃至该标的物的执行程序已经完全完成,只要案涉生效法律文书

[①] 参见江必新、刘贵祥主编《最高人民法院关于人民法院办理执行异议和复议案件若干问题规定理解与适用》,人民法院出版社 2015 年版,第 88 页。

的执行程序尚未完全结束，案外人排除执行利益就不消灭，执行法院仍可以于必要时对标的物进行"执行回转"，但该标的物被受让的当事人再次转让给善意第三人的除外。

综上所述，最高人民法院对案外人排除执行利益的消灭时间的司法观点存在着变化，而且对案外人排除执行的对象也存在不同的理解。尽管两部司法解释的起草者均对案外人排除执行利益的存续期间作出了清晰的解读，但司法实践对案外人排除执行利益的消灭时间仍然没有达成基本共识。有的裁判文书将"执行标的已完成权属变更登记且相关价款已经分配完毕"作为执行标的执行程序终结认定标准，① 也有裁判文书倾向于将"执行标的物发生物权变动"作为执行标的执行程序终结认定标准，② 还有的裁判文书以案外人排除执行的两处房屋中的一处尚未执行终结为由认可案外人对已经拍卖且价款发放完毕的房产主张排除执行利益。③ 很明显，案外人排除执行利益的消灭时间与案外人排除执行的对象息息相关，在人们对案外人排除执行的对象是否涵盖尚未发放的拍卖或变卖执行标的物获得的价款（以下简称"变价款"）达成基本共识之前，不同法院或相同法院的不同审判人员对案外人排除执行利益的存续期间存在不同理解也就实属正常。

三 案外人排除执行利益的更新时间

如前所述，关于案外人排除执行利益存续期间的争议，很大程度上源于人们对案外人是否可以排除执行变价款尚未达成共识。如果立法机关禁止案外人就变价款请求排除执行，案外人排除执行利益应于执行标的物权属发生变动且不能通过执行回转方式取回之时消灭。如果立法机关允许案外人就变价款请求排除执行，案外人排除执行利益的消灭时间将延长至变价款完全发放或分配完毕之时。相对于第一种方案而言，第二种方案视阈下的案外人排除执行利益消灭时间在表面上是被延长了，但实际上则是经历了案外人排除执行利益的消灭与再生两个环节。在第三人通过司法拍卖或变卖程序获得标的物所有权的情形下，基于保护不特定第三人信赖利益

---

① 参见重庆市高级人民法院（2017）渝民初 162 号民事判决书。
② 参见河南省高级人民法院（2019）豫民申 3970 号民事裁定书。
③ 参见最高人民法院（2019）最高法民终 1868 号民事判决书。

及维护民事强制执行程序安定性的需要，以标的物为对象的案外人排除执行利益毫无疑问地归于消灭。以变价款为对象的案外人排除执行利益是基于"案外人对其享有足以排除执行的民事权益的标的物已经被不可逆转地处分且处分所得价款尚未被完全发放或分配完毕"的法律事实而重新形成的案外人排除执行利益。因而，以标的物为对象的案外人排除执行利益消灭之时，就是以变价款为对象的案外人排除执行利益形成之时，故可以理解为案外人排除执行利益的更新时间。更新后，以变价款为对象的案外人排除执行利益于执行法院不再保管变价款之时消灭，包括变价款被用于清偿执行债务、抵偿执行费用、返还给债务人等情形在内。

诚然，案外人排除执行利益更新的前提是承认变价款构成标的物的代位物，进而允许案外人以其对标的物享有足以排除执行的民事权益为由请求法院排除对变价款的执行。案外人异议之诉旨在谋求法院排除对特定标的物的强制执行，案外人在该标的物权属发生变动之前提出的排除执行请求显然具有诉的利益。但是，案外人在第三人通过拍卖或变卖方式获得标的物所有权后提出排除执行该标的物的请求、案外人对该标的物提出排除执行请求后该标的物被第三人通过拍卖或变卖方式取得所有权的，[①] 案外人分别自始缺乏或事后丧失请求排除执行该标的物的必要性及实效性。司法界对案外人能否将变价款视为标的物的代位物并以其对标的物享有的民事权益为依据请求排除执行尚未达成共识。[②] 尽管《民法典》仅对担保物权的代位性作出规定，但"以制度之本源，物上代位效力并非担保物权所固有"，[③] 整个物权领域都应当贯彻物权客体代位主义。[④] 特别是所有权的

[①] 根据《民诉法解释》第三百一十三条第一款、《执行解释》第十六条的规定，人民法院原则上不得在案外人异议之诉审理期间处分执行标的，但《民事强制执行法草案》第四十条第一款改采用传统大陆法系国家和地区通行的"异议之诉期间不停止执行"原则，即"案外人异议之诉审理期间，不停止执行，但一审判决支持案外人主张的，应当停止相应的处分措施"。

[②] 以案外人请求排除拍卖款为例，我国当前司法实践中存在两种截然相反的观点。有的裁判文书认为案外人只能针对标的物本身请求排除执行，在拍定人取得标的物所有权之时起，案外人排除执行利益归于消灭。参见陕西省咸阳市中级人民法院（2020）陕04民终1459号民事判决书。有的裁判文书指出，"案涉2915室不动产虽然已经被执行拍卖成交，但相应拍卖款尚未分配，执行标的并未执行终结，故高霞（案外人）对拍卖款有权提起异议"。参见江苏省南京市中级人民法院（2020）苏01民终7284号民事判决书。

[③] 陶丽琴：《保险与抵押的机制衔接及其制度构架——以按揭住房保险为视角》，《法学研究》2006年第4期。

[④] 参见刘正峰《物权客体代位主义研究》，《法商研究》2010年第4期。

物上代位效力是不言而喻的，因为权属关系不因物之形态的变化而变动。因而，通过处分标的物获得的变价款可以理解为该标的物的代位物，对执行标的物主张足以排除执行的民事权益的案外人可以请求排除对全部或部分的变价款项的执行。① 实际上，除了变价款可以理解为执行标的物的代位物以外，债权人为推进执行程序而向执行法院提供的保证金或者其他可以直接扣划的担保财产，立法机关也可以将其视为执行标的物的代位物，即使变价款已经被完全发放或分配完毕，案外人排除执行利益也不因此彻底消失，只是发生了案外人排除执行利益的第二次更新。

四　小结

案外人排除执行利益存续至排除执行对象在法律上陷入不能或无须排除执行状态之时。以标的物本身为排除执行对象的，在该标的物退出执行程序或者该标的物被不可回转地处分的情形下，② 案外人排除执行标的物的请求丧失诉的利益。但伴随着该标的物被不可回转地处分而形成代位物，案外人对该代位物亦可以提出排除执行请求，该请求的诉的利益维系至该代位物在执行程序中被处分完毕之时。以典型的金钱债权执行为例，案外人只能在查封物被裁定拍卖成交之前请求排除执行查封物，但可以在拍卖价款被完全发放或分配完毕之前请求排除对拍卖价款的执行。诚然，考虑到司法拍卖成交价普遍低于市场价的事实，案外人因其财产被错误执行造成的损失通常超过尚未被发放或分配的变价款，案外人对（剩余的）变价款主张权利后仍可能有必要向债权人或债务人请求返还不当得利或赔偿其尚未获得填补的损失。在允许案外人异议之诉与其他案件合并审理的

---

① 参见〔德〕汉斯-约阿希姆·穆泽拉克《德国民事诉讼法基础教程》，周翠译，中国政法大学出版社2005年版，第374、415页；陈计男：《强制执行法释论》，元照出版有限公司2012年版，第221—222页。有的国家还直接对此作出明文规定，比如，《意大利民事诉讼法典》第六百二十条明确规定："如果提出异议后法官并未中止对动产的变卖，或者在变卖后才提出异议，第三人可针对变卖所得款项主张其权利。"再如，《瑞典强制执行法典》第四章第二十一条和第三十三条第一款明确规定对金钱债权执行标的物主张优先权或所有权的案外人可以就该物的变现价款请求排除执行。

② 除了以其对执行标的物享有的民事权益为由申请法院排除执行标的物或其代位物以外，案外人还可能通过申请豁免执行、申请变更执行标的物、代债务人清偿执行债务等方式促使该标的物或其代位物退出执行程序。此外，执行名义被依法撤销或宣告不予执行以及执行法院依职权解除查封标的物等也可以导致案外人排除执行利益归于消灭。

· 265 ·

语境下，案外人可以主动或根据执行法院的释明，对代位物提出排除执行请求的同时，提出赔偿损失或者返还不当得利的诉讼请求。①

第二节　缺乏或丧失案外人排除执行利益的应对

一　起诉时缺乏案外人排除执行利益的应对

案外人异议之诉的诉讼标的是案外人对抗强制执行的异议权，法院在支持或驳回案外人排除执行请求之前应当确认该异议权是否存在及有效。案外人异议之诉在某种意义上包含了以该异议权为对象的确认之诉，但因被内含的确认之诉缺乏即时确认利益，②案外人向执行法院单独提出的确认请求不能进入实体审理环节。③ 与此同时，由于"过去和将来的法律关系有可能已经发生变动或将要发生变动，对此法律关系予以确认就没有任何实际意义"，④案外人单独请求法院确认其曾经对标的物享有足以排除执行的民事权益的确认之诉也因缺乏确认利益而无法进入实体审理程序。⑤因而，在案外人排除执行利益形成之前，案外人既不能提出排除执行请求，也不能以案外人异议之诉的形式单独提出确认实体权益等其他诉讼请求；在案外人排除执行利益消灭之后，案外人的异议权归于消灭，案外人此时再提出的排除执行请求明显缺乏诉的利益，同时也不能提起旨在请求法院确认异议权曾经存在的确认之诉。在案外人排除执行利益形成之前或消灭之后，案外人提出排除执行请求的，执行法院应当裁定不予受理，已

---

① 《民诉法解释》第三百一十条第二款规定，"案外人同时提出确认其权利的诉讼请求的，人民法院可以在判决中一并作出裁判。"《最高人民法院关于审理执行异议之诉案件适用法律问题的解释（一）草案》（向社会公开征求意见稿）第六条拟规定，"案外人在执行异议之诉中同时提出被执行人继续履行合同、交付标的物等具有债权给付内容的诉讼请求的，人民法院应予审理。"由此可见，案外人异议之诉与实体权益诉讼可以合并审理的观点已经获得司法界的认可。
② 参见 ［日］伊藤真：《民事诉讼法》，曹云吉译，北京大学出版社2019年版，第127页。
③ 参见内蒙古自治区阿拉善盟中级人民法院（2020）内29民终225号民事判决书。
④ 张卫平：《民事诉讼法》（第3版），中国人民大学出版社2015年版，第143—144页。
⑤ 参见江苏省无锡市中级人民法院（2015）锡民终字第2739号民事判决书。

经受理的,裁定驳回起诉。

二 诉讼中丧失案外人排除执行利益的应对

案外人排除执行利益在诉讼过程中消灭的,法院没有必要也不应当再对案外人排除执行请求作出本案判决。但是,案外人在提出排除执行请求的同时提出的确权请求或给付请求不因此当然丧失诉的利益,而且案外人排除执行利益的消灭事实还可以导致其他民事法律关系的发生。在拒绝对案外人排除执行请求继续进行实体审理的同时,受案法院还应当对案外人同时或事后提出的实体性诉讼请求是否具有诉的利益再次进行审查。

(一)对案外人排除执行请求审理程序的处理

无论案外人是否同时提出确权请求或给付请求,受案法院均应当对在诉讼中丧失诉的利益的案外人排除执行请求作出程序性处理。对此,最高人民法院执行局起草的《民事强制执行法草案》第四十一条采取"释明变更诉讼请求+裁定驳回起诉"方案,[1] 最高人民法院民一庭起草的《最高人民法院关于审理执行异议之诉案件适用法律问题的解释(一)》(向社会公开征求意见稿)第三条第一款分别对按照第一审程序审理、按照第二审程序审理、再审申请审查的案外人异议之诉案件采取驳回起诉、撤销原判并驳回起诉、终结审查再审申请三种不同的处理模式。案外人根据法院的释明变更诉讼请求的实质是在撤回排除执行请求的基础上提出新的诉讼请求,准许案外人变更诉讼请求的受案法院自然没有必要再对排除执行请求作出程序性处理。前述两种处理方案实质上均可以归纳为"驳回起诉模式"。在我国当前的司法实践中,人民法院普遍遵循驳回起诉模式,从程序上拒绝对案外人排除执行请求作出实体判决,甚至实践中出现二审判决生效后标的物执行程序才终结的案件被再审法院以缺乏诉的利益为由裁定撤销一、二审判决并驳回案外人起诉的极端情形。[2] 实际上,由于案外人排除执行请求在起诉时符合诉的利益,除非立法机关允许且案外人选择变更诉讼请求,执行法院应当裁定终结审理,而并非驳回起诉。与此相似,

---

[1] 《民事强制执行法草案》第四十一条规定:"债务人异议之诉、案外人异议之诉审理期间,执行程序终结或者指向案外人异议标的执行程序终结的,人民法院可以向债务人、案外人释明变更诉讼请求;拒绝变更的,裁定驳回起诉。"

[2] 参见四川省高级人民法院(2020)川民再340号民事裁定书。

案外人排除执行请求在一审判决或二审判决生效后才丧失诉的利益的，二审法院或再审法院也不能采取撤销一审或一、二审判决并驳回起诉的方案，而应当裁定终结二审或再审程序。这不仅更符合诉的利益作为诉讼要件的本质特征，而且也不至于无故撤销不存在瑕疵的裁判文书。因而，笔者认为，相对于《民事强制执行法草案》第四十一条采取的"裁定驳回起诉模式"而言，《民事强制执行法草案》（2019年9月征求意见稿）第八十五条采取的"裁定终结诉讼模式"更为合理。

（二）对案外人同时提出其他诉讼请求的处理

"裁定终结诉讼"的程序法效果只是法院不再继续审理案外人排除执行请求，案外人同时提出的确权请求或者其他诉讼请求的审理程序不必然因此受到影响。在目前的法律和司法解释的框架下，案外人仅可以根据《民诉法解释》第三百一十二条第二款的规定同时提出确权请求，但案外人在提出排除执行请求时还可能具有提出给付请求的必要性。这是因为"形成之诉的结果往往与给付请求相联系"，[1] 案外人在请求排除执行的同时还可能提出返还标的物或其代位物等给付请求。基于此，除了重申案外人可以同时提出排除执行请求及确权请求以外，即将出台的《最高人民法院关于审理执行异议之诉案件适用法律问题的解释（一）》还明确规定案外人可以同时提出要求债务人继续履行合同、交付标的物等给付请求，只要不违反专属管辖、级别管辖规定和当事人管辖协议、仲裁协议，执行法院就应当一并受理案外人同时提出的给付请求。

案外人在异议之诉中同时请求法院确认其对标的物享有民事权益的，不仅不会因此造成诉讼迟延，反而还有利于提升纠纷解决的实效性。案外人提起异议之诉旨在谋求法院宣告执行机构对特定标的物的执行不合法，进而直接产生排除执行的法律效果。[2] 即使案外人没有同时提出确权请求，在对特定标的物的执行是否合法以及该标的物是否应当予以排除执行作出实体判断之前，法院不可避免地需要就案外人对标的物是否享有所有权或者其他足以阻止标的物之交付或让与的民事权益进行重点审查，并在判决理由部分对案外人对标的物是否享有民事权益及其享有的民事权益是否足以排除执行作出认定。因我国当前诉讼标的识别仍采取旧实体法说，案外人排除执行利益不应当吸收确权利益。[3] 但即便如此，民事强制执行立法

---

[1] 参见张卫平《民事诉讼法》（第4版），法律出版社2016年版，第189页。
[2] 参见赖来焜《强制执行法总论》，元照出版有限公司2007年版，第649页。
[3] 参见乔宇《执行异议复议与异议之诉》，中国法制出版社2018年版，第172页。

应当贯彻促使案外人尽量同时提出确权请求的制度设计导向,执行法院原则上应当对确权请求与排除执行请求在判决中一并作出裁判。在案外人同时提出排除执行请求和确权请求后,案外人排除执行利益在法院作出本案判决前归于消灭的,《最高人民法院关于审理执行异议之诉案件适用法律问题的解释(一)》(向社会公开征求意见稿)第三条第二款规定人民法院"可以对确权请求继续审理或者审查"。诚然,该款属于授权规范,人民法院是否继续审理确权请求,还需要对确权请求本身是否具有确认利益进行审查。只有单独对确权请求作出的判决仍可以周延地救济案外人权益,人民法院才可以继续对确权请求进行实体审理。

与确权请求的审理不会造成案外人排除执行请求审理程序延误不同,给付请求的审理通常会额外消耗审判时间,从而给案外人排除执行请求的审理程序造成延误。因而,与确权请求原则上应当与案外人排除执行请求一并作出裁判不同,给付请求与案外人排除执行请求虽可以一并受理,但应当分别立案,在给付请求审理可能造成诉讼延误的情形下,人民法院可以依据《民事诉讼法》第一百五十六条的规定,就案外人排除执行请求先行判决。在案外人排除执行请求丧失诉的利益的情形下,给付请求通常不会随之丧失诉的利益,但给付请求指向的法律关系因案外人排除执行利益消灭事实而发生变动的,仍有可能丧失诉的利益。

综上所述,确权之诉与案外人异议之诉合并审理不会降低诉讼效率,给付之诉与案外人异议之诉合并审理虽可能降低诉讼效率,但仍可以通过先行判决制度解决案外人异议之诉的迟延问题。因而,案外人应当被允许同时提出排除执行请求与确权请求或给付请求,而且案外人排除执行利益的丧失不必然导致确权请求或给付请求丧失诉的利益。

(三)案外人新生给付请求权的释明及其处理

不管变价款(或者其他代位物,下同)是否仍由执行法院保管,标的物被不可回转地处分的事实都可能损害案外人对标的物享有的民事权益,从而引发新的民事法律关系。由于案外人对标的物享有的民事权益已经遭受不能恢复原状的严重损害,案外人只能根据不当得利返还或侵权法律关系另外寻求救济。即使案外人继续请求排除执行变价款,也不能因此推定其放弃不当得利返还请求权或侵权请求权。特别是案外人请求排除执行尚处于法院保管状态的变价款并获法院支持的,案外人就变价款与市场价格之间的差额以及其因标的物被处分而遭受的其他损失都可以要求当事人予以赔偿。基于案外人排除执行利益丧失的原因事实通常会诱发新的请求权法律关系，案外人排除执行请求在一审程序中丧失诉的利益的，执行法院应当释明案外人变更诉讼请求，以求一次性解决纠纷。但是，案外人排除执行请求在二审或者再审审查程序中丧失诉的利益的，二审或再审审查法院应当根据具体情况决定是否释明案外人变更或追加诉讼请求。（1）如果案外人在一审程序中没有同时提出确权请求或给付请求，二审或再审审查法院宜在释明案外人可以另案寻求救济的基础上裁定终结二审或再审审查程序。（2）如果案外人在一审程序中同时提出确权请求或给付请求，二审或再审审查法院认定确权请求或给付请求同时丧失诉的利益，应当一并裁定终结对确权请求或给付请求的二审或再审审查程序；确权请求或给付请求没有同时丧失诉的利益的，参照《民诉法解释》第三百二十六条的规定可以释明案外人变更或增加诉讼请求，二审或再审审查法院可以在双方当事人同意的基础上对新诉讼请求作出裁判，双方当事人不能达成由二审或再审审查法院一并裁判合意的，二审或再审审查法院仍可以就该诉讼请求进行调解，调解不成的，只能告知当事人另行起诉。

三　小结

案外人排除执行请求自始缺乏诉的利益的，应当裁定不予受理，已经受理的，应当裁定驳回起诉，已经作出实体判决的，应当撤销实体判决并驳回起诉。案外人排除执行请求事后丧失诉的利益的，应当终结实体审理程序，但不能以丧失诉的利益为由撤销已经作出的实体判决，并允许案外人将异议之诉变更为不当得利返还之诉、侵权之诉、违约之诉等普通民事诉讼案件。案外人将异议之诉变更为普通民事诉讼案件的，人民法院应当重新指定举证期限，并依法审查被告在该期间内提出的管辖异议。

第三节　案外人预防性排除执行利益之特别检讨

案外人排除执行利益存续于执行过程中，即始于执行程序的开始，止

第七章　案外人排除执行利益的形成与消灭

于执行程序的终结。在通常情况下，标的物在被采取执行措施之前，对该标的物享有民事权益的案外人缺乏提出排除执行请求的必要性。但是，基于保障不特定第三人财产安全的价值取向，即使执行程序尚未开始或者标的物已经退出执行程序，但在该标的物存在被强制执行的现实危险的情形下，立法机关仍有必要考虑是否认可案外人预防性排除执行利益或者提前允许案外人提出排除执行请求。

一　执行前的预防性排除执行利益

在物之交付执行中，作为执行名义的生效法律文书已经对执行标的物予以特定化，而物之交付执行一经开始，迅即终结，如待强制执行开始后再提出排除执行请求，势将无从救济，故德国、日本以及我国台湾地区的民事强制执行法学者均承认案外人可以在强制执行开始前预先提出排除执行请求。[1] 但也有学者提出预先提起案外人异议之诉难以确定管辖法院、执行法院通常会先通知债务人履行物之交付义务而不至于案外人无从救济、案外人为了预先排除执行而提起的诉讼属于确认之诉等质疑。[2] 对此，笔者认为，案外人可以在执行程序开始之前提起案外人再审之诉或第三人撤销之诉的，立法机关没有必要承认案外人预防性排除执行利益。但是，案外人请求排除执行的理由与原判决、裁定无关的，在执行程序开始之前，案外人对标的物享有的民事权益遭受现实威胁，应当承认案外人预防性排除执行利益，允许其向债务人所在地或标的物所在地的人民法院提出附条件排除执行请求。人民法院认为案外人的预防性诉讼请求成立的，作出附条件排除执行判决。由于执行标的物已由执行名义予以特定化，只要案件进入执行程序，不管执行法院是否对该标的物采取执行措施，案外人均可以提出排除执行请求。

在金钱债权执行中，作为执行名义的生效法律文书仅判决债务人履行金钱给付义务，至于通过何种财产实现该金钱债权问题则留给执行程序解决。在债权人申请执行之前，由于执行标的物尚未确定，只有执行法院对特定财产采取执行措施，案外人对该财产享有的民事权益才受到现实的威胁或侵害。因而，在执行法院特定化执行标的物前，案外人排除执行利益

---

[1] 参见林升格《强制执行法理论与实务》，五南图书出版公司1983年版，第269页。
[2] 参见吴光陆《强制执行法》，（台北）三民书局股份有限公司2012年版，第255页。

· 271 ·

及预防性排除执行利益均不成立。但在金钱债权执行程序启动前，人民法院通过财产保全或先予执行等方式特定化执行标的物的，对该执行标的物主张足以排除执行的民事权益的案外人具有提前请求排除执行的必要性及实效性。考虑到查封等控制性执行措施也可以给案外人的民事权益造成不利影响以及金钱债权执行标的物具有可替代性，案外人此时可以直接提出排除执行请求，而不是附条件排除执行请求。①

综上所述，案外人预防性排除执行利益通常形成于执行程序开始之前，物之交付执行因执行名义已经特定化标的物，应当例外承认没有其他救济途径的案外人有提出预防性排除执行请求的必要性和实效性。与此不同，在金钱债权执行标的物特定化之前，案外人预防性排除执行请求则缺乏诉的利益，但金钱债权执行标的物提前被特定化且被采取财产保全或先予执行措施的，案外人可以提出现在排除执行请求。

二 终结后的预防性排除执行利益

执行程序终结通常意味着标的物已经被处分或者已经退出执行程序，案外人排除执行请求相应地丧失诉的利益。在标的物被不可逆转地处分的情形下，排除执行请求已经无法实现。所谓"不可逆转地处分"，是指标的物因执行处分或善意取得而在法律上无法恢复原状的情形。具体而言，"如果受让人通过司法拍卖程序已经取得了执行标的的所有权，为了维护司法拍卖的公信力以及执行程序的稳定性，不应允许案外人过分迟延地提出异议，但如果执行标的通过拍卖或者以物抵债由执行案件当事人获得，其应因错误执行而返还执行标的的，只要执行程序尚未结束，案外人提出异议的期限就不应截止。"② 但是，在后一种情形下，即使全案的执行程序尚未终结，只要受让标的物的债权人将其转让给善意第三人，案外人也因标的物被不可逆转地处分而无法获得排除执行的效果，故案外人排除执行利益提前丧失。③

与标的物被不可逆转地处分导致案外人排除执行请求缺乏实效性不同，标的物退出执行程序导致案外人排除执行请求缺乏必要性。标的物绝

---

① 参见《财产保全规定》第二十七条。
② 最高人民法院（2018）最高法民申1299号民事裁定书。
③ 参见最高人民法院（2016）最高法民申1342号民事裁定书。

对退出执行程序的，案外人排除执行利益必然随之丧失，但标的物相对退出执行程序的，案外人排除执行利益可能转化为案外人预防性排除执行利益。所谓标的物绝对退出执行程序，是指基于金钱债权已经通过其他财产获得满足或者被债权人予以舍弃等原因，该标的物不可能再次被作为本案的执行标的物，而且执行法院相应地解除了对该标的物采取的控制性执行措施。在绝对退出执行程序的情形下，人民法院对案外人排除执行请求缺乏实体审理的必要性，但案外人可以通过变更诉讼请求或另案提起诉讼的方式解决其因错误查封遭受损失问题。标的物相对退出执行程序，是指基于债权人撤回执行申请、变更执行标的物、终结本次执行程序、执行和解、执行担保、作为债务人的公司进入破产程序等原因，标的物退出执行程序或被暂缓执行处分但在客观上仍存在再次被作为执行对象可能性的情形。

在债权人撤回执行申请的语境下，执行法院应当撤回拍卖委托、网络询价、评估委托，[1] 并依职权解除对标的物采取的查封、扣押、冻结措施。[2] 显而易见，在债权人撤回执行申请而导致执行终结的情形下，案外人排除执行利益随之丧失。但是，《民诉法解释》第五百一十八条允许撤回执行申请的债权人在《民事诉讼法》第二百五十条规定的申请执行时效期间内再次申请执行，已经被解除控制性执行措施的标的物存在再次被作为执行对象的现实可能性。因标的物已经完全退出执行程序，执行法院缺乏作出附条件排除执行判决的必要性，故不宜承认案外人预防性排除执行利益。此时，案外人可以根据执行法院的释明通过变更诉讼请求或另行提起诉讼的方式，另案取得确定其民事权益的生效判决，为后续可能再次遭受的不当执行行为提供迅速排除执行的依据。

在变更执行标的物且金钱债权尚未完全实现的语境下，变更后的标的物因故不能变现或变现价款不足以满足金钱债权的，变更前的标的物仍可能再次成为执行对象，而且变更前的标的物在变更后的标的物变现之前未必被解除控制性执行措施。在变更前的标的物已经被解除控制性执行措施的情形下，除非债权人向执行法院承诺放弃通过变更前的标的物实现其金

---

[1] 参见《最高人民法院关于人民法院民事执行中拍卖、变卖财产的规定》（法释〔2020〕21号修正）第十七条第二项、《最高人民法院关于人民法院确定财产处置参考价若干问题的规定》（法释〔2018〕15号）第二十九条第一款第一项。

[2] 参见《查封规定》第二十八条第一款第二项。

钱债权，① 案外人预防性排除执行请求具有诉的利益，但案外人的民事权益没有因强制执行而遭受不利影响，故人民法院可以中止审理案外人预防性排除执行请求，视变更后的标的物的执行情况及变更前的标的物是否再次被作为执行对象决定是否恢复对案外人（预防性）排除执行请求的审查。与此不同，债权人将继续查封变更前的标的物作为同意变更标的物的条件的，案外人的民事权益因继续查封而正遭受不利影响，除非案外人申请中止审理或撤回起诉，人民法院应当继续审理排除执行请求。

债权人和债务人达成和解协议对执行程序可能造成的影响包括：（1）和解协议当场履行完毕的，裁定终结原生效法律文书的执行；（2）债权人因达成和解协议而撤回执行申请的，裁定终结执行；（3）和解协议约定的履行期限尚未届满或履行条件尚未成就或债务人正在按照和解协议履行义务的，人民法院应当裁定中止执行，并可以根据债权人的申请解除控制性执行措施；（4）和解协议在裁定中止执行后履行完毕的，裁定终结原生效法律文书的执行，一方当事人不履行或者不完全履行在执行中双方自愿达成的和解协议，对方当事人申请执行原生效法律文书的，人民法院应当恢复执行；（5）债权人就履行执行和解协议提起诉讼，执行法院受理后，可以裁定终结原生效法律文书的执行，但执行中的查封、扣押、冻结措施自动转为诉讼中的保全措施。其中，第一种情形的出现意味着案外人排除执行利益的绝对丧失，第二种情形可以直接适用债权人撤回执行申请的相关规则，第四种情形可以使得案外人排除执行利益恢复到圆满状态，故这里仅对第三、五种情形进行分析。在第三种情形下，中止执行但不解除控制性执行措施的，案外人排除执行利益不受任何影响，中止执行且解除控制性执行措施的，除非债权人承诺不通过该标的物实现金钱债权、该标的物被认定属于豁免执行财产、已有生效法律文书排除对该标的物的执行，应当认可案外人预防性排除执行利益，人民法院对案外人已经提出的排除执行请求可以作出中止审理的程序性裁定或附条件排除执行的实体性判决。在第五种情形下，尽管执行法院裁定终结原生效法律文书的执行，但标的物被查封的事实并没有发生变化，只是其性质从执行查封物转化为保全查封物。如前所述，案外人请求排除保全查封物的诉讼请求具有诉的利益，人民法院应当对案外人排除执行请求进行实体审理。

---

① 参见黑龙江省佳木斯市中级人民法院（2020）黑08民终166号民事裁定书。

与执行和解可以引起多种程序法效果不同，执行担保的程序法效果是暂缓执行。由于暂缓执行只是暂缓全部或部分执行措施的实施，案外人提出的排除执行查封物的请求不受暂缓执行决定影响。但是，债务人提供担保且债权人同意解除查封的，人民法院应当作出解除查封裁定，并送达当事人及案外人。因而，在暂缓执行期间，查封物也可因债权人之同意而被解除查封，因担保物可以未经争讼程序而直接成为执行对象，被解除查封的标的物再次成为执行对象的可能性较小，执行法院对案外人已经提出的排除执行请求不宜作出附条件排除执行的实体判决，而应当考虑终结（债权人承诺放弃通过该标的物实现债权）或中止（债权人仅同意解除控制性执行措施）实体审理程序。

在终结本次执行程序的语境下，人民法院已对被执行人依法采取的执行措施和强制措施继续有效，而且人民法院将在终结本次执行程序后依法办理续行查封、扣押、冻结手续。① 因而，终结本次执行程序显然不是执行程序的整体结束，② 这种程序性结案对当事人的权利没有实质性影响，③ 案外人请求排除已被采取控制性执行措施的财产的强制执行的必要性及实效性不受人民法院裁定终结本次执行程序的影响，司法实践也倾向认为此时应当继续审理案外人异议之诉。④

与终结本次执行程序相似，执行案件转入破产程序的法律效果也不是不可逆转的，在客观上仍存在回归执行程序的可能性，而且案外人对执行标的物享有足以排除强制执行的民事权益通常也可以对抗破产程序对该标的物进行强制处分。基于此，最高人民法院认为，"破产重整程序是对债务人财产进行清理或对破产企业重新整合的法定程序，无论破产企业最终是重整或清算，均不能替代对债权人债权优先性的实体确定。破产重整程序启动，执行程序应当终结尚无法律规定，而裁定驳回因执行程序产生的

---

① 参见《终本规定》第十五、十六条。
② 参见百晓峰《程序变革视角下的终结本次执行程序制度——以〈民诉法解释〉第五百一十九条为中心》，《华东政法大学学报》2015 年第 6 期。
③ 参见王宝道、邵海强《论终结执行的效力——由一则案例重新审视终结执行的不可恢复性》，《法律适用》2013 年第 5 期。
④ 《北京市法院执行局局长座谈会（第十一次会议）纪要——关于执行工作中涉案外人异议若干问题的意见》第二条第三款将"执行程序终结"限定为"被执行人自动履行完毕、人民法院强制执行完毕、当事人达成执行和解协议并履行完毕等实体性结案"，而将"终结本次执行程序等程序性结案"排除在外。《江苏省高级人民法院执行异议及执行异议之诉案件审理指南（一）》也将"终结本次执行程序"排除在"执行程序终结"的范围之外。

执行异议之诉则更无法律依据，即便在诉讼中其实体请求未必得到支持，其之前已经行使的诉权也并不因此能够加以否定。"[①]

第四节 余论

　　诉的利益理论不仅适用于案外人排除执行请求，也适用于对物许可执行之诉。《民事诉讼法》第二百三十八条授权债权人对支持案外人排除执行请求的裁定提起对物许可执行之诉，在废除案外人异议制度的《民事强制执行法草案》语境下，对物许可执行之诉既可以表现为债权人不服该草案第三十九条规定的排除执行判决而启动上诉程序或再审程序，也可以表现为债权人根据该草案第一百二十六条关于"债权人认为第三人名下或者第三人占有的财产属于债务人所有的，可以向执行法院提起诉讼，请求许可对该财产强制执行"的规定提起的诉讼。但无论债权人以何种方式提起对物许可执行之诉，只要执行债权丧失通过该标的物实现的必要性或实效性，立法机关就应当认可债权人许可执行请求丧失诉的利益，要求人民法院立即终结对物许可执行请求的审理程序，以免让案外人继续承受不必要的诉累。债权人许可执行请求丧失诉的利益的原因主要包括：作为执行名义的生效法律文书被依法撤销或裁定不予执行、执行债务已经通过其他方式获得清偿或豁免、标的物已经被认定为豁免执行财产、案外人或其他利害关系人自愿提供财产以申请变更执行标的物且执行法院认为符合比例原则、执行标的物已经灭失且无代位物可供执行、执行标的物在法律上已经丧失强制处分的可能性等。本章的研究思路同样适用于债权人提起的对物许可执行之诉。

[①] 最高人民法院（2018）最高法民终705号民事判决书。

参考文献

百晓锋：《论案外人异议之诉的程序构造》，《清华法学》2010 年第 3 期。
陈计男：《强制执行法释论》，元照出版有限公司 2012 年版。
陈荣宗：《强制执行法》（第五版），（台北）三民书局股份有限公司 1995 年版。
陈娴灵：《我国民事执行异议之诉研究》，湖北人民出版社 2009 年版。
程纪茂、魏风：《代位执行初探》，《法商研究》1995 年第 1 期。
范向阳主编：《执行异议之诉的规则与裁判》，人民法院出版社 2019 年版。
高民智：《关于案外人撤销之诉制度的理解与适用》，《人民法院报》2012 年 12 月 11 日。
郭升选：《"公司人格否认"辨》，《法律科学》2000 年第 3 期。
韩波：《分置、合并与转向：程序关系之维的案外人异议之诉》，《法学论坛》2016 年第 4 期。
韩红俊：《论适时审判请求权》，《法律科学》2011 年第 5 期。
韩世远：《论债权迟延》，《法制与社会发展》1999 年第 3 期。
贺剑：《论婚姻法回归民法的基本思路》，《中外法学》2014 年第 6 期。
贺小荣主编：《最高人民法院第二巡回法庭法官会议纪要》（第一辑），人民法院出版社 2019 年版。
洪莉萍：《仲裁协议的效力与法院的专属管辖权》，《法学》1996 年第 7 期。
胡军辉、廖永安：《论案外第三人撤销之诉》，《政治与法律》2007 年第 5 期。
胡亚球：《代位执行制度的属性与适用》，《法学评论》2001 年第 4 期。
黄辉：《中国公司法人格否认制度实证研究》，《法学研究》2012 年第 1 期。
黄忠顺：《案外人排除强制执行请求的司法审查模式选择》，《法学》2020 年第 10 期。

黄忠顺：《论有财产担保的债权之强制执行——以有抵押物担保的债权之强制执行为中心》，《法律适用》2018 年第 15 期。
黄忠顺：《民事执行机构改革实践之反思》，《现代法学》2017 年第 2 期。
黄忠顺：《审判权与执行权的分离与协作研究》，中国社会科学出版社 2019 年版。
江必新等：《最高人民法院指导性案例裁判规则理解与适用·民事诉讼卷》，中国法制出版社 2014 年版。
江必新、刘贵祥主编：《最高人民法院关于人民法院办理执行异议和复议案件若干问题规定理解与适用》，人民法院出版社 2015 年版。
江必新主编：《比较强制执行法》，中国法制出版社 2014 年版。
江必新主编：《强制执行法的起草与论证（三）》，中国法制出版社 2014 年版。
江必新主编：《强制执行法理论与实务》，中国法制出版社 2014 年版。
江必新主编：《新民事诉讼法执行程序讲座》，法律出版社 2012 年版。
江必新主编：《新民诉法解释法义精要与实务指引》，法律出版社 2015 年版。
江伟主编：《中国民事诉讼法教程》，中国政法大学出版社 1994 年版。
姜世明：《非讼事件法新论》，新学林出版股份有限公司 2011 年版。
姜世明：《民事诉讼法》，新学林出版股份有限公司 2013 年版。
姜伟、张代恩：《关于民事审判监督程序几个问题的思考》，《法律适用》2009 年第 4 期。
蒋晓燕、杨恩乾：《案外人异议之诉的程序适用——解读民诉法第二百零四条中的"与原判决、裁定无关"》，《法治研究》2011 年第 10 期。
金殿军：《民事执行机制研究》，博士学位论文，复旦大学，2010 年。
赖来焜：《强制执行法总论》，元照出版有限公司 2007 年版。
李浩：《民事诉讼当事人的自我责任》，《法学研究》2010 年第 3 期。
李浩：《民事诉讼专属管辖制度研究》，《法商研究》2009 年第 2 期。
李先伟：《论案外人异议之诉的废除》，《政法论丛》2011 年第 1 期。
林升格：《强制执行法理论与实务》，五南图书出版股份有限公司 1983 年版。
刘贵祥、范向阳：《〈关于人民法院办理执行异议和复议案件若干问题的规定〉的理解与适用》，《人民司法》2015 年第 11 期。
刘敏：《论裁判请求权——民事诉讼的宪法理念》，《中国法学》2002 年第 6 期。

刘书星：《我国执行力扩张制度研究》，《法学杂志》2015 年第 7 期。

刘学文、姜启波、刘小飞：《〈关于受理审查民事申请再审案件的若干意见〉的理解与适用》，《人民司法》2009 年第 11 期。

刘学在、朱建敏：《案外人异议制度的废弃与执行异议之诉的构建——兼评修改后的〈民事诉讼法〉第二百零四条》，《法学评论》2008 年第 6 期。

刘正峰：《物权客体代位主义研究》，《法商研究》2010 年第 4 期。

马家曦：《执行内容确定之程序展开——以"执行依据"不明的解释及应对为中心》，《甘肃政法学院学报》2019 年第 3 期。

乔宇：《执行异议复议与异议之诉》，中国法制出版社 2018 年版。

全国人大常委会法制工作委员会民法室：《2012 民事诉讼法修改决定条文解释》，中国法制出版社 2012 年版。

全国人大常委会法制工作委员会民法室编：《民事诉讼法立法背景与观点全集》，法律出版社 2012 年版。

任重：《担保物权实现的程序标的：实践、识别与制度化》，《法学研究》2016 年第 2 期。

任重：《论虚假诉讼：兼评我国第三人撤销诉讼实践》，《中国法学》2014 年第 6 期。

任重：《形成判决的效力——兼论我国物权法第二十八条》，《政法论坛》2014 年第 1 期。

邵明：《民事纠纷及其解决机制论略》，《法学家》2002 年第 5 期。

石少侠：《公司人格否认制度的司法适用》，《当代法学》2006 年第 5 期。

隋彭生：《"特定的物"是"特定物"吗？——与"通说"商榷》，《比较法研究》2008 年第 4 期。

谭秋桂：《民事执行法学》（第二版），北京大学出版社 2010 年版。

王宝道、邵海强：《论终结执行的效力——由一则案例重新审视终结执行的不可恢复性》，《法律适用》2013 年第 5 期。

王次宝：《我国民事专属管辖制度之反思与重构——以大陆法系国家和地区的一般规定为参照》，《现代法学》2011 年第 5 期。

王飞鸿、赵晋山：《民事诉讼法执行编修改的理解与适用》，《人民司法》2008 年第 1 期。

王福华：《第三人撤销之诉的制度逻辑》，《环球法律评论》2014 年第 4 期。

王利明：《民法的人文关怀》，《中国社会科学》2011年第4期。

王利明：《物权法研究》，中国人民大学出版社2007年版。

王伟良：《谈执行被执行人到期债权的条件及具体操作》，《法学》1996年第9期。

王亚新：《第三人撤销之诉原告适格的再考察》，《法学研究》2014年第6期。

王泽鉴：《债法原理》（第二版），北京大学出版社2013年版。

翁晓斌：《民事执行救济制度》，浙江大学出版社2005年版。

吴光陆：《强制执行法》（修订二版二刷），（台北）三民书局股份有限公司2013年版。

肖建国、黄忠顺：《数人侵权责任诉讼模式研究》，《国家检察官学院学报》2012年第4期。

肖建国、黄忠顺：《执行和解协议的类型化分析》，《法律适用》2014年第5期。

肖建国：《论案外人申请再审的制度价值与程序设计》，《法学杂志》2009年第9期。

肖建国：《〈民事诉讼法〉执行编修改的若干问题探讨——以民事强制执行救济制度的适用为中心》，《法律适用》2008年第4期。

肖建国：《强制执行形式化原则的制度效应》，《华东政法大学学报》2021年第2期。

肖建国：《执行标的实体权属的判断标准——以案外人异议的审查为中心的研究》，《政法论坛》2010年第3期。

肖建国主编：《民事执行法》，中国人民大学出版社2014年版。

谢春和、黄胜春：《代位执行制度的理论与实践》，《现代法学》1995年第6期。

谢在全：《民法物权论》（上册），中国政法大学出版社1999年版。

杨与龄：《民法概要》，中国政法大学出版社2002年版。

杨与龄：《强制执行法论》（最新修正），中国政法大学出版社2002年版。

张登科：《强制执行法》，（台北）三民书局股份有限公司2012年版。

张卫平：《案外人异议之诉》，《法学研究》2009年第1期。

张卫平：《执行和解制度的再认识》，《法学论坛》2016年第4期。

张卫平：《执行救济制度的体系化》，《中外法学》2019年第4期。

张卫平：《中国第三人撤销之诉的制度构成与适用》，《中外法学》2013年第1期。

张晓都：《论特定物与不特定物、代替物与不代替物及相关法律问题》，《现代法学》2000年第4期。

赵钢、刘学在：《民事审监程序修改过程中若干争议问题之思考》，《中国法学》2009年第9期。

赵晋山：《赋予案外人提起异议之诉的权利》，《人民法院报》2007年12月7日。

赵晋山、葛洪涛：《〈民事诉讼法〉司法解释执行程序若干问题解读》，《法律适用》2015年第4期。

赵晋山、葛洪涛、乔宇：《民事诉讼法执行程序司法解释若干问题的理解与适用》，《人民司法》2016年第16期。

郑竞毅：《强制执行法释义》，商务印书馆2014年版。

朱慈蕴：《公司法人格否认：从法条跃入实践》，《清华法学》2007年第2期。

庄加园：《初探债权执行程序的理论基础——执行名义欠缺的质疑与收取诉讼的构造尝试》，《现代法学》2017年第3期。

庄诗岳：《论被执行人实体权利救济的路径选择》，《河北法学》2018年第10期。

最高人民法院民事审判第一庭编著：《最高人民法院新民事诉讼证据规定理解与适用》，人民法院出版社2020年版。

最高人民法院民事审判第一庭：《最高人民法院物权法司法解释（一）理解适用与案例指导》，法律出版社2016年版。

最高人民法院执行局：《法院执行理论与实务讲座》，国家行政学院出版社2010年版。

［德］奥拉夫·穆托斯特：《德国强制执行法》（第二版），马强伟译，中国法制出版社2019年版。

［德］奥特马·尧厄尼希：《民事诉讼法》（第27版），周翠译，法律出版社2003年版。

［德］弗里茨·鲍尔、霍尔夫·施蒂尔纳、亚历山大·布伦斯：《德国强制执行法》（上册），王洪亮、郝丽燕、李云琦译，法律出版社2019年版。

［德］弗里茨·鲍尔、霍尔夫·施蒂尔纳、亚历山大·布伦斯：《德国强制

执行法》（下册），王洪亮、郝丽燕、李云琦译，法律出版社2020年版。
［德］汉斯－约阿希姆·穆泽拉克：《德国民事诉讼法基础教程》，周翠译，中国政法大学出版社2005年版。
［德］康拉德·赫尔维格：《诉权与诉的可能性——当代民事诉讼基本问题研究》，任重译，法律出版社2018年版。
［韩］姜大成：《韩国民事执行法》，朴宗根译，法律出版社2010年版。
［日］福永有利『民事執行法・民事保全法』（有斐閣，2011年）。
［日］三月章：《日本民事诉讼法》，汪一凡等译，五南图书出版公司1997年版。
［日］山本和彦＝小林昭彦＝浜秀樹＝白石哲編『新基本法コンメンタール民事執行法』（日本評論社，2014年）。
［日］新堂幸司：《新民事诉讼法》，林剑锋译，法律出版社2008年版。
［日］伊藤真：《民事诉讼法》，曹云吉译，北京大学出版社2019年版。
［日］竹下守夫：《日本民事执行制度概况》，白绿铉译，《人民司法》2001年第6期。

索 引

A

案外人排除执行利益 235,252,259—274
案外人权益 5,10—12,175,179,183,214,220,232,233,241,244,246,249,252,269
案外人异议 20—23,174,175,177,179—184,193,199—202,204,205,213—217,219,221—230,238,245,247,253—255,259,267,275,276
案外人异议之诉 3,19,22,174,177,180—184,198,205,217—219,221—226,229,230,233,235,236,238—241,247—255,257—261,264—267,269,271,275
案外人预防性排除执行利益 236,271—274

B

比例原则 6,155,175,177,245,276
必要共同诉讼 124,125,233,234,236,242,247,255—257
变更执行标的物 265,273,276
变价款 263—265,269

不当执行行为 14,17,18,21,23,29,173,175,176,179,206,207,213—215,219,254,259,261,273
不明确给付请求权执行 29

C

财产安全 4,8,9,12,18,204,207,209,228,233,251,255,259,261,271
裁判请求权 3,9,13,15—17,174,176,177,179,180,183
撤回执行申请 126,236,273,274
程序标的 180,181,184
处分性执行措施 66,73,74,130,136,213,219,220,223,231,260

D

代位物 262,264—266,268,269,276
第三人撤销之诉 143,144,190,194,199,201,202,233—236,238—253,255—258,271
对世性 190,249
对物许可执行之诉 240,254,256,276

· 283 ·

F

非讼审查 18,206,214,221—226,229,256
复合性给付请求权执行 55,76

G

给付请求 5,34,36,37,43,50,52,55—61,63—71,74—77,80,87,109,110,121,122,127,130,132,163,164,168,174,199,228,250,267—270

H

合并审理 9,246,265,266,269
合意型生效法律文书 187,188

J

既判力 10,11,79,183,187,188,190,234,243,245,248,251
金钱债权执行 5,10,12,18,23,186,195,197,199—201,204,220,232,235,236,265,271,272
决定型生效法律文书 187,193

K

控制性执行措施 5,18,26,42—44,59,61—63,66,67,71,73,82,129,167,168,185,186,189,190,192,196,199,202,203,219,220,229,230,260,272—275
扩张性给付请求权执行 121

M

免证事实 198,200,249

P

排除执行请求 22,23,180,183,184,234—236,238,240,243,247,250,252,254,259—262,264—276

Q

强制适用的案外人异议前置 174,176,177
权利外观主义 18,19,22,181,228
确权请求 27,203,243,250,267—270

R

任意适用的案外人异议前置 175—177,179,180,183

S

涉执行争议 1—5,8—14,17,174,180—183
审执关系 1,4,5,13,15—18,179,232
生活安宁 4,8,9,12,233,251,255
实质审查 2,22,23,64,70,77,78,90,118,120,142—144,147,148,153,158,

索 引

159,206,212,213,218—222,225—231
实质性判断标准 21—23,218
受限性给付请求权执行 64
司法拍卖 234,262,263,265,272
诉的利益 2,5,27,31,35,36,185,196,
202,203,207,236,243,252,259,260,
264—270,272,274,276

T

替代性给付请求权执行 75,76,121

W

违法执行行为 10,14,15,27,173,206,
207,215,237,254
物权公示原则 18,22,181
物之交付执行 5,12,232,233,235,236,
238—240,242,243,256,271,272

X

瑕疵执行行为 173,215,216
相对性 30,126,136,190,191,199,203,
234,239,243,245,248,249,251
形成力 190
形成之诉 31,36,183,202,246,250,
252,268
形式审查 2,4,14,17,22,30,40,53,64,
66,67,70—72,77,78,89,90,108,117,
118,120,121,130—132,136,143,151,
190,216,218—222,225—231
形式性判断标准 17—19,21,22,25,
27,218

虚假诉讼 26,117,169,189,193—196,
233,234,245,255
虚假仲裁 26,169,189,192—196,
198,233
许可执行之诉 3,19,22,26,27,180,
183,211,212,217,221—226,228—230,
240,254,256,276

Y

以审乱执 3—5,15,16,185—187
以执代审 2—5,12,14—16,28—30,44,
55,63,64,66,68,75,77,78,91,109,
112,115,117,118,121—123,126,137,
148,150,163—165,167,168,172
预防性案外人异议之诉 251,252
预决效力 158,160,163,188,190,
198—200

Z

暂缓执行 14,59,123,125,166,167,
273,275
债权人中心主义 8—12,23,25,176,220
债务人异议之诉 3,11,207,267
争讼审查 221—224,226,228,229
正当程序保障下的自我归责原则
76,188
执行标的物 50,51,79,80,165,206,
232,235—239,243,253,255,257,259—
263,265,271—273,275,276
执行裁判庭 2,15,182—184,225
执行担保 10,131,161,165—167,
273,275
执行和解 10,77,91—99,102—109,

113,130,164,167,171,232,273—275
执行回转　131,175,176,234,239,263
执行力　35—40,49,54,64,66,67,70,74,76,88,94,109,121,122,126,128,131,132,135,137,144,161,164,166,181,199,220,239,243,244,249
执行效率　2,5,6,10,11,13,14,28,77,98,107,138,145,150,151,154,175,183,205,209,221
中止执行　2,14,15,28,31,42,60,71—73,125,132,144,170,175,194,219,229—231,239,240,255,256,274
终结本次执行程序　25,106,114,273,275
终结执行　6,30,41,59,60,78,80,82,84,85,96,107,126,162,207,232,255,256,274,275
主观可归责性　8—11,19,86,98,99,101,176,177,185,190
专属管辖　4,14,15,19,177—179,183,185,192,252,268

致　谢

　　本书的部分内容来自我的博士后出站报告《审判权与执行权关系研究》。该出站报告是我在博士后合作导师张卫平教授、博士生导师肖建国教授的悉心指导下完成的。在出站报告评审时，中国政法大学诉讼法学研究院的谭秋桂教授以及清华大学法学院的陈杭平教授、任重教授提供了非常中肯的修改意见。本书的部分观点曾以学术论文形式发表于《法学》《法学杂志》《政法论丛》《北方法学》《法治研究》《法治社会》等刊物。在本书出版之际，谨向两位授业恩师、三位评审专家以及前述刊物的编辑老师深表谢意！

黄忠顺于广州番禺
2023 年 3 月 1 日

第十一批《中国社会科学博士后文库》专家推荐表 1

《中国社会科学博士后文库》由中国社会科学院与全国博士后管理委员会共同设立，旨在集中推出选题立意好、成果质量高、真正反映当前我国哲学社会科学领域博士后研究最高学术水准的创新成果，充分发挥哲学社会科学优秀博士后科研成果和优秀博士后人才的引领示范作用，让《文库》著作真正成为时代的符号、学术的示范。

推荐专家姓名	肖建国	电 话	
专业技术职务	教授	研究专长	民事强制执行法
工作单位	中国人民大学法学院	行政职务	
推荐成果名称	程序法视野下的审执关系研究		
成果作者姓名	黄忠顺		

（对书稿的学术创新、理论价值、现实意义、政治理论倾向及是否具有出版价值等方面做出全面评价，并指出其不足之处）

本书是作者已出版著作《审判权与执行权的分离与协作研究》（中国社会科学出版社 2019 年版，曾获第九届"董必武青年法学成果奖"三等奖）的续作。本书致力于对《审判权与执行权的分离与协作研究》未来得及深入讨论的问题展开研究，重点关注民事强制执行程序中的审执关系。在效率、人道双重价值理念的基础上，本书特别倡导将"保障不特定第三人的生活安宁与财产安全"上升为民事强制执行法的价值理念，并由此提出平等保护债权人与不具有可归责性的案外人的基本原则，对民事强制执行程序中的案外人救济途径进行了深入的研究。本书在价值理念、基本原则、具体制度等方面推动了民事强制执行法学研究，可以合理期待本书出版后对民事强制执行单独立法产生一定的影响。因而，我认为，本书学术创新性高，具有重要的理论价值与现实意义，政治理论倾向正确，具有较高的出版价值，建议予以入选。

签字：肖建国

2022 年 3 月 18 日

说明：该推荐表须由具有正高级专业技术职务的同行专家填写，并由推荐人亲自签字，一旦推荐，须承担个人信誉责任。如推荐书稿入选《文库》，推荐专家姓名及推荐意见将印入著作。

第十一批《中国社会科学博士后文库》专家推荐表 2

《中国社会科学博士后文库》由中国社会科学院与全国博士后管理委员会共同设立，旨在集中推出选题立意好、成果质量高、真正反映当前我国哲学社会科学领域博士后研究最高学术水准的创新成果，充分发挥哲学社会科学优秀博士后科研成果和优秀博士后人才的引领示范作用，让《文库》著作真正成为时代的符号、学术的示范。

推荐专家姓名	谭秋桂	电话	
专业技术职务	教授	研究专长	民事强制执行法
工作单位	中国政法大学诉讼法学研究院	行政职务	
推荐成果名称	程序法视野下的审执关系研究		
成果作者姓名	黄忠顺		

（对书稿的学术创新、理论价值、现实意义、政治理论倾向及是否具有出版价值等方面做出全面评价，并指出其不足之处）

本书的大部分内容来源于作者的博士后出站报告。作为作者的博士后期满科研工作评审小组的组长，我认为本书具有较高的学术创新性，对深化民事强制执行理论研究、健全民事强制执行制度、反思民事强制执行实践均具有重要价值。本书政治理论倾向正确，始终致力于完善新时代中国特色社会主义民事强制执行法学理论体系，是我国哲学社会科学领域的优秀博士后科研成果。最高人民法院以及全国人大正在大力推进《民事强制执行法》的制定工作，本书对解决民事强制执行立法争议问题具有理论指导价值。因而，本书的出版兼具理论价值及现实意义，特推荐其申报《中国社会科学博士后文库》。

签字：谭秋桂

2022 年 3 月 18 日

说明：该推荐表须由具有正高级专业技术职务的同行专家填写，并由推荐人亲自签字，一旦推荐，须承担个人信誉责任。如推荐书稿入选《文库》，推荐专家姓名及推荐意见将印入著作。